4차 산업혁명을 위한

융합 개론

이병욱 · 최영미 공저

PREFACE

4차 산업혁명과 융합은 이제 거스를 수 없는 시대적 조류이다. 정치·경제·사회·문화 등 모든 분야에서 융합을 해야 미래가 있다. 정부에서도 창의적 자산을 만들고, 창의 인재를 양성하며, 창의력을 앞세워 적극적으로 융합을 내세우고 있다. 예전에는 모든 분야가 깊이 있게 세분화하고 전문화하였다. 하지만 지금은 각 분야가 벽을 허물고 소통은 물론이고 융합하는 데에까지 나아가고 있다. 최근 우리나라에서도 다양한 분야 간의 소통 결과로 융합의 성과를 내기 위해 힘을 모으고 있다.

융합은 4차 산업혁명을 주도하는 핵심 요소이다. 앞으로는 기술만으로 시장을 지배할 수 없으며 예술적 감성과 경제성이 조화를 이루어야 시장에서 생존할 수 있다. 칸막이 식으로 분업화한 산업과 교육은 여러 가지 아이디어를 수렴하면서 개방적이고 다각적인 방식으로 바뀌어야 한다. 융합을 위해서는 여러 분야 간의 수평적 의사소통과 함께 한 분야에서도 실무자, 관리자, 경영자 등의 수직적 의사소통이 원활해야 한다.

여러 개의 사물을 물리적으로 결합하는 것을 통합이라고 하고 여러 개의 사물을 녹여서 화학적으로 결합하는 것은 융합이라고 한다. 융합은 디지털 융합으로 시작되었으며 통신과 TV를 결합하는 방송통신 융합이 대표적으로 가시적인 실례이다. 특히 스마트 개념이 보편화되면서 다양한 장비와 기능들이 인공지능 방식으로 융합될 수 있어 융합은 한층 가속화될 것이다.

고급 제품의 수요가 증가하면서 기술이 결정하는 성능보다 예술적 감성이 반영되는 디자인이 중요하게 되었다. 시장이 요구하는 상품을 기획하고 공급하기 위해서는 고객의 소비 심리와 구매 심리를 미리 파악해야 한다. 이를 위해서는 기술 이외에도 인문학, 사회과학과 더불어 예술적 감성과 창의성이 더욱 발휘되어야 한다. 바야흐로 인문학, 사회과학, 자연과학, 공학, 예술 등을 아우르는 통합형 인재가 요구되고 있는 것이다.

기술자는 과학 기술을 이용하여 현실적인 문제를 해결하고 제품을 만드는 실무적인 사람이다. 기술이 너무 세분화되어 다른 분야와 소통이 어려워지면 기술자는 점차 답답하다는 소리를 듣게 되고 제품 기획과 개발에서 소외될 수 있다. 기술자도 인문학, 사회과학, 예술에 대한 소양이 필요하고, 기술자가 아니어도 기술을 알아야 자신의 의지와 의도를 잘 전달할 수 있고 자유롭게 발현할 수 있다.

예전에는 교양이 없어도 기술자 역할을 할 수 있었으나 이제는 교양이 있어야 창의적이고 경쟁력 있는 기술자가 될 수 있다. 공학과 예술이 만나야 아름다운 제품을 만들 수 있고, 공학과 인문학이 만나야 제품에 개성을 심어줄 수 있고, 공학과 사회과학이 만나야 상품 가치의 유지와 지속적인 수익이 가능하다. 예술가도 기술을 잘 알아야 예술적 상상력을 크게 발휘할 수 있고 경영자도 기술을 잘 알아야 현실적이고 창조적인 경영을 할 수 있다. 기술 없는 예술은 제품 설계와 생산이 어렵고, 예술 없는 기술은 수요 창출과 판매가 어렵다. 공학과 인문학의 경계가 없어져야 기술과 예술이 함께 만나서 꽃을 피울 수 있다. 기술자는 유연한 사고와 교양을 갖춘 창의적인 지식인이 되어야 하고, 예술가는 현실을 이해하고 직시할 수 있어야 현장과 소통하는 창작자가 될 수 있다.

이 책은 다양한 분야에서 융합 지식을 현실에 활용하기 위하여 기획되었다. 산업혁명 시대에 적응하기 위하여 IT 분야를 중심으로 집필하였다. 탈고하고 보니 아쉬운 점이 많이 남는다. 다음 기회에 부족한 부분을 보완하고 개선하여 다시 출판할 것을 약속드린다. 이 책을 출판하는데 힘써주신 21세기 출판사 임직원께 감사드린다.

2019년 11월
저자 일동

CONTENTS

PREFACE 3

CHAPTER **1** 융합개요 13

1.1 개요 14

  1.1.1 융합의 사회적 발전 배경 14

  1.1.2 융합의 기원 16

1.2 융합 학문 18

  1.2.1 융합 기반 학문: 인지과학 20

  1.2.2 융합 관련 학문 22

  1.2.3 융합 기반 환경 24

1.3 디지털 융합 25

  1.3.1 왜 디지털 융합인가? 25

  1.3.2 융합의 발전 28

  1.3.3 디지털 융합의 기술 형태 34

  1.3.4 디지털 융합의 사례 41

1.4 융합의 미래 48

연습문제 52

CHAPTER **2** 사물인터넷과 융합   53

  2.1 정보 환경   54
    2.1.1 정보혁명   54
    2.1.2 정보화 이상사회   63

  2.2 사물인터넷 융합   66
    2.2.1 사물인터넷   66
    2.2.2 사물인터넷 디지털 융합   68
    2.2.3 사물인터넷의 미래   70

  2.3 사물인터넷 기술   71
    2.3.1 사물인터넷 요소 기술   72
    2.3.2 사물인터넷 기반 기술   74
    2.3.3 사물인터넷 기기   79

  2.4 사물인터넷 시스템   85
    2.4.1 사물인터넷 컴퓨팅   85
    2.4.2 사물인터넷 응용 시스템   89

  연습문제   93

CHAPTER **3** 인지과학과 인공지능   95

  3.1 인지과학 개요   96
    3.1.1 인지과학의 정의   97
    3.1.2 인지과학 관련 학문   101
    3.1.3 인지과학의 동향   105

  3.2 심리학   108
    3.2.1 심리학의 발전   109
    3.2.2 정보처리체계   122

  3.3 신경과학   125
    3.3.1 신경계의 발달   125

3.3.2　신경계 구조와 기능　　130

3.4　인공지능　　135

3.4.1　인공지능의 기반 학문　　136

3.4.2　연결주의　　142

연습문제　　146

CHAPTER **4**　인지과학과 융합　　147

4.1　철학　　148

4.1.1　철학의 제 분야　　149

4.1.2　인식론과 논리학　　152

4.2　언어학　　164

4.2.1　언어와 사고의 관계　　165

4.2.2　변형생성문법과 보편문법　　176

4.3　인류학　　180

4.3.1　구조주의 인류학　　182

4.3.2　인류학의 분류　　183

4.4　인지과학과 융합　　186

4.4.1　지식과 이성　　186

4.4.2　이성과 비 이성의 융합　　190

연습문제　　194

CHAPTER **5**　자동기계　　195

5.1　마음과 기계　　196

5.2　튜링기계　　201

5.2.1　자동기계 이론　　202

5.2.2　튜링기계　　204

5.3 자기증식 기계   212

  5.3.1 생물의 번식과 DNA   214

  5.3.2 폰 노이만의 자기증식 기계   216

  5.3.3 공작 기계 실례   218

5.3 알고리즘   221

  5.4.1 유크리드 알고리즘   226

  5.4.2 알고리즘 실례   228

  5.4.3 알고리즘과 기계의 미래   230

연습문제   232

CHAPTER **6** **진화론과 융합**   233

6.1 개요   234

  6.1.1 다윈의 영향   235

  6.1.2 생명의 나무   236

6.2 진화론   239

  6.2.1 진화론의 핵심   240

  6.2.2 진화론의 영향   248

6.3 진화심리학   250

  6.3.1 진화심리학의 출현   251

  6.3.2 진화심리학의 문제 해결   253

6.4 마케팅   256

  6.4.1 진화심리학과 마케팅   257

  6.4.2 뉴로 마케팅의 실례   264

6.5 진화 알고리즘   267

  6.5.1 진화 유전자 개요   268

  6.5.2 진화 알고리즘   272

연습문제   282

CHAPTER **7**   뇌과학과 융합   283

7.1   개요   284

7.1.1   뇌에 대한 이해   284

7.1.2   뇌 관련 기술   293

7.2   뇌의 발생   296

7.2.1   동물 뇌의 발생   296

7.2.2   인간 뇌의 발생   298

7.3   뇌의 구조와 기능   302

7.3.1   뇌의 구조   302

7.3.2   뇌의 기능   305

7.4   의식의 흐름   312

7.5   의식 조절 물질   322

7.5.1   생각을 출현시킨 신경전달물질   323

7.5.2   생각을 바꿔주는 호르몬   329

연습문제   334

CHAPTER **8**   마음과 소프트웨어   335

8.1   개요   336

8.1.1   심리학과 컴퓨터   337

8.1.2   마음과 언어와 소프트웨어   339

8.2   마음   343

8.2.1   의식 이론   344

8.2.2   의식과 소프트웨어   350

8.3   폰 노이만 모델   357

8.4   신경망 모델   363

8.4.1   신경망의 구조   364

8.5 컴퓨터의 철학적 이해 374

8.5.1 로고스 중심주의와 기호논리학 375

8.5.2 표상주의(presentationism)와 컴퓨터 380

연습문제 386

CHAPTER **9** 창의성과 융합 387

9.1 개요 388

9.1.1 아름다움 391

9.2 창의성 394

9.2.1 창의성의 정의 394

9.2.2 창의성 계발 397

9.2.3 창의성 교육과 학습 404

9.2.4 창의성과 뇌과학 408

9.3 예술 411

9.3.1 복제 시대의 예술 415

9.3.2 소비 시대의 예술 418

9.4 윤리 421

9.4.1 윤리학 424

9.4.2 지적재산권 427

9.5 창의성과 융합 432

연습문제 434

CHAPTER **10**   산업혁명과 융합   435

10.1 개요   436
     10.1.1 산업혁명의 역할   436

10.2 딥러닝과 융합   439
     10.2.1 심층 신경망과 기계학습   439
     10.2.2 딥러닝과 융합   442

10.3 드론과 융합   445
     10.3.1 드론의 원리와 역할   445
     10.3.2 드론을 위한 학문의 융합   447
     10.3.3 드론의 미래   448

10.4 호모커넥투스   450
     10.4.1 호모커넥투스   450
     10.4.2 블록체인과 암호화폐   454
     10.4.3 공유 경제와 융합   458

10.5 산업혁명과 융합의 미래   461
     10.5.1 산업혁명의 미래   461
     10.5.2 융합의 미래   462

연습문제   465

INDEX   469

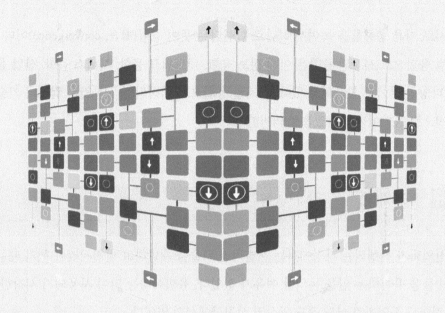

C H A P T E R

1

융합개요

1.1 개요

1.2 융합 학문

1.3 디지털 융합

1.4 융합의 미래

■ 연습문제

서로 다른 종류들을 녹여서 하나로 합한다는 뜻이 융합(融合, convergence)이다. 디지털 융합으로 시작된 융합은 이제 정보 융합, 네트워크 융합, 서비스 융합, 산업 융합 등 다양한 분야로 확장되고 있다. 디지털 융합으로 시작되었다는 것은 컴퓨터 기술의 발전으로 융합이 시작되었음을 의미한다.

1.1 개요

산업화가 진행되는 과정에서는 개별적인 기술을 개발하고 발전시켜야 했기 때문에 기술들을 융합하는 일을 논의할 여유가 없었다. 융합이라는 말이 사용되기 시작한 것은 적어도 산업화가 어느 정도 완성된 선진국에서의 일이다.

1.1.1 융합의 사회적 발전 배경

산업혁명 이래 산업사회의 중요한 과제는 제품을 대량생산하는 것이다. 경제가 열악하여 만성적인 생산부족을 겪으므로 제품을 많이 생산하여 시장에 빨리 공급하는 일이 우선한다. 공급자가 시장을 주도하는 사회에서는 제품의 품질보다 물량 공급이 더 중요하므로 소품종 대량생산체제가 유지된다. 그러나 산업이 발전하여 후기산업사회[1]로 넘어가면 시장의 주도권이 소비자로 바뀐다. 어느 정도 생산체제가 갖추어지면 오히려 만성적인 공급과잉과 함께 경기 불황이 발생하여 수요자가 시장을 주도하게 된다. 이때부터는 제품의 성능 못지않게 제품의 개성과 디자인이 중요하게 된다. 소비자들이 원하는 다양한 제품을 공급해야하므로 다품종 소량생산체제로 바뀐다.

후기산업사회의 특징은 [그림 1.1]에서 보는 바와 같이 정보와 지식이 산업을 주도하는 사회이다. 컴퓨터를 이용하는 정보산업의 중요성이 부각되고 산업과 사회전반에 걸쳐서 정보화가 진행된다. 정보산업사회에서는 경제력의 향상으로 제품의 고급화와 함께 소비자들의 개인화가 촉진된다. 소비자들은 자신만의 제품을 갖고 싶어 하므로

---

1   후기산업사회(post-industrial society): 산업이 고도로 발전하여 정보산업이 경제의 중심이 된 사회. 산업사회 이후를 가리키므로 탈산업사회 또는 정보사회라고도 함.

공급자들은 개인화 서비스를 제공해야 한다. 따라서 제품의 기능과 성능을 넘어서 제품의 개성과 디자인에 더욱 관심을 갖게 된다. 산업화 과정이 지속되어 공업 기술이 평준화됨에 따라서 제품의 기능과 성능은 큰 차이가 없어지고 소비자들은 제품의 개성과 디자인에 따라서 구매를 결정하게 된다. 어떤 경우에는 성능이 부족해도 사용하는데 큰 지장이 없다면 디자인이 좋은 제품을 구매하는 경향으로 바뀐다.

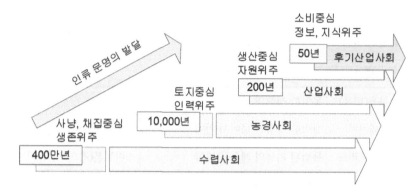

[그림 1.1] 사회발전과 산업 기반

좋은 제품을 공급하기 위해서는 공업 기술력만으로는 부족하고 높은 기술력과 함께 좋은 디자인이 뒷받침되어야 한다. 과거에는 기술자들이 주축이 되어 우수한 기술을 이용하여 제품을 개발하고 공급하였다. 그러나 이제는 기술자들이 주축이 되어 기술 중심으로 제품을 개발하면 소비자들로부터 외면당하기 쉽다. 제품의 개발 초기부터 시장의 요구가 무엇인지를 파악하고 시장성 있는 제품을 개발해야 시장의 외면을 받지 않는다.

고객의 소비와 구매 심리를 파악하여, 고객의 요구를 충족시킬 수 있는 제품을 마케팅하고 디자인하고 개발하고 생산하는 과정은 종합적인 작품이다. 자연과학뿐만 아니라 인문과학, 사회과학, 예술 등이 경계를 허물고 협동해야 가능한 일이다. [그림 1.1]의 후기산업사회에 살고 있는 현대인들의 마음은 4백만 년 동안 수렵사회에서 형성된 의식으로 살아가기 때문에, 50년 역사의 현대 사회를 이해하려면 수렵사회의 의식 구조를 알아야 한다. 오랜 역사를 가진 인간을 이해하려면 자연과학, 인문과학, 사회과학, 예술 등을 다양하게 연구하고 협동하는 지혜가 요구된다.

1.1.2 융합의 기원

융합의 사전적 의미는 '다른 종류의 것이 녹아서 하나로 합하여지는 것'이고 일반적으로 '두 개 이상의 상이한 요소들이 하나의 요소로 수렴되는 현상'이라고 표현한다. 이전부터 비슷한 의미로 사용되기 시작한 용어들은 묶음(번들), 패키지, 하이브리드, 퓨전 등이 있으며, 그 의미는 <표 1.1>과 같다.

〈표 1.1〉 융합의 유형

구분	명칭	내역	실례
통합	묶음(번들)	동일한 상품의 물리적인 묶음	계란, 라면, 형광등
	패키지	상이한 상품을 묶어서 판매	여행권(항공+호텔+금융)
융합	하이브리드	독립된 기능의 제품을 결합	스마트폰(전화+컴퓨터)
	퓨전	상반되는 개념의 상품을 결합	동서양 음식
	융합	다른 개념의 상품을 화학적으로 결합	내비게이션(길안내+라디오+금융)

묶음(bundle)에서 퓨전으로 갈수록 물리적 결합에서 화학적 결합으로 융합의 강도가 강해진다. 번들과 패키지는 통합이라고 하고, 하이브리드와 퓨전은 융합이라고 부르기도 한다. 최근에는 기술이 결합하는 추세에 따라 이종 기술간 화학적 결합에서 학문과 산업의 결합까지 폭넓게 정의되고 있다. NT(nano technology), BT(bio technology), IT(information technology) 등의 신기술 간 또는 기존 산업과 학문 간의 결합을 통해 새로운 가치를 창출함으로써 사회 변화를 주도하는 기술이 되고 있다

 POINT **통합과 융합**

물리적인 통합

1800년대 말 미국의 한 소년이 그림을 그릴 때 지우개가 없어지는 것을 막기 위하여 연필 끝에 지우개를 연결하여 사용하였다. 그는 이 아이디어를 활용하여 '지우개 달린 연필'로 특허를 내어 큰돈을 벌었다. 연필과 지우개를 하나로 묶어서 지우개 달린 연필을 만든 것은 물리적 결합에 해당한다. 자전거에 모터를 달아서 필요에 따라서 다리 힘으로 가기도 하고 모터 힘으로 가게도 하는 모페드(moped) 역시 물리적 결

합에 해당한다. 우유에 초콜릿을 섞어 만든 초코 우유, 볼펜에 작은 전구를 달아서 만든 라이트 펜은 모두 물리적인 통합에 해당한다. 통합된 사물의 특징은 물리적으로 쉽게 분해할 수 있다는 점이다.

화학적인 융합

컴퓨터용 프린터와 복사기를 하나로 묶어서 만든 기계를 복합기라고 한다. 프린터와 복사기를 모두 갖출 수 없는 좁은 공간에서 경제적인 가격으로 복합기를 이용하는 것은 매우 편리한 일이다. 더 나아가서 이제는 복합기에 팩시밀리가 추가되었으며, 스캐너도 추가되어 그림 등을 자유롭게 파일로 읽을 수 있게 되었다. 복합기에는 프린터를 제어하는 전자회로와 복사기를 제어하는 전자회로가 하나의 기판으로 제작되었다. 따라서 물리적으로 단순하게 분리하거나 두 개의 상품을 쉽게 한 개로 묶을 수 있는 수준이 아니므로 융합이라고 말할 수 있다.

융합은 이미 오래전부터 최종 소비자들의 요구에 의하여 다양한 방법으로 시도되었다. 융합을 간단하게 설명하면 '과학기술 발전과 함께 경제적 요구에 의하여 다양한 기술이 하나의 제품이나 서비스로 통합되는 현상'이다. 융합은 매우 간단한 물리적인 결합으로 시작하여 복잡한 화학적 결합으로 발전한다고 볼 수 있다. 일차적으로는 두 개의 사물을 단순히 통합하는 것이고 이차적으로는 두 개의 사물을 완전히 분해하여 하나의 완벽한 사물로 재탄생시키는 것이다. 나아가서 여러 개의 사물들을 물리적으로 또는 화학적으로 분해한 다음에, 다시 복잡한 하나의 새로운 사물로 창조할 수 있다.

⚙ CASE 융합의 유형

묶음(bundle)

같은 제품을 여러 개씩 묶어서 하나의 상품 단위로 판매한다. 계란을 15개씩 포장하거나 라면을 5개씩 묶음으로 판매한다.

패키지(package)

종류가 다른 상품들을 하나의 상품 단위로 묶어서 판매한다. 여행 패키지는 '렌터카, 호텔, 기차표, 항공권, 관광지 가이드, 여행자 보험' 들의 묶음이다. 통신사에서 휴대폰, 인터넷, 케이블 방송, 유선 전화를 가족 단위로 묶어서 파는 것도 패키지 상품이다.

하이브리드(hybrid)

특징이 다른 기능들을 하나의 제품에 결합하여 판매한다. 스마트폰은 PDA와 핸드폰의 하이브리드 제품이다. 하이브리드 자전거는 산악용 MTB 기능과 싸이클 기능을 함께 가진 제품이다.

> **퓨전(fusion)**
>
> 상반되는 개념으로 판매되는 제품이나 서비스로부터 제공받던 기능들을 합쳐 새로운 상품 가치를 제공한다. 예를 들어, MP3[2]는 음악과 자료 저장장치의 퓨전 상품이다.
>
> **융합(convergence)**
>
> 다른 상품이나 서비스로 제공되는 것을 화학적으로 결합하여 새로운 상품으로 만드는 것이다. 내비게이션은 통행료를 지불하는 금융 서비스와 길안내 등의 관광 서비스와 라디오 TV 등의 방송 서비스를 하나로 융합한 것이다.

휴대폰이 처음 나왔을 때는 이동전화 기능만 있었으나 이제는 TV도 시청할 수 있는 DMB(Digital Multimedia Broadcasting), 컴퓨터 등으로 진화하였다. DMB는 휴대폰과 TV를 융합한 제품인데 여기에 디지털 카메라까지 포함되었다. 자동차에서 길안내를 해주는 내비게이션(navigation, 차량자동항법장치)에 DMB가 부착되어 있고 라디오 기능도 있다. 이동전화에 카메라, 컴퓨터 등을 결합하고 게임과 인터넷을 자유롭게 사용할 수 있게 융합한 제품이 스마트폰이다. 이렇게 융합된 사물은 물리적으로 쉽게 분해하여 원래의 사물로 돌아가기 어렵다.

융합은 기존 기술이나 제품을 창조적으로 재조합하는 작업이다. 소비자들의 고급화된 욕구에 맞는 제품을 만들기 위해서는 자연과학, 예술, 인문학, 사회과학 등이 모두 벽을 허물고 조화를 이루어야 한다. 자연과학에서 고급 기술이 나오고, 인문학에서 스토리가 나오고, 예술에서 디자인이 나오고, 사회과학에서 제품 시장을 위한 마케팅이 나오는 통합이야말로 진정한 융합이라 할 수 있다.

1.2 융합 학문

우수한 회사들 간에는 기술 격차가 적기 때문에 단순히 기술력만으로 경쟁력을 높이기 어렵다. 소비자의 눈을 끌 수 있는 디자인 등의 다른 성공 요소가 필요하다. 훌륭한 제품은 [그림

---

2   MPEG-1 Audio Layer-3: 영상압축 표준인 MPEG 기술 가운데 오디오 부분만으로 만든 컴퓨터 파일.

1.2](a)와 같이 디자인과 마케팅과 스토리가 조화롭게 기술과 융합되어야 시장에서 성공할 수 있다. 융합은 [그림 1.2](b)와 같이 자연과학과 인문과학, 사회과학, 예술 등의 학문으로 이루어지며, 이들이 경계를 허물고 화학적으로 하나가 되어야 완성된다.

[그림 1.3]과 같이 유비쿼터스[3] 환경 기반 위에서 사회과학, 인문과학, 자연과학 그리고 예술이 융합되어 새로운 분야를 창출한다. 유비쿼터스 환경이란 언제 어디서나 컴퓨터 자원을 잘 활용할 수 있도록 통신이 잘 연결된 환경을 말한다. 융합의 기저에는 인문과학과 자연과학으로 구성되는 인지과학이 핵심을 이룬다. 사회과학에서는 경영학의 마케팅이 요구된다. 인문과학에서는 스토리를 만들어내는 문학과 인간의 마음을 이해하는 심리학과 인간의 궁극적인 실체를 탐구하는 철학과 인류의 문화를 탐구하는 인류학과 인간의 사고와 마음을 표현하는 언어학 등이 요구된다. 자연과학에서는 사고력의 기반이 되는 신경과학과 기계를 인간의 마음으로 유추하는 인공지능 등이 요구된다. 예술에서는 아름다움을 생성하고 산출하는 미학과 창의성 등이 요구된다. 융합은 이들 영역의 벽을 허물고 통합하여 새로운 영역을 창출한다.

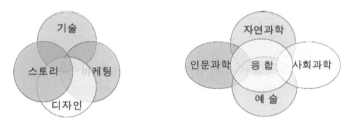

(a) 상품 융합의 구성 요소   (b) 융합의 학문 배경

[그림 1.2] 학문의 경계와 융합

[그림 1.3] 융합을 위한 학문 구성

---

3   유비쿼터스(ubiquitous): '언제 어디서나 동시에 존재한다'라는 뜻. 1988년 제록스 팰러 앨토 연구소(PARC)의 Mark Weiser가 차세대 컴퓨팅 비전으로 처음 제시한 인간 중심의 컴퓨팅 기술.

1.2.1 융합 기반 학문: 인지과학

융합을 추진하는 분야와 기술들은 NBIT(Nano Bio Info Tech)와 건강, 인지과학 등
으로 많이 연구되고 있으나 우리나라에서는 그동안 지적 능력에 관한 인지과학 분야
가 간과되어온 분야이다. 인지과학은 '인간의 지적 능력과 이를 대행하는 능력을 연구
하는 학문'이다. 인지과학은 인간이 느끼고 생각하고 표현하는 것에 대한 학문으로
[그림 1.4]와 같이 철학, 심리학, 인류학, 언어학, 신경과학, 인공지능 등의 여러 가지 학
문이 포함된다. 이들의 공통점은 <표 1.2>와 같이 철학에서 파생되어 인간의 마음을
주요 연구 대상으로 한다는 점이다.

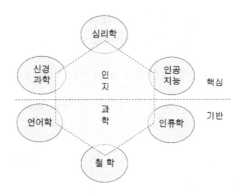

[그림 1.4] 융합 기반 학문: 인지과학

〈표 1.2〉 인지과학의 학문 구성

구분	학문	내역
핵 심	심리학	인간의 행동과 마음을 연구하는 학문
	신경과학	인간의 신경계와 행동을 연구하는 학문
	인공지능	인간의 마음을 수행하는 기계를 연구하는 학문
기 반	철학	인간의 궁극적인 실체를 탐구하는 학문
	언어학	인간의 의사소통 체계를 연구하는 학문
	인류학	인간의 마음과 문화를 연구하는 학문

·ㅎ· POINT 인지과학 분야

심리학(心理學, psychology)

인간의 행동을 연구한다. 사람들은 자신과 주변에 대해 대단한 관심을 가지고 있으므로 생각을 많이 하게 된다. '나는 누구인가? 생각은 어디서 오는 것일까?' 이런 궁금증을 해결하기 위하여 심리학이 대두되었다. 심리학은 생각을 구조적으로 분석하고 조사하는 구조심리학으로 출발하여 과학적 관찰을 중시하는 행동심리학과 신경증을 치료하는 프로이드의 정신분석학을 거쳐서 인간의 마음을 중시하는 인지심리학으로 발전하고 있다. 심리학에 관심을 갖는 이유는 인간의 마음이 수행하는 일이 컴퓨터가 정보를 처리하는 절차와 과정과 유사하기 때문이다.

신경과학(神經科學, neuroscience)

신경계의 구조와 기능 그리고 인간의 행동을 연구한다. 신경은 동물의 조직으로 간단하게 생성되었지만 작은 신경세포들이 모여서 엄청난 크기의 뇌를 만들어 복잡한 기능을 수행한다. 신경이 식물에 존재하지 않는 이유는 신경의 역할이 움직이는 것을 목적으로 하기 때문이다. 신경조직이 진화한 결과가 두뇌이다. 정교한 운동을 수행하기 위하여 두뇌는 정보를 신속하게 처리하는 정보처리장치로 발전하였다. 신경과학에 관심을 갖는 이유는 신경계가 수행하는 일이 정보를 처리하는 컴퓨터가 하는 일과 같으며, 결국 마음을 수행하는 일이기 때문이다.

인공지능(人工知能, artificial intelligence)

인간의 마음을 수행할 수 있는 기계를 연구한다. 컴퓨터는 정보를 처리하는 기계이고 인공지능은 인간의 마음을 기계에서 처리한다. 인간의 지능은 '기존 정보로부터 새로운 정보를 추론하여 문제를 해결하는 능력'이고, 인간의 지능을 기계에서 수행하는 것이 인공지능이다. 컴퓨터가 대량의 수치 자료를 신속하고 정확하게 처리하는 것이라면 인공지능은 인간의 고유한 영역인 독창력, 경험, 직감, 패턴 인식과 같은 능력이 뛰어나다. 인공지능의 목표는 인간과 유사한 기능을 하는 컴퓨터를 만드는 일이다. 인지과학이 인공지능에 관심을 갖는 이유는 인공지능이 인간의 마음이 수행하는 일이기 때문이다.

철학(哲學, philosophy)

지혜를 추구하는 과정에서 문제, 전제, 개념, 명제들 사이의 관계를 명확하게 규명함으로써 궁극적인 실체를 연구한다. 지식이 새로운 정보를 만드는 능력이라면 지혜란 '상황을 빨리 인식하고 신속하게 처리하는 능력'이다. 지혜는 사람, 사물, 사건과 이들의 진정한 면모와 관계를 정확하게 꿰뚫어보고 현명하게 조치할 수 있는 통찰력이다. 인지과학은 사물을 인지하는 차원에서 인식론과 논리학을 주요 대상으로 한다. 인지과학이 철학에 관심을 갖는 이유는 인식론과 논리학의 목표가 정보를 처리하는 컴퓨터 프로그램과 같으며, 인간의 마음이 수행하는 일이기 때문이다.

언어학(言語學, linguistics)

사람의 생각을 소리나 문자로 표현하는 방식을 연구하는 학문이다. 사람은 언어로 생각하고 마음을 표현하고 정보를 인식한다. 따라서 언어는 정보를 처리하는 수단이다. 컴퓨터에게 일을 시킬 때도 컴퓨터 언어를 이용하여 일을 수행하게 한다. 사람과 컴퓨터는 정보를 처리하는 차원에서 언어를 같은 수단으로 사용하며, 서로 언어를 매개로 의사소통을 한다. 언어를 다른 말로 설명하면 '인간의 사고와 세계관을 인식하고 이해하는 도구'라고 말할 수 있다. 인지과학이 언어학에 관심을 갖는 이유는 언어가 수행하는 일이 정보를 처리하는 컴퓨터와 같은 일이고 결국 마음이 수행하는 일이기 때문이다.

인류학(人類學, anthropology)
인간의 마음과 문화를 연구하는 학문이다. 문화란 '인간이 소속된 사회의 생활 속에서 오랫동안 함께 공유하게 된 생활양식'을 말한다. 실제 문화는 인간의 지식, 신앙, 예술, 도덕, 법, 관습 등 인간이 생활하면서 쌓아온 모든 능력을 의미한다. 다시 말하면 '인간이 사회 구성원들과 함께 만들어낸 무형의 자산'이라고 할 수 있다. 인류학의 대표 명제는 '사람이란 무엇인가?'라고 할 수 있다. 심리학이 개인이나 소수의 마음을 연구하는데 비하여 인류학은 좀 더 큰 단위인 씨족, 부족 등을 대상으로 한다. 인지과학이 인류학에 관심을 갖는 이유는 인류학이 소집단에 소속된 인간의 마음을 연구하기 때문이다.

1.2.2 융합 관련 학문

융합 관련 학문은 [그림 1.5]와 같이 인지과학과 산업계에 관련된 학문으로 <표 1.3>과 같은 분야이다. 이들 분야의 특징은 모두 인간의 마음을 수행한다는 점이다. 인간의 마음이 수행되는 기제를 연구함으로써 융합 학문의 궁극적인 목적을 달성할 수 있기 때문이다.

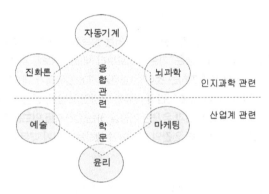

[그림 1.5] 융합 관련 학문

<표 1.3> 융합 관련 학문

학문	내역	비고
자동기계	주어진 작업을 스스로 처리하는 기계	인지과학 관련
뇌과학	신경계에서 두뇌의 구조와 기능을 연구하는 학문	
진화론	생물체의 변화 과정과 원리를 연구하는 학문	
마케팅	기업이 상품이나 서비스를 유통시키기 위한 모든 경영 활동	산업계 관련
예술	아름다움을 표현하는 행위와 표현물	
윤리	인간이 사회생활을 하기 위한 갈등해소와 의사소통 수단	

POINT 융합의 관련 학문

자동기계(自動機械, automaton)

자동기계는 '스스로 동작하는 기계'이고, 기계는 다수의 부품으로 구성된 도구이다. 또는 일을 하기 위하여 스스로 연산을 수행하는 기계를 뜻한다. 처음에는 덧셈과 뺄셈 등을 수행하였지만 점차 기능과 성능이 확장되어 복잡한 계산뿐만 아니라 사무용 업무도 처리하는 만능 슈퍼컴퓨터로 발전하였다.

자기 테이프에 1과 0으로 기억된 정보를 입력받아서 0이나 1을 출력하고 테이프를 이동하는 간단한 계산 과정을 수행한다. 이 과정은 일종의 기계논리로서 컴퓨터 알고리즘이라고 한다. 자동기계가 수행하는 연산 원리는 인간의 마음이 수를 계산하는 방법과 같다. 그 이유는 숫자를 계산하는 과정이 인간의 마음이 수행하는 절차를 따랐기 때문이다.

뇌과학(brain science)

뇌는 수많은 신경세포로 구성되어 정보를 처리한다. 뇌는 신체 내부와 외부에서 발생되는 신호를 수집하여 기존에 기억된 정보와 비교하고 분석하여 정보를 처리한다. 컴퓨터의 중앙처리장치(CPU)와 같은 기능을 한다. 뇌에서 실행되는 정보처리를 마음 또는 의식이라고 말한다. 뇌과학은 '뇌의 작용원리와 의식 현상'을 연구한다. 뇌과학은 인간이 생각하는 대로 움직일 수 있는 기계를 만드는데 도움이 된다.

진화론(進化論, evolution theory)

생물은 세대가 거듭되면서 점진적으로 변화고, 자연선택에 의하여 자연 환경에 적합하지 않은 생물은 자연도태가 된다. 진화심리학은 진화의 관점에서 인간의 마음을 연구하므로 인간 심리를 파악하고 정보처리를 기계화하는데 도움을 준다. 또한 인간의 심층 속에 묻혀있는 욕망의 근원을 찾아내는 뉴로 마케팅은 마케팅 기법에 큰 도움을 준다. 진화 이론을 컴퓨터 알고리즘에 적용하면 어려운 문제들을 쉽게 해결할 수 있다. 진화 이론을 정보처리에 적용하면 진화 알고리즘이 된다.

마케팅(marketing)

시장 조사가 충분하지 않으면 소비자 요구를 충족시키기 어렵고, 수익 모델이 확실하지 않으면 지속적인 경영활동이 어렵다. 마케팅은 기업이 소비자에게 상품과 서비스를 판매하여 기업의 이익을 올리고 소비자도 만족하기 위한 모든 활동을 말한다. 수익 모델은 기업이 지속적으로 수익을 창출하는 방법이다. 마케팅은 '개인과 조직의 목표를 충족시킬 교환을 야기하기 위하여 아이디어 및 제품, 서비스의 개념화와 가격, 판매 촉진, 유통을 계획하고 수립하는 과정'이다.

예술(藝術, art)

예술은 미적 가치를 창조하는 표현 행위와 표현물이다. 아름다움은 '보다 완전한 상태로 나가는 과정'이다. 조금이라도 더 완전해지려고 노력하는 과정은 아름답다. 기술이 발전하여 예술 작품들이 얼마든지 원본과 동일하게 복제될 수 있는 시대가 되었다. 복제된 예술은 아름다운가? 아름답지 않은가? 원본의 가치는 사라지고 없는 것일까? 아무리 기능과 성능이 우수한 제품이라도 아름다워야 호응을 얻을 수 있다. 복제된 예술은 의미가 없는가? 이런 예술의 문제점들은 융합의 중요한 요소이다.

윤리(倫理, ethics)

윤리는 올바른 행동과 선한 삶의 기준이고, 도덕은 인간이 마땅히 행동하고 지켜야 할 도리이다. 윤리와 도덕은 용어가 사용되는 분야에 따라서 약간의 의미가 달라지지만 사람들이 규범을 지킨다는 면에서는 차이가 없다. 기술 발전으로 인하여 지적재산권 침해에 대한 우려가 높다. 모든 표현물과 창작품의 지식 재산권을 지켜주는 사회 구성원들의 윤리 의식이 중요하다. 인간이 사회생활을 하기 위한 갈등해소와 의사소통 수단이 윤리이다. 융합을 추구하는 과정의 윤리도 매우 중요하다.

1.2.3 융합 기반 환경

융합 기술이 실행되는 기반 환경은 사용자가 언제든지 자유롭게 정보와 서비스를 제공 받을 수 있는 컴퓨터 환경이며, 이런 환경에서는 컴퓨터와 독립된 기능을 수행하는 기기들이 잘 연결되어 있어야 하고, 모든 기기들이 서로 긴밀하게 협동처리할 수 있어야 한다. 이런 기반환경을 유비쿼터스 환경이라고 한다.

유비쿼터스라는 말은 '언제 어디서나 존재한다'는 뜻이다. 보이지 않는 신이 존재하여 우주 만물을 살피듯이 컴퓨터 기기가 생활 속에 곳곳에 설치되어 인간 생활을 도와주기 바라는 뜻으로 사용하는 말이다. 유비쿼터스 환경은 기계가 아닌 인간 중심의 사회를 구현하려는 발상으로 시작되었다. 기존 환경은 기계 중심의 사회라서 사람들이 수시로 발전하는 복잡한 컴퓨터 기기들을 배우고 사용하느라 기계에 종속되었다. 유비쿼터스 환경에서는 사물마다 컴퓨터 기기들이 눈에 보이지 않게 설치되어 있어서 사람들은 컴퓨터의 존재를 모르고도 사물을 잘 사용할 수 있게 된다.

유비쿼터스 환경은 '사용자가 요구하는 정보와 서비스를 언제 어디서나 즉시 제공하는 환경'이다. 그러기 위해서는 모든 사물과 기기에 컴퓨터 칩(chip)이 내장되고 통신망에 연결되어 실시간으로 정보와 서비스를 이용할 수 있는 시설을 구축해야 한다. 유비쿼터스 시스템을 구축하는 것이며, 유비쿼터스 시스템을 구축하는 데에는 새로운 기술이 요구된다. 유비쿼터스 기술은 시스템 구성을 위한 요소 기술과 시스템 구축에 기반이 되는 기반 기술로 두 가지 기술로 구분된다. 첫째 요소 기술은 센서 기술, 프로세서 기술, 통신 기술, 인터페이스 기술, 보안 기술 등의 5가지가 있다. 둘째 기반 기술은 소프트웨어 기술, 하드웨어 기술, 접근 기술 등의 세 가지가 있다. 요소 기술과 기반 기술들이 개별적으로 우수해야 하지만 서로 조화롭게 융합되어야 유비쿼터스 환경을 충분히 지원할 수 있다.

1.3 디지털 융합

디지털 융합이란 컴퓨터 기술을 이용하여 두 개 이상의 사물을 하나로 결합시키는 기술이다. 융합은 과거부터 다양한 분야에서 시도되어 왔으며, 대표적으로 디지털 융합이 가장 먼저 부각되었다.

1.3.1 왜 디지털 융합인가?

융합을 수행하는 방법은 아날로그 방식과 디지털 방식으로 구분된다.

(1) 왜 디지털인가?

아날로그 융합은 사물의 물리적인 속성을 그대로 유지하는 것이기 때문에 사물들을 기계적으로 결합하는 방식이고 디지털 융합은 사물의 속성을 수치로 변환하여 사용하기 때문에 컴퓨터 기기를 이용하는 방식이다. 아날로그 방식보다 디지털 방식을 융합에서 선호하는 이유는 무엇인가? 물리적으로 융합하는 것은 각 물질들의 속성이 다양하기 때문에 경직성이 높다. 디지털로 융합하는 것은 수치화된 자료를 프로그램으로 작업할 수 있으므로 상대적으로 적용하기 쉽다. 융합 제품의 기능을 수정하려면 해당 소프트웨어 프로그램을 수정하면 된다. 아날로그로 융합된 제품을 수정하려면 하드웨어 자체를 개조해야 하므로 쉽지 않다.

(2) 왜 융합해야 하는가?

1980년대의 사무관리업무에 사용되는 기기를 살펴보면 타자기를 위시하여 복사기, 전화기, 텔렉스(telex)[4], 팩시밀리 등이 거의 모든 사무실에서 사용되고 있었다. 직장의 규모와 성격에 따라서 컴퓨터가 사용되기도 하였는데 대기업의 경우에는 예외 없이 대형 컴퓨터가 사용되었다. 컴퓨터도 회사의 주요업무는 대형 컴퓨터를 사용하고 사무원들의 작은 업무는 개인용 컴퓨터를 사용하고 있었다. 그러나 대형 컴퓨터와 개인

---

4 telex: 가입자들이 임의의 시간에 직접 전신회선망을 이용하여 통신할 수 있는 전신. 타자기와 같은 모양으로 손가락으로 입력하고 프린터처럼 자동으로 종이에 출력.

용 컴퓨터 그리고 프린터, 복사기, 팩시밀리, 텔렉스 등은 서로 연결되지 않아서 자료의 이동과 조작이 쉽지 않았다. 대형 컴퓨터에서 작성된 자료를 다른 사무기기에서 사용하려면 새로 작성해야 하는 경우가 많아서 매우 불편했다.

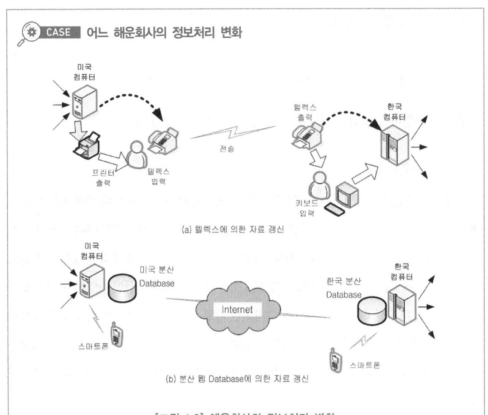

[그림 1.6] 해운회사의 정보처리 변화

한국의 어떤 해운회사의 미국 사무소는 [그림 1.6](a)와 같이 미국 내에서 컨테이너가 이동하는 현황을 컴퓨터에 입력하여 관리한다. 미국 항구에서 컨테이너를 배에 실어서 한국에 보내게 되면 관련 선적 서류를 컴퓨터에서 프린터로 출력하고, 출력된 자료를 다시 손으로 텔렉스에 입력하면 한국 사무소 텔렉스에 출력된다. 한국 사무소에서는 텔렉스를 보고 다시 손으로 컴퓨터에 입력한 후에 컴퓨터로 컨테이너를 관리해야 한다. 이 와중에서 같은 자료를 여러 번 손으로 입력하게 되고, 자료의 수량이 많아지면 작업 과정에서 오류가 증가하게 된다. 이런 방식의 업무는 시간이 많이 걸리고, 경제적으로 비용이 많이 들며, 정확성이 떨어져 전반적으로 어려움이 많았다.

이 문제를 해결하는 방법은 여러 가지가 있으며 매우 간단하다. 첫째 미국 컴퓨터의 컨테이너 선적 정보를 프린터로 출력하지 말고 [그림 1.6](a)의 점선과 같이 컴퓨터와 텔렉스를 디지털 방식으로 융합하면 미국 컴퓨터에서 텔렉스를 거쳐서 한국 사무소의 텔렉스에 오게 되고, 다시 융합된 텔렉스를 거쳐서 한국 컴퓨터로 자동 입력할 수 있다. 그 당시에도 미국 컴퓨터에서 위성 통신망을 이용하여 한국 컴퓨터로 전송하면 직접 자료 입력이 가능했지만 위성통신 사용료가 비싸서 사용하기 어려웠다. 지금은 인터넷을 이용하여 미국 컴퓨터에서 출력한 파일을 개인용 컴퓨터를 통하여 전자 우편으로 한국에 보내고, 한국 사무소의 개인용 컴퓨터에서 한국 컴퓨터로 직접 입력할 수 있다. 이와 같은 형태의 사무관리 업무는 필수적으로 디지털 융합 기기를 이용해야 한다. 이 와중에서 같은 자료를 여러 번 손으로 입력하게 되고, 자료의 수량이 많아지면 작업 과정에서 오류가 증가하게 된다. 이런 방식의 업무는 시간이 많이 걸리고, 경제적으로 비용이 많이 들며, 정확성이 떨어져 전반적으로 어려움이 많았다.

이 문제를 해결하는 둘째 방법은 [그림 1.6](b)와 같이 인터넷을 이용하여 분산 웹 데이터베이스 시스템을 구축하는 것이다. 미국 지점에 있는 데이터베이스와 한국 본사에 있는 데이터베이스를 개념적으로 하나의 데이터베이스로 통합한다. 미국에서는 미국과 한국의 전체 데이터베이스를 보면서 작업할 수 있고, 한국에서도 한국과 미국의 데이터베이스를 모두 보고 작업을 할 수 있다. 미국의 자료는 실제로 미국 데이터베이스에 있고 한국의 자료는 한국 데이터베이스에 있지만 개념적으로 하나의 데이터베이스처럼 사용할 수 있다. 또한 스마트폰으로 한국과 미국의 데이터베이스 정보를 확인하고 업무를 처리할 수 있다.

해운회사의 사례에서 보듯이 기업체에서 사무관리를 위한 디지털 융합은 사무관리 자동화와 직접적으로 연결되어 있으며 경제적인 효과가 매우 크다. 사무관리 업무의 흐름이 끊임없이 이어지는 것이 시간과 인력과 업무의 품질관리 차원에서 매우 중요하다.

현재 해운회사에서는 인터넷의 웹 기술을 이용하여 데이터베이스를 직접 또는 간접적으로 접근하고 변동이 발생한 데이터베이스의 자료를 갱신한다. 웹 데이터베이스에 직접 접근하여 응용 프로그램 수준에서 자료를 갱신하거나 데이터베이스의 자료를 별도의 파일(엑셀이나 해당 데이터베이스 자료 형식)로 내려 받아서 그 파일을 이용하여 해당 데이터베이스 자료를 갱신한다.

POINT 융합의 용어 정의

융합

- 두 가지 이상의 사물을 분해하여 화학적으로 하나의 사물로 결합하는 것
- 사물에는 제품과 서비스와 프로세스 등이 모두 포함된다. 융합이 성공하기 위해서는 여러 분야의 지식과 기술, 예술이 조화를 이루어 수행되어야 한다. 즉, 기술 분야뿐만 아니라 인문, 사회, 예술 분야의 전문가들과 협력해야 한다.

아날로그 융합

- 사물의 물리적인 속성을 이용하여 사물들을 통합하는 것.
- 수치로 변환된 값을 이용하지 않고 연속된 물리량의 속성을 이용하는 방식.

디지털 융합

- 컴퓨터 기술을 활용하여 새로운 상품을 창출하는 것
- 디지털 융합은 아날로그 융합에 대응되는 개념이다. 컴퓨터의 하드웨어(반도체) 기술과 소프트웨어(프로그램) 기술을 모두 포함한다.

소프트웨어 융합

- 기존 상품에 소프트웨어 기술을 접목하여 새로운 상품을 창출하는 것
- 디지털 융합은 반도체 등의 하드웨어보다는 소프트웨어가 더 섬세하게 제어할 수 있고 유연성이 크기 때문에 소프트웨어 융합을 선호하고 있다.

IT 융합

- IT 기술을 이용하여 부가가치가 높은 새로운 제품을 창출하는 것
- IT 융합은 정보와 통신 기술의 융합과 정보기술을 이용하여 융합한다는 두 가지 의미로 사용되고 있다. 두 가지 모두 반도체 하드웨어 기술과 프로그래밍 기술과 통신 기술을 융합하는 의미로 사용된다.

산업 간 융합

- 기존 산업들을 결합하여 새로운 산업을 창출하는 것
- 과거에는 산업별로 독립적인 제품을 생산하여 각기 다른 기능을 수행하였으므로 산업 내 융합이라고 할 수 있지만 이제는 다양한 기술을 이용하여 다른 산업의 제품이나 서비스와 융합하고 있으므로 산업 간 융합이라고 한다. 이런 융합은 제품과 서비스의 경계를 허물고 산업 간 경계를 허물어서 새로운 비즈니스를 창출한다. 산업 융합 시대에는 동종 산업뿐만 아니라 이종 산업 간에도 기업 간 무한경쟁을 해야 한다.

1.3.2 융합의 발전

디지털 융합이 발전하는 추진력은 어디서 오는 것인가? 그리고 그 동기는 무엇인가? 디지털 융합이 발전하게 된 가장 큰 요인은 고객의 욕구와 제품 공급을 위한 기술

의 발전이다. 융합 제품과 서비스들이 창출되기 위해 우선적으로 필요한 것이 고객의 욕구이다. [그림 1.7]에서와 같이 고객의 욕구에 의하여 기술이 발전되고 기술이 새롭게 진보하는 것은 마케팅의 기본 원리이다. 고객의 욕구와 기술 사이에서 제품이 생산되어 시장과 기술이 연결된다.

스위스칼(Swiss Army Knife)[5]은 스위스 군대에서 사용되다가 이제는 전 세계적으로 민간인까지 널리 사용하고 있다. 군인들이 야전에서 쉽게 사용할 수 있도록 칼과 가위와 병따개 등을 묶어주기를 요구했기 때문에 스위스칼이 만들어졌다. 고객의 요구가 선행되어 별개의 도구들을 하나의 손잡이에 묶어주는 기술 혁신이 실현된 것이다.

(1) 디지털 융합의 추진 요인

디지털 융합의 추진 요인은 제품을 필요로 하는 시장의 요구와 이 요구를 충족하는 융합 제품과 제품을 생산하는 융합 기술 등의 세 가지이다. <표 1.4>에서 이들 요소들 간의 관계를 기술한다.

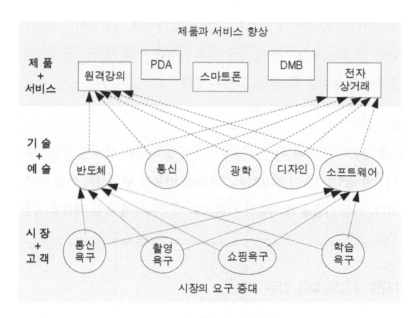

[그림 1.7] 디지털 융합의 추진 요인

---

5 Swiss Army Knife: 스위스의 Victorinox사가 만든 다용도 주머니칼. Karl Elsener가 1884년 24세에 이 회사를 설립하고 다양한 칼들을 만들고 있으며 스위스 군대에 칼을 납품한 후부터 세계적으로 널리 보급됨.

〈표 1.4〉 디지털 융합의 추진 요인

요인	비고
소비자 욕구	소비자들이 다양한 욕구를 충족하고 싶은 구매력 확대
시장의 생산력	제품을 경제적으로 생산할 수 있는 시장의 자본력과 유통 능력
융합 기술력	여러 가지 제품을 융합할 수 있는 기술력

■ 소비자 욕구

시장의 요구는 소비자들의 욕구로 형성되어 구매력으로 나타난다. 소비자들이 이동 전화에 대한 욕구가 있고, 촬영하고 싶은 욕구가 있고 이들을 통합한 기기에 대한 욕구가 많다면 시장에서는 융합 제품을 공급하려 할 것이다. 비용을 지불할 소비자들의 수가 많을수록 사업자들에게는 융합 제품을 만들 가능성이 높아질 것이다.

■ 시장의 생산력

이동 전화와 촬영할 수 있는 제품에 대한 소비자들의 욕구가 크면 사업자들은 융합 제품을 공급하려고 할 것이다. 그러나 이들 융합 제품을 상품화하기 위해서는 경제적으로 생산할 수 있는 생산 기술이 요구된다. 시장은 이들 제품을 생산하고 공급할 수 있는 자본과 유통 능력을 확보하고 있어야 한다.

■ 융합 기술력

휴대폰을 생산하기 위해서는 CDMA 기술이 필요하고, 디지털 카메라를 만들기 위해서는 디지털 광학 기술이 필요하고, DMB를 만들기 위해서는 무선 자료 통신 기술이 요구된다. 이런 기술들이 저렴한 가격으로 제공되어야 융합 제품을 공급하는 시장이 형성된다.

(2) **디지털 융합의 적용 업무**

제조 부문의 융합은 '제품 융합'과 제품 생산 공정을 위한 '프로세스 융합'과 다양한 서비스를 융합하는 '서비스 융합' 등으로 <표 1.5>와 같이 구분된다. 세 가지 융합의 차이점은 융합을 외부에서 보는 시각의 차이에 있다.

■ 제품 융합

과거에는 하드웨어의 혁신으로 구현되던 기능이 점차 소프트웨어 기술을 내장하여 제품을 다 기능화하고 지능화함으로써 제품의 부가가치를 향상시킨다. 제품과 소프트웨어를 융합하기 위하여 내장 소프트웨어(embedded SW) 기술이 발전되었다.

[그림 1.8]과 같이 제품 A는 부품 4개가 하드웨어로만 구성되어 있으므로 기능이 유연하지 못하고 지능화되어 있지 못하였다. 제품 A'은 제품 A의 부품들을 내장 프로그램 X를 이용하여 지능화하였으므로 기능과 성능이 우수하게 융합되었다. 제품 B는 부품 3개 중에서 2개가 제품 A'와 동일하므로 제품 A'와 융합하는 것이 원가 면에서 경제적이다. 제품 B를 지능화하기 위해서는 내장 소프트웨어 Y가 필요하고, 제품 B와 A'를 융합하기 위해서는 내장 소프트웨어 Y와 내장 소프트웨어 X를 구동하는 인터페이스를 개발해야 한다.

〈표 1.5〉 디지털 융합 적용 업무 형태

업무 형태	내역
제품 융합	제품의 기능을 다양화하고 지능화하고 성능을 고도화
프로세스 융합	생산성 향상을 위한 업무 처리 방식의 통일과 합리화
서비스 융합	기존 서비스의 혁신과 융합을 이용한 새로운 서비스 모델 개발

■ 프로세스 융합

제조업체는 생산성을 향상시키기 위하여 제조 공정 업무와 소프트웨어를 융합한다. 제품의 생산 공정과 서비스를 제공하는 과정에서 발생하는 비능률을 제거하여 최적화된 프로세스를 제공하는 것이 목적이다. 자동차, 조선, 전자산업의 경우 자재소요량관리(MRP[6], Material Requirement Planning)를 향상하기 위하여 업무 프로세스를 소프트웨어와 융합하기 시작하였다. 프로세스 융합의 결과가 좋은 평가를 받음에 따라서

6　MRP(자재소요량관리, Material Requirement Planning): 효과적인 생산 활동을 위하여 원재료 등의 최적 보유량을 계획하고 공급하는 업무. 제조 공장을 운영할 때 적정 재고를 유지함으로써 원자재 부족으로 인한 공장 가동의 정지를 예방하고 자금의 회전력을 확보하기 위한 관리 기법.

제조업체 업무 전반의 생산자원관리(MRP[7], Manufacturing Resource Planning) 프로그램으로 확장되어 자재관리, 구매관리, 원가관리, 품질관리, 공정관리 등이 융합에 적용되었다. 프로세스 융합은 업무를 개선하여 생산기간을 단축하고 비용을 절감하는 생산관리 합리화 사업이 대표적 사례이다. MRP 프로그램이 모든 업무분야로 확대되어 전사자원관리(ERP[8], Enterprise Resource Planning) 프로그램으로 발전하였으며, 이제는 제조업뿐만 아니라 금융 분야, 학원 등의 서비스업까지 광범위하게 적용되고 있다.

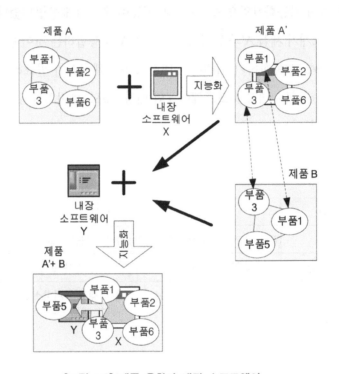

[그림 1.8] 제품 융합과 내장 소프트웨어

[그림 1.9]는 기계 제조업체에서 공장 생산성 향상을 위하여 자재관리, 생산관리, 영업관리 등의 업무 프로세스를 소프트웨어와 융합한 구성도이다. 자재관리 업무와 소프트웨어와의 융합은 자재소요량관리(MRP)라고 할 수 있고, 생산관리 업무와 소프트

---

7   MRP(생산자원관리, Manufacturing Resource Planning): 효과적인 생산 활동을 위하여 원자재관리, 공정관리, 장비관리, 인력관리, 회계관리 등 생산전반에 관한 자원을 관리하는 업무.

8   ERP(전사자원관리, Enterprise Resource Planning): 미국의 컨설팅 회사인 Gartner, Inc 그룹이 처음 도입한 경영기법. 기업의 인사, 재무, 생산, 영업 등 전 부문에 걸쳐 독립적으로 운영되던 소프트웨어 시스템들을 하나로 통합하여 경영 활동의 생산성을 극대화하려는 기법.

웨어와의 융합은 생산자원관리(MRP)라고 할 수 있으며, 모든 업무와 소프트웨어와의 융합은 전사자원관리(ERP)라고 할 수 있다.

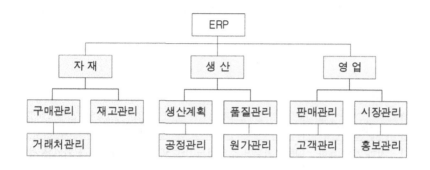

[그림 1.9] 전사자원관리(ERP)를 위한 자재, 생산, 영업 프로세스의 융합

■ 서비스 융합

서비스 부문에서도 소프트웨어 활용을 통하여 기존 서비스 방식의 혁신과 이를 통하여 완전히 새로운 서비스 비즈니스 모델을 창출하기 위하여 융합하는 것을 말한다. 서비스업에서의 소프트웨어 융합은 프로세스 혁신을 위해서 활용되거나 자동화를 통하여 구현되고 있다. 소비자는 제품을 구매하기보다는 제품에 서비스를 부가한 솔루션으로 제공받기를 원한다. 이때 소프트웨어가 제품에 서비스를 부가하는 주요 수단이 되고 있다. 예를 들어, 공항에서 체크인 서비스를 자동화기기로 대체하는 경향이 있는데 이것은 기기와 소프트웨어를 서비스와 융합시킨 사례이다. 휴대폰으로 모바일뱅킹을 하는 것은 [그림 1.10]과 같이 통신 단말기와 금융 서비스를 융합한 대표적인 서비스 융합이다.

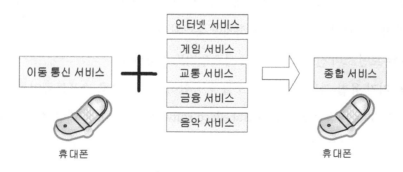

[그림 1.10] 서비스 융합

1.3.3 디지털 융합의 기술 형태

디지털 융합은 가장 기초가 되는 기술은 칩(chip) 융합이다. 칩 융합에서 시작하여 기기 융합으로 발전하고, 기기 연결을 위하여 네트워크 융합으로 발전하였으며, <표 1.6>과 같이 최종적으로 산업간 융합으로 확장되었다.

〈표 1.6〉 디지털 융합의 기술 형태

순서	기술 형태	내 역
1	칩과 기기 융합	특정 기능을 수행하는 반도체 칩을 결합하거나 기기를 결합
2	네트워크 융합	다양한 형태의 유·무선 네트워크 결합
3	미디어 융합	아날로그와 디지털 미디어의 결합 및 다양한 멀티미디어의 결합
4	산업 간 융합	제조업과 금융 등의 서비스 산업 간의 제품과 서비스의 결합

(1) 칩과 기기 융합

반도체 기술이 융합하면서 SoC(System on Chip) 분야로 발전하였다. SoC는 단순한 한 가지 기능을 수행하는 칩들이 기능을 중심으로 복합적으로 연결되어 시스템 수준의 역할을 수행하는 하나의 칩으로 융합한 것이다. SoC는 다양한 작업을 하나의 칩에서 수행하기 때문에 크기와 경제성에서 전자제품의 성능을 비약적으로 발전시켰다.

칩의 융합을 기반으로 기기 융합이 발전하였다. 디지털 관련 기기는 주로 전자부품으로 구성된다. 4개의 독립된 제품에는 전원장치가 각각 1개씩 필요하지만 하나의 기기로 융합되면 전기 용량은 조금 늘어나지만 전체적으로는 1개만 있으면 된다. [그림 1.11]과 같이 프린터와 복사기와 스캐너와 팩시밀리를 복합기라는 하나의 기기로 융합하면 전체적으로 사진기가 한 개 필요하지만 독립된 제품으로 만들면 각각 1개씩 쓰인다. 전체적으로 보면 소비 전력도 절약되고 제조 원가도 절약된다.

칩과 기기 융합 과정에서 각 요소들을 융합하는 수단으로 소프트웨어를 기기에 내장하기 때문에 내장 소프트웨어(embedded software)라고 한다. 내장 소프트웨어는 특정한 기기에 새로운 기능을 추가로 탑재하기 위하여 주로 이용된다.

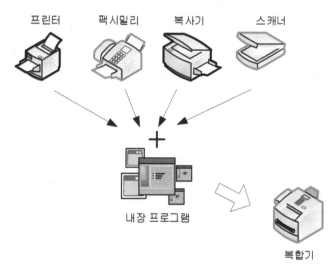

프린터 팩시밀리 복사기 스캐너

내장 프로그램

복합기

[그림 1.11] 기기 융합: 복합기 사례

(2) 통신 네트워크 융합

통신 기술이 발전하면서 처음에 유선통신 네트워크가 구축되고 이어서 무선통신 네트워크가 구축되었다. 두 개의 네트워크가 구축된 후에 사용자 편의를 위하여 유선과 무선 네트워크를 융합하여 유·무선 네트워크를 구축하였다. 소비자들이 이동통신을 요구하는 욕구가 증대되어 CDMA[9] 기술을 이용하는 이동통신 네트워크가 구축되었으며, 이동통신은 다시 유·무선 네트워크와 융합되어 사용되고 있다. 2004년에는 KT에서 세계 최초로 이동전화와 유선전화를 결합하는 네트워크 융합을 이룩하여 KT OnePhone[10] 서비스가 개시되었다.

---

9 CDMA(Code Division Multiple Access): 미국의 퀄컴(Qualcomm)이 개발한 디지털 이동통신 방식으로 코드분할다중접속이라고 함.

10 OnePhone: Bluetooth 기술을 이용하여 옥내에서는 유선전화로 옥외에서는 휴대폰으로 통화할 수 있는 유·무선 통합 서비스. 영국 BT의 BluePhone, 미국 Verizon의 One, KT의 OnePhone이 대표적인 실례.

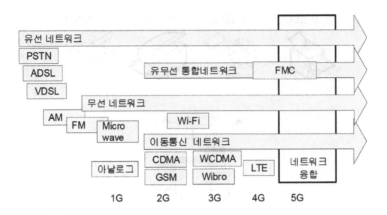

[그림 1.12] 통신 네트워크의 진화

[그림 1.12]에서 보는 바와 같이 인터넷이 보급됨에 따라 일반 전화선(PSTN)[11]과 모뎀을 이용하는 네트워크가 구축되었으나 통신 속도가 문제가 되어 다시 ADSL[12]과 VDSL[13] 통신망이 보급되어 속도를 대폭 향상하였다. 유선통신 네트워크는 산악 지역이나 바다와 같은 지형에서 사용하기 어려우므로 대신 개발된 것이 무선통신 네트워크이다. 무선통신은 AM, FM, 극초단파(micro wave)[14] 등으로 전자파를 주파수 대역별로 나누어 사용한다. 무선통신은 편리한 반면에 보안에 대한 취약성이 있다. 이어서실내에서 유선과 무선을 공유할 수 있는 무선 랜(LAN[15], Local Area Network) 서비스가 융합되어 제공되었다. 인터넷 통신망과 유선 통신망이 융합되어 이제는 저렴한 가격으로 인터넷 전화가 사용되고 있다.

---

11 PSTN(public switched telephone network)은 KT와 같은 공공 통신 사업자가 운영하는 공중전화 교환망.

12 ADSL(Asymmetric Digital Subscriber Line): 기존의 전화선을 이용하여 컴퓨터가 데이터 통신을 할 수 있게 하는 통신수단.

13 VDSL(very high-data rate digital subscriber line): 기존 전화선을 이용하여 빠른 속도의 양방향 통신이 가능한 통신망. 초고속디지털가입자회선.

14 극초단파(microwave): 일반적으로 주파수가 300˜30,000 메가사이클인 전자파. 직진성이 높고, 전력 소모가 적고, 번개의 영향이 적어서 전신, 전화, 라디오, TV 중계에 이용.

15 LAN(local area network): 구내 정보 통신망 또는 근거리 통신망. 학교나 공장처럼 같은 건물 안이나 좁은 지역 안에 설치한 컴퓨터와 장치들을 통신선으로 연결하여 서로 상호 작용할 수 있게 만든 네트워크 시스템.

통신 네트워크는 유선통신을 이용한 전신기와 전화기로 시작되었지만 원거리 통신을 위하여 무선통신과 융합되었으며 다시 이동통신과 융합하였다. 이동통신도 처음 1세대는 아날로그 방식으로 음성만 통신되었으나 2세대는 CDMA와 GSM[16] 등의 디지털 방식으로 문자도 사용되었다. 3세대 이동통신[17]에서는 CDMA와 GSM이 융합된 WCDMA 통신 방식으로 동영상이 사용되기 시작하였다. 지금은 제4세대 이동통신[18]으로 LTE 방식이 사용되고 있으며, 지금보다 성능이 20배 이상 빠른 제5세대 이동통신이 추진되고 있다.

(3) 미디어 융합

미디어(media)는 자료를 전달하는데 사용되는 매개체이다. 미디어는 두 가지 차원에서 혁신이 이루어졌다. 처음에는 컴퓨터에서 시작되었고 다음에는 방송으로 확대되었다. 처음 컴퓨터가 나왔을 때는 문자와 숫자로 구성된 코드(ASCII[19] 또는 EBCDIC[20])가 사용되었다. 그 이후로는 반도체 기술의 발전과 소비자들의 요구에 의하여 음성과 그림, 비디오까지 컴퓨터로 처리하게 되었다. 이제는 컴퓨터가 문자, 음성, 영상, 동영상 모두를 처리함에 따라서 이들을 적절하게 표현하고 처리해야 하는 멀티미디어(multimedia) 개념이 새롭게 등장하였다. 멀티미디어 자료들은 동시에 조화롭게 서비스되어야 하기 때문에 동기화 기법과 함께 다양한 표현 방식이 중요한 과제가 되었다.

16　GSM(Global System for Mobile Communication): 모뎀을 사용하지 않고도 전화 단말기와 팩시밀리, 랩톱 컴퓨터 등에 직접 접속하여 이동데이터 서비스를 받을 수 있는 유럽식 디지털 이동통신 방식.

17　3rd generation mobile telecommunication: 2GHz 주파수 사용. 정지 상태에서 2Mbps, 60km 이상 이동 중에 128Kbps의 전송속도를 내는 무선통신 기술. 2002년 개시.

18　4th generation mobile telecommunication: 정지 상태에서 1Gbps, 60km 이상 이동 중에 100Mbps의 전송속도를 내는 무선통신 기술. 2006년 개시.

19　ASCII(American Standard Code for Information Interchange): 미국 표준국(ASO)과 국제 표준국(ISO)에서 제정한 국제 문자 부호체계: 제어문자와 도형문자들을 8비트로 구성.

20　EBCDIC(Extended Binary Coded Decimal Interchanged Code): IBM사에서 제정한 문자 부호체계. 8비트로 구성되어 256개의 문자를 표현하며 컴퓨터 초창기에 주로 사용되었으나 점차 ASCII에 주도적인 자리를 내어줌.

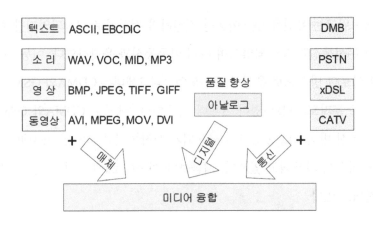

[그림 1.13] 미디어 융합

　[그림 1.13]에서 보는 바와 같이 멀티미디어는 텍스트, 소리, 영상, 동영상으로 다양한 미디어들이 융합되어 서비스된다. 각 미디어는 여러 가지 형태의 파일 형식을 갖추고 있으므로 이들 간에 효과적인 자료 변환 서비스가 필요하다.

　컴퓨터 멀티미디어도 아날로그에서 디지털로 진화하였다. 처음에는 소리와 영상을 물리적인 신호 그대로 저장하고 사용하였으나 디지털 형식으로 변환하여 대용량의 정보를 효과적으로 서비스할 수 있게 되었다. 메모리를 8비트 또는 16비트 이용하여 2^8 또는 2^{16}가지의 소리로 분류하고 색상도 24비트를 이용하여 2^{24}가지의 색상으로 표현하고, 이렇게 수치화된 멀티미디어를 융합하여 서비스한다. 디지털 기술은 깨끗하고 선명한 화면의 품질 개선, 영상 이외의 컴퓨터 자료 전송, 기존 채널과 인터넷 채널의 통합 등의 효과를 가져왔다.

⑷ 산업 간 융합

　지금까지 기술한 융합들은 주로 한 가지 산업 내에서 이루어지고 있다. 융합은 경계를 허무는 것이기 때문에 필연적으로 다른 산업과 융합이 발생한다. 다른 산업 간에 융합이 발생하면 기존 시장을 점유하고 있던 사업체 간에 경쟁이 시작된다. 산업 간 융합 시장에서의 대표적인 사례는 다음 두 가지이다.

　① 컴퓨터 산업, 통신 산업, 방송 산업, 가전 산업, 유통 산업 등의 산업들이 하나의 산업 공간으로 통합된다.

② 패키지 소프트웨어[21]를 수단으로 '제조업과 소프트웨어 산업', '서비스 산업과 소프트웨어 산업' 등이 하나의 산업 공간으로 통합된다.

CASE 방송 미디어 융합

DMB 서비스 융합

실내에 고정 설치된 TV를 시청하던 서비스를 실외에서 이동 중 서비스를 제공하려고 만든 것이 바로 DMB(Digital Multimedia Broadcasting) 미디어 융합 서비스이다. 이 서비스는 시청자들이 이동 중에 휴대용 TV를 가지고 위성망을 이용하여 디지털 콘텐츠를 시청할 수 있다. 디지털 방식이기 때문에 고화질, 고음질의 서비스를 크기가 작은 이동 통신 단말기로 수신할 수 있다. 휴대폰과 TV를 융합한 서비스이다.

통합 채널 서비스 융합

이것은 케이블 TV 사업자가 방송, 인터넷, 전화를 하나의 채널로 묶어서 제공하는 미디어 융합 사례이다. 세 가지 미디어를 하나의 채널로 융합하여 사용자에게 제공하는 서비스이다. 방송 사업자는 이 미디어 융합 서비스를 통하여 통신 사업자와 경쟁할 수 있게 되었다. 이것은 미국의 Cox사가 추진한 미디어 융합 사례로서 한국에서도 TV, 인터넷, 유선 전화, 무선 전화를 하나로 묶어서 공급하고 있다.

패키지 소프트웨어에 의한 융합은 산업 간의 경쟁을 야기하기보다는 산업 자체의 경쟁력을 높이는 수단으로 이용되고 있다. 패키지 소프트웨어를 이용한 산업 간 융합은 주로 '제조업과 소프트웨어 산업'과 '서비스업과 소프트웨어 산업'의 융합으로 구성된다. 이런 형태의 산업 간 융합에서는 산업 간의 경쟁이 크게 발생하지 않는다.

---

21 package SW: 독립 소프트웨어들을 관련 분야별로 묶어서 하나의 상품으로 제공하는 SW. 여러 사용자들이 쉽게 사용하도록 일반적인 요구를 감안하여 특정한 목적으로 상품화시킨 SW.

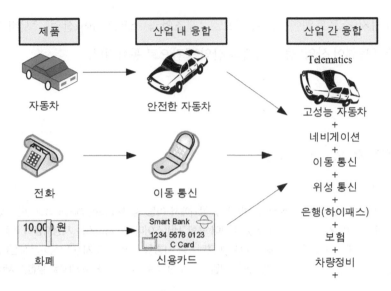

[그림 1.14] 산업 간 융합의 흐름

그 이유는 <표 1.7>과 같이 '제조업과 소프트웨어 산업'에서는 융합의 목적이 제품의 지능화, 제품의 서비스화를 위한 것이기 때문에 다른 산업의 사업체들과 경쟁할 필요가 없다. 과거에는 하드웨어의 혁신으로 구현되던 기능이 점차 소프트웨어를 통하여 다기능화되고 지능화됨으로써 제품의 부가가치를 높이기 때문이다. '서비스업과 소프트웨어 산업'에서는 융합의 목적이 서비스업에서 소프트웨어를 활용함으로써 기존 서비스의 혁신과 새로운 비즈니스 모델을 창출하는 것이므로 역시 서비스 산업 내에서의 경쟁만 유지된다.

〈표 1.7〉 패키지 소프트웨어를 이용한 산업 간 융합

융합의 종류	융합의 목적	비고(실례)
제조업 + SW	제품의 지능화 + 서비스화	상품용(휴대폰)
서비스업 + SW	서비스 혁신 + 새 사업 모델 창출	신규 사업용(금융 이동 서비스)

[그림 1.15]는 제조업에서 자동차 산업 등과 소프트웨어 산업이 융합되고 서비스업에서 유통업 등이 소프트웨어 산업과 융합되는 현상을 보여준다. 제조업에서 제품을 생산할 때 사용되는 소프트웨어 중에서 제품의 기능과 성능을 지능화하기 위한 것은 제품에 내장되므로 내장 소프트웨어(embedded software)[22]라고 한다. 서비스업에서

서비스 업무의 프로세스를 향상하기 위한 소프트웨어는 패키지 소프트웨어라고 한다. 제조업은 공정관리 등 업무처리의 생산성 향상을 위하여 패키지 소프트웨어가 필요하고, 서비스 산업은 서비스 향상과 신규 서비스를 위하여 단말기의 내장 소프트웨어가 필요하다.

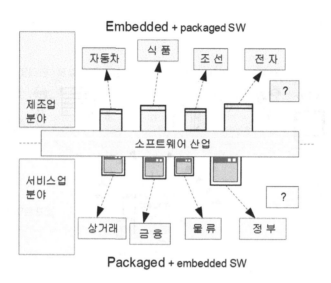

[그림 1.15] 소프트웨어 중심의 융합

1.3.4 디지털 융합의 사례

디지털 융합의 대표적인 사례들을 살펴봄으로써 융합의 발전 과정을 정확하게 이해할 수 있다. 디지털 융합의 사례를 통하여 융합이 가능한 분야를 예상할 수 있다.

(1) 스마트폰

스마트폰은 가장 쉽게 디지털 융합을 이해할 수 있는 대표적인 휴대용 단말기이다. 처음에 아날로그 휴대폰이 나왔을 때는 음성 전화의 통화 기능도 제대로 수행하지 못해서 문제가 많았지만 디지털로 전환된 이후에는 음성 전화 기능을 충실히 수행할 뿐만 아니라 다른 기기와 융합을 통하여 진화를 거듭하고 있다. 컴퓨터를 이용한 기능이 대폭 보강된 스마트폰(smart phone)은 다양한 기능을 제공하고 있다.

---

22 embedded software: 하드웨어에 내장하여 장치를 구동시키는 특수 기능만 수행하는 소프트웨어.

■ 기기 융합 기능

전화기, 컴퓨터, PDA, 디지털 카메라, 캠코더, 게임기, 내비게이션, TV 수신기, MP3, 무전기 등은 독립적인 기능을 수행하는 단말기 또는 장치이다. 이동통신 사업자들은 전화기를 이동통신 네트워크에 연결하고 앞의 기기들을 내장 소프트웨어를 중심으로 융합하여 새로운 형태의 스마트폰을 지속적으로 개발하고 있다.

[그림 1.16] 스마트폰의 융합

[그림 1.16]은 스마트폰을 구성하는 각종 기기들과 이들 기기들을 이용하여 지원되는 서비스들을 융합한 것을 보여준다. 컴퓨터, TV, 전화, 카메라, 캠코더 등은 하드웨어 기기들을 내장 프로그램으로 융합해야 하는 부분이고 게임, 금융서비스, 인터넷, 상거래, 교육 등은 이들 하드웨어들을 이용하여 지원하는 소프트웨어들이다. 스마트폰이 시장에서 성공하기 위해서는 예술적인 감성이 반영되어 소비자의 사랑을 받아야 하고, 상품 판매가 지속적인 수익을 가져오기 위해서는 수익 모델이 사전에 확립되어야 한다. 스마트폰은 하드웨어, 소프트웨어, 예술, 수익 모델의 종합적인 융합 제품이라 할 수 있다.

■ 서비스 융합 기능

휴대폰은 독립된 기기들을 융합하기 시작하여 서비스 부문의 업무까지 확대하고 있다. 기존 기기를 크게 가공하지 않고도 메신저, 전자 우편, 인터넷, 금융결제 기능까지 융합된 단말기가 출시되고 있다. 금융 결제를 제공하는 휴대폰 모바일 서비스는 이동통신 전화기와 금융 서비스와의 대표적인 서비스 융합 상품이다. 이제는 언제 어디서나 컴퓨터가 없어도 휴대폰만 있으면 일상적인 은행 업무를 자유롭게 수행할 수 있다. 신용카드를 휴대폰 내장형 칩에 접목한 모바일 결제 서비스는 신용카드로 할 수 있는 업무를 휴대폰으로 대신할 수 있게 하였다. 자판기 앞에서 휴대폰만 있으면 물건을 살 수 있으며, 교통카드 기능을 추가하면 지하철이나 버스 같은 대중교통 수단을 자유롭게 이용할 수가 있다. 칩 카드 내장형 단말기의 출현은 그동안 우려했던 보안 문제를 말끔히 씻을 수 있도록 안전성과 편의성을 강화하였다.

(2) 텔레매틱스(Telematics)

텔레매틱스는 Telecommunication과 Informatics를 조합한 단어이다. 지금은 자동차 이용자를 대상으로 하는 특화된 종합정보서비스의 의미로 사용되고 있다. 우리에게는 일차적으로 차량의 도로 안내용 내비게이션이라는 이미지가 강하지만 실제로는 다양한 기능으로 구성된다. 교통정보, 길 안내, 보안, 방송, 상거래, 물류, 운송지원, 보험 등과 함께 자동차에 부착된 각종 감지, 조정, 통신기기와 정보교환 등이 포함된다.

이와 같은 서비스를 제공하기 위해서는 정보 및 콘텐츠 공급자, 서비스 사업자, 네트워크 사업자, 장치 제조업자 등이 산업 간의 융합을 통하여 협력해야 한다. 따라서 텔레매틱스는 산업 간 융합의 대표적인 응용분야이다. 정보 및 콘텐츠 공급자에는 수치지도를 제작하는 지도 제작자, 위성 DMB를 제공하는 방송 사업자, B2C 전자상거래를 지원하는 유통 사업자, 차량 운행과 관련된 각종 보험사업자, 부품처럼 차량 제작 시에 포함하는 경우에는 차량 제조업자 등이 포함된다. [그림 1.17]에서 보는 바와 같이 텔레매틱스는 다양한 산업분야의 기능들을 포함하고 있으므로 산업 간 융합이 자연스럽게 이루어진다.

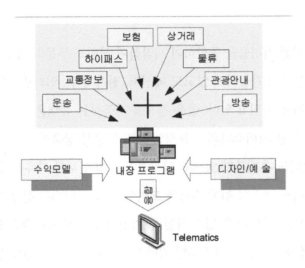

[그림 1.17] 텔레매틱스 융합

(3) 디지털 TV

아날로그 TV 시장은 이미 사라지고 전면적으로 디지털 TV 시장으로 전환되고 있다. LED TV와 3D TV가 시장을 확대하고 있다. 기술과 시장이 전환되는 시점에서 새로운 융합 기술을 이용하여 관련 기업들이 경쟁하고 있다. 먼저 시장에 진입한 IPTV 사업자와 나중에 뛰어든 스마트(smart) TV 사업자가 서로 경쟁하며 시장을 나누고 있다.

■ IPTV(Internet Protocol Television)

IPTV는 초고속 인터넷망을 이용하여 제공되는 양방향 텔레비전 서비스이다. 초고속 인터넷을 이용하기 때문에 방송 서비스와 동영상 콘텐츠 및 기타 정보 서비스를 시청할 수 있다. 양방향이기 때문에 시청자가 보고 싶은 프로그램을 보고 싶은 시간에 선택적으로 볼 수 있다. 인터넷과 텔레비전의 융합이므로 디지털 융합의 전형적인 모델이다. IPTV는 텔레비전 수상기, 셋톱박스(set-top-box)[23]와 인터넷 회선만 있으면 시청 가능하다. 인터넷 TV와 다른 점은 컴퓨터 모니터 대신에 텔레비전 수상기를 사용한다는 점이다. 공급자 쪽에서 대형 서버 컴퓨터를 설치하고 충분한 자료 전송을 할 수 있는 통신 시설을 갖추어야 한다.

---

23 **set-top-box**: 전화 회사, 종합유선방송(CATV) 등의 비디오 서버와 통신하기 위하여 영상 신호를 수신하거나 변환하는 기능을 구현하는 인터페이스 장치. TV 위에 올려놓고 양방향 텔레비전이나 영상 전송 서비스를 지원.

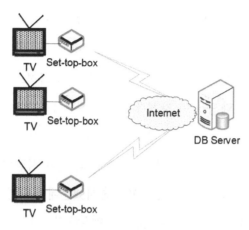

[그림 1.18] IPTV 구성도

[그림 1.18]과 같이 IPTV는 간단한 장치로 구성되어 있으나 양방향 통신이 가능하
므로 사용자 중심의 서비스를 제공한다. IPTV 이용자는 인터넷 검색을 포함하여 영화
감상, 홈쇼핑, 홈뱅킹, 온라인 게임, MP3 등 다양한 인터넷 서비스를 제공받을 수 있다.
방송 면에서는 케이블 방송이나 위성 방송과 비슷하지만 시청자가 주도적으로 보고
싶은 프로그램을 볼 수 있다는 점이 다르다. IPTV는 통신 사업자, 방송 및 콘텐츠 사업
자, 컴퓨터 사업자 등이 협력해야 사업이 가능하므로 산업 간 융합에 해당한다.

■ 스마트 TV

IPTV는 인터넷을 이용하여 콘텐츠를 공급하는 콘텐츠 시장을 목표로 하므로 TV 자
체에는 변화가 없었다. 스마트 TV는 TV 자체를 개조하여 인터넷을 활용할 수 있는 새
로운 형태의 내장형(embedded style) TV이다. 스마트 TV는 디지털 TV에 [그림 1.19]

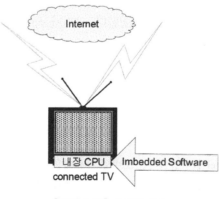

[그림 1.19] 스마트 TV

와 같이 내장형 CPU가 내장되어 TV 본연의 기능뿐만 아니라 인터넷 검색, 쇼핑, 화상 통화 등의 부가 기능을 수행하는 다목적 단말기이다.

삼성전자, LG전자, 소니 등 주요 TV 제조사들은 적극적으로 인터넷-내장형 TV를 출시하고 있는데 애플과 구글이 자체 TV 출시 계획을 세우면서 경쟁이 격화되고 있다. 2013년 세계 시장의 TV 규모는 약 3억 대인데 그중에서 1/3인 1억 대를 스마트 TV가 차지할 것으로 예상한다. 2009년도 스마트 TV는 전체 시장의 10%를 차지했다.

애플은 이미 셋톱박스 형태의 애플 TV를 출시했는데 별다른 성과가 없었으므로 스마트 TV 시장에서 많은 노력을 할 것으로 예상된다. 애플이 아이팟(iPod), 아이폰(iPhone), 아이패드(iPad)에 이어서 가정용 멀티미디어 단말 라인업을 완성하기 위하여 아이티브이(iTV)를 내놓을 것이라는 전망이 계속되고 있다. 구글은 소니, 인텔 등과 함께 안드로이드 운영체제와 크롬(Chrome) 브라우저, 인텔 아톰(Atom) 프로세서[24]를 탑재한 구글 TV를 개발한다.

삼성전자, LG전자, 소니와 같은 전통적인 TV 제조업체들과 애플, 구글 등 운영체제 기반 플랫폼 사업자 그리고 셋톱박스를 이용하는 콘텐츠 제공사업자 등이 이 분야를 주도하고 있다. 애플이 스마트폰으로 통신시장을 장악하는 것을 보고 기존의 TV 제조 사업자와 콘텐츠 제공사업자들이 경계하면서 주도권 유지를 위해 경쟁하고 있다.

(4) 태블릿(tablet) PC

태블릿 PC는 PC와 스마트폰의 중간 단계인 디지털 기기 융합 제품으로, PC를 사용하기 위하여 터치스크린(touchscreen)이나 스타일러스(stylus)[25] 기능과 모바일 컴퓨터 기능을 갖춘 개인용 컴퓨터이다. 작은 노트북 크기의 컴퓨터에 스마트폰이 융합된 상품으로 스마트폰과 PC의 기능을 모두 수행한다. 크기가 작아서 PC보다는 휴대가 편리하고, 스마트폰보다는 크기 때문에 키보드 사용이 원활하다는 장점이 있다. 애플사에서 iPad라는 태블릿 PC를 출시하였는데 폭발적인 인기를 얻어 절찬리에 판매되고 있다.

---

24 Atom processor: Intel에서 생산하는 모바일 컴퓨터용 CPU.

25 stylus: 펜 모양으로 만든 위치 지정 도구. 작은 휴대폰이나 PDA에 정보를 입력하는 수단으로 사용.

태블릿 PC는 PC 시장의 넷북(Netbook)과 경쟁할 것으로 예상되고 있다. 넷북은 HTML이나 화면을 기반으로 하는 웹사이트의 콘텐츠 열람이나 전자 우편, 채팅 정도의 간단하고 기본적인 인터넷 위주의 서비스를 이용하는 것이 주요 목적인 값이 저렴한 노트북을 말한다. 태블릿 PC는 컴퓨터, 이동통신 사업자, 게임 사업자, 금융 사업자, 인터넷 정보 사업자 등과 협력해야 한다.

⑸ 웨어러블 컴퓨터(wearable computer)

웨어러블 컴퓨터는 옷이나 안경처럼 몸에 착용하고 다닐 수 있는 컴퓨터이다. 스마트폰의 발전으로 컴퓨터와 배터리가 소형화하면서 수요가 늘고 있다. 사람이 이동하면서 사용하기 때문에 경량화가 필수이며, 음성·동작·영상·통신 등을 사용하고 사람의 몸에 부착하여 인터넷으로 연결하기 때문에 다양한 영역들의 융합이 요구된다.

웨어러블 컴퓨터는 1960년대에 작은 기능을 가진 전자 기기를 단순하게 옷에 부착하면서 시작하였다. MIT에서 최초로 컴퓨터를 이용하여 HMD(head mounted display)를 개발하였다. 1980년대에는 컴퓨터를 옷에 착용하고 손과 발에 부착된 입·출력 장치 등을 이용하여 정보를 처리하는 수준으로 발전하였다. 1990년대에는 군대의 전투복과 의료계의 건강관리 등 군사용과 산업용으로 개발되기 시작하였다. 2000년대에는 부품의 초경량화와 무선 기술의 발전으로 의복과 유사한 형태의 웨어러블 컴퓨터가 개발되었다. 2010년대에는 스마트폰 시장과 함께 웨어러블 컴퓨터가 본격적으로 활성화하였다.

구글이 개발한 스마트 안경과 말하는 신발이 소개되었으며, 애플과 삼성, 마이크로소프트가 개발한 스마트 시계가 시장에서 경쟁하고 있다. 이들 웨어러블 컴퓨터들은 스스로 정보를 수집하고 처리하고 판단하여 사용자에게 맞춤형 서비스를 제공하고 있다. 웨어러블 컴퓨터는 두 손이 자유롭고 24시간 몸이 인터넷에 연결되기 때문에 '생활의 혁명'을 가져올 것이다. 또한 실시간으로 컴퓨터를 활용할 수 있기 때문에 인간의 두뇌와 유사한 기능을 제공할 것이다.

웨어러블 컴퓨터의 시장이 확대되기 위해서는 기술적으로 배터리의 성능이 개선되어야 하며, 장시간 착용에서 오는 불쾌감과 피로감을 줄여야 한다. 또한 웨어러블 컴퓨터는 언제 어디서나 도청과 몰래 카메라가 가능하기 때문에 사생활 침해 논란으로 인해 상용화에 걸림돌이 될 것이다. 이를 위해서는 사회적 공감대와 행정적이고 법적인 보완책이 마련되어야 한다.

앞으로 스마트폰 시장이 포화 상태에 이르면 차세대 상품으로 웨어러블 컴퓨터가 각광을 받을 것이다. 구글 회장(에릭 슈미츠)은 2013년에 '앞으로 10년 안에 수십억 명의 사람들이 몸에 여러 개의 IP 주소를 달고 다니며 인터넷에 연결되는 시대가 올 것'이라고 주장하였다. 이제 웨어러블 컴퓨터는 사물 인터넷, 빅데이터, 클라우드 컴퓨팅 등과 함께 IT 기술들을 하나로 융합할 수 있는 최적의 장치가 될 것이다.

1.4 융합의 미래

동일한 품질의 제품이라도 제값을 못 받는 경우가 있고 제값 보다 더 많은 값을 받는 경우가 있다. 제값을 못 받는 것을 디스카운트라 하고 더 받는 것을 프리미엄이라 한다. OEM[26] 방식으로 제품을 생산하는 회사는 생산능력은 있으나 브랜드 가치가 적어서 자기 상표로 판매할 경우에 제값을 받지 못하는 경우이다. 선진국 회사들은 프리미엄을 받을 수 있는 반면에 후진국 회사들은 디스카운트를 받으므로 OEM 방식이 가능한 것이다. 선진국 상품들은 왜 프리미엄을 받고 후진국 상품들은 왜 디스카운트를 받을까?

경제가 발전할수록 생산체제가 소품종대량생산에서 다품종소량생산으로 바뀐다. 그 이유는 소비자들의 요구가 고급화되어, 기본적인 품질 이외에 개성과 고유한 특성이 살아있는 제품을 요구하기 때문이다. 따라서 획일적이고 개성이 없는 제품은 제값을 받기 어려운 반면에 예술성과 고유한 문화가 반영된 제품이 호평을 받는다.

선진국 회사의 제품은 선진국의 긍정적인 이미지가 전달되는 반면에 후진국 회사의 제품은 후진국의 부정적인 이미지가 전달된다. 'made in Germany'라는 표시가 있으면 독일인들의 철저하고 꼼꼼한 성격이 반영될 뿐만 아니라 독일 문화의 고유한 이미지

26 　OEM(original equipment manufacturing, 주문자상표부착방식): 주문자가 생산능력을 가진 업체에게 상품을 제조하도록 위탁하고 완성된 상품에 자사의 상표를 붙여서 판매하는 방식.

가 전달되어 프리미엄을 받는다. 상품은 품질보다도 그 상품을 만든 나라와 회사의 고유한 문화와 전통이 상품의 가치를 결정한다. 한 나라의 역사와 전통은 다른 나라와 다른 특징이 있으므로 희소성과 문화적 가치와 함께 제품의 품위를 결정한다.

삼성, LG, 현대의 제품이 좋은 줄은 알아도 한국 제품이라는 사실을 모르는 외국인들이 많이 있다. 그 이유는 한국 기업들이 자신들이 만든 제품이 한국산이라는 것을 홍보하지 않았기 때문이다. 왜 그럴까? 한국이라는 나라의 이미지가 제품 가치를 떨어뜨리기 때문일 것이다. 외국인들이 보는 한국의 이미지는 북한의 원자폭탄이나 참혹한 인권으로 가려져 있다. 상품의 이미지를 개선하려면 상품을 만드는 나라와 회사의 이미지도 함께 개선되어야 한다.

상품이 제 값을 받기 위해서는 품질과 가격 경쟁력 이외에 고유한 매력이 있어야 한다. 따라서 기술력과 생산성 이외에 훌륭한 문화와 전통이 상품에 융합되어야 한다. 좋은 이야기와 전통 있는 역사와 훌륭한 문화가 담겨 있어야 좋은 상품으로 평가를 받는다. 다른 제품과 마찬가지로 획일적이고 진부하다면 소비자들의 시선을 끌 수 없다. 어느 나라에서나 흔하게 볼 수 있는 도시 풍경이나 흔한 스토리가 반영되어서는 매력을 끌 수 없다.

프리미엄을 받기 위해서는 자기 나라의 역사와 전통 사상과 전통 예술을 열심히 익히고 꽃을 피우고 알려야 한다. 일본은 '사무라이'와 '닌자'라고 하는 살벌한 역사적 유물을 현대화하고 미화하여 성공적으로 세계에 알리고 있다. 세계 각국에서 어린이들이 사무라이 게임과 닌자놀이를 하고 있으며 사무라이나 닌자에 관련된 장난감과 게임들을 수출하고 있다. 일본은 부정적인 내용을 탈바꿈하고 훌륭한 문화 상품으로 재탄생시켜서 성공한 것이다.

1970-80년대에는 일본의 가전제품이 전 세계적으로 인기가 높았다. 일본 사람들의 명확하고 철저한 생활태도가 제품에 반영되어 있으므로 제품이 정교하고 훌륭할 것이라고 생각한다. 지금도 일제 자동차는 세계적으로 가볍고 연비가 높다는 기술적 성과 이외에 일본 사람들의 조심스러운 성격이 안전한 자동차를 만들었을 것이라는 인식이 깔려 있다.

이처럼 디스카운트 대신에 프리미엄을 받기 위해서는 그 나라의 전통 문화와 예술이 오랜 역사 속에서 아름답고 우수했다는 사실과 근거를 찾아내고 널리 알려야 한다.

그 다음에 그런 문화와 전통이 디자인에 반영되고 그 나라의 예술가와 기술자의 혼이 잘 깃들여있음을 알려야 한다.

프랑스에서는 택시 운전사들도 탑승객들과 함께 철학자와 예술가들의 사상을 논하고 토론할 수 있다고 한다. 따라서 프랑스의 상품들에는 철학자의 사상이 반영된 예술성을 갖고 있다고 생각한다. 미국은 역사적으로 전통이 일천하지만, 제2차 세계대전 이후에 세계 각국에서 예술인들이 뉴욕을 중심으로 많이 몰리고 문화가 번창하였기 때문에 'made in USA'가 국제적으로 좋은 평가를 받고 있다.

좋은 제품이란 예술품과 같이 '아우라'가 있어야 한다. 아우라는 이 세상 어디에도 없는 유일하고 숭고한 가치라는 의미를 포함하고 있다. 제품에 고유한 특성을 살리기 위해서는 제품을 만드는 나라의 고유한 예술과 문화적 전통을 잘 알려야 하고 실제로 아우라를 제품에 반영해야 한다. 즉, 이 시대가 요구하는 좋은 제품이란 좋은 품질에 그 제품을 만드는 나라의 고유한 역사와 문화, 그리고 전통이 잘 융합된 제품이라 할 수 있다.

⚙ CASE 오즈의 마법사와 뽀로로

오즈의 마법사

미국의 동화로 1900년에 시카고에서 출간된 아동문학 작품이다. 1903년에는 뮤지컬로 성공을 거두었고 이후에 영화로도 성공을 거두었다. 1995년에는 소설로 성공을 거두고 이어서 다시 제작된 뮤지컬과 영화가 계속 성공하였다. '오즈의 마법사'는 전 세계에서 시청하고 읽고 있으며 모두 미국의 고전 문학작품이라는 것을 잘 알고 있다. '오즈의 마법사'가 방영되고 읽힐수록 미국의 문화와 예술이 전 세계로 파급되고 미국의 문화와 국가 이미지를 높여준다.

뽀로로

한국의 애니메이션이다. '뽀로로'는 애니메이션 제작사인 오콘 등의 여러 회사들이 공동 제작한 풀 3D 애니메이션으로 2003년에 교육방송(EBS)에서 처음 방송되었다. 이후에도 계속 방영되고 있으며 2014년 2월부터 제5기가 방영되고 있다. 전 세계 110여국에 수출되었으며, 출판과 완구, DVD 시장에서 돌풍을 일으켰다. '뽀로로'는 세계 각국에서 사랑을 받고 있지만 이것이 한국에서 만들어졌다는 것을 아는 사람들은 많지 않다.

'뽀로로'는 한국적 문화 요소들을 별로 반영하지 않고 있다. 한국의 전통 문화와 예술과 기술이 작품에 잘 융합되어야 한국의 이미지가 고양되고, 그 이미지가 다시 한국 작품의 가치를 높여주는 승수 효과를 기대할 수 있다. '뽀로로'가 아무리 방영되어도 한국 문화와 국가 이미지가 크게 높아지기는 어렵다.

어떤 외국인이 거북선 옆을 지나다가 동행하던 한국인에게 질문을 했다고 한다. 첫째, 거북선은 포함인데 연기는 어디로 빠져나가느냐고 물었다. 둘째, 거북선은 철갑선인데 무게 중심은 어디에 있느냐고 물었다. 셋째, 거북선은 선체가 유선형이 아닌데 어떻게 신속하게 돌격할 수 있느냐고 물었다고 한다. 그런데 해양연구소의 연구원이었던 동행자가 전혀 답변을 못했다고 한다. 그만큼 우리 역사와 전통에 대해서 연구가 너무 없었던 것이 아닌가 하는 생각이 든다. 한국인이 서양 문화와 전통을 추구하는 것보다는 한국적인 것을 더 추구하고 보여줘야 국제사회에서 관심을 끌 수 있다. 우리 문화와 전통에 대하여 더 많은 연구를 하고 관심을 가져야 한다. 한국적인 것이라야 세계적인 것이 된다.

연습문제

1.1 다음 용어들을 정의하시오.
① 아날로그   ② 디지털 융합   ③ IPTV   ④ 인지과학
⑤ 유비쿼터스 환경   ⑥ 서비스 융합   ⑦ 텔레매틱스   ⑧ 인공지능
⑨ 마케팅   ⑩ 언어

1.2 후기산업사회의 특징을 기술하고, 그 이후의 미래 사회를 구상하여 설명하시오.

1.3 통합보다 융합을 많이 하려는 이유는 무엇인가?

1.4 아날로그 융합과 디지털 융합의 특성을 생산성 측면에서 비교하시오.

1.5 디지털 융합이 대두되는 원인은 무엇인가?

1.6 융합에서 인지과학의 역할은 무엇인가?

1.7 디자인을 중요하게 생각하는 소비자들의 심리를 설명하시오.

1.8 디지털 융합에서 유비쿼터스 환경이 필요한 이유를 설명하시오.

1.9 디지털 융합의 기술 형태를 설명하시오.

1.10 디지털 융합의 적용 업무 형태를 설명하시오.

1.11 기기 융합에서 내장 소프트웨어의 역할을 설명하시오.

1.11 프로세스 융합과 서비스 융합의 기능을 비교하고 차이점을 설명하시오.

1.12 산업 내 융합과 산업 간 융합에서 소프트웨어 역할의 차이점을 설명하시오.

1.13 휴대폰과 태블릿 PC의 경쟁 관계를 설명하시오.

1.14 IPTV와 스마트 TV의 장래를 설명하시오.

2

사물인터넷과 융합

2.1 정보 환경

2.2 사물인터넷 융합

2.3 사물인터넷 기술

2.4 사물인터넷 시스템

■ 연습문제

4차 산업혁명의 핵심은 인공지능(AI), 가상현실(virtual reality), 자율주행, 사물인터넷 (IOT, Internet Of Thing) 등으로 이들이 성공적으로 활용되기 위해서는 모든 것이 연결되고 지능화되어야 한다. 모든 것이 연결된다는 것은 다양한 통신 네트워크들이 각종 사물과 통합되어야 하는 것을 의미한다. 정보사회를 구축하기 위한 가장 적합한 환경이 기존의 유비쿼터스(ubiquitous) 환경이다. 유비쿼터스 이전을 컴퓨터 중심의 정보사회라고 한다면, 유비쿼터스 사회는 인간 중심의 정보사회라고 할 수 있다. 유비쿼터스 환경에 초소형 제어 컴퓨터가 연결되어 사물인터넷 환경으로 진화한다. 사람들이 정보처리 도구를 언제 어디서나 쉽게 연결되어 사용하는 사물인터넷 이상사회로 향하고 있다. 사물인터넷이 효과적으로 확장될수록 융합이 활발하게 전개된다.

2.1 정보 환경

3차 산업혁명 시대의 정보 환경은 컴퓨터와 인터넷으로 시작하여 유비쿼터스 환경으로 진화하였다. 유비쿼터스 환경은 지능을 확장하여 사물인터넷으로 진화하고, 사물인터넷은 연결을 확장하여 4차 산업혁명 시대의 융합으로 진화한다.

2.1.1 정보혁명

우리가 살고 있는 현대 사회는 오랜 역사 속에서 여러 차례의 혁명을 통하여 문명의 발전을 거듭하고 있다. [그림 2.1]과 같이 400만 년 전에 살았던 인간의 조상인 오스트랄로피테쿠스[1]의 두뇌는 약 400cc이었는데, 인간의 두뇌가 400cc까지 팽창하는 데는 수억 년이 걸렸다. 현재는 약 1,500cc로 팽창하면서 지능 발달이 촉진되었다. 인간은 이 과정에서 점차 숲 속의 생활에서 벗어나 문명의 길을 걷게 되었다.

---

1   Australopithecus(Ardipithecus ramidus): 1992년 아프리카 에티오피아에서 버클리대학의 화이트 교수가 발견한 초기 유인원의 화석. 두발로 걸었을 것으로 추측.

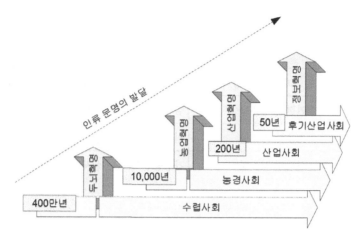

[그림 2.1] 사회 발전과 혁명

10,000년 전에는 많은 사람들이 안정적으로 물을 공급받을 수 있는 강가에 모여 살면서 농업혁명을 이루어 인구의 수가 급증하게 된다. 약 200년 전에는 오랫동안 누적된 공업 기술이 축적되어 산업혁명이 시작되었으며 굶주림을 멈추고 물질적으로 풍요의 길을 걷기 시작한다. 약 50년 전에는 컴퓨터 기술을 중심으로 하는 정보혁명이 시작되어 사회 경제 구조와 생활양식을 전반적으로 바꾸어 놓았다. 유비쿼터스는 정보혁명의 연장선에서 이루어지는 또 하나의 정보혁명이다. 과거의 정보혁명이 일부 전문분야에서 사용되고 수혜를 받는 기술혁명이었다면 유비쿼터스 혁명은 모든 인류에게 보편적으로 정보기술을 수혜하는 문화혁명이다.

(1) 유비쿼터스의 기원

유비쿼터스라는 말을 처음 사용한 사람은 MIT의 니콜라스 네그로폰테, 제록스(Xerox)사의 마크 와이저(Weiser)[2], 일본 노무라연구소의 무라카미 데루야스 등이다. 마크 와이저는 여러 편의 연구논문을 통하여 확실하게 유비쿼터스 개념을 제안하였다. 마크 와이저는 자신의 논문에서 '보이지 않는 컴퓨팅', '조용한 컴퓨팅' 등의 유비쿼터스 컴퓨팅의 기본적인 입장들을 제안하였다. 이 제안들은 이후 여러 연구자들을 통하여 꾸준히 발전하여 <표 2.1>과 같이 유비쿼터스 컴퓨팅의 기반이 되었다.

---

2   Mark Weiser(1952~1999): Palo Alto 연구소에서 1988년부터 연구과제를 시작하여 1990년대에 세 편의 유비쿼터스 관련 논문을 발표.

〈표 2.1〉 유비쿼터스 컴퓨팅의 기반

순서	조건	내역
1	안 보이는 컴퓨팅	컴퓨터인지 모르고 쉽게 활용할 수 있어야
2	연결된 컴퓨팅	컴퓨팅 기기가 내장된 사물들의 연결
3	조용한 컴퓨팅	인간과 기계의 원활한 상호작용
4	실세계 컴퓨팅	가상공간이 아닌 실제 생활에서 구현

마크 와이저의 제안은 이상과 같은 컴퓨팅 조건을 기반으로 정보환경을 구축하는 것이다. 이런 제안이 가능한 것은 그동안 컴퓨터 기술이 획기적으로 향상되었기 때문이다. 유비쿼터스 환경의 목표는 컴퓨터가 우리 주변의 생활환경이나 업무 활동의 기본 도구가 되도록 스며들어 인간 중심적인 컴퓨터 환경을 구현하는 것이다. 그 예로 교통상황, 기상, 금융, 위치추적 서비스 등이 인간 중심의 기능과 인터페이스로 전환될 것이다.

(2) 유비쿼터스 개념

유비쿼터스는 'everywhere'라는 뜻의 어원을 가진 라틴어 'ubique'에서 유래되었다. 일반적으로는 물, 공기처럼 어디에나 편재해 있는 자연자원을 말할 때 쓰지만, 종교적으로는 '신이 언제 어디서나 시공을 초월하여 존재한다'는 것을 상징할 때 사용한다.

> 유비쿼터스는 언제 어디서나 사용자가 필요한 정보와 서비스를 쉽게 이용할 수 있는 환경이다.

 POINT **유비쿼터스 컴퓨팅**

안 보이는 컴퓨팅(invisible computing)

사물에 컴퓨터 기능이 내장되어 컴퓨터가 눈앞에서 보이지 않는다는 의미이다. 많은 컴퓨터들을 보이지 않게 배치하려면 컴퓨터의 처리 성능을 향상시키고 크기를 소형화해야 한다. 고성능화된 소형 모터, 소형 칩 등을 사물에 내장할 수 있는 기술이 요구된다.

연결된 컴퓨팅(connected computing)

물리공간의 모든 컴퓨터뿐만 아니라 컴퓨팅 기능이 내재된 모든 사물들을 서로 연결한다. 이를 위해 근거리 무선, 원거리 무선, 고속 유선 등 세 가지 유형의 네트워크 연결이 가능한 모바일 장비가 필요하다. 모든 곳에서 컴퓨터 접속이 가능하다.

조용한 컴퓨팅(calm computing)

인간의 지각과 인지 능력에 관한 개념이다. 인간이 컴퓨터의 정보 환경과 조용하게 상호작용하고 의사소통할 수 있도록 컴퓨터의 인지 능력을 개선한다. 인간의 의식은 아날로그 방식으로 실행되는데 컴퓨터는 디지털 방식으로 실행하므로 인간과 기계의 상호작용이 조용하게 수행된다.

실세계 컴퓨팅(real world computing)

실제 세계를 네트워크로 연결시키는 것이며, 실존하지 않는 가상현실은 유비쿼터스에 속하지 않는다. 디지털 기술을 이용하여 실제 세계를 개선하는 것이 유비쿼터스 개념이다.

이와 같은 환경을 제공하기 위해서는 <표 2.2>와 같이 최소한 세 가지 요건이 충족되어야 한다.

〈표 2.2〉 유비쿼터스 환경의 조건

순서	조건	내역
1	편재성	내장 기기의 분산 배치 및 연결
2	이동성	이동과 휴대 가능 기기
3	현장성	현장에서 정보 수집과 조치 실행

첫째, 편재성(pervasive computing)이란 물리적 환경에서 이음새 없이(seamlessly) 융합될 수 있는 초소형 또는 내장형 컴퓨터 기기들을 구현하는 것이다. 둘째, 이동성(mobile computing)이란 대부분의 새로운 컴퓨팅 기기들에게 이동성을 부여하는 기능이다. 이동성은 사람이 휴대할 수 있는 것을 의미한다. 셋째, 현장성이란 컴퓨팅 기기들이 주변 현장의 정보를 획득하는 센서(sensor)로부터 상황을 인식하고 자율적으로 분석하고 판단하여 현장에서 작동기(actuator)들을 구동할 수 있는 능력이다.

유비쿼터스 환경은 통신 환경의 확장이며 컴퓨터 기능을 내장한 사물들이 네트워크에 연결된 지능 환경을 의미한다. 이런 환경은 사람들이 어느 곳이든지 이동 중에도 정보 서비스를 받아야 하므로 이동 컴퓨팅과 편재형 컴퓨팅이 필수적으로 요구된다. 이동 컴퓨팅은 사람들이 초고속 열차나 비행기로 장거리를 여행하는 중이라도 통신이 끊어지지 않고(seamless) 연결되어야 함을 의미한다. 편재형 컴퓨팅의 'pervasive'는 '퍼지는, 보급되는, 스며드는'이라는 뜻으로 사회 전반에 구석구석 파고드는 컴퓨터 관련 기술을 의미한다. 편재형 컴퓨팅은 각종 처리장치들이 소형화되어 사물에 내장되는 것을 의미한다. 센서(sensor)는 현장의 상황 정보를 입수하는데 필요한 장치이며, 작동기(actuator)는 현장에 적절한 조치를 실행하는 장치이다. 유비쿼터스 컴퓨팅은 이동성과 편재성을 모두 확보해야 하는 환경이다. [그림 2.2]에서 보는 바와 같이 유비쿼터스 환경은 현재의 컴퓨팅 환경에서 이동성과 편재성이 모두 발전해야 유비쿼터스 컴퓨팅 환경으로 발전하는 것을 보여준다. 유비쿼터스는 사물인터넷으로 계속 진화한다.

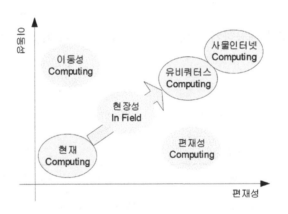

[그림 2.2] 컴퓨팅 환경의 변화

유비쿼터스 환경의 개념은 유비쿼터스 시스템의 구조 개념과 공간 개념으로 나누어 설명할 수 있다. 시스템의 구조 개념은 현장의 사물과 내장장치로부터 상황 인식(context awareness)을 통하여 입력된 정보를 정보 센터에서 분석하여 조치를 내리는 두 가지 부분으로 구성된다. 공간 개념은 전자공간과 물리공간을 통합하여 하나의 융합된 공간으로 시스템을 운영한다.

(3) 유비쿼터스 공간

유비쿼터스 공간은 전자공간을 물리공간으로 융합한 공간으로 볼 수 있다. 물리공간에서 이루어지고 있는 아날로그 정보들을 실시간으로 확인하고 디지털 방식으로 운영하기 위하여 전자공간과 결합한 것이다. 물리공간에 전자공간을 융합하는 방법은 RFID 등의 디지털 장치들을 물리공간의 사물에 설치하고 네트워크로 연결하는 것이다.

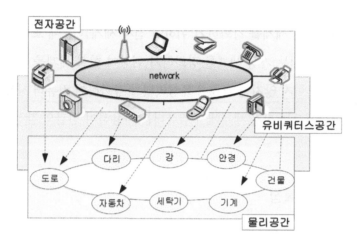

[그림 2.3] 유비쿼터스 공간

마크 와이저는 유비쿼터스 컴퓨팅이 '가상현실' 개념과 정반대되는 개념이며 가상현실은 장비를 갖추지 않은 사물이나 사람을 배제한다고 보았다. 가상현실은 실제 세계를 컴퓨터 안에서 체험하도록 전용 의복이나 장갑, 헤드 마운트 등의 장비를 착용하고 컴퓨터 안으로 들어간다.

〈표 2.3〉 유비쿼터스(사물인터넷)와 가상현실의 비교

비교 사항	유비쿼터스	가상현실
대상 세계	현실 세계 강화 • 실물 세계만 보임	가상 세계 강화 • 가상 세계만 보임
컴퓨팅 속성	컴퓨팅의 유틸리티화	컴퓨팅의 감성화
컴퓨팅 특징	편리하고 쉬운 사용	실감나는 컴퓨터 환경
공간 적용	전자공간을 물리공간에 심기	물리공간을 전자공간에 심기
사물 관리	칩을 사물에 내장하여 관리	사물을 객체(object)로 관리

<표 2.3>에서와 같이 유비쿼터스 환경이 전자공간을 물리공간에 이식한 것이라면, 가상현실(virtual reality)은 이와 반대로 물리공간을 전자공간에 이식한 것이다. 가상현실에서는 실제 사물들을 전자공간에 가상적으로 설치하여 전자공간 안에서 모든 작업이 이루어지도록 융합하였다.

유비쿼터스는 현실 세계를 강화하기 위하여 전자 세계를 눈에 보이지 않게 구성하였으나, 가상현실에서는 가상 세계를 강화하기 위하여 현실 세계를 가상화하였다. 유비쿼터스에서는 보이지 않지만 컴퓨터 유틸리티를 강화하여 컴퓨터 사용을 손쉽게 한반면에 가상현실에서는 전자 세계에서 컴퓨터를 사용하여 인간의 감성을 실감나도록 표현하였다.

⑷ 유비쿼터스의 특징

유비쿼터스 환경의 특징을 인간 중심의 서비스 차원에서 보면 다음 세 가지로 구분할 수있다.

■ 네트워크화 : 연속성과 이동성

사용자들이 요구하는 정보와 서비스를 연속적으로 지원할 수 있는 컴퓨터 환경을 구현한다. 네트워크를 통하여 단절 없이 연결된 컴퓨팅 기기들을 이용하여 서비스를 제공한다. 서비스의 연속성을 위해서 LBS[3]라 불리는 실시간 위치추적 시스템을 이용하여 사용자의 기기가 고속으로 이동하는 중에도 정보 서비스를 제공한다.

■ 인간화 : 감성적 인터페이스

컴퓨팅 기기들이 사용자의 눈에 띄지 않으며 사용자는 인간화된 감성적인 인터페이스만을 느낀다. 사람과 컴퓨터(HCI, Human Computer Interface)뿐만 아니라 사람과 사물(HTI, Human Thing Interface), 사물과 컴퓨터(TCI, Thing Computer Interface) 간의 인터페이스도 지원된다.

---

3   LBS(location based service): 이동통신망과 정보 기술을 종합적으로 활용하여 지구상의 위치 정보를 제공하는 서비스.

■ 실시간 처리 : 상황 인식과 대처

사용자들이 현장에서 발생하는 정보를 실시간(real time)으로 수집하고 정보 센터로 전송하여 현장에 적절한 조치를 실행할 수 있도록 한다. 유비쿼터스 공간은 인터넷 안의 가상공간이 아닌 실제 세계의 공간이므로 비상상황이 발생하면 사고로 이어질 수 있다. 따라서 상황 발생 시에는 정보센터에서 적절한 조치를 실행할 수 있어야 한다.

유비쿼터스 환경의 여러 가지 속성을 나타내는 특징들은 이밖에도 여러 가지로 표현할 수 있다. 대표적인 특징들을 살펴보면 <표 2.4>~<표 2.6>에서와 같이 5C, 5Any, 3Always라고 할 수 있다. 5C는 유비쿼터스 환경을 전제하기 위한 기반 조건이라 할 수 있고, 5Any는 유비쿼터스 시스템이 사용자에게 제공해야 하는 서비스 원칙이라고 할 수 있으며, 3Always는 유비쿼터스 시스템을 운영하는데 필요한 최소한의 조건이라고 할 수 있다.

5C의 전제 조건에서 Computing은 모든 사물에 컴퓨팅 기기(프로세서)가 내장되어 필요한 정보처리는 지역에서 처리하는 것을 의미한다. Communication은 모든 사물에 내장된 컴퓨팅 기기들이 통신 네트워크에 연결되어 실시간으로 소통되어야 함을 의미한다.

Connectivity는 모든 사물들이 내장된 컴퓨팅 기기와 네트워크를 통하여 정보센터와 항상 접속되어 센터의 지원을 받는 것을 의미한다. Contents는 다양하게 연결되어 있는 네트워크를 이용하여 다른 영역의 콘텐츠를 자유롭게 접근하는 것을 의미한다. Calm은 모든 정보와 서비스를 자연스러운 인터페이스를 통하여 쉽고 편리하게 사용한다는 것을 의미한다.

〈표 2.4〉 유비쿼터스의 5C 특징 (기반 조건)

구분	내용	내역
5C (전제 조건)	Computing	모든 사물에 컴퓨팅 기능이 내장
	Communication	모든 사물들이 통신 네트워크에 연결
	Connectivity	모든 사물들이 끊임없이 정보 시스템에 접속
	Contents	네트워크로 연결된 영역의 콘텐츠를 자유롭게 접근
	Calm	모든 정보와 서비스를 자연스럽게 제공

5Any의 서비스 원칙에서 Anytime은 사용자들이 언제든지 유비쿼터스 환경을 이용할 수 있다는 의미이고, Anywhere는 사용자들이 어느 곳에 있든지 유비쿼터스 환경을 이용할 수 있다는 의미이다. Anynetwork는 사물에 내장된 컴퓨팅 기기들이 어느 형태의 네트워크라도 연결할 수 있다는 의미이고, Anydevice는 사용자들이 어떤 형태의 장치라도 사용할 수 있다는 의미이다. Anyservice는 모든 형태의 서비스를 제공할 수 있다는 의미이다.

〈표 2.5〉 유비쿼터스의 5Any 특징 (서비스 원칙)

구분	내용	내역
5Any (서비스 원칙)	Anytime	언제든지 정보와 서비스 가능
	Anywhere	어느 곳에 위치하든지 컴퓨팅 서비스 가능
	Anynetwork	어느 형태의 네트워크든지 사용 가능
	Anydevice	어느 형태의 장치든지 사용 가능
	Anyservice	어느 서비스든지 제공 가능

3Always의 Always-on은 사물들이 내장된 기기를 이용하여 언제나 유비쿼터스 환경에 연결되는 것을 의미하며, Always-aware는 사물에 있는 센서들이 항상 깨어 있는 상태에서 센서들을 통하여 상황을 인식하고 전달한다는 의미이고, Always-proactive는 사용자들의 요구를 충족시킬 수 있도록 적극적으로 정보를 분석하고 최적의 판단을 함으로써 현장에서 서비스를 요구하기 전에 필요한 서비스를 제공하는 것을 의미한다.

〈표 2.6〉 유비쿼터스의 3Always 특징 (운영 조건)

구분	내용	내역
3 Always (운영 조건)	Always-on	항상 사물들이 네트워크에 접속 가능
	Always-aware	항상 현장의 상황을 인식 가능
	Always-proactive	항상 능동적으로 서비스를 제공

2.1.2 정보화 이상사회

정보화가 실현하려는 이상 사회는 컴퓨터 중심이 아닌 인간 중심의 사회이다. 정보 사회 환경이 구축되어 모든 사물이 지능화되고 네트워크화됨으로써 개인 삶의 질과 기업 생산성이 향상되고, 공공 서비스의 혁신이 이루어져 이를 통해 국가 전반의 경쟁력이 제고된다.

사카무라(坂村)[4]는 유비쿼터스 컴퓨팅이 대량 생산의 획일적인 '하드와이어드 사회(hardwired society)'[5]를 개개인의 다양성에 적절하게 대응할 수 있는 '프로그램 가능 사회(programmable society)'[6]로 탈바꿈시켜 줄 것이라고 주장한다. 예를 들면, 각 개인이 자신의 신체조건에 관한 정보를 담은 휴대기기나 ID 카드를 소지하면 컴퓨터가 이를 인지해 최적의 정보와 서비스를 제공하기 때문에 노약자, 장애인, 환자 등 신체적 약자들도 큰 불편 없이 사회생활을 영위할 수 있게 된다는 것이다.

유비쿼터스 개념은 기존에 컴퓨터 사용이 어려워 정보 환경에서 소외된 사람들에게 컴퓨터 서비스를 충분히 제공하려는 것이다. 신기술 때문에 소외되는 사람들에게 컴퓨터 환경을 혁신하여 하나의 공동체로 재활하게 하는 노력이다. 이를 실현하기 위해 핵심 기술, 산업, 정부와 기업의 역할 그리고 개인에게 제공되는 서비스를 중심으로 유비쿼터스 사회의 구성 요건을 살펴본다.

(1) 이상적인 서비스 환경

유비쿼터스의 목적은 정보 기술을 이용하여 다양한 정보와 서비스를 다양한 사람들에게 언제 어디서나 손쉽게 제공하는 것이다. 서비스란 물질적 재화 이외에 소비에 관련된 모든 경제활동을 이르는 말이다. 정보와 서비스를 효과적으로 제공하기 위해서는 사람들이 컴퓨터로 오는 것이 아니라 컴퓨터가 사람들 앞으로 가야 하고, 컴퓨터가 사물 안에 내장되어 사람들에게 보이지 않도록 해야 하고, 사람들의 요구를 즉시 처리

---

4   사카무라 겐(坂村 健): 일본 도쿄대학 교수. TRON과 T-Engine(유비쿼터스형 내장 시스템 장치의 오픈 소스 운영체제) 제창자.

5   hardwired society: 하드웨어로만 구성되었다는 뜻의 매우 경직된 사회.

6   programmable society: 컴퓨터 프로그램으로 구성되었다는 뜻의 매우 유연한 사회.

해주어야 한다. 따라서 유비쿼터스의 특징은 <표 2.7>과 같이 이상적인 서비스로 설명할 수 있다.

〈표 2.7〉 이상적인 서비스 유형

서비스 유형	기능	비고
인간 중심 서비스	기기를 의식하지 않고 쉽게 사용할 수 있는 서비스	
실시간 서비스	대기 시간이 최소화된 서비스	금융 서비스
실감나는 서비스	가상적이지만 현실 같은 서비스	증강현실 등
적응형 서비스	현장의 상황에 따라 달라지는 서비스	날씨, 시간 등

 POINT   **이상적인 서비스 유형**

인간 중심 서비스 human-oriented service

처음 기기를 접하는 사람을 포함해 누구나 복잡한 컴퓨팅 기기를 의식하지 않고도 쉽게 사용할 수 있도록 서비스가 제공된다.

실시간 서비스 real time service

현장 사물에 설치된 각종 장치들은 상황 정보를 수집하여 서버에게 전송한다. 서버는 정보를 분석하고 조치하기 위한 명령을 현장의 장치에게 보내서 실행한다. 현장 장치들과 서버는 실시간으로 운영된다.

실감나는 서비스 realistic service

원거리에 있는 사람이 서버에서 현장의 상황 정보를 정확하게 인식하고 판단하기 위해서는 현장의 정보를 실감나는 상태로 전송한다.

적응형 서비스 adaptive service

사용자의 현장 상황에 따라 가장 적절한 서비스가 제공된다. 현장의 날씨와 온도, 시간에 따라서 지원 내용이 달라진다. 현장 위치와 환경이 다르고 접속하는 사용자의 ID와 장치가 다르면 서비스도 상이하게 제공된다.

다음은 유비쿼터스 이상사회를 구축하기 위하여 세계 각국에서 노력하는 과제들이다.

🔍⚙ CASE 대표적인 유비쿼터스 이상 사회

Smart Dust Project

DARPA[7]가 지원하는 UC 버클리대학 과제이다. 1㎣ 크기의 실리콘 모트(silicon mote)[8]라는 입방체 안에 완전히 자율적인 센싱(autonomous sensing)과 보이지 않는 컴퓨팅 시스템을 개발한다. 에너지관리, 제품의 품질관리와 유통 경로관리, 기상 상태와 병력과 장비 이동 현황을 파악한다.

생각하는 사물 Project

MIT Media Lab의 과제로 인간의 삶의 질을 향상 시키는 미래 컴퓨터 비전을 실현하는 것을 목적으로 한다. 인간을 섬기는 지능화된 사물인터넷을 연구한다. 사물들은 사용자의 취향을 이해하고 적합한 서비스를 제공한다. 예를 들면, 개인의 커피 기호를 파악하여 적절히 배합된 커피를 제공한다.

CoolTown Project

Hewlett-Packard 회사의 과제로 통신 네트워크 기술을 기반의 미래 도시 모델을 개발한다. 현실에 존재하는 모든 것이 동시에 웹에도 존재하는 Real World Wide Web 구현이 목적이다. 영국의 버크셔, 미국의 팔로알토, 캐나다에 시범 마을을 설립한다.

이상과 같은 서비스를 제공하기 위해서는 컴퓨터 기기들이 많은 사물들에 내장되고 모든 기기들이 통신 네트워크에 연결되어야 한다. 사물에 내장된 컴퓨터 기기들이 네트워크에 연결됨으로써 서버에서 현장의 상황정보를 인식하여 조치를 취할 수 있다. 현장 상황을 실시간으로 인식하기 위해 사용자들의 장비는 간편하고 이동통신이 자유로워야 한다. 유비쿼터스 환경이 발전과 융합을 거듭하여 사물인터넷 환경으로 진화하였다.

---

7 DARPA(미국방위고등연구계획국, Defence Advanced Research Projects Agency): 군사 기술 분야의 큰 연구를 지원하는 미국 국방부의 부서.

8 silicon mote: 아주 작은 모래와 같은 먼지라는 뜻.

▒▒ 2.2 사물인터넷 융합

유비쿼터스 사회는 사물인터넷 사회로 진화하고 있다. 사물인터넷은 사물들이 소형 컴퓨터를 장착하고, 인터넷을 이용하여 연결하고 협력하여 스스로 정보서비스를 제공한다. 사물인터넷은 모든 것을 연결하려는 4차 산업혁명의 핵심이고, 효과적인 연결은 융합을 촉진한다.

2.2.1 사물인터넷

사물인터넷은 유비쿼터스로 시작하여 이미 우리 생활에 깊숙하게 들어와 있다. 스마트키를 사용하는 자동차 운전자와 전기와 도시가스 사용량을 원격으로 검침하는 것은 사물인터넷을 이미 경험하고 있는 것이다. 원거리에서 자신의 상점을 영상장치를 이용하여 운영하는 상점 주인들도 이미 사물인터넷 경험자들이다.

사물인터넷은 1999년 MIT의 Auto-ID Center 소장 Kevin Ashton이 처음 사용하였다. 그는 RFID와 기타 감지기를 일상생활에 사용하는 사물에 탑재할 것이라고 전망하였다. 사물인터넷이 부각된 것은 시장분석 자료 등에 빅데이터(big data)[9]를 활용하면서 시작되었다.

사물인터넷의 정의는 다음과 같이 다양하다.

- 생활 속의 사물들을 인터넷으로 연결하여 스스로 정보서비스를 제공하는 환경.
- 인터넷으로 사물들을 연결하여 정보를 상호 소통하는 지능형 기술과 서비스.
- 인터넷으로 연결된 기기들이 사람의 개입 없이 정보를 교환하고 처리하는 기술.
- 모든 사물이 인간의 개입 없이 협력적으로 정보를 공유하고 처리하는 연결망.
- 사물들이 지능화되어 가상 세계의 모든 정보와 소통하는 환경.

---

9   빅데이터(big data): 자료의 생성과 수량이 기존 자료에 비해 너무 크기 때문에 기존의 방법으로는 수집하거나 처리하기 어려운 방대한 크기의 자료. 다양한 종류의 대규모 자료로부터 저렴한 비용으로 가치를 추출하고 자료의 초고속 수집, 발굴, 분석을 지원하도록 고안된 기술.

- 사물에 감지기(sensor)와 작동기(actuator)를 부착하고 인터넷을 이용하여 실시간 으로 정보와 서비스를 제공하는 기술.

사물인터넷의 정의가 다양하게 기술되는 이유는 이 용어가 새로운 개념으로 자리를 잡아가고 있는 과정임을 의미한다. 앞에서의 정의에 의하면 사물인터넷의 기본 조건 은 사물에 정보를 수집할 수 있는 감지기(sensor) 기능이 필요하고, 수집된 정보를 신 속하게 전송할 수 있는 통신 기능이 필요하고, 필요에 따라서 물리적 기능을 수행할 수 있는 작동기(actuator) 기능이 필요하고, 각 사물들이 스스로 정보를 처리할 수 있는 지 능형 정보처리 기능이 필요하다. 사물인터넷의 통신 기술은 기본적으로 유·무선 통신 기술을 아우르는 인터넷 기술이다.

사물인터넷의 개념은 [그림 2.4]와 같이 사람과 사물과 서비스 등의 분산 환경에서 인간의 명시적인 개입이 없이도 사물들이 스스로 협력적으로 정보를 수집하고 전송하 고 처리할 수 있는 지능적인 관계를 가진 사물 공간의 연결망이다. 사람과 사물은 물리 적인 공간에 위치하고, 사물은 고도의 감지 기술이 필요하고, 서비스는 고도의 인터페 이스 기술이 필요하고, 각 요소들은 고도의 통신 기술을 필요로 한다. 특히 이동통신망 을 이용하여 사람과 사물, 사물과 사물 간에 지능통신을 할 수 있는 M2M[10]의 개념을 인터넷으로 확장하여 사물은 물론, 현실과 가상세계의 모든 정보와 상호작용하는 개 념으로 진화하고 있다.

사물인터넷의 중요한 기술은 감지 기술, 통신 기술, 인터페이스 기술 등 3개 분야이 다. 감지 기술에는 전통적인 온도, 습도, 가스 농도, 조도, 전자파(SAR[11]) 등에서부터 사물의 위치, 움직임 등을 감지하여 사물과 주위 환경으로부터 정보를 얻을 수 있는 기 술이다. 감지기는 표준화된 인터페이스와 정보 처리 능력을 내장한 스마트 감지기로 발전하였고 실제 사물인터넷 서비스 인터페이스에 구현이 되고 있다. 통신 기술에는 기존의 WPAN[12], WiFi, 3G/4G/LTE, Bluetooth, Ethernet, BcN[13], 위성통신 등 인간과

---

10 machine to machine: 언제 어디서나 안전하고 편리하게 '사람과 사물', '사물과 사물' 간에 지 능형 통신을 수행하는 기술.

11 SAR(specific absorption rate): (휴대폰 등에 의하여)인체에 흡수되는 단위 질량당 전자파 흡수 전력. 한국의 SAR은 미국과 동일한 1.6.

사물, 서비스를 연결시킬 수 있는 모든 유·무선 통신망이 포함된다. 인터페이스 기술에
는 사물인터넷의 특정 기능을 수행하는 응용 서비스와 연동하는 기술을 포함한다. 여
기서 인터페이스란, 네트워크 인터페이스의 개념이 아니라, 정보를 감지, 가공, 추출,
처리, 저장, 판단, 상황 인식 등의 서비스 제공을 위한 인터페이스를 말한다.

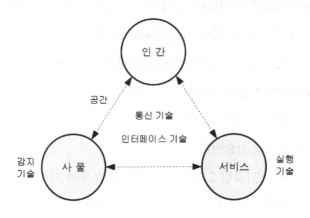

[그림 2.4] 사물인터넷과 융합

2.2.2 사물인터넷 디지털 융합

사물인터넷의 개념은 유비쿼터스 환경을 기반으로 총체적으로 필요한 사물과 기능
들의 융합을 의미한다. 사물인터넷 환경이 구축되기 위하여 융합해야 하는 중요한 요
건들을 <표 2.8>과 같이 살펴본다.

〈표 2.8〉 사물인터넷 디지털 융합

융합의 종류	기능	비고
시스템 융합	다양한 소규모 시스템들을 융합	센서, 작동기, 분석 시스템, 네트워크 등
네트워크 융합	다양한 유·무선 네트워크들을 융합	LAN, MAN, WAN
기기 융합	휴대하기 위하여 소형으로 융합	전화, 컴퓨터, 음악기기
서비스 융합	다양한 서비스들을 사용자 중심으로 융합	금융, 교육, 상거래

---

12 WPAN(Wireless Personal Area Networks): 개인 무선 지역 통신망.

13 Broadband Convergence network: 광대역 통신망.

사물인터넷 환경과 디지털 융합은 이상과 같이 서로를 필요로 하고 있으며 서로에게 영향을 주는 불가분의 관계이다. 사물인터넷은 디지털 융합의 결과로 만들어진 시스템이지만 사물인터넷이 발전하고 확장될수록 융합이 더욱 촉진된다. 사물인터넷이 구축되려면 [그림 2.14]와 같이 사람과 사물이 경계를 허물고 융합해야 하고, 사람과 서비스가 경계를 허물고 융합해야 하고, 사물과 서비스가 융합되어야 한다. 인간과 사물과 서비스가 경계를 허물고 융합하기 위해서는 창의적인 노력이 필요하다.

 POINT **사물인터넷 디지털 융합**

시스템 융합

사물인터넷 시스템 자체가 센서, 네트워크, 분석 시스템, 작동기들을 융합해야 얻을 수 있는 결과이다. 생활환경 속에 있는 모든 사물에 센서와 작동기가 융합된 센서 노드와 네트워크와 분석 시스템 등이 하나로 융합되어 인간의 요구를 지원하는 것이 사물인터넷 환경이다. 사물인터넷 환경은 디지털 융합의 결과인 장비와 서비스를 필요로 하고 있고, 디지털 융합은 사물인터넷 환경의 기반 위에서 사용된다.

네트워크 융합

사물인터넷은 통신 네트워크가 확장되어 사물들을 연결하고 다른 네트워크들을 연결하여 구축하는 네트워크 융합의 산물이다. 사물인터넷 환경이 구축되기 위해서는 Bluetooth, PAN, LAN, MAN, WAN 등이 모두 인터넷으로 융합되어야 하고, 유선과 무선이 FMC로 융합되어야 하며, 이동통신도 CDMA와 GSM이 3세대 4세대 4세대 이동통신망으로 융합된다.

기기 융합

사물인터넷 환경이 발전되기 위해서는 인간이 기기를 휴대하고 이동할 수 있어야 하므로 소형화, 지능화, 무선화, 저렴화 되어야 하는 것을 전제로 한다. 이 전제는 기기들의 디지털 융합을 의미한다.

서비스 융합

정보화의 목적은 기본적으로 인간에게 쾌적한 서비스를 제공하는데 있다. 디지털 산업이 발전하면서 개별적으로 개발된 서비스들은 사용자 중심으로 조정되고 융합된다. 기기 융합이 진행되면 관련 서비스들도 함께 융합되어야 한다.

2.2.3 사물인터넷의 미래

사물인터넷은 내가 말하지 않아도 주변이 알아서 척척 해결해주고, 내게 없는 소중한 정보를 알아서 만들어주고, 언제 어디서나 나를 알아봐주는 편리한 세상을 만들기 위해 달리기 시작했다. 정보환경이 목적을 달성하기 위해서는 다양한 정보 기기가 통신망으로 연결되고 감지기가 정보를 수집하고 작동기가 필요한 작업을 현지에서 수행해야 한다. 이 때 다양한 지리적 환경과 문화가 통합되어야 하므로 고도의 융합 능력이 요구된다. 사물인터넷 기술이 발전하면 사람은 물리적인 공간에 구애를 받지 않고 작업을 수행할 수 있다. 아기를 가진 엄마가 직장에 출근하면서 집안에 원격 카메라를 설치하여 도우미가 아기를 어떻게 돌보고 있는지를 확인하는 것도 사물인터넷을 이용하는 것이다. 과거에는 재택근무가 비현실적으로 인식되었지만 앞으로는 점차 현실에서 실현될 것이다. 즉, 직원이 집에서 근무하면서 원격 영상장치를 설치하여 직장에서 근무하는 것처럼 대화하고 회의하고 업무를 처리할 수 있는 시대가 오고 있다.

컴퓨터에 이상이 발생하면 지금도 컴퓨터 수리 센터는 1차적으로 원격으로 컴퓨터에 접속하여 문제점을 해결해주고 있다. 앞으로는 모든 사물에 정보 기기가 부착되어 사물을 운영할 것이므로 원격지에서 사물을 수리하고 정비할 수 있을 것이다. 가전업체는 정비 기사가 원격으로 수리를 시도하고 2차적으로 방문 수리 계획을 세울 것이다.

정보사회 환경이 발전되면 여러 가지 기술 환경과 문화 요소들이 융합하여 다음과 같은 이상사회를 이룰 것이다.

(1) 개인의 편의성

① **가정 서비스**: 냉난방기, 전열기, 세탁기 등의 가전 기기를 원격제어하고 영상장치를 이용하여 원격지에서 집안의 상태를 파악하고 원하는 조치를 취할 수 있다.

② **건강 서비스**: 심폐기능과 고혈압, 당뇨와 같은 질병 현황을 실시간으로 파악하여 병원에서 원격으로 의료 서비스를 지원할 수 있다.

③ **차량 서비스**: 차량을 인터넷으로 연결하여 레저와 금융 서비스를 지원하고, 차량의 운행 상태를 원격지에서 파악하여 문제가 발생하면 긴급하게 지원할 수 있다.

(2) 산업체 생산성

① **공장 서비스**: 물리적으로 위험한 환경의 공장을 원격으로 제어하고, 안전 시설물을 확인하고 감시하고, 작업 효율을 향상한다.

② **농장 및 음식물 서비스**: 음식물의 생산, 가공, 유통 과정을 원격관리하고 효율성 제고를 통하여 생산성을 향상한다.

③ **제품 서비스**: 발걸음을 측정하여 (장애자용)신발을 제작하거나, 운동선수의 움직임을 분석하여 맞춤형 장비를 제작한다. 건강 상태와 식습관을 분석하여 맞춤형 식단 등을 작성한다.

(3) 사회 안전성

① **공공 안전 서비스**: 육상, 해상, 공중에서의 재난을 효율적으로 감시하고 예방하고 대처한다. 노약자의 외부 활동을 관찰하고 안전 기능을 제고한다.

② **청결한 환경 서비스**: 대기 중의 오염 상태를 실시간으로 분석하여 예보하고, 하천과 저수지와 상수도의 수질을 실시간으로 감시한다.

③ **에너지 서비스**: 스마트 건물을 이용하고, 에너지 활용 상황을 분석하여 적정의 에너지를 사용함으로써 에너지 소비를 절약한다.

2.3 사물인터넷 기술

사물인터넷 환경을 구축하기 위하여 필요한 기술은 <표 2.9>와 같이 구체적인 구성 요소들의 기능을 개선하는 요소 기술들을 기준으로 분류할 수도 있고, 사물인터넷 시스템의 공통적인 영역별로 지원하는 기반 기술들로 분류할 수도 있다.

〈표 2.9〉 사물인터넷 기술 분류

분류 기준	기술 내역
요소 기술	사물인터넷 시스템의 개별 장치와 기능을 구축하는데 소요되는 기술
기반 기술	사물인터넷 시스템 구축에 폭넓게 적용되는 기술

2.3.1 사물인터넷 요소 기술

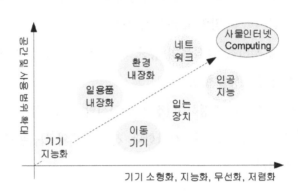

[그림 2.5] 사물인터넷 기술의 진화

사물인터넷 시스템을 구축하는데 필요한 기술은 [그림 2.5]와 같이 소형화, 지능화, 무선화, 저렴화하면서 진화하고 있다. 처음에는 소프트웨어 기술로 컴퓨팅 기기가 지능화되고, 반도체 기술로 소형화되어 휴대가 가능하고, 무선 기술로 일상적인 사물에 컴퓨터 칩이 내장되고, 프로세서 기술과 무선 기술이 발전하여 입는 컴퓨팅 장치 (wearable computing device)로 발전하였다. 장치들의 가격이 싸지면서 환경 분야에 내장하게 되고, 최종적으로 종합하여 유비쿼터스 환경과 사회가 도래한다.

기술의 분류는 <표 2.10>과 같이 요소 기술로 프로세서, 센서, 통신, 인터페이스, 보안 기술 등으로 분류할 수 있고, <표 2.12>와 같이 기반 기술로 SW, HW, 접근기반 기술 등으로 분류할 수 있다.

〈표 2.10〉 사물인터넷 요소 기술

요소 기술 종류	기술 내역
센서 기술	유비쿼터스 시스템에 정보를 입력하기 위한 기술
프로세서 기술	자료를 분석하고 판단하기 위한 처리 장치 기술
통신 기술	컴퓨터와 각 기기 간의 정보 교환 장치 기술
인터페이스 기술	사람과 기기 등 모든 개체 간의 유연한 소통을 위한 기술
보안 기술	장치와 정보를 보호하기 위한 기술

POINT **사물인터넷 요소 기술**

센서 기술

센서는 외부의 변화를 감지하는 입력장치이다. 시각, 청각 정보 이외에 온도, 빛, 냄새 등의 물리적 또는 화학적인 에너지를 전기 신호로 변환한다. [그림 2.6]과 같이 센서 노드는 물리적인 현상을 관측하는 센싱과 통신 기능과 처리 기능을 가진 작은 장치로서 정보처리 기본 단위이다. 센서들을 연결하여 정보를 교환하기 위한 네트워크를 USN(ubiquitous sensor network)이라고 한다.

프로세서 기술

프로세서는 센서를 통해 얻은 자료를 분석하는 처리장치이다. 운영체제는 실시간으로 동작하고, 처리 부담이 적고, 크기가 작고 간단해야 한다. 범용 컴퓨터와 같은 고성능은 필요하지 않다. 실례로 TRON[14]이라는 운영체제는 자동차, 전자기기 등 실시간 제어에 사용된다.

통신 기술

수많은 사물들을 연결하기 위한 무선통신 기술이 필요하다. 사용자와 기기 상호 간의 거리가 짧기 때문에 근거리 통신으로 가능하다. 기간 통신망은 IPv6 프로토콜을 사용하고 기존 IPv4 인터넷망, 멀티미디어 통신망 등을 포함한다. IPv4 체제는 주소 개수가 부족하여 IPv6 주소 체계를 도입한다. 〈표 2.10〉에서 두 주소 체계의 차이점을 비교하였다.

인터페이스 기술

인터페이스는 인간 친화적이어야 하므로 매우 복잡하다. 인터페이스의 주체도 사람 이외에 사물까지 포함한다. 사람과 컴퓨터의 인터페이스는 물론이고 사람과 사물, 사물과 컴퓨터의 인터페이스도 가능하다. 또한 자연스럽고 지능화된 기술이 요구된다. 정보 입력은 음성 인식, 문자 인식, 동작 인식 등으로 확장되고 있으며, 정보 출력도 다양하고 유연한 형태의 인터페이스가 제공된다.

보안 기술

유·무선 통신을 많이 사용하기 때문에 보안에 취약하다. 안심하고 사용할 수 있는 보안 기술이 필요하다. 암호화 기술로 기밀성을 보장하고, 인증 기술로 사용자의 신원을 보장하고, 전자서명 기술로 정보가 훼손되지 않았음을 보장한다. 보안을 보장함으로써 사물인터넷의 신뢰성을 확보하고 보급한다.

14　TRON(The Real-time Operation System Nucleus): 일본 전자공업진흥협회가 1983년에 발표한 마이크로프로세서의 표준 운영체제. 도쿄대학을 중심으로 32-64비트의 마이크로프로세서를 히다치, 후지쓰, 미쓰비시사 등에서 개발하고, 판매함.

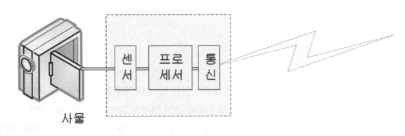

[그림 2.6] 센서 노드

〈표 2.11〉 IPv4와 IPv6의 비교

기술 구분	IPv4	IPv6
주소 길이	32비트	128비트
주소 개수	약 32억 개	약 3.4*1038 개
보안	프로토콜 별도 설치	기본으로 제공
이동성 지원	곤란	용이

이상과 같은 핵심 기술들은 사물인터넷 환경의 모든 분야에 기본적으로 적용되는 공통적인 기술들이다. 이와 함께 적용되는 각 분야별로 소요되는 기술개발을 살펴본다.

2.3.2 사물인터넷 기반 기술

〈표 2.12〉 사물인터넷 기반 기술

기반 기술 종류		기술 내역
SW 기반 기술	시스템 SW	컴퓨터 관련 자원을 관리하기 위한 SW
	응용 SW	현실 문제를 해결하기 위한 SW
	보안 SW	장치와 정보를 보호하기 위한 SW
HW 기반 기술	SoC	관련 기기를 소형화하고 다기능화하기 위한 HW 기술
	MEMS	초소형 기계 제작 기술
	Nano 기술	나노 단위(10억분의 1)로 초소형화하기 위한 기술
접근 기반 기술		각종 장비와 기기를 쉽게 연결하는 기술

사물인터넷 환경의 구축을 위해 사용되는 기반 기술들을 구체적으로 살펴보면 <표 2.12>와 같이 소프트웨어 기반 기술, 하드웨어 기반 기술, 접근 기반 기술 등으로 분류할 수 있다.

(1) 소프트웨어 기반 기술

사물인터넷 시스템 구축에 필요한 소프트웨어 기술은 시스템 소프트웨어, 응용 소프트웨어, 보안 소프트웨어 등으로 구분할 수 있다. 그중에서도 대표적으로 다음과 같은 소프트웨어 기술이 필요하다.

■ 시스템 소프트웨어

사물인터넷 시스템을 운영하는데 필요한 소프트웨어로는 웹서비스 기술, 실시간 운영체제 기술, 제어/관리 기술, 위치 기술, 센싱 기술, 내장 데이터베이스 기술 등이 새롭게 요구된다. 예를 들어, 사물인터넷 프로세서용 운영체제의 기본조건은 처리 부담이 적어야 하고 실시간 처리가 가능해야 한다. 초소형 칩에 운영체제를 내장해야 하기 때문에 간단한 구조에 전력 소모도 적어야 한다. Smart Dust[15]에서는 TinyOS[16]를 제안하였고, 일본에서는 TRON을 제안하였다. 사용자가 다양한 기기들을 다양한 환경에서 제어하기 위해서는 각 환경을 이음새 없이 연결할 수 있는 미들웨어[17] 기술이 필요하다.

■ 응용 소프트웨어

사물인터넷 응용 소프트웨어는 에이전트를 제작하는 프로그래밍 기술과 멀티미디어 자료를 저장하고 추출/분리하여 인식하는 프로그래밍 기술이 요구된다. 또한 윈도우 안에서 워드프로세서와 오피스 등을 사용하듯이 사물인터넷 안에서도 WWW, JAVA, WIPI[18], XML 등과 같은 소프트웨어가 필요하다. 감성적인 인터페이스 프로그

---

15 Smart Dust: UC 버클리대학의 연구 프로젝트명. 센서, 전산 기능, 양방향 무선통신 기능 및 전원 장치를 가진 먼지 크기의 극소형 전기 기계 장치 개발.

16 TinyOS: Smart Dust 프로젝트에 사용하기 위하여 개발된 컴포넌트 기반 내장형 운영체제(OS). 핵심 코드는 4,000바이트 이하, 메모리는 256바이트 이하. 이벤트 기반 멀티태스킹 지원.

17 middleware: 다른 프로그램들 사이에서 매개 역할이나 프레임워크 역할을 하는 프로그램. 상황인식 미들웨어는 시스템 프로그램과 응용 프로그램 사이의 중간에서 공통 프레임워크를 제공하며, Client/Server 미들웨어는 응용 프로그램과 database 간의 연결을 최적화한다.

램을 개발하기 위하여 HCI(Human Computer Interface), TCI, HTI 등의 소프트웨어 기술이 요구된다.

■ 보안 소프트웨어

사물인터넷 보안 소프트웨어는 어디에서든 안전하게 컴퓨터에 연결하기 위한 기술이다. 모든 사물에 컴퓨팅 기기가 내장되고, 네트워크에 접속할 때는 인증된 사람이나 기기만이 접근하고 사용할 수 있어야 한다. 이를 위한 보안 소프트웨어 기술에는 암호화 기술, 정보 보호 기술, 생체인식(biometrics) 기술, 전자인증(digital certificate) 기술, 전자서명(electronic signature) 기술, 스마트카드, RFID 제어 기술 등이 있다.

이밖에도 많은 소프트웨어 기술이 요구되지만 사물인터넷 환경에서 중요한 소프트웨어 기술들을 간략하게 기술하였다.

(1) 하드웨어 기반 기술

사물인터넷 환경에서 필요한 하드웨어 기술들을 장치(device)별로 구분하면 다음과 같다.

■ SoC(System on Chip)

사물에 내장하거나 휴대하기 위하여 기기를 소형화하고 기능을 지능화하려면, 단순한 주문형 반도체(ASIC)[19] 기술에서 벗어나 복합적이고 고성능의 SoC 기술이 요구된다. SoC는 독립적인 기능을 가진 반도체 칩들을 하나의 칩으로 융합하여 시스템 기능을 하는 칩을 만드는 기술이다. 실례로 인텔 같은 회사들은 CPU, DSP(digital signal processing), 메모리 등을 모두 통합하는 SoC를 출시하고 있다.

---

18 WIPI(Wireless Internet Platform for Interoperability): 무선인터넷 표준으로 개발된 한국형 플랫폼.

19 ASIC(Application Specific IC): 사용자가 특정 용도의 반도체를 주문하면 이에 맞춰 설계 및 제작해 주는 기술.

■ MEMS(Micro Electro Mechanical Systems)

MEMS는 기존의 반도체를 극한적으로 고밀도화하여 초고밀도 집적회로를 만들고 초소형 부품들을 조립하여 만드는 초소형 기계 제작 기술이다. 미국에서 국방 분야의 개발을 위하여 추진하고 있으며, 주요 국가들도 개발 연구가 활발하게 진행되고 있다. 실례로 휴대단말기용 고주파 부품, 광통신용 부품, 적외선 이미지 센서, 반도체 검사 부품 등으로 실용화되고 있다.

■ 나노 기술

나노 기술(NT)은 물질을 원자나 분자 수준의 단위나 크기에서 다루는 기술이다. 나노 단위에서는 같은 물질이라도 자기, 전자, 촉매, 광학 특성들이 전혀 다르게 나타나기 때문에 이 기술을 이용하면 엄청난 기술 혁신이 예상된다. 섬유, 반도체, 제약, 의료분야에서 실용화되고 있다.

하드웨어 기술을 특정한 목적을 수행하는 장치 위주로 분류하면 출력장치, 입는 처리장치, 영상장치, 입력장치, 축전장치(축전지) 등으로 <표 2.13>과 같이 구분할 수도 있다.

〈표 2.13〉 장치 위주의 하드웨어 기술 분류

HW 기술 종류	기술 내역
출력 기술	디스플레이 장치, 유기발광 다이오드 등
입는 장치 기술	몸 위에 입거나 머리에 쓰거나 하는 장치
입체 영상 기술	3D 영화관, 3D TV 등의 영상 기술
입력 기술	전자장갑, 번역기, 음성 인식기 등의 입력장치 기술
전원 기술	휴대용 전원장치에 관련된 기술

① 출력 기술

정보를 전달하기 위한 출력 기술로서 프로젝션, LCD, CRT, PDP, 유기발광다이오드(LED), 전자종이(e-paper)[20] 등의 출력장치 기술이 필요하다.

---

20 **e-paper**: 반복 사용이 가능한 종이와 같은 휴대용 디스플레이 장치. 접거나 말 정도로 부드러

② 입는 장치 기술

인간이 머리에 쓰거나 옷처럼 입거나 몸에 두를 수 있는 형태의 컴퓨팅 장치로서 헤드 마운트 디스플레이, 전자 안경, 입는 컴퓨터 기술이 필요하다.

③ 입체 영상 기술

3D 영화관 3D TV 등에서 영상을 입체적으로 볼 수 있는 3차원 기술, 홀로그램(hologram)[21] 기술 등이 필요하다.

④ 입력 기술

입력장치로서 전자 장갑, 음성 번역기, 음성 인식기, 디지털 펜(digital pen), 터치 패드(touch pad), 키보드 등이 필요하다.

⑤ 전원 기술

사물에 내장된 기기에 전력을 공급하기 위하여 2차 전지, 연료전지, 수동발전, 태양전지 등의 전지관련 기술이 필요하다.

하드웨어 기반 기술은 반도체 공학과 기계공학의 기반 위에서 장치를 위주로 계속 발전하고 있으며, 소프트웨어 기술이 부가되어 지능화하고 있다.

(3) 접근 기반 기술

사물인터넷 환경에서의 접근 기술은 센서 노드가 있는 사물들을 네트워크에 연결해서 관련된 장비와 정보, 서비스 등을 자유롭게 사용하게 해주는 기술이다. 네트워크는 물리적으로 사물과 사물을 연결한다. 네트워크는 유·무선 통신을 포함하여 유선과 무선통신을 융합하는 유·무선융합(FMC)[22] 통신 등 다양한 분야의 기술이 있다. 거리를 기준으로 네트워크 접근 기술을 분류하면 Bluwtooth와 같은 장비를 사용하는 PAN[23]과 LAN, MAN, WA

우면서도 액정 화면처럼 쓰고 지울 수 있음.

21 hologram: 필름이나 감광 건판 등 기록 매체에 레이저 광 등 빛의 간섭 패턴을 기록하여 물체 의 3차원 입체상을 재생하는 기술.

22 FMC(Fixed Mobile Convergence): 유선과 무선으로 구분되어 있는 망을 통합하는 통신망. 모 든 다른 기존망을 IP 코어망으로 연동하고 통합된 서비스 제공이 목표. 실제로는 유선망과 이 동통신망을 통합하고 유선망과 연결되는 무선망을 포함하는 망. ex) Wi-Fi와 Wibro를 통합.

23 PAN(personal area network): 휴대용 정보 단말기 등을 이용하여 필요한 정보를 처리할 수 있

N[24] 등이 있다.

사물인터넷은 계속 진화하고 있으며 이에 필요한 기술들도 지속적으로 발전하고 있다. 사물인터넷 기술의 궁극적인 목적은 인간 중심의 서비스를 제공하는 사물인터넷 시스템 이다.

2.3.3 사물인터넷 기기

사물인터넷 기술을 이용하여 만든 기기들은 수없이 많으며 지금도 계속 개발되고 있다. 사물인터넷 기기들은 대부분 디지털 방식으로 융합된 장치들이다. 이들 장치들은 사물인터넷 시스템 구축에 매우 유용하게 사용된다.

(1) 스마트카드 : 전자 신용카드

스마트카드(smart card)는 [그림 2.7]과 같이 집적회로(IC)를 장착한 카드를 말한다. 국제표준기구(ISO)는 스마트카드를 '집적회로가 한 개 이상 포함된 카드'라고 정의하고 있다. 스마트카드에는 마이크로프로세서, 카드 운영체제, 보안 모듈, 메모리 등이 선택적으로 갖추어져 있으므로 특정한 작은 업무를 처리할 수 있다. 따라서 '칩 카드', '마이크로프로세서 카드', 'CPU 카드', '전자식 신용카드' 등의 여러 가지 명칭으로 불리기도 한다. 이 카드가 사물인터넷에서 중요한 것은 자동적으로 사람이나 장치를 식별하는 인식장치 역할을 하여 보안에 매우 효과적이기 때문이다.

[그림 2.7] 스마트카드

도록 구성한 개인 영역 통신망.

24 WAN(wide area network): 도시, 국가, 대륙을 잇는 광역통신망. ex) internet.

스마트카드의 종류에는 기능과 구조면에서 다음과 같이 세 가지 형태가 사용되고 있다.

■ 메모리형

마이크로프로세서가 내장되지 않은 카드로서 메모리와 보안장치가 내장되어 있다. 의료보험증 같이 순수 기억용으로, 공중전화나 물품구입권 같은 유가증권으로 사용될 수 있다. 메모리는 주로 EEPROM[25]을 사용한다.

■ 프로세서형

프로세서와 메모리를 모두 내장하여 읽기/쓰기 기능과 연산과 판단이 가능하므로 고도의 기능을 구현할 수 있다. 보안이 중요하므로 보호 기능이 있다.

■ 대화형

프로세서와 메모리, 입출력, 응용 프로그램 기능 등을 내장하여 양방향으로 정보를 전달할 수 있으므로 대화형 장치로 사용할 수 있다.

사물인터넷 시스템을 구축하기 위해서 가장 많이 사용되는 센서 기기에는 RFID가 있고 센서 네트워크에는 무선 센서 네트워크(WSN) 등이 있다. RFID와 WSN을 이해하면 사물인터넷 응용 시스템을 이해하고 설계하는데 큰 도움이 된다.

(2) RFID

RFID의 기능은 바코드 시스템(bar code system)[26]과 유사하게 사물에 부착되어 사물을 인식하는 장치로 사용된다. 사물의 내용을 RFID에 저장하고 필요시에 컴퓨터에서 무선으로 비접촉식으로 읽기 위한 것이다. RFID는 무선 인식이 가능한 IC 태그이다.

RFID 시스템은 [그림 2.8]과 같이 태그와 송·수신기로 구성되어 있으며 태그는 자료를 저장하는 IC 칩과 자료 송수신을 위한 안테나로 구성된다. 송·수신기(일명 판독기,

---

25 EEPROM(electrically erasable and programmable read only memory): 전원 없이도 장기간 안정적으로 기억하고 소거할 수 있는 읽기 전용 비휘발성 기억 장치.

26 bar code system: 컴퓨터가 쉽게 빨리 입력하기 위하여 문자와 숫자를 흑과 백의 막대 모양 기호로 조합한 코드. 상품 종류, 도서 분류, 신분증 등의 인식 용도로 사용.

reader)는 RFID 태그를 판독하는 일을 한다. RFID는 비접촉식이므로 가까운 거리에서 판독기를 대면 RFID 태그가 반응하여 태그 정보를 읽을 수 있다. 일반적으로 IC 태그를 읽는데 필요한 에너지는 판독기에서 공급한다. RFID 태그와 판독기 간의 전송은 미리 약속된 표준 방식으로 감지가 이루어진다. RFID는 산업계의 물류분야에서 가장 많이 사용되고 있다.

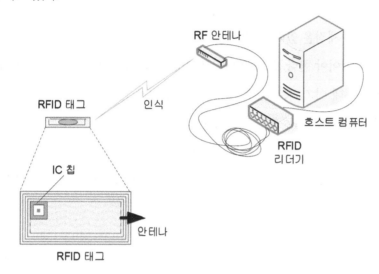

[그림 2.8] RFID 시스템 구성도

RFID의 작동은 다음과 같이 5단계로 실행된다.

① 안테나에서 지속적으로 전파를 발신한다.
② ID와 자료가 저장된 태그가 전파의 범위에 들어온다.
③ 태그가 자료를 안테나로 전송한다.
④ 판독기가 태그의 정보를 읽는다.
⑤ 네트워크로 연결된 데이터베이스로 정보를 전송한다.

RFID의 동작 원리가 간단하기 때문에 많은 분야에서 다양하게 사용되고 있다. RFID의 기술적인 특징은 다음과 같이 우수하기 때문에 더 많은 분야로 보급될 것이다.

① 여러 태그들을 동시에 고속으로 인식한다.

② 태그 감지 거리가 몇 cm에서 100m까지 길다.

③ 물리적으로 견고하고 수명이 길다.

④ 전자파가 비금속 재료를 통과할 수 있다.

⑤ 정보 인식 시간이 0.01~0.1초로 짧다.

RFID에도 문제점은 있다. RFID가 실용성을 갖추기 위해서는 가격이 저렴해야 하고 전력 소모가 적어야 한다. 그렇지 않으면 저가 상품에 사용하기 어렵다. RFID가 주파수를 이용하는데 야기되는 문제점은 나라마다 사용 주파수가 다르다는 점이다. 따라서 국제표준기구에서 표준화를 해야 한다.

RFID는 태생적으로 바코드가 해오던 역할을 대신하도록 고안되었으므로 바코드보다 여러 가지의 장점이 추가되었다. <표 2.14>와 같이 RFID의 장점을 살려서 사물인터넷 시스템을 구축해야 한다.

〈표 2.14〉 바코드와 QR 코드와 RFID의 비교

비교 항목	bar code	QR code	RFID
정보량	수십 자리	수천 자리의 숫자와 문자	수천 자리
읽기/쓰기	읽기 전용	읽기 전용	읽기/쓰기 모두 가능
전송 방식	접촉식	접촉식	무선통신(최대 100m)
동시 인식	불가	불가	가능
내구성	약함	약함	강함
용도	식별관리(재고)	마케팅, 홍보	식별관리
인식 장치	전용장치	스마트폰	전용장치

바코드는 [그림 2.9](a)와 같이 굵기가 다른 막대들을 이용하여 컴퓨터가 식별할 수 있도록 구성된 코드이다. 바코드는 상품의 종류를 나타낼 수 있고 재고관리와 매출관리 등에 사용할 수 있으며 가격이 저렴하고 여러 가지 재질에 인쇄할 수 있고 일부가 훼손되어도 나머지 부분으로 복구할 수 있는 장점이다. 그러나 정보의 용량이 적어서 상품에 대한 정보를 충분히 표현하지 못한다는 단점이 있다. 이를 개선하기 위하여 개

발된 것이 2차원의 바코드인 QR 코드이다. QR 코드[27]는 [그림 2.9](b)와 같이 흑백 격자무늬를 이용하여 정보를 나타내는 이차원 형식의 바코드이다. 기존의 바코드가 용량에 제한이 있으므로 형식과 내용을 확장하여 숫자 이외에 문자와 이진코드를 포함한 것이다. 기존 바코드를 대체하는 용도로 사용되었으나 이제는 마케팅, 광고, PR[28] 등으로 영역을 확장하고 있다. 스마트폰으로 QR 코드를 입력하면 웹사이트로 이동하여 각종 정보를 제공받을 수 있다. QR 코드를 만드는 사이트를 이용하면 누구나 쉽게 QR 코드를 만들 수 있고 스마트폰으로 쉽게 읽고 웹사이트를 연결할 수 있다. 인터넷 정보를 활용할 수 있으며 전용장치를 구비할 필요가 없다. RFID의 칩 가격은 하나에 약 500원인데 반하여 바코드는 약 5원에 해당하므로 아직은 바코드의 가격 경쟁력이 높다.

(a) 바코드   (b) 2차원 바코드(QR 코드)

[그림 2.9] 바코드와 QR 코드

(3) 유비쿼터스 센서 네트워크

무선 센서 네트워크는 WSN(Wireless Sensor Network) 또는 USN(Ubiquitous Sensor Network)이라고 부른다. USN은 주변 환경의 온도, 소리, 압력, 진동, 이동, 오염 등의 물리적 또는 화학적 변화를 협동적으로 감지하는 센서들로 구성된다. 이들 센서들은 공간적으로 분산되어 있으면서 자치적으로 작동된다. USN의 개발은 전투 현장에서

---

27 QR 코드(Quick Response code): 1994년 일본의 덴소웨이브사가 개발한 2차원의 바코드. 사각형의 격자무늬에 다양한 정보를 저장. 숫자 7,089자, 문자 4,296자, 이진 2,953bytes, 한자 1,817자까지 저장 가능. 스마트폰으로 인식하고 그 제품의 웹사이트로 연결하여 각종 정보를 검색할 수 있다.

28 PR(Public Relations): 사업, 비영리 기관 등과 공적으로 좋은 관계를 유지하기 위한 행위와 기능.

정찰을 목적으로 미국 국방부에서 군사용으로 개발하였다.

USN 기술은 RFID 내용을 포함하고 있으며, 모든 사물에 적용되는 내장형 무선 네트워크 기술이다. USN은 모든 사물에 부착된 센서를 초소형 무선장치에 접목하여 실시간으로 정보를 수집하고 처리하는 네트워크 시스템이다.

USN은 [그림 2.10]과 같이 사물에 부착된 RFID 등의 센서 노드로부터 사물과 상황정보를 인식하여 유통하는 사물인터넷 환경의 기반 인프라이다. 먼저 RFID를 중심으로 발전하고, 이어서 센서 기능이 추가되고, 센서들 간에 네트워크가 구축되어 USN 형태로 발전하고 있다. 관련 소프트웨어 플랫폼으로는 TinyOS, Qplus[29] 등이 있으며, 다양한 표준과 프로토콜을 지원한다. USN 관련 표준으로는 ZigBee, Wireless HART[30] 등이 있다. 장차 IPv6를 접목한 USN 기술이 많이 확산될 것으로 기대되고 있다.

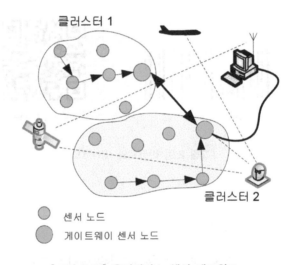

[그림 2.10] 유비쿼터스 센서 네트워크

차세대 센서 네트워크인 IP-USN(Internet Protocol-Ubiquitous Sensor Network)은 IP 인프라와 USN 인프라 간 시너지 효과를 극대화하기 위해 센서 노드에 IP를 탑재하였다. 네트워크의 광범위한 확장성과 이동성을 보장하기 위한 기술이다. IP-USN은

---

29 Qplus: ETRI에서 개발 중인 국산 내장형(embedded) 소프트웨어 플랫폼. 약 500k 크기로 표준형은 ARM, X86 아키텍처 지원.
30 HART: HART사가 개발한 개방형 표준 무선 네트워크 기술.

BcN[31], IPv6, Wibro 등 인터넷 인프라와 연계하여 원하는 장소에서 센서 네트워크를 구성한다.

▪▫▪ 2.4 사물인터넷 시스템

사물인터넷 시스템은 사용자가 필요한 정보와 서비스를 시스템이 스스로 알아서 제공하는 정보관리체제이다. 사물인터넷 시스템을 구축하기 위하여 사물인터넷 컴퓨팅 모델을 살펴보고 사물인터넷 응용 시스템을 설계할 수 있는 구체적인 사례를 살펴본다.

2.4.1 사물인터넷 컴퓨팅

사물인터넷 컴퓨팅의 여러 가지 정의를 통하여 사물인터넷 컴퓨팅이 추구하는 여러 가지 의미를 살펴본다. 사물인터넷 컴퓨팅의 대표적인 정의는 다음과 같다.

① 센서를 통하여 정보를 인식하고 프로세서를 사용하여 판단하며 통신 기술을 이용하여 다른 기기와 의사소통하는 기술이다.
② 사용자들이 생활환경 속에 존재하는 컴퓨터 장치들을 의식하지 않고 자연스럽게 사용하는 기술이다.

전자의 정의는 사물인터넷 시스템 구성요소들 위주로 기능을 설명한 것이고, 후자의 정의는 사용자 측면에서 서비스 방식을 설명한 것이다. 사물인터넷 컴퓨팅이란 다양한 컴퓨터가 사물과 환경 속에 내장되고 상호 연결되어 언제 어디서나 어떤 단말로도 정보와 서비스를 제공받을 수 있는 인간·사물·공간 간의 최적의 컴퓨팅과 네트워크 환경이다. 이것은 사물인터넷 시스템이 수행해야 하는 역할을 위주로 시스템 구성 조건을 설명하였다. 이 절에서는 사물인터넷 시스템의 발전 과정과 사물인터넷 시스템의 구조를 살펴보기로 한다.

---

31 BcN(광대역 융합망, Broadband Convergence Network): 유·무선통신, 방송, 인터넷이 융합된 품질 보장형 광대역 멀티미디어 서비스를 언제 어디서나 끊김 없이 안전하게 이용할 수 있는 차세대 통합 네트워크.

(1) 사물인터넷 시스템의 발전

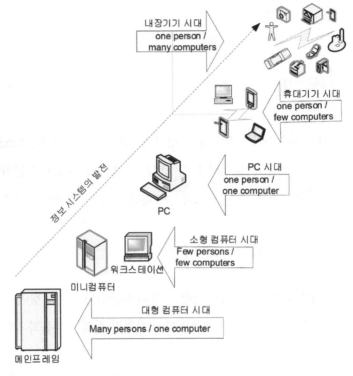

[그림 2.11] 사물인터넷 시스템의 발전 과정

사물인터넷 시스템을 구축하기 위하여 기존 컴퓨터 기술의 발전 과정을 살펴보기로 한다. 사물인터넷 시스템이 발전하는 단계를 살펴보면 아래와 같다.

① 센서 확산 단계 : 센서의 크기와 가격이 작아지며 많은 컴퓨팅 장치에 내장된다.
② 센서 연결 단계 : 센서 노드들을 네트워크로 연결한다.
③ 센서 정보 종합 단계 : 센서에서 입력되는 정보들을 종합적으로 활용한다.

이상과 같은 단계를 거쳐서 사물인터넷 컴퓨팅 단계에 이른다. 앞에서는 사물인터넷 시스템의 주요 기술적인 요소들을 중심으로 정보 종합 단계의 컴퓨팅 모델을 기술하였다. 사물인터넷 시스템은 [그림 2.11]과 같이 센서, 프로세서, 통신, 인터페이스, 보안 등 5개의 요소 기술들이 특정 목적을 위하여 시스템을 구성한 것이다. 센서, 통신, 프로세서들은 센서 노드 또는 센서 모듈이라는 기본 단위로 구성된다. 센서 노드들은 통신 기능을 갖추고 있으므로 다른 노드들과 네트워크를 형성하여 정보를 교류하고 협력한다. 인간과 컴퓨터, 사물과 사물, 사물과 컴퓨터 등의 인터페이스를 기술적이며 예술적 감성으로 연결해야 한다. 사물인터넷 환경은 유·무선 통신을 많이 사용하므로 정보 보안에 철저히 대비해야 한다.

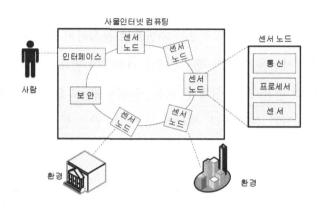

[그림 2.12] 사물인터넷 컴퓨팅 모델

(2) 사물인터넷 시스템 구조

사물인터넷 개념을 구현할 수 있는 사물인터넷 시스템의 기본 구조를 살펴보고 시스템 설계 요건을 살펴보기로 한다. 사물인터넷 시스템은 생활 속의 현장과 정보센터로 구성되며, 현장의 사물들에는 보이지 않게 센서 노드가 내장된다. 모든 사물들과 정보센터는 네트워크로 연결된다. 정보센터에는 컴퓨터와 분석 시스템을 갖추고 자동화되어 있으며, 필요에 따라 사람이 개입하여 정보처리를 지원한다. 사물인터넷 시스템은 <표 2.15>와 같이 정보를 수집하는 센서 노드, 정보를 송수신하는 통신 네트워크, 수집된 정보를 종합적으로 분석하고 판단하는 분석 시스템, 결정된 사항을 실행하는 작동기(actuator) 등 4개의 요소들로 구성된다.

〈표 2.15〉 사물인터넷 시스템의 주요 구성 요소

구성 요소	기 능	위 치
센서	정보 수집, 처리, 통신	현장의 사물
네트워크	정보 송수신	모든 요소들 연결
분석 시스템	정보 분석 및 판단	정보 센터
작동기	조치 실행	현장의 사물

센서 노드(sensor node)에는 프로세서와 통신기가 있어서 사전에 준비된 작업은 자체적으로 실행할 수 있다. 센서 노드가 자체적으로 작업을 실행할 수 없는 일은 [그림 2.13]에서와 같이 센서 노드가 상황 정보(context information)를 다른 센서 노드 또는 정보센터로 전송한다. 정보센터는 분석 시스템을 이용하여 센서 노드에서 전송되어온 정보와 데이터베이스에 저장된 정보를 기반으로 분석하여 최적의 판단을 내린다. 정보센터는 결정된 사항을 현장의 작동기에게 전송하여 필요한 조치를 실행하게 한다. 정보 수집과 분석, 판단, 조치 실행 등 모든 처리는 자동적으로 이루어지나 필요에 따라서는 사람이 개입될 수도 있다. 센서와 작동기는 같은 센서 노드에 있을 수도 있고 분리되어 있을 수도 있다.

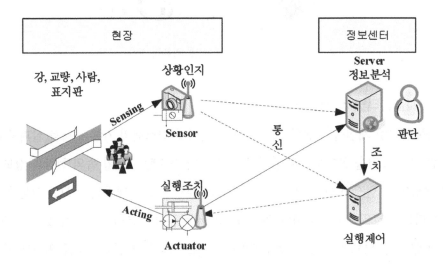

[그림 2.13] 전형적인 사물인터넷 시스템 구조

현장에서 사물(장비)을 사용하는 사용자들은 컴퓨터 관련 장비들이 보이지 않기 때문에 '보이지 않는' 컴퓨터가 구현된다. 사용자들이 사용하는 사물에 컴퓨터 장치가 내장되어 있으나 복잡한 컴퓨터를 사용하는 것이 아니므로 사용하기 쉬운 컴퓨터로 구현된다. 정보 센터의 분석 시스템에는 현장 상황에 대처할 수 있도록 충분한 정보가 저장되어 있는 분석용 데이터베이스 시스템을 사용한다. 시스템의 모든 작업이 자동으로 이루어지므로 에이전트(agent)[32] 소프트웨어 기술이 요구된다.

---

32 agent: 외부의 요청에 의하여 독립적으로 주어진 일을 수행하는 작업이나 프로그램.

사물인터넷 시스템을 구축하기 위해서는 응용 업무를 해결할 수 있도록 4가지 구성 요소를 유기적으로 설계하고 사물인터넷 기술을 이용하여 구현한다.

2.4.2 사물인터넷 응용 시스템

사물인터넷 컴퓨팅 모델과 시스템 구조를 이해하고 응용 시스템을 설계하기 위하여 대표적인 도서관 사례를 중심으로 응용 업무를 살펴본다.

(1) 사물인터넷-도서관

사물인터넷-도서관의 목적은 고도화된 고객관계관리(CRM)[33]를 적용하여 쉽고 편리하게 이용할 수 있는 사물인터넷 기반의 정보관리 환경을 이용자들에게 제공하고, 도서관 관리를 위한 자체 운영 효율을 향상하는데 있다.

■ 도서관의 문제점과 서비스 대책

도서관을 획기적으로 개선할 수 있는 사물인터넷-도서관을 설계하기 위하여 기존 도서관의 문제점을 살펴본다.

① 기존 도서관은 도서를 바코드로 관리하고 있으므로 모든 도서들이 정확하게 제자리에 위치하고 있는지 확인하기 어렵다. 주기적으로 도서의 위치와 재고를 파악하기 위하여 전체 도서를 정리해야 하고, 정리하는 동안은 도서관의 서고를 사용할 수 없다.

② 도서들의 위치가 정확해도 이용자가 해당 도서의 위치를 찾는 것이 쉽지 않다.

③ 이용자가 도서를 검색하거나 자신의 도서 대출과 반납 현황을 알기 위해서는 도서관에서 지정한 장비와 프로그램을 사용해야 한다.

④ 도서 검색과 대출 등의 업무를 위해 도서관에 공간을 확보하고 전용 장비를 설치해야 한다.

---

33 CRM(Customer Relationship Management): 고객 관련 자료를 분석, 통합하여 고객 특성에 맞게 마케팅 활동을 지원하는 일.

⑤ 도서의 검색 지원, 대출과 반납 지원 그리고 정확한 도서 배치를 위하여 숙련된 사서(librarian)[34]의 일손이 필요하다.

⑥ 도서 정보 이외에 음성 정보, 영상 정보 등의 멀티미디어 정보를 검색하고 활용하려면 도서관에 와야 한다.

사물인터넷-도서관은 기존의 문제점을 해결하기 위하여 다음과 같은 서비스 대책을 수립한다.

① 모든 도서에 전자 태그를 부착하여 도서의 위치를 수시로 확인하고 바로 잡을 수 있게 서비스한다.

② 이용자의 개인 단말기(휴대폰, PDA 등)에서 자신의 위치와 도서의 위치를 확인하고 길안내하는 서비스를 제공한다.

③ 이용자의 단말기에서 도서 검색과 대출 현황을 파악할 수 있는 서비스를 제공한다.

④ 이용자 단말기를 활용하는 서비스를 제공함으로써 도서관의 공간과 장비 비용을 절감한다.

⑤ 이용자 단말기를 이용하여 이용자가 스스로 대출하고 반납하게 하여 사서 인력을 절감한다.

⑥ 이용자 단말기에서 멀티미디어 정보를 이용할 수 있는 서비스를 제공한다.

이상과 같이 기존 도서관의 문제점과 서비스 대책이 수립되면 기술적으로 이를 지원할 수 있는 장비와 응용 프로그램을 구축하도록 u-도서관을 설계한다.

■ 사물인터넷-도서관의 주요 기능 설계

사물인터넷-도서관은 앞에서의 문제점을 해결하기 위하여 다음과 같은 기능을 지원하도록 시스템을 설계한다.

---

34 librarian(司書): 도서관에서 이용자의 정보 요구를 충족시키기 위하여 문헌을 수집, 정리, 보관, 대출하고 필요한 정보를 검색하는 일을 돕는 사람.

① 인증 서비스 authentic service

이용자가 도서관에 들어오면 즉시 단말기를 도서관 서버로부터 인증 받는 프로그램을 제공한다.

② 위치기반 서비스 LBS(Location Based Service)[35]

모든 도서에 RFID를 부착하고, 각 서고에 여러 개의 RF 판독기를 설치하여 중앙 서버를 통하여 모든 도서의 현황과 위치 정보를 실시간으로 제공한다.

③ 이용자 단말기의 대출 서비스

이용자 단말기를 통하여 대출 현황을 파악하게 하고 대출업무를 대행하는 프로그램을 제공한다.

④ 개인 자율 서비스

이용자 스스로 대출과 반납을 하고 자동으로 도서관 데이터베이스에 반영하는 프로그램을 제공한다.

⑤ 도서관리 서비스

사서가 위치정보를 이용하여 신속하게 도서를 서고에 배치하는 프로그램을 제공한다.

⑥ 개인 단말기 검색 및 위치 서비스

이용자의 단말기로 도서를 검색하고 실시간으로 도서 위치를 안내하는 프로그램을 제공한다.

⑦ 개인 단말기의 멀티미디어 정보 검색 서비스

개인 단말기에서 멀티미디어 정보를 검색하고 활용할 수 있는 프로그램을 제공한다.

---

35 LBS: mobile 기기를 통해 지리 좌표를 이용하는 교통과 생활 정보를 실시간으로 제공하는 서비스. 지리정보시스템(GIS)과 지능형교통시스템(ITS)에 밀접하게 관련됨.

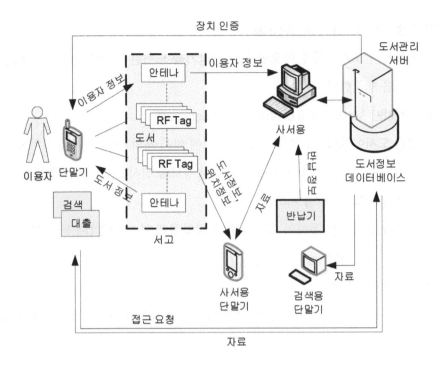

[그림 2.14] 사물인터넷-도서관 시스템의 자료 흐름도

[그림 2.14]는 사물인터넷-도서관 시스템 구축을 위한 자료 흐름도이다. 도서관 이용자는 도서관에 들어오면 서버로부터 장치 인증을 받는다. 자신의 단말기로 빌린 도서들의 목록과 대여기간, 수량 등의 정보를 받는다. 단말기로 도서를 검색하고, 대출이 가능하면 도서의 위치기반 서비스의 안내를 받아서 서고에 가서 책을 가지고 자신의 단말기로 대출을 받는다. 반납할 때는 도서를 반납기에 읽히면서 반납하고 자신의 단말기로 확인한다. 사서는 위치기반 서비스를 이용하여 반납된 도서를 서고에 배치한다. 사서들은 사서용 휴대 단말기를 이용하여 서고 단위로 현황을 파악하고 위치에 이상이 있는 도서들을 제 위치로 배치한다. 개인 단말기가 작아서 불편한 이용자들은 도서관의 검색 전용 단말기를 사용한다.

사물인터넷 기술과 장비를 조금 투자하면 도서관 이용자들의 환경을 대폭 개선해줄 수 있고 사서들의 근무 환경을 효율적으로 개선할 수 있다. 응용분야에 따라서 더 작은 공간에 더 적은 장비와 인력으로 더 많은 서비스를 제공할 수 있다.

연습문제

2.1 다음 용어들을 정의하시오.
① 유비쿼터스   ② RFID   ③ USN   ④ 센서
⑤ 스마트 카드   ⑥ 서비스   ⑦ 3C   ⑧ 실시간 서비스
⑨ 상황인지   ⑩ agent   ⑪ 사물인터넷

2.2 유비쿼터스가 추구하는 이상사회를 설명하시오.

2.3 유비쿼터스 소프트웨어의 기반 기술을 설명하시오.

2.4 유비쿼터스 환경에서 디지털 융합이 필요한 이유를 설명하시오.

2.5 유비쿼터스 기술을 적용할 수 있는 분야를 가정이나 학교의 주변에서 찾아서 제시하시오.

2.6 유비쿼터스 시스템을 구현할 때 가장 문제점이 되는 것은 무엇인가?

2.7 임진강 상류에 있는 댐에서 예고 없이 대량의 물을 방류하여 피해를 입은 사례가 있다. 이런 형태의 물난리를 해결할 수 있는 기술적인 대책을 세우시오.

2.8 RFID와 바코드의 기능을 비교하고 가장 적합한 용도를 새롭게 제시하시오.

2.9 기존의 신용카드와 스마트카드의 기능을 비교하고 가장 적합한 새로운 용도를 제시하시오.

2.10 대학교 건물에서는 학기 초에 도난 사건이 자주 발생하는데 이를 방지할 수 있는 아이디어와 기술을 찾아서 제시하시오.

2.11 공공 도서관에서 정보검색과 자료 대출에 대한 문제점이 있으면 지적하시오. 문제점에 대한 대책을 제시하시오.

2.12 대형 식당에서 사물인터넷 기술을 적용할 분야는 있는지 찾아보고 개선안을 제시하시오.

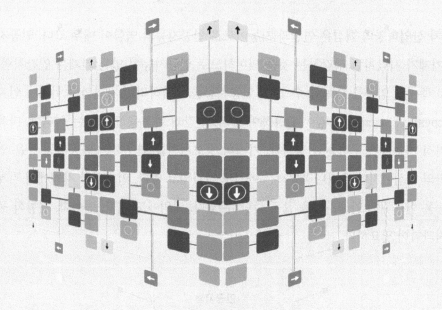

C H A P T E R

3

인지과학과 인공지능

3.1 인지과학 개요

3.2 심리학

3.3 신경과학

3.4 인공지능

■ 연습문제

4차 산업혁명의 핵심은 연결과 지능이므로 인공지능의 역할이 매우 크다. 인공지능은 기계가 사람처럼 생각하는 것을 의미하므로 인공지능이 있는 기계는 인간처럼 스스로 주어진 임무를 수행할 수 있다. 인공지능을 구사하려면 자연과학 이외에 인지과학(cognitive science)을 깊이 활용해야 한다. 인간의 마음을 연구하는 심리학, 마음의 생리적 기초를 연구하는 신경과학, 기계의 정보처리를 연구하는 인공지능 등은 인지과학의 핵심이지만 우리나라에서는 아직도 간과되고 있다. 인지과학 차원에서 기계와 지능을 연구해야 인공지능을 잘 구축할 수 있다. 이외에도 철학, 언어학, 인류학 등의 인지과학이 필요하다.

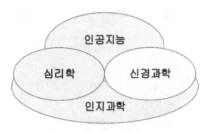

[그림 3.1] 인공지능과 인지과학

3.1 인지과학 개요

인지 기능의 핵심 요소는 지각, 기억, 상기, 판단 등으로 인지과학은 이들 기능들에 관한 학문이다. 하워드 가드너(Gardner)[1]는 인지과학을 구성하는 학문으로 심리학, 신경과학, 인공지능, 철학, 언어학, 인류학 등의 여섯 개를 분류하였다. 이들 학문들이 인지과학으로 분류된 공통점들은 모두 인간의 지능과 인식에 깊이 관련되어 있는 학문들이다.

인간의 마음은 행동을 결정하고, 행동을 연구하는 학문은 심리학이다. 따라서 심리학은 인간의 행동을 통하여 인간의 마음을 유추한다. 인간의 마음이 실행되는 공간은 두뇌이고 두뇌는 신경계를 제어하는 중추기관이므로 신경과학은 마음의 기초를 다루

---

1   Howard Gardner(1943~): 미국 발달심리학자. 인간의 8가지 복수 지능(언어, 논리-수학, 음악, 공간, 신체·운동, 자연, 대인관계, 내재적 지능) 이론 제시.

는 학문이다. 인공지능은 인간의 마음을 실행할 수 있는 기계(컴퓨터)를 연구하는 학
문이다. 인지과학이 발전하게 된 동기는 컴퓨터이기 때문에 인공지능 또한 마음과 밀
접하다. 철학도 인간 정신의 궁극적인 문제들을 연구하는 학문이므로 마음과 밀접하
다. 언어학(linguistics)은 '인간의 마음을 표현하는 의사소통 체계'이고, 인류학
(anthropology)은 소집단 인간들의 마음을 연구하므로 모두 마음과 밀접하다.

　"나는 생각한다, 고로 존재한다."라고 데카르트(Descartes)[2]가 말했듯이, 사람은 생
각하기 때문에 존재한다고 할 수 있다. 사람이 어떻게 생각하고 행동하고 배우는가를
연구하는 학문이 인지과학이다. 사람이 생각하고 행동하고 배우는 수단은 바로 마음
이며, 마음의 역할을 수행하는 곳이 두뇌이기 때문에 마음과 두뇌를 잘 이해해야 한다.
인지과학은 심리학, 신경과학, 인공지능, 철학, 언어학, 인류학 등이다. 이 학문들을 종
합적으로 이해해야 인지과학을 활용할 수 있다.

3.1.1 인지과학의 정의

　소크라테스(Socrates)는 "너 자신을 알라"라고 하였다. 소크라테스는 철학자들의 질
문을 우주 문제에서 나의 문제로 질의 대상을 돌려놓았다. 중국의 병법가 손자(孫子)는
'知彼知己 百戰不殆 나를 알고 남을 알면 백번 싸워도 위태롭지 않다'고 하여 전쟁 문제
를 나를 아는 것에 관한 철학적인 문제로 돌려놓았다. 동서양의 고대 사상가들이 모두
자신에 대하여 아는 것을 매우 중요한 과제로 삼았다. 미셸 푸코[3]는 "아는 것이 힘이다
'라는 다소 진부한 주제를 연구하여 당대 유럽의 최고 지식인의 자리에 올랐다. 그는
우리가 알고 있는 힘이 센 것들 중에서 아는 것(지식)만큼 큰 힘을 발휘하는 것은 없다
고 했다.

　'나를 안다'는 것은 무엇인가? '나'에 해당되는 것은 많이 있으므로 확인하기 쉽지만 무엇
을 '안다'는 것을 이해하는 것은 쉽지 않은 일이다. 아는 것과 모르는 것의 차이는 무엇일까?

2　Rene Descartes(1595~1650): 프랑스 철학자, 물리학자, 수학자. 방법서설에서 "나는 생각한다,
　고로 존재한다"라고 주장.

3　Michel Foucault(1926 ~ 1984): 프랑스 철학자. 콜레주 드 프랑스 대학 교수. 합리적 이성에 대
　한 논리를 비판하고 비이성적 사고인 광기와의 관계를 연구한 것으로 유명.

'앎'이란 나의 지식이 그 사물의 개념을 정확하게 파악하여 다른 유사한 것들과 구별하고 정확하게 식별할 수 있는 능력이다. 더 나가서 나의 지식을 남의 지식과 비교하고 소통을 통하여 그 내용을 인정받는 것을 의미한다. '안다'는 것을 인지(認知, cognition)라고 하며 '아는 것'에 관한 학문을 인지과학이라고 한다.

인지란 무엇인가? 인지의 기본 개념은 앎이다. 인식(認識, recognition)은 수동적으로 외부 정보를 수용하는 과정이므로 능동적인 지적 과정들을 다 포함하지 못한다. 인지는 보다 능동적인 과정을 의미하며 지적 과정 전체를 포괄하는 심리적 과정이다. 사물을 인식했다는 것은 수동적으로 사물의 일부를 수용했다는 의미이므로 다 알았다고(사물을 인지했다고) 말하지는 못한다. 따라서 인지는 인식을 포함하는 더 큰 개념이다.

인간의 인지란 육체적인 면과 정신적인 면이 모두 포함된다. 마음이 생물학적 신경계를 떠나서 생각할 수 없기 때문에 신경과학이 중요하고, 또한 마음이 정신을 떠나서 생각할 수 없으므로 심리학이 중요하다. 인간의 인지는 일종의 저장장치로 책과 노트 등을 활용하고 있다. 책이나 컴퓨터 앞에서 글을 읽고 있으면 인지 활동이 활발해지는 것을 알 수 있다. 인지 활동은 인공물을 이용하여 영역과 능력을 확장할 수 있으므로 종래의 개념보다 더 확장된 의미로 사용된다.

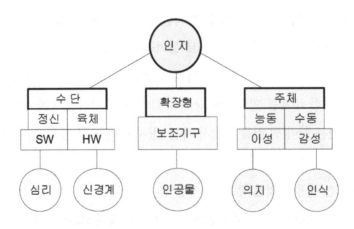

[그림 3.2] 인지의 유형별 분류

[그림 3.2]와 같이 인지는 인지 형태에 따라서 여러 가지 측면으로 분류할 수 있다. 능동적인 인지는 이성을 기반으로 의지가 작용해서 인지하고, 수동적인 인지는 감성을 기반으로 수동적으로 인식한다. 정신적인 인지는 정신의 심리 작용으로 인지하며,

육체적인 인지는 감각기관을 통하여 인지한다. 인지 기능은 외부로 확장하여 노트, 책, 컴퓨터와 같은 인공물을 이용하는 인지 능력으로 확장할 수 있으므로 확장형 인지로 분류할 수 있다. 인지에 대한 이해를 바탕으로 인지과학의 대표적인 정의를 정리하면 <표 3.1>과 같다.

이들의 공통점은 인지과학이 다루는 분야가 마음, 지능, 지식 등 인간의 정신적인 능력과 관련된 학문들을 기반으로 하고 있다는 점이다. 인지과학의 특징을 살펴보면 <표 3.2>와 같다.

〈표 3.1〉 인지과학의 주요 정의

번호	정의
1	인간의 마음과 지능을 학제적으로 연구하는 학문이다
2	지식을 획득하고 사용하는 것을 학제적으로 연구하는 학문이다
3	심리학, 철학, 인공지능, 신경과학, 언어학, 인류학을 포함하여 마음과 지능을 학제적으로 연구하는 학문이다
4	컴퓨터 연산과 같이 지능적인 행위를 특정하게 참조하는 지능과 지능적인 시스템을 연구하는 학문이다

〈표 3.2〉 인지과학의 특징

특징	내역
학제간 연구	인문학과 자연과학 등의 여러 학문의 협동 연구
마음과 정서	마음에 주안점을 두지만 정서에는 관여하지 않음
컴퓨터	컴퓨터 소프트웨어(프로그램)에 깊은 이해 필요
인지 활동	상징으로 표상 되어야 함

(1) 학제간 연구

인지과학은 가드너(Gardner)가 분류한 대로 인문과학과 자연과학의 6개 학문들이 학제간 연구를 통하여 융합해야 하는 과학적이고 종합적인 학문이다.

(2) 마음과 정서

인지과학의 대상은 마음에 한하며 정서에는 관심을 두지 않는다. 마음에 관한 연구가 미흡한 단계이므로 정서에 대한 연구는 더욱 어려운 단계이다.

(3) 컴퓨터

마음은 기호(sign)[4]를 구성하고 조작하는 과정이며, 컴퓨터는 정보를 처리하는 기계이다. 기호를 조작하는 것을 다른 말로 표현하면 정보를 처리하는 것이므로 컴퓨터 소프트웨어(프로그램)를 이해하는 것은 인지과학에 필수적인 요소이다.

(4) 인지 활동

마음이 수행하는 인지 활동은 지각된 모든 정보가 상징(symbol)[5]과 같은 표상(表象)[6]으로 기술되어야 한다. 사람이 사물을 인식할 수는 있으나 사물 자체를 머리에 넣어서 생각하지 못하기 때문에 지각된 정보를 표상으로 변환하여 사고한다. 인지 활동은 기호를 조작하는 과정이다.

이상의 지식을 토대로 인지과학을 정의하면 다음과 같다.

> 인지과학은 인간의 지적 능력과 이를 대행하는 능력을 연구하는 학문이다.

인지과학은 '인간의 마음과 행동을 대행할 수 있는 기계(컴퓨터)를 연구하는 학문'이므로 '생각하는 기계에 관한 학문'이라고 할 수 있다.

---

4 기호(記號, sign): 어떤 사물의 의미를 직접 나타내는 표시. 간접 표시하면 상징(symbol).

5 상징(象徵, symbol): 어떤 사물의 의미를 간접적으로 나타내는 표시.

6 표상(表象, representation): 신경계가 대상을 상징으로 바꾸어 표현한 것. 이것을 두뇌에 저장하고 기억으로 활용하는 것.

3.1.2 인지과학 관련 학문

사람들은 예로부터 인간의 마음에 많은 관심을 두었다. 동양에서는 11세기 중국 송나라의 신유학자[7]들이 성리학[8]에서 인간의 심성(心性) 구조에 대해 연구하기 시작하였다. 성리학은 국가를 운영하는 치세 학문이므로 사회 전반에 큰 영향을 주었으나 심성론은 인격 수양에 치중하였으므로 마음의 구조와 기능에 대한 구체적인 연구 성과는 없었다.

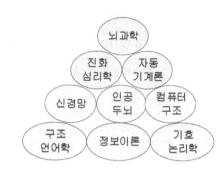

[그림 3.3] 인지과학의 추가적인 세부 학문

서양에서는 고대 그리스에서 마음에 대한 이해가 시도되었지만 경험적인 결과는 없었다. 중세에는 종교의 영향으로 마음에 관한 사항은 신성화되어 실질적인 연구가 없었다. 20세기에 들어서야 기호논리학(symbolic logic)[9]의 일환으로 마음에 관한 연구가 구체화되었다. 인지과학에 필요한 학문들은 가드너의 6개 학문 이외에 부수적으로 [그림 3.3]과 같은 세부 학문들이 요구된다. 구조 언어학, 정보이론, 기호논리학의 기반 위에 신경망, 뇌과학, 자동 기계론, 인공두뇌학, 컴퓨터 구조학이 요구된다. 이 추가적인 세부 학문들의 내용을 다음 <표 3.3>에서 간단하게 살펴보기로 한다.

---

7 신유학자(新儒學者, neoconfucianist): 11세기 북송의 주돈이, 정호, 정이 등과 12세기 남송의 주희 등의 주자학자들.

8 성리학(性理學): 理, 氣의 개념을 구사하면서 우주의 생성과 구조, 인간 심성의 구조, 사회에서 인간의 자세 등을 연구하는 유학 사상.

9 기호논리학(記號論理學, symbolic logic): 논증의 형식을 엄밀하게 표현하기 위하여 언어 대신 기호를 사용하는 논리학.

〈표 3.3〉 인지과학의 추가 세부 학문

순서	학 문	내 역
1	구조 언어학	언어의 구성 요소 간의 관계에서 언어의 구조와 원리를 연구
2	정보이론	2진법의 비트(bit)를 이용하여 정보를 수량화하고 전송하는 이론
3	기호논리학	일상 언어 대신 기호를 이용하여 논리를 표현하는 학문
4	신경망 이론	두뇌의 신경세포처럼 정보를 처리하는 기법을 연구
5	인공두뇌학	뇌과학을 이용하여 기계의 지능화 연구
6	컴퓨터 구조	프로그램 내장 방식을 위주로 하는 디지털 컴퓨터 설계
7	진화심리학	진화의 관점에서 인간의 행동을 연구하는 학문
8	자동기계론	추상 기계와 기계가 풀 수 있는 문제들을 연구하는 학문
9	뇌과학	뇌의 작용 원리와 의식 현상을 연구하는 학문

 POINT 인지과학의 세부 학문

구조 언어학(Structural Linguistics)

소쉬르(Saussure)는 언어의 구성 요소 간의 관계에서 언어의 구조와 원리를 이해하려고 한다. 촘스키(Chomsky)는 언어가 규칙적이고 구조를 가지고 있으며 사람들은 자신이 배우거나 경험하지 않은 새로운 표현들을 만들 수 있는 능력이 있다고 주장한다. 이런 언어 능력은 태어날 때 생득적으로 주어진다고 생각하며 인지 과정에는 지각, 기억, 사고와 더불어 언어가 중요하다고 생각한다.

정보 이론(Information Theory)

클로드 섀넌(Shannon)은 최초로 0과 1의 이진법을 이용하여 비트(bit)로 문자, 숫자, 소리, 그림 등의 정보를 표현하였다. 섀넌은 정보의 개념을 정립하고 부호화하고 수량화하여 의사소통 체계를 확립하는 정보 이론[10]을 제안하였다.

[그림 3.4]와 같이 정보를 발송하는 쪽은 메시지를 목적지로 전송하고자 한다. 정보는 메시지 형태의 문자로 구성되는데 송신기는 이들 문자를 이진법으로 부호화하여 bit 형태로 묶어서 패킷(packet)을 만들고 수신기에게 전송한다. 수신기는 부호화된 패킷을 받아서 다시 메시지로 변환하여 목적지에 제공한다. 이 과정에서 정보를 일정한 크기로 변환하여 표현하므로 정보의 용량을 측정하고 관리할 수 있다.

기호논리학(Symbolic Logic)

기호를 이용하여 논리를 정확하게 표현하는 학문이다. 일상 언어가 애매하여 정확한 의미를 전달하지 못하기 때문에 개발되었다. 프레게(Frege)[11], 러셀(Russell), 화이트헤드(Whitehead)[12] 등은 인간의 사고 과정은 상징을 대상으로 수행되는 일종의 계산이라고 보았으며, 계산의 기본법칙을 기호논리의 명제로 환원[13]하여 발전시켰다. 이들은 마음이 기호를 조작하는 정보처리 과정과 유사하다고 주장한다.

신경망 이론(Neural Network)

MacCulloch과 Pitts는 논리적으로 기술할 수 있는 것은 신경망(neural network)으로 구현할 수 있다고 생각하여 연결주의(connectionism)에 근거한 인공신경망 이론을 제시하였다. 신경세포(neuron) 간의 작용을 명제(proposition) 논리체계로 표현할 수 있다는 것이다. 신경망이란 신체 내외의 정보를 전달하는 신경세포들로 연결된 망이다. 신경망은 경험을 통하여 환류(feedback)가 특정한 결과를 초래하는 것을 이용하여 학습할 수 있다. 인공신경망이란 두뇌의 각 기능과 구조를 모방하여 신경세포 대신에 기억소자로 네트워크를 구성하여 정보를 처리하는 모델이다.

인공두뇌학(Cybernetics)

노버트 위너(Wiener)[14]는 생물이 정보를 입력받아 저장하고, 행위를 수행하고, 그 결과를 환류 받아 자기 자신을 조정하는 정보처리 체계를 모방하여 기계공학에 적용하였다. 기계가 자기 제어를 수행하기 위하여 환류 개념을 이용하는 인공두뇌학(cybernetics)[15]을 제안하였다.

컴퓨터 구조(Computer Architecture)

폰 노이만(von Neumann)[16]은 두뇌의 사고 기능 '프로그램 내장 방식(stored procedure)'이라는 아이디어로 구성하여 컴퓨터 구조와 성능에 혁신적인 발전을 가져왔다. 프로그램 내장 방식으로 정보를 순차 처리하는 구조를 '폰 노이만 구조'라고 한다. 이 구조는 기억장치와 중앙처리장치를 버스(bus)로 연결하고, 명령들을 기억장치에 저장하고 순차적으로 연산을 수행하는 컴퓨터 구조 설계 기법이다.

진화 심리학(Evolutionary psychology)

생물의 역사에서 지난 과거에 겪었던 경험들은 사라지는 것 같지만 모두 사라지지는 않고 생물의 각 부분에 남아 있으며 지금도 어느 정도의 역할을 수행한다. 현재의 기능을 알기 위해서는 과거의 중요한 경험들을 이해할 필요가 있다. 비만한 사람이 자꾸 음식을 먹는 것도 수렵시대의 생활을 이해하면 그 이유를 알 수 있다.

---

10 정보 이론(information theory): 확률론을 이용하는 수학의 한 분야. 2진법의 비트를 이용하여 정보 수량화하고 전달하는 이론. Shannon에 의하여 발전됨.

11 Friedrich Ludwig Gottlob Frege(1848~1925): 독일의 논리학자, 수학자, 철학자, 기호논리학을 개설.

12 Alfred Whitehead(1861~1947): 영국의 철학자, 수학자. 기호논리학 연구에 종사. 러셀과 '수학 원리' 저술

13 환원(reduction): 복잡하고 추상적인 사상이나 개념을 하나의 요인으로 설명하려는 입장.

14 Norbert Wiener(1894~1964): 미국의 수학자, cybernetics의 창시자.

15 인공두뇌학(cybernetics): 기계의 제어 시스템에 관한 이론을 생물의 신경계와 관련하여 연구하는 학문. 정보이론, 자동제어이론, 자동컴퓨터 이론으로 구분됨. 미국 수학자 Wiener가 그리스어를 따서 명명.

16 von Neumann(1903~1957): 헝가리 출신의 미국 수학자. 현대 디지털 컴퓨터 논리 구조의 설계자.

자동기계론(Automata Theory)

앨런 튜링(Turing)[17]은 정보를 처리하는 자동기계 이론을 제시하였다. 튜링의 자동기계이론은 간단한 알고리즘과 메모리를 이용하여 외부 입력에 대응하여 내부의 상태가 변화하고 외부에 결과를 출력하는 기능을 모델화한 추상 기계(abstract machine)[18]이다. 튜링은 세계 최초로 컴퓨터를 만들었으며 이 기계는 암호를 만들고 해독하는 등 실용적으로 사용되었다.

뇌과학(Neurosciences)

신경과학은 신경계의 구조와 기능, 진화 과정 등을 연구하는 학문이다. 신경과학의 일부로서 뇌과학은 뇌의 작용원리와 의식 현상을 연구한다. 뇌과학은 의식 현상이 정보처리 과정이라는 사실, 마음의 기능들이 두뇌에 국지적으로 분산되어 있다는 사실 그리고 마음의 구조와 마음이 실행되는 과정을 많이 밝혔다.

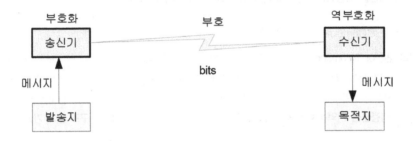

[그림 3.4] 정보 이론의 정보 전송 과정

이상과 같은 연구들이 축적되어 관련 연구자들이 새로운 학제적 학문의 틀을 주장하였다. 1956년에 MIT에서 관련 연구자들이 정보이론 심포지엄을 열고 인지과학이라는 새로운 과학적 패러다임을 출범시켰다. 이들의 이론이 결합되어 얻어진 결과 중의 하나가 인공지능으로 발전되었다. 인공지능으로 인공두뇌를 만들 수 있다면 컴퓨터의 오랜 숙원인 인간처럼 생각하는 기계를 만들 수 있다고 생각했다. 현재 과학기술로는 두뇌를 제외한 거의 모든 장기들을 인공적으로 만들 수 있기 때문이다. 앞에서의 모든 이론들을 종합하여 마음의 구조와 과정을 이해하고 기계적으로 구현할 수 있는 인지과학 이론이 확립되었다.

---

17 Alan Turing(1912~1954): 영국의 수학자, 물리학자. 정보를 처리하는 자동기계 모델을 제시하고 세계 최초의 컴퓨터 'Colossus'를 발명.

18 추상 기계(abstract machine): 인간의 사고 과정을 흉내 내서 만든 이론상의 가상기계.

3.1.3 인지과학의 동향

마음이란 기호를 조작하는 과정이다. 마음이 기호체계를 구성하고, 특정 정보를 처리하거나 다른 정보로 전환시키는 과정을 계산이라고 한다. 인지과학은 인간의 정신 과정을 계산으로 간주하고 마음의 작용을 설명하는 계산 이론을 밝히는 것이다. 이것은 인간의 마음을 규명하는 것이며, 최종적으로는 인간의 행동을 구사하는 알고리즘을 컴퓨터로 구현하는 것이다.

인지과학의 일차적인 목표는 다음과 같다.

인간의 정신현상을 마음의 표상인 기호와 계산으로 설명한다.

이것은 정보처리 관점에서 상징을 조작하여 인간의 지각, 기억, 판단, 추리, 의사결정 등의 높은 수준의 정신과정을 설명하려는 것이다. 인지심리학에서는 기억, 주의, 지각을 위주로 인지하는 마음의 과정과 표상에 대한 연구들이 다양하게 수행되었다. 그러나 기존의 방식들은 계산주의를 기반으로 접근하는 것으로서 인지과학은 점차 접근 방법에서 한계가 드러나면서 새로운 대안이 제시되기 시작하였다.

(1) 인지과학의 새로운 시도

연결주의에서는 기존의 인지과학에서 받아들였던 상징 조작 위주의 계산주의 접근법으로는 높은 수준의 사고 과정을 설명하기 어렵다고 생각하였다. 뇌의 구조적인 측면을 고려하여 마음의 과정을 이해하려고 시도하였다. 연결주의 연구에서는 정보의 병렬처리, 정보의 분산, 내용기반 검색 등에서 효과가 있기는 하였으나 역시 문제점을 드러내었다.

뇌의 영상 촬영 기법이 발전함에 따라 신경과학에서는 뇌의 해부학적 구조 연구를 넘어서 인지과학적인 측면에서 뇌의 기능을 연구하는 인지신경과학(cognitive neurosciences)이 발전하였다. 힐러리 퍼트남(Putnam)의 기능주의[19]와 포더(Fordor)의

---

19 기능주의(機能主義, functionalism): 실체나 본질 자체를 인식하기 어렵다고 보고 수행하는 기능이나 속성을 위주로 해석하려는 불가지론. 표상주의의 반대 개념.

표상주의[20]가 학문적 틀을 제공하려고 하였으나 문제점이 있어서 다시 인지신경과학적 연구가 주목을 받았다.

깁슨(Gibson)은 별도의 표상 없이 직접 대상을 인식한다는 생태학적 접근을 주장하였다. 서얼(Searle)은 언어에 객관적인 의미가 정해져 있는 것이 아니라 맥락에 의하여 정해진다는 주장을 하였다. 허친스(Hutchins)는 물리적인 환경, 언어, 사회제도 등이 인간의 마음에 영향을 주고 제약을 준다고 하였다. 서얼과 허친스는 마음이 인간의 두 뇌 내부에서 발생하는 과정이라기보다는 환경과 상호작용하는 개념이라고 주장한다. 따라서 인지과학이 뇌에서 발생하는 인지과정뿐만 아니라 환경과 환경을 변화시키는 인간의 인지 능력을 연구하려는 시도라고 본다. 실험실에서의 연구보다는 자연 상태에서 인간의 행동에 더 많은 관심을 가지고 연구하려고 한다.

최근의 특징은 학습과 추리, 기억, 의사결정 등의 인지체계에 대한 이론적인 모형뿐만 아니라 다양한 인공물들을 활용하는 실용적 모형에 대한 연구가 진행되고 있다. 또한 인간의 감성적인 측면이 어떻게 반영되어 인간과 환경의 상호 작용을 조화롭게 할 수 있는가에 대한 관심이 증가하고 있다.

(2) 메타인지(metacognition)

우리는 공부를 잘하거나 연구를 잘하는 사람들의 IQ가 매우 높을 것이라고 생각한다. 그러나 일반인들의 생각과 달리 그렇지 않다는 조사 결과가 있다. 전국모의고사 상위권에 있는 학생들의 IQ가 중위권에 속한 학생들의 IQ와 크게 차이가 나지 않는다는 보도가 있었다. 전 세계 인구의 0.2% 정도인 유태인들이 노벨상 수상자의 20% 이상을 차지하는 것을 보고 그들의 IQ가 매우 높을 것이라고 생각한다. 그러나 이스라엘의 평균 IQ는 95로 세계 45위인 반면에 노벨상 수상자가 거의 없는 한국인의 평균 IQ는 106으로 세계 2위라는 보고가 있다. 이런 사실들을 종합해보면 IQ에 비례해서 공부를 반드시 잘하는 것 같지는 않다. 왜 그럴까?

논어(論語) 위정(爲政)편 17절에 공자가 말씀하시기를 "너에게 안다는 것을 가르쳐 주랴. 아는 것을 안다고 하고 모르는 것을 모른다고 하는 것이 아는 것이다". 공자는 자

---

20 표상주의(表象主義, representationism): 인간이 마음으로 모든 사물을 인식할 수 있다는 입장.

신이 무엇을 알고 무엇을 모르는지를 잘 알고 있는 것이 제대로 아는 것이라고 언급한 것이다. 공부를 잘하는 사람은 자기가 무엇을 얼마나 알고 무엇을 얼마나 모르는지를 잘 파악하고 있기 때문에 계획을 잘 세워서 자신이 원하는 목표를 효과적으로 달성할 수 있다는 의미이다. 이런 개념을 잘 종합하여 정리한 것이 메타인지이다.

자신이 무엇을 알고 있으며 무엇을 모르는지에 대해 알고 있는 것을 메타 인지(meta cognition)라고 한다. 메타인지는 아리스토텔레스의 형이상학(metaphysics)의 개념에 그 어원을 두고 있는 말이다. 형이상학이 물리학을 넘어선 물리학을 의미하듯이 메타 인지는 인지를 넘어선 인지(cognition about cognition)를 의미한다.

메타인지는 메타인지적 지식과 메타인지적 기술로 이루어진다. 메타인지적 지식 (metacognitive knowledge)은 무엇을 배우거나 실행할 때 내가 아는 것과 모르는 것을 정확히 파악할 수 있는 인지 능력이며, 메타인지적 기술은 내가 모르는 것을 보완하고 공부하기 위한 방법을 찾고 실천하는 조절 능력이다. 따라서 메타인지는 자신이 알거 나 모르는 분야를 파악하는 능력과 함께 모르는 부분을 보완하기 위한 계획과 그 계획 을 평가하는 전반에 관한 사항들을 모두 포함한다. 사람은 메타인지적 지식과 함께 메 타인지적 기술을 이용하여 자신의 업무를 수행한다.

성적이 최상위권에 있는 학생들의 특징은 IQ보다 메타인지가 매우 높다고 한다. 이 학생들은 자신이 알고 있는 것과 모르는 것에 대해 객관적으로 잘 알고 있다. 자신의 생 각에 대해 비판적인 사고를 하고, 스스로를 객관적으로 바라볼 줄 아는 능력을 가졌기 때문에 전략적으로 계획을 세우고 실천한다. 문제를 파악하는 능력이 문제해결능력과 자기조절능력으로 연결되어 자신을 스스로 성장하게 하는 원동력이 된다. 메타인지는 작게는 특정 문제를 해결할 때 필요한 지식을 찾아 활용하는 길을 아는 힘이며, 크게는 자신의 가능성을 알고 원하는 삶을 그려서 그것을 이룰 수 있는 방법을 찾는 능력이다.

문제해결 상황에서는 자신의 인지 능력에 대해 잘 알고 있는 상태에서 자신의 인지 활동을 조절하여 문제를 해결할 수 있는 능력이 필요하다. 타인의 사고에 대해서 뿐만 아니라 자기 사고에 대해서도 비판적인 사고를 할 수 있는 능력이다. 자신이 사고한 결 과로 생겨나는 행동과 상황을 정확하게 판단하고 그 결과를 평가할 수 있는 능력이다. 자기 자신을 객관적으로 바라볼 수 있는 사람은 자신이 사실이라고 예상하는 것과 실 제 사실이 크게 다르지 않을 것이다.

두뇌와 컴퓨터의 차이점을 극명하게 보여주는 것이 메타인지이다. 사람들에게 답을 '예와 '아니오'로 대답하게 하고 한국에서 제일 큰 도시의 이름을 아느냐고 물으면 빨리 '예'라고 답할 것이다. 그러나 아시아 대륙에서 다섯 번째로 큰 도시의 이름을 아느냐고 물으면 역시 '아니오'라고 빨리 대답할 것이다. 그러나 컴퓨터에게 이런 검색을 요구하면 모든 정보를 다 찾아야 하기 때문에 상당한 시간이 걸릴 것이다. 이러한 차이는 사람에게는 자신이 무엇에 대하여 알고 무엇에 대해 모르는지를 알고 있는 능력이 있기 때문이며 이런 능력을 메타인지라고 한다.

이 세상에는 두 가지 형태의 지식이 있다고 한다. 첫째는 안다고 하는 느낌은 있는데 설명하기 어려운 것이고 둘째는 안다는 느낌이 들면서 설명도 잘할 수 있는 지식이 있는데 후자가 진짜 지식이다. 자신이 어떤 것에 대하여 아는지 모르는지를 알려면 그 내용을 설명해보면 된다. 잘 설명할 수 있으면 아는 것이고 잘 설명할 수 없으면 모르는 것이다. 영어 속담에 'Teaching is learning.'이라는 말이 있다. 남을 가르치기 위하여 준비하려다 보면 모르는 것이 발견되어 스스로 먼저 배우게 된다는 말이 있다.

메타인지 능력은 타고난 것이 아니라 훈련을 통해 발전시킬 수 있다. 공부할 때 다른 사람들에게 무엇을 설명해주는 것은 메타인지를 활용하는 것이다. 공부나 일을 할 때는 항상 목표와 계획을 수립하고 수행하는 것이 메타인지 능력을 향상시키는 좋은 방법이다. 스스로 공부하는 자기주도 학습은 좋은 메타인지 방법이다. 스스로 목표와 계획을 세우고 실천한 다음에 결과를 평가함으로써 좋은 능력을 발휘할 수 있다.

⊞ 3.2 심리학

심리학은 인간이 생활하는 모든 분야에서 필요하다. 그 이유는 인간의 행동을 연구하는 학문이기 때문이다. 인간의 행동은 마음에서 비롯되기 때문에 인간의 마음이 필요한 곳에는 예외 없이 심리학이 필요하다. 심리학은 철학에서 비롯되어 늦게 독립하였기 때문에 역사는 짧지만 급성장을 이루었다. 최근에는 컴퓨터에서 영감을 얻어서 최첨단의 과학 기술로 융합 학문을 주도하고 있다.

3.2.1 심리학의 발전

'너 자신을 알라'고 하는 소크라테스의 주장은 인간의 감각이 정확하지 않으므로 감각만으로는 신뢰할 수 있는 지식을 얻을 수 없기 때문이다. 인간의 감각은 오류를 많이 범하기 때문에 감각에 의한 지각은 불완전한 지식을 제공할 수 있다. 소크라테스는 합리적인 사고나 내성법(內省法, introspection)[21]을 써야 오류를 피하고 참된 지식을 얻을 수 있다고 생각했다.

플라톤(Platon)[22]은 마음은 신체와 분리될 수 있으며 신체가 죽은 후에도 영속되며, 지식은 태어날 때부터 가지고 나오는 것이라고 생각하였다. 이 사상은 헬레니즘(Hellenism)[23]의 영혼불멸설[24]과 관련이 된다. 지식은 선험적(a priori)[25]으로 얻어지는 것이라고 생각했다. 아리스토텔레스는 두 스승의 생각과 달리 '영혼은 신체와 분리될 수 없다'고 생각했다. 아리스토텔레스는 지식은 선험적인 것이 아니라 경험으로부터 얻어진다고 생각했다. <표 3.4>와 같이 플라톤이 이원론[26]을 주장한 반면에 아리스토텔레스는 일원론[27]을 주장하였다.

〈표 3.4〉 플라톤과 아리스토텔레스의 세계관

주 제	플라톤	아리스토텔레스
세계의 근본원리	이원론	일원론
지식의 근원	선험적	경험적
시대 환경	전쟁으로 비참한 시기	안락한 궁전 생활
신분	귀족	알렉산더 대왕의 스승
계승자	데카르트	존 로크

---

21 내성법(introspection): 의식의 내용을 알기 위하여 자신을 깊이 관찰하는 심리학 실험 방법.

22 Plato(BC 428~348): 고대 그리스 철학자. 소크라테스의 제자. 영원불변의 개념인 idea를 통해 존재의 근원을 찾으려 함. 이원론자.

23 Hellenism: 알렉산더 대왕의 제국 건설 이후 고대 그리스의 뒤를 이어 나타난 문명.

24 영혼불멸설(靈魂不滅說): 사후 세계를 긍정하는 종교에서 영혼이 불멸한다는 신앙.
    ex) 기독교.

25 선험적(先驗的, a priori): 경험하기 이전에 알 수 있다는 의미. 칸트 인식론의 근본 개념.

26 이원론(二元論, dualism): 모든 존재는 상호 독립하는 두 개의 원리에서 비롯된다는 입장.

27 일원론(一元論, monism): 모든 존재는 하나의 원리나 기원에서 비롯된다고 생각하는 입장.

고대 그리스의 사상적 상황[28]은 중세 조선의 상황[29]과 매우 유사한 것을 볼 수 있다. 이황은 이기이원론[30]을 주장하면서 존재의 본질을 회복하기 위하여 이상적인 요소인 이(理)를 중시하였고, 이율곡은 이기일원론[31]을 주장하면서 현실을 개혁해야 하는 입장 때문에 현실적 요소인 기(氣)를 중시했으므로 시대적 배경과 개인적인 상황이 그리스와 유사하다.

아리스토텔레스 이후 2,000년간 주목할 만한 연구가 없다가 프랑스의 르네 데카르트가 다시 이원론을 주장하였다. 데카르트는 신체와 철저하게 분리된 마음이 신체 사망 후에도 존재할 수 있다고 주장하였다. 과학자였던 데카르트는 동물을 해부해보고 두개골 안에 있는 액체가 영혼을 담고 있다고 생각했다. 데카르트의 이원론은 대륙의 합리주의를 형성하는 계기를 만들었다.

영국의 철학자들은 보다 현실적인 태도를 취하여 실험과 경험에 초점을 맞추었다. 존 로크(Locke)[32]는 인간이 태어날 때의 마음은 백지장과 같으며 경험이 그 위에 흔적을 남기는 것이라고 주장하였다. 존 로크는 경험주의를 형성하는데 일조하였다.

독일의 임마누엘 칸트(Kant)[33]는 대륙의 합리론과 영국의 경험론을 종합하여 서양의 근세철학을 집대성하였다. 프랑스의 콩트(Comte)[34]는 실험 등으로 검증 가능한 지식만을 인정하는 실증주의[35]를 주장하여 경험론을 옹호하였다. 콩트는 인간의 정신은 사물의 본질을 알려는 노력을 포기하고 관찰과 실험에 의하여 얻어지는 진리에 만족해야 한다고 주장하였다.

---

28 그리스 상황: 플라톤은 스승인 소크라테스가 사형당하는 것을 목격하였고, 아리스토텔레스는 알렉산더 대왕의 스승이었다.

29 조선 상황: 이황은 선배인 조광조가 사형당하는 것을 목격하였고, 이율곡은 국왕의 신임을 받아 조정의 중책을 역임하였다.

30 이기이원론(理氣二元論): 만물의 존재는 理와 氣의 두 요소로 이루어졌다는 성리학의 이론.

31 이기일원론(理氣一元論): 만물의 본질적 존재인 이(理)와 기(氣)는 분리된 것이 아니라 하나로 연결되었다고 주장하는 성리학의 이론.

32 John Locke(1632~1704): 영국의 철학자, 경험론의 원조. '인간오성론' 집필.

33 Immanuel Kant(1724~1804): 독일의 철학자. 형이상학을 비판하여 비판철학을 탄생.

34 Auguste Comte(1798~1857): 프랑스 철학자. 지식 발전에서 참다운 지식은 실증적 단계라고 함.

35 실증주의(實證主義, positivism): 형이상학적 사변을 배격하고 실험 등으로 사실 자체에 대한 과학적 탐구를 강조.

현대에 이르러 심리학이 과학으로서 자리를 잡기 시작하였다. 현대 심리학의 태동부터 현재까지의 발전 과정 중에서 인지과학과 관련이 깊은 것들을 중심으로 <표 3.5>와 같이 살펴본다.

〈표 3.5〉 심리학 주제의 변천

심리학	주요 주제	비고
구조주의 심리학	마음에서 본질적인 요소를 찾는다.	마음 = 구조
기능주의 심리학	마음이 나타나는 현상에서 기능을 찾는다.	마음 ≠ 구조
행동주의 심리학	모든 행동(마음)은 자극에 대한 반응이다.	자극 → 반응
정신분석	마음은 무의식에서 큰 영향을 받는다.	의식 < 무의식
인지심리학	마음은 정보를 처리하는 소프트웨어.	마음 = SW

(1) 구조주의 심리학

빌헤름 분트(Wundt)[36]와 동료들은 마음을 자연에서 일어나는 현상과 마찬가지로 과학적으로 연구하고자 하였다. 물이나 햇빛, 고체에 대한 물리적 또는 화학적 실험을 통하여 마음을 연구하였다. 이들은 마음을 구조(構造)로 보고, 마음을 이루고 있는 본질적인 요소들을 파악하고자 했다. 마음을 연구하는 실험 과정에서 의식의 내부를 들여다보고 분석하고 기술하는데 전념하였다. 이런 실험 방법을 내성법이라고 한다. 분트는 실험실에서 사람이 어떤 소리를 듣고 건반을 누르는 시간을 측정하였다. 이것은 인지를 감각과 지각이라는 요소로 구성된 구조로 파악하고, 지각하는데 소요되는 시간을 측정하는 실험이었다.

감각(sensation)은 사람이 외부 환경에서 물리 에너지를 탐지하여 신경신호로 부호화하는 것을 말한다. 예를 들어, 손가락이 건반에 닿으면 그 물리적인 자극이 전기 신호가 되어 신경세포를 따라서 신경계에 접수되는 것을 말한다. 지각(perception)은 감각을 선택하고 조직하고 해석하는 과정이다. 두뇌는 접수된 전기 신호를 선택하여 자극의 강도와 내용을 다른 정보와 종합하고 해석하여 다음 행동을 결정한다.

---

36 Wilhelm Wundt(1832~1920): 독일 라이프치히대학 심리학자. 실험 심리학을 확립.

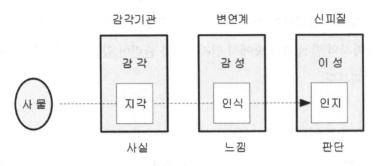

[그림 3.5] 사물의 지각, 인식, 인지 과정

[그림 3.5]와 같이 지각은 감각기관을 통하여 어떤 사물이 있다는 사실을 알게 된 것이고 인식은 그 사물로부터 어떤 느낌을 받은 것을 말하고 인지는 그 사물이 무엇이라는 판단까지 하는 것을 의미한다. 예를 들어, 내가 어떤 상자에 손을 넣었는데 차갑고 물컹한 물건이 손에 닿았다면 내가 지각한 것을 의미하고 그 사물이 어쩐지 기분 나쁘다는 느낌이 들면 나의 감성이 작용하여 인식된 것이고 그 사물이 오징어라는 사실로 판단이 되면 내가 오징어를 인지했다고 말할 수 있다.

구조주의 심리학자들은 의식 경험의 구성요소들을 정의하고, 객관적인 감각과 정서나 의지 같은 주관적인 감각으로 세분하려고 하였다. 사람의 마음이란 자신이 직접 경험하는 요소들을 결합하면서 기능한다고 생각하였다.

구조주의의 실험 방법은 내성법인데 이것은 자신의 마음을 들여다보는 것이다. 예를 들어 국화꽃을 보거나, 피리 소리를 듣거나, 냄새를 맡으면서 자기가 경험한 요소들을 보고하는 것이다. 이들의 즉각적인 감각, 감정은 어떤 것인가? 이들은 어떻게 관련되는가? 내성법은 사람마다 보고하는 내용이 다르고 경험하는 대상마다 달라졌다. 너무 오류가 많아서 내성법과 함께 구조주의도 침체하게 된다.

⑵ 기능주의 심리학

기능이란 기본적으로 '실체'에 대립하는 개념이므로 기능주의(機能主義)의 입장은 실체, 본질, 제일원인의 인식을 불가능한 것이라 본다. 기능주의는 오직 기능, 작용, 현상으로 존재를 파악하고 인식이 가능하다는 불가지론의 입장이다. 기능주의 입장에서는 고정적인 '구조' 개념을 배제하고 관계, 작용, 발생, 변동 등의 동적 사상을 중시한다.

구조주의 심리학이 의식을 구조로 보고 이를 구성하고 있는 내용을 본질적인 요소로 분석하는 것이라면 기능주의 심리학은 구조 개념이 없으므로 의식을 요소로 분석하지 않고 의식의 기능을 분석하려고 한다. 기능주의 심리학은 정신을 별개의 조각으로 나눌 수 없는 하나의 것으로 보았다. 의식의 정적인 구성요소보다는 의식이 변화하는 환경에서 어떠한 행동적이고 적응적인 기능이 있는가를 고려한다.

윌리엄 제임스(James)[37]는 의식의 흐름이 유동적이고 지속적이라고 생각하였으며, 의식은 기본 요소들로 분리될 수 없다는 것을 확신하였다. 존 듀이(Dewey)[38]도 기능주의에 기여하였다. 제임스와 듀이는 다윈의 진화론에서 크게 영향을 받았다. 특히 진화론에서 주장하는 '적자생존의 원칙'은 행동과 속성이 자연환경에 잘 조화되는 생물들이 살아남아서 다시 그 속성들을 다음 세대에 전해 줄 수 있다는 적응적 기능의 개념으로부터 영향을 받았다. 기능주의는 프래그머티즘(pragmatism)[39]을 위시하여 다른 학문들에도 영향을 주었다.

기능주의자들은 진화론의 주장을 인간 행동에 적용하여, '보다 적응적 행동유형이 학습[40]되고 유지되며, 그렇지 못한 행동 유형은 단절된다.'고 제안하였다. 적응적인 행동은 반복되고 습관이 된다. 습관이 되면 별 주의를 기울이지 않고도 잘 수행할 수 있다. 기능주의자들의 실험 방법은 구조주의와 마찬가지로 내성법이었다.

(3) 행동주의 심리학

러시아의 이반 파블로프(Pavlov)[41]가 실험실에서 개에게 먹이를 주는 실험을 했다. 파블로프는 종을 칠 때마다 개에게 먹이를 주면 개는 종이 울릴 때 침을 흘리도록 학습하는 것을 발견하였다. 파블로프는 개가 침을 흘리는 것은 실험실 조건이 그렇게 만들었다는 조건화 때문이라고 설명했다. 조건화는 하나의 자극이 다른 연관된 자극을 야기한다는 단순한 형태의 학습이다. 파블로프의 실험실은 공개된 대상이며 실험 결과는 측정 가능하였다.

---

37 William James(1842~1910): 미국 심리학자. 빌헬름 분트와 함께 근대 심리학의 창시자.

38 John Dewey(1859~1952): 미국 철학자, 교육학자. 프래그머티즘 확립.

39 프래그머티즘(pragmatism): 실용주의. 관념의 의미는 관념이 초래하는 결과에 있다고 생각하는 입장.

40 학습(學習, learning): 경험에 의하여 비교적 지속되는 행동의 변화.

41 Ivan Pavlov(1849~1936): 러시아 생리학자. 소화와 신경지배의 연구로 노벨생리·의학상 수상.

　기능주의자들의 내성법에 회의를 가졌던 심리학자들은 실험을 과학적으로 관찰 가능하고, 측정 가능하고, 외적인 행동으로 제한해야 한다고 주장하였다. 행동주의(行動主義) 심리학의 창시자인 존 왓슨(Watson)[42]은 기능주의자들이 학습의 중요성을 강조하는데 동의했지만 학습의 범주는 더 과학적이어야 한다고 주장했다.

　왓슨은 마음이 객관적으로 정의될 수 없는 막연한 개념이기 때문에 심리학은 연구 대상을 관찰과 측정이 가능한 행동에 국한해야 한다고 주장했다. 생물의 모든 행동을 자극에 대한 반응으로 보는 논리이다. 자극과 반응이 반복되면 신경계에 영향을 주고 습관이 되어 뇌 속에 저장된다. 다음부터는 생각만 해도 자극을 받은 것처럼 반응을 한다. 자극에 대한 모든 반응과 이 과정에서 얻은 습관을 [그림 3.6]과 같은 형식으로 이해할 수 있다.

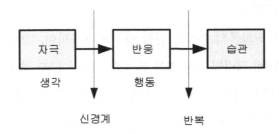

[그림 3.6] 자극과 반응에 의한 습관

　심리학자들은 '행동주의에 의하여 심리학은 과학이 되었다'라고 말한다. 그 이유는 행동주의로 인하여 인간의 행동을 과학적으로 관찰하고 관찰한 자료를 객관적으로 분석하는 과학적인 연구방법이 정착되었기 때문이다. 행동주의가 발전하면서 행동이 중심이 되고 인간의 마음은 연구 대상에서 제외되어 1940년대 말까지 심리학에서 완전히 배제되는 결과를 낳았다.

　스키너(Skinner)[43]는 강화 개념을 이용하여 행동주의를 더욱 발전시켰다. 강화는 자극에 이어서 주어지는 자극인데 이 자극에 따라서 반응의 빈도가 증감된다. 스키너는 모든 생물들이 강화를 받아서 특정한 행동을 하도록 학습된다고 주장하였다. 코끼리와

42　John Watson(1878~1958): 미국의 행동주의 심리학 주창자. 내성법에 반대하고 철저한 과학적 실험을 주장.

43　Burrhus Skinner(1904~1990): 미국의 행동주의 심리학자. 가설보다 선행 조건과 결과와의 관계만을 기술하는 입장.

곰이 서커스에서 재주를 부리고 축구를 할 수 있는 것은 모두 강화된 학습의 결과이다.

인간의 복잡한 행동들도 강화를 통하여 학습된 결과라는 것이다. 이런 주장은 많은 심리학자들의 동의를 얻었다. 미국 심리학자들은 내성법을 비판하고 심리학을 '관찰 가능한 과학적 연구'로 재정의하였다. 행동주의 심리학은 지나치게 기계론(mechanism)[44]적이라는 비판을 받고 있다.

⑷ 형태(Gestalt) 심리학

20세기 초반에 전성기였던 형태 심리학은 학습자가 상황을 지각할 때 각 부분들을 개별적으로 보는 것이 아니라 여러 부분들을 조직하고 연결하여 하나의 통일된 형태로 지각한다고 생각한다. 여기에서의 형태(Gestalt)란 모양(form)이라는 의미로서 **'전체는 부분의 합이 아니고 그 이상이다'**라는 중요한 개념을 나타내는 용어다. 그래서 형태주의 심리학에서는 학습이 점진적인 연합에 의해 일어나는 것이 아니라, 상황 속의 사물들 간의 구조를 전체적으로 파악하는 것으로 보고 있다. 전체적으로 이해하는 것은 지각되는 각 대상들과의 **'관계'**에 주목한다는 말이다. 형태는 체계를 갖춘 구조이므로 단순한 집합체나 누적, 또는 단순한 총합과 구별해야 한다. 사람들이 형태를 지각할 때는 어떤 질서와 법칙에 의하여 전체 개념을 인식한다는 것이다. 전체적으로 본다는 것은 **'통찰'**로서의 지각 과정을 이해하는 것이다. 멜로디는 장조가 바뀌더라도 그 멜로디이다. 즉, 멜로디는 개개의 음의 합보다 더 많고 새로운 것이다.

형태 지각 원리의 대표적인 것이 베르트하이머[45]의 파이 현상이다. 파이(phi) 현상이란 시각적 자극을 빨리 연속적으로 보여줄 때 생기는 착시 현상이다. 예를 들어 여러 개의 전구를 일렬로 세워놓고 차례대로 불을 켜고 끄면 정지된 물체가 움직이는 것처럼 보인다.

형태 지각의 원리는 어떤 사물이나 현상을 지각할 때 기본적으로 떠오르는 어떤 형태(모양)를 보는 원리이다. 가까이 있으면 같은 그룹으로 보려는 근접성(proximity), 모

---

44 기계론(機械論, mechanism): 모든 사상을 기계적 운동으로 환원해서 설명하려는 입장.

45 Max Wertheimer(1880~1943): 체코 태생의 형태심리학 창시자. 프랑크프르트대학 심리학 교수. 심리적 현상을 여러 개의 구성요소로 나누기보다는 하나의 구조적 통일체로 검토하려고 했다.

양이 비슷하면 같은 그룹으로 보는 유사성(similarity), 방향이 비슷하면 같은 그룹으로 보려는 연속성(continuation) 등이 있다. [그림 3.7]에서 (a)에는 삼각형이 여러 개로 보이고 (b)는 점선이 원을 이루고 있는 것으로 보인다. 이와 같이 사람들은 사물을 어떤 통일된 형태로 만들어 보려고 하는 것이다. 제9장 [그림 9.6]의 정육면체와 루빈의 꽃병도 같은 원리를 보여준다.

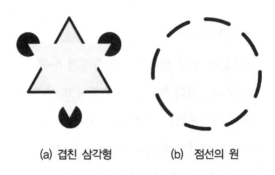

(a) 겹친 삼각형   (b) 점선의 원

[그림 3.7] 형태 지각의 원리 실례

■ 전경과 배경

화가는 그림을 그릴 때 전경과 배경이 적절하게 조화를 이루도록 구도를 잡는다. 전경은 강조하기 위하여 표현하는 주제이고 배경은 주제를 보조하기 위한 수단으로 사용된다. 사람은 전경과 배경을 조직화하여 지각의 장(場)을 만들어서 자신의 의식 속에 받아들인다. 우리는 루빈의 꽃병에서 중앙의 꽃병을 보든지 아니면 서로 마주보고 있는 두 얼굴의 실루엣을 본다. 그러나 꽃병과 얼굴을 동시에 보기는 어렵다. 꽃병이 전경이 될 수 있고 사람이 전경이 될 수 있다.

우리의 욕구나 욕망은 지각에 큰 영향을 끼친다. 자신에게 결핍된 것을 찾기 때문에 사람마다 전경과 배경이 달라질 수 있다. 같은 원이라도 보는 이의 욕구에 따라서 빵으로 보일 수 있고, 축구 공으로 보일 수 있고, 돈으로 보일 수도 있다. 바람직한 것은 전경과 배경이 시간과 장소에 따라서 적절하게 바뀌어야 한다는 점이다. 전경이 배경이 되고 새로운 전경과 배경이 등장하는 것이 자연스럽게 이루어져야 한다. 전경과 배경의 교체가 자연스럽지 못하면 심리 치료를 받아야 한다.

형태심리학은 여러 분야에 큰 영향을 끼친 중요한 발견이었고 독창적인 연구 분야였지만 현재는 독자적인 학문으로 연구되지 않고 있다. 따라서 이 책에서도 다른 심리학과 비교하여 더 자세하게 기술하지 않는다.

(5) 정신분석

정신분석(精神分析, psychoanalysis)은 지그문트 프로이드(Freud)[46]에 의하여 시작되었다.

프로이드는 신경과 의사로서 환자들을 진료하면서 인간의 행동과 마음에 대하여 이해를 하게 되었다. 다른 심리학자들이 실험실에서 연구를 진행한 반면에 프로이드는 직접 환자들을 치료하는 과정에서 연구를 진행하였다. 프로이드는 환자들이 자신의 행동에 대한 동기를 거의 모르고 있다는 사실에 주목하였다. 그는 의식으로 치료할 수 없었기 때문에 무의식에 중점을 두고 치료 방법을 연구하였다.

프로이드는 인간의 행동을 결정하는 것은 의식보다도 무의식이 더 많은 영향을 줄 수 있다고 생각하였다. 인간이 수행하는 많은 행동 중에는 자신도 모르게 무의식적으로 수행하는 일이 적지 않다고 생각했다. 길에서 사람을 만나면 인사를 하고, 어른을 만나면 공손하게 인사하고, 부담스러운 사람을 만나면 자신도 모르는 사이에 불편해지고, 좋아하는 사람을 만나면 저절로 즐거워지는 것은 의식이 아닌 무의식의 발로하고 주장하였다.

오스트리아의 조셉 브로이어(Breuer)[47]는 심한 히스테리[48]를 앓고 있는 소녀 환자에게 최면술을 걸어 병이 걸린 시기에 대해 대화를 나누었다. 소녀는 최면 속에서 자신의 경험을 상기하고 의사의 질문에 답변하는 것으로서 병이 완쾌되었다. 프로이드는 브로이어와 공동 연구하여 '카타르시스(Katharsis)[49]'라는 치료법을 확립하였다. 소녀의 마음 속 깊이 억눌린 상처가 있었는데 소녀가 의식하지 못하는 사이에 병의 원인이 되었던 것이다. 히스테리 증상은 의식의 영향을 받지 않고 무의식 속에 억압되어 있던 마음의 갈등이 본인의 의사와는 관계없이 육체적인 증세로 변형되어 일어나는 병이다. 프로이드는 히스테리 연구에서 시작하여, 히스테리를 비롯하여 여러 가지 신경증에서 심적 갈등이 매우 중요한 요소라고 생각하였다.

정신분석 연구 결과에 의하면 [그림 3.8]과 같이 의식(consciousness)은 빙산에서 물

---

46 Sigmund Freud(1856~1939): 오스트리아 신경과 의사, 정신분석 창시자. 꿈의 해석 집필.

47 Josef Breuer(1842~1925): 프로이드와 함께 정신분석을 연구한 오스트리아 의사.

48 hysterie: 정신적, 심리적 갈등 때문에 일어나는 정신신경증. 자기중심적이고 남의 이목을 집중시키기 원하고 오기가 있고 감정의 기복이 심한 이상 성격의 한 형태.

49 카타르시스(Katharsis): 정화, 배설이라는 뜻의 그리스어. 아리스토텔레스의 시학에 나오는 용어.

위에 있는 부분과 같고 무의식(unconsciousness)은 물에 잠겨 있는 부분과 같아서 크기가 1/7밖에 되지 않는다. 의식은 잠에서 깨어있는(각성) 상태이고, 무의식은 각성되지 않은 상태이다. 무의식은 오랜 역사 속에서 인간의 본능과 경험이 쌓여서 만들어진 욕망의 덩어리이다. 무의식적인 욕망(원초아, id)들은 끊임없이 욕구를 분출하려고 하지만 현실 사회에서 살아야 하는 사람(자아, ego)은 이상(초자아, super-ego)을 실현하기 위하여 욕망을 억누르고 살아야 한다.

전의식은 의식과 무의식의 경계에 있으면서 쉽게 의식화될 수 있는 상태이다. 예를 들어, 꿈속에서 본 사물들을 간신히 기억할 수 있는 상태를 말한다. 만일 어떤 꿈을 기억하고 있다면 그것은 무의식적인 생각을 드러내는 것이 아니라 고도로 암호화된 관념을 떠올리는 것이다. 이것은 상징을 통하여 무의식으로부터 자신을 스스로 보호해 주는 것이다.

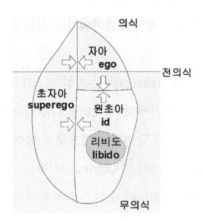

[그림 3.8] 인간의 정신 구조

원초아(id)는 사람이 태어날 때 가지고 나오며 가장 먼저 나타나는 정신 요소이다. <표 3.6>과 같이 원초아는 타고나는 것이며, 태어나서 이삼 년 동안은 원초아만 존재한다. 원초아는 본능적인 욕구이므로 쾌락 원칙에 따라 움직인다. 사람은 따뜻하고 맛있고 즐거운 쾌락을 추구하며, 배가 고프거나 춥거나 아프거나 불편한 것은 피한다. 원초아는 이기적이며, 즉각적인 만족을 원한다.

자아(ego)는 사고, 감정, 의지의 주체로서의 '나'이다. 자아는 두 살 경부터 발달하며 현실원칙에 따라서 움직인다. 사람은 현실 사회를 살기 때문에 현실적이어야 하고 미래를 계획해야 한다. 의식 상태에서 살아가는 자아는 무의식적이고 충동적인 욕망인 원초아를 적당하게 눌러야 한다. 그러나 원초아를 누르기만 하면 언젠가 한꺼번에 분출될 수 있으므로 때로는 적당히 충족시켜서 발산해야 한다.

초자아(superego)는 세 살 경부터 발달하기 시작하여 아동기를 거쳐서 사춘기 이후에 완전히 성숙된다. 무의식적인 욕망을 누르는 힘은 초자아에서 나온다. 초자아는 이상적인 삶을 살아가려는 욕망이다. '세 살적 버릇이 여든까지 간다'는 속담은 정신분석에 근거를 두고 있다고 할 수 있다. 원초아와 자아가 이기적인데 반하여 초자아는 이타적으로 타인도 고려한다.

리비도(libido)는 '성적인 본능과 성적 에너지'라고도 하는데 이것은 좀 지나친 표현이라는 지적이 있다. 프로이드의 수제자인 구스타브 융(Jung)[50]은 프로이드가 성욕의 비중을 너무 크게 생각한다고 판단하여 스승과 결별하였다. 사람에게는 살아가기 위하여 생동하는 에너지가 있다. 리비도는 자자손손 번창하고 번영하고 싶은 생득적인 에너지이며 성욕을 포함한다.

〈표 3.6〉 정신분석의 핵심 4요소

핵심 요소	내역	비고
초자아(super-ego)	양심과 이상을 추구하는 주관자로서의 나	의식/전의식/무의식
자아(ego)	사고, 감정, 의지의 주관자로서의 나	의식/전의식/무의식
원초아(id)	욕구가 있는 본능적인 에너지	무의식
리비도(libido)	자손을 번창하게 하고 싶은 생동하는 에너지	무의식

원초적인 욕망을 추구하는 원초아(id)는 자아(ego)를 통하여 현실 세계에서 욕망을 실현할 수 있으며 이상을 추구하는 초자아(super-ego)도 자아를 통하여 이상을 실현해야 한다. 자아는 이상과 욕망을 동시에 추구하기 때문에 현실적인 여건에 따라서 선택적으로 판단을 해야 한다. 따라서 자아는 초자아와 원초아의 압력 속에서 최선의 타협점을 찾아가면서 갈등을 지속하게 된다.

---

50 Carl Gustav Jung(1875~1961): 스위스의 정신과 의사. 억압된 것을 입증하고 '콤플렉스'라는 이름을 붙였다. 성격을 '내향형'과 '외향형'으로 나누었다.

사람들은 낮에 깨어있는 동안에는 무의식적으로 일상생활을 하는 경우가 많고 일상적이지 않은 위험한 일을 할 때는 의식적으로 행동하게 된다. 아침에 일어나서 바쁘게 직장으로 출근하는 사람들은 항상 급하게 일어나서 샤워하고 옷 입고 식사하고 가방을 챙겨서 출근하는 행동 양식이 항상 비슷하다. 늘 비슷한 행동을 하기 때문에 출근 과정에서의 동작들은 본인도 모르게 무의식으로 하기 쉽다. 출근하는 길에 반가운 사람을 만나면 무의식적으로 미소를 짓고 관계가 나쁜 사람을 만나면 무의식적으로 얼굴이 굳어지기 쉽다. 위험이 따르는 새로운 일을 할 때는 정신을 바짝 차리고 의식적으로 조심하면서 업무를 수행하게 된다. 이것은 사고를 미연에 방지하고자 하는 노력이 따르기 때문에 의식이 또렷해야 한다.

의식은 어떤 순간에 두뇌에 지각되는 모든 감각과 경험이고, 무의식은 지각되지 않으면서 두뇌가 의식과 행동을 결정하는데 중요한 영향을 주는 요소이다. 전의식은 의식과 무의식의 경계에 있으면서 어떤 순간에는 의식되지 않지만 노력하면 의식할 수 있는 상태이다. 예를 들어, 어제 결혼식에서 만난 사람의 이름이나 내가 입었던 넥타이의 색과 같이 조금 노력하면 기억할 수 있는 상태가 전의식이다.

(6) 인지심리학

행동주의 심리학자였던 칼 래슐리(Lashley)[51]는 1948년에 있었던 심포지엄에서 행동주의의 문제점을 비판하는 계열 순서와 관련된 논문을 발표하였다. 래슐리는 발표에서 바이올린 연주와 같이 복잡한 동작 기술에서는 행동의 연쇄가 너무 빨라서 자극과 반응으로 연결될 수 없다고 비판하였다. 이외에 여러 가지 비판으로 인하여 심리학의 주도권은 인지심리학으로 넘어간다. 인지심리학의 핵심 요소인 '인지'는 기본적으로 '생각하는 것'을 의미하며 지각, 기억, 언어, 문제 해결 등이 포함된다.

인지심리학은 '인간의 마음이 어떻게 동작하는가'를 연구하는 학문이다. 구체적으로는 '인간의 마음이 어떻게 환경과 나를 알고 지식을 갖게 되는가? 그리고 그 지식으로 어떻게 문제를 해결하는가?'를 연구한다. 인간은 대상을 인식하고, 주의하고, 기억하고, 학습하고, 언어를 사용하고, 문제를 해결하는 등의 마음을 움직이는 활동으로 생

---

51 Karl Spencer Lashley(1890~1958): 미국의 신경심리학자. 유인원연구소장. 존 왓슨의 제자.

활을 영위한다. 마음이란 인간이 내적이나 외적인 자극으로 정보를 획득하고, 가공하고, 표현하는 두뇌의 정신활동이다. 마음은 이러한 정보처리 활동과 그 대상이 되는 정보들로 이루어진다. 마음의 활동에 의해 두뇌에 표현되는 정보를 표상(表象, representations)이라고 한다.

인지심리학은 1960년에 브루너(Bruner)[52]가 하버드 대학에 '인지 연구소'를 세우고 나이서(Neisser)[53]가 '장이론(場理論: Field Theory)'을 확립하면서 본격적으로 출발하였다. 인간의 행동을 결정하는 것은 그 순간에 그를 둘러싸고 있는 전체 환경의 모든 요소들이 함께 작용한 결과로서 전체 환경을 장이라고 부른다. 장이란 물리학과 전기학에서 전기장과 자기장과 같이 물체에 영향을 주는 주변 환경의 요소들을 의미한다. 장이론이 등장한 배경은 인간의 판단이 한두 가지 요인에 의하여 결정되는 것이 아니고 전체적인 맥락에서 결정된다는 형태주의 심리학(Gestalt)의 주장과 일맥상통하는 것이다.

장 피아제(Piaget)[54]는 유유아(乳幼兒)들의 행동을 관찰하면서 인간의 지능 발달을 연구하는 과정에서 인지심리학의 기반을 쌓았다. 피아제의 발달이론에 의하면 영아는 단순한 생물 유기체로서 몇 가지 반사적인 충동을 갖고 있지만 점차 몇 단계를 거쳐서 추상적인 사고를 할 수 있는 성인으로 성장한다. 제1단계(감각동작기)는 태어나서 2세까지 언어가 없이 자라며 자기중심적으로 감각만으로 세상을 파악한다. 제2단계(전조작기)는 7세까지 사물의 이름을 인지하고 언어가 발달한다. 제3단계(구체적 조작기)는 11세까지 개념을 형성하고 논리적 추리력을 갖게 되며 타인의 관점에서 생각할 수 있게 된다. 제4단계(형식적 조작기)는 15세까지 추상적인 사물에 대해 논리적으로 사고할 수 있게 된다. 피아제는 이와 같은 인지발달 과정을 연구하여 인지심리학 발전에 많은 영향을 주었다.

인지심리학에서는 여러 가지 학문들의 영향을 받아서 정보처리적인 관점을 수용하게 되었다. 정보처리적 관점이란 컴퓨터가 정보를 처리하는 도구이며, 인간의 마음도

---

52 Jerome Bruner(1915~): 미국의 심리학자. 하버드대학 '인지 연구센터' 창설. 지각과 학습 연구.
53 Ulric Neisser(1928~): 미국 심리학자. 독일 생. 인지심리학 창시자.
54 Jean Piaget(1896~1980): 스위스의 철학자, 발달심리학자.

정보를 처리하는 도구로 보는 것이다. 따라서 인지심리학자들은 인간의 마음을 컴퓨터라고 정의한다. 여기서의 컴퓨터는 소프트웨어를 말한다. 인지심리학자들은 컴퓨터가 숫자 계산의 의미를 넘어 상징(symbol)을 조작하는 체제로 파악하였다. 마찬가지로 인간의 마음도 상징을 조작하는 체계로 개념화할 수 있다고 생각하였다. 인간의 사고 과정은 명확하고 구체적인 절차로 기술될 수 있으며, 이렇게 기술된 것은 컴퓨터에 의해서 실행될 수 있다고 생각하였다.

인지심리학의 연구 방법은 실험심리학의 전통을 이어받아 가설을 세우고 실험을 실시하여 그것으로부터 얻어진 결론을 토대로 예상 가능한 모델을 만드는 과정을 통해 이루어진다. 실험 결과가 애초에 예상했던 것과 어떻게 다르게 나오는지를 관찰함으로써 인간의 인지과정에 대응하는 구조와 원리를 밝혀나간다. 정신 활동이라는 특성상 눈으로 직접 확인할 수 없기 때문에 수많은 가설과 실험을 통해 얻은 결과를 종합함으로써 그 내부 구조를 정확하게 그려내는 것이 인지심리학의 목표이다.

3.2.2 정보처리체계

정보처리체계란 사물을 상징으로 표상하고, 상징을 조작하며, 사물의 표상은 상징 구조로 표현되는 체계를 말한다. 상징을 조작하는 절차도 상징으로 표상되며, 상징 표상의 처리과정이 바로 컴퓨터 프로그램이라고 생각한다. 상징을 표상하고, 표상을 조작하고, 표상을 상징으로 출력하는 것이 정보처리과정이라는 것이다. 이와 같은 정보처리관점을 제안한 것은 뉴웰(Newell)[55]과 사이먼(Simon)[56]이다. 뉴웰과 사이먼은 컴퓨터 발전에 지대한 공헌을 하였는데 이들은 대학에서 심리학과 컴퓨터과학, 사회과학을 융합하였다.

[그림 3.9]는 사람이 외부에 있는 사물을 보고 '빌딩'이라고 인지하는 과정을 보여준다. 사물이 감각기관인 눈을 통하여 감각 신호를 두뇌에 전달하며, 두뇌에서는 신경세

---

55 Allen Newell(1927~1992): 미국 컴퓨터학자, 인지심리학자. 카네기멜론대학 인공지능연구실 개설.
56 Herbert Simon(1916~2001): 미국 사회과학자. 카네기멜론대학 경영학, 행정학, 컴퓨터과학, 심리학 교수. 노벨 경제학상 수상. 행동과학적 조직론 창시자.

포를 거쳐서 전달된 신호를 '빌딩'이라는 상징으로 바꾸어 인식한다. 사물 자체가 두뇌에 들어올 수 없으므로 시신경으로 감각된 신호를 두뇌의 정보처리체계에 맞추어 상징이 되어 내부 형식으로 표현된 것을 표상(representation)이라고 한다. 두뇌가 사물을 '빌딩'이라고 이해하는 것을 인지라고 한다. 사람이 사물을 입력받아서 '빌딩'이라는 표상을 만들고 입으로 '빌딩'이라고 출력하는 전체 과정이 정보처리과정이고, 이 체계를 정보처리체계라고 한다.

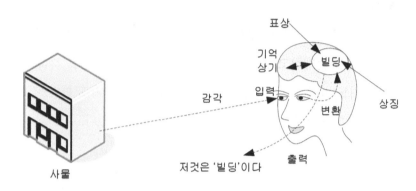

[그림 3.9] 표상의 입·출력 절차

(1) 정보처리 모델

컴퓨터와 인간의 마음은 입력된 자극에서 정보를 추출하고, 조작하여 출력하는 과정이 동일하기 때문에 정보처리 관점에서 동일한 정보처리체계라고 할 수 있다. 인지심리학은 입력과 출력 사이에 있는 컴퓨터의 정보처리체계의 특성을 이해함으로써 마음의 특성을 추론하려고 한다.

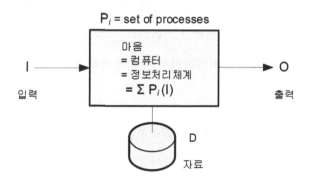

[그림 3.10] 정보처리 모델

[그림 3.10]은 인간의 마음과 컴퓨터를 정보처리 모델로 표현한 것이다. 컴퓨터에는 정보를 처리하는 모듈(P_i)들이 외부에서 자료가 입력되면 입력 자료(I)와 기존에 저장되어 있는 기억 정보(D)를 이용하여 정보를 처리하고 결과(O)를 출력하는 과정을 진행한다. 따라서 컴퓨터는 처리 당시의 상태와 입력 정보의 내용에 따라서 같은 정보처리 모듈의 실행 결과가 다르게 나온다. 인간의 마음을 컴퓨터에 유추한다면 입력되는 자극의 내용과 당시의 마음 상태에 따라서 마음의 처리 결과가 얼마든지 다를 수 있을 것으로 추론된다.

인간의 마음은 하나의 모듈로 구성되어 있다는 가설과 여러 개의 모듈로 구성되어 있다는 가설이 모두 존재하고 있다. 컴퓨터에서는 처리 프로그램을 하나의 모듈로 구성하여 운영하기도 하고, 여러 개의 모듈로 분산하여 운영하기도 한다. 컴퓨터에서는 단일 모듈로 시작하여 분산 처리 모듈로 처리방식이 바뀌고 있다.

(2) 마음의 구조

인지심리학에서는 마음을 여러 개의 모듈(module)들로 구성되었다고 보는 모듈 구조와 하나로 간주하는 중앙(center) 구조로 구분한다. 모듈이란 독립적으로 특정한 일을 수행하는 실행 단위를 말한다. 인간의 마음에 대한 견해는 모듈 구조와 중앙 구조가 서로 장·단점을 유지하면서 비교되고 있다.

■ 모듈 구조

모듈 구조의 개념은 인간의 마음은 정보의 내용에 따라서 해당 모듈이 정보를 처리한다는 생각이다. 시각의 경우에는 시신경이 신호를 두뇌로 보내면 시신경 영역에서 시각 정보를 분석하고 해석하여 처리하고, 청각 정보가 귀로 입력되면 청각 신경 영역에서 청각 정보를 분석하여 해석하고 처리한다는 주장이다. 따라서 인간의 마음은 여러 개의 모듈들이 독립적으로 처리하면서 상호 협력하는 분산처리 방식이라고 한다.

■ 중앙 구조

중앙 구조의 개념은 인간의 마음이 처리하는 정보의 종류가 다양하고 정보를 처리하는 두뇌의 영역도 여러 곳으로 분산되어 있지만 중앙의 통제를 받아서 처리하고 있으므로 인간의 마음은 하나의 통일체라고 주장한다. 정보의 내용이 다르더라도 지각,

기억, 학습과 같은 인지 기능이 동일하거나 유사한 방식으로 작용하므로 중앙처리 방식이라고 한다.

모듈 구조와 중앙 구조는 뇌과학 연구가 발전하면서 서로 우위를 교차하고 있다. 두 이론을 종합하는 노력도 있다. 그러나 특정 정보를 독립적으로 처리하는 특정 세포가 발견됨에 따라 종합하기는 쉽지 않다. 아직까지는 1,000억 개 이상의 뉴런이 어떻게 연결되고 협력하여 인간의 의식을 만들어내는지에 대한 연구가 미해결 과제이다.

3.3 신경과학

신경과학은 신경계를 연구하는 학문이다. 신경과학은 생물학의 한 분과지만 이제는 심리학, 컴퓨터과학, 통계학, 물리학, 철학, 의학 등의 융합 학문이 되었다. 사람의 몸 안에는 수천억 개의 신경세포(neuron)들이 서로 연결되어 신경계를 이루고 있다. 신경계는 사람의 안팎에서 발생하는 정보를 필요한 곳에 전달하고 처리하는 하나의 정보 시스템이다. 신경과학은 신경계의 구조, 기능, 발달, 유전과 동작 등을 연구한다. 동물은 식물과 달리 움직이기 위하여 신경계를 만들었다.

3.3.1 신경계의 발달

인간의 신경은 왜 발생했을까? 이 질문은 생물학에서 동물과 관련된 질문이다. 동물은 움직이는 생물이며, 움직이기 위하여 신경을 만들다.

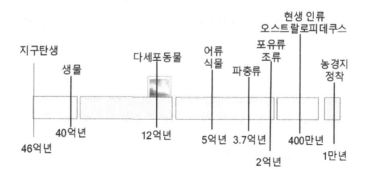

[그림 3.11] 동물의 역사

[그림 3.11]과 같이 지금부터 약 46억 년 전에 지구가 태어나고 40억 년 전에 생물이 출현한다. 12억 년 전에는 다세포 동물이 출현한다. 5억 년 전에 어류가 나타나고, 3.7억 년 전에 파충류가 나타나고, 2억 년 전에는 포유류가 나타난다. 약 400만 년 전에 현생 인류의 조상인 오스트랄로피테쿠스[57]가 나타난다. 동물의 출현과 신경계의 발전에 대하여 중요한 사항들을 <표 3.7>과 함께 살펴보기로 한다.

〈표 3.7〉 동물 신경계의 발달

동물		신경계 구조	비고
원생동물		신경 없음. 헛발로 이동하고 먹이를 취함.	향화학성
강장동물		신경그물을 이용하여 세포들이 수축하고 팽창	신경의 시작
편형동물		신경줄과 뇌를 이용하여 운동	학습 시작
척추 동물	파충류	척수 위에 뇌간 생성	생명의 뇌
	포유류	뇌간 위에 변연계 생성	감정의 뇌
	영장류	변연계 위에 대뇌피질 생성	이성의 뇌

(1)원생동물

원생동물(原生動物)[58]은 가장 원시적인 형태의 단세포 동물이다. 세포질이 분화하여 여러 가지 세포기관을 이루고 생활하는 기능을 수행하고 있다. 동물이기 때문에 식물과 달리 남이 만든 것을 먹어야 살 수 있다. 유글레나[59], 아메바[60]가 가장 대표적인 원생동물이다. 아메바는 이동하면서 먹이를 찾는데 이것을 향화학성이라고 한다. 향화학성은 특정 화학 물질의 농도가 높은 쪽으로 이동하는 성질을 말한다. 아메바는 먹잇감이 있으면 헛발(위족)을 쭉 내밀어서 싸 먹는다. 원생동물은 단세포지만 생존 원

---

57 오스트랄로피테쿠스(Australopithecus): 약 400만 년 전에서 50만 년 전까지 살았던 화석 인류.

58 원생동물(Protozoa): 세포막, 세포질, 핵, 소기관을 갖고 있는 단세포 동물. 소기관으로 소화, 생식, 대사 등을 수행.

59 유글레나(Euglena): 체내에 엽록체를 가지고 광합성을 수행하므로 식물 같으나 편모로 유영하기 때문에 동물과 같으므로 식물과 비슷한 원생동물이다.

60 아메바(amoeba): 헛발(僞足)로 움직이는 원생동물의 일종.

리는 우리 인간과 차이가 없다. 향화학성을 이용하여 먹잇감을 찾고, 먹잇감이 감지되면 세포 속에 정보가 들어가고, 이 정보가 세포를 움직여서 헛발을 내밀고, 먹이를 헛발로 싸서 먹는다. 사람의 면역 세포가 몸에 침입한 세균을 삼키는 것도 원생동물의 생존 원리를 이용하는 것이다. 중요한 것은 동물은 이동(운동)해야 살 수 있다는 점이다.

(2) 다세포 동물

원생동물 이후의 동물은 모두 다세포 동물(多細胞 動物)이다. 다세포 동물은 원생동물과 달리 세포핵이 있으나 세포벽이 없으며, 신경과 근육이 있고(예외 있음), 대개 암수 구별이 있다. 다세포 생물이 움직이려면 여러 세포들이 함께 움직여야 한다. 여러 세포들이 공동으로 보조를 취하지 않으면 잘 움직이기 어렵다.

동물은 생존하고 번식하기 위해서 먹이나 성 파트너에게 이동해야 한다. 동물이 효율적으로 신속하게 움직이지 못하면 포식자에게 먹히거나 먹이를 잡지 못하고 굶어죽게 된다. 여러 세포들이 조직적으로 움직이기 위해서는 같이 움직이도록 하는 수단이 필요하다.

(3) 강장동물

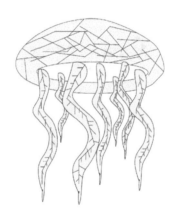

[그림 3.12] 해파리의 신경그물

신경이 나타난 최초의 동물은 강장동물(腔腸動物)[61]이다. 동물의 정보처리 시스템이 진화하는 첫 단계인 신경그물이 강장동물에서 처음 나타난다. 신경이 그물로만 형

---

61 강장동물(腔腸動物): 중추신경과 배설기가 없고 소화계와 순환계가 분리되지 않은 다세포 동물.

성되어 있고 아직 뇌는 없다. 해파리, 히드라, 말미잘, 산호 같은 강장동물의 몸은 원형 대칭 구조로 생겼다. 강장동물은 단순하게 수축, 이완 작용만 하기 때문에 여러 세포들이 한꺼번에 같이 움직이는 것이 중요하다. 강장동물에는 이런 신경그물이 있어서 통합 기능을 수행한다. [그림 3.12]와 같이 해파리는 외부에서 자극이 오면 빨리 수축하거나 이완해야 한다. 해파리는 신경그물망을 이용하여 정보를 다른 세포들에게 확산시킨다.

(4) 편형동물

뇌가 처음 나타난 최초의 동물이 편형동물(扁形動物)[62]이다. [그림 3.12]와 같이 편형동물은 몸이 좌우대칭이므로 움직일 때 왼쪽과 오른쪽을 판단하는 복잡한 일을 해야 한다. 방향을 판단하려면 입력된 정보를 토대로 분석하고 학습하는 과정이 필요하고, 필요한 정보의 양이 많아지면 통신선로도 커야 하고 처리기도 필요하다. 많은 정보를 전달하기 위하여 신경세포들이 모여서 신경줄이 되고, 정보를 처리하기 위하여 뇌가 만들어진다. 편형동물에는 머리가 생기면서 앞으로 가기 위한 수용체들이 머리 부분에 집중적으로 발달한다. 편형동물은 머리에 있는 눈점[63]을 통하여 빛에 반응한다.

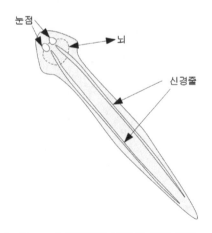

[그림 3.13] 편형동물 편충의 신경 구조

---

62 편형동물(扁形動物): 강장동물보다 진화한 좌우대칭의 동물. 체강(체벽과 내장 사이의 빈 공간)이 없다. 환형동물부터 체강이 있다.

63 눈점: 빛에 반응하는 수용체들이 모여 있는 머리의 한 부분. 나중에 눈으로 발전.

(5) 척추동물

척추동물(脊椎動物)[64]은 몸의 중심부에 있는 뼈를 가지고 몸의 형태를 유지한다. 척추동물의 신경계는 중추신경계와 말초신경계로 구분된다. 진화 과정에서 척수(spinal cord)[65]는 별로 변하지 않고 척수의 윗부분이 크게 달라진다. 동물은 어류, 양서류, 파충류, 조류, 포유류로 진화하면서 척수와 뇌간(brain stem)[66]에는 큰 변화가 없으나 대뇌가 커지고 주름이 많아진다.

약 2억 년 전에 나타난 포유류에는 뇌간 위에 변연계(limbic system)[67]라고 하는 대뇌(cerebrum)의 일부가 확장되었다. 변연계는 '감정의 뇌'라고 하며 식욕, 성욕, 수면욕 등의 본능적인 욕구와 감정을 담당한다. 변연계는 대뇌피질(cerebral cortex)의 지적인 기능과 뇌간의 무의식적인 생존 필수기능을 서로 연결하는 역할도 한다.

(6) 영장류 : 현생 인류

약 400만 년 전부터 발달한 고급 영장류[68]인 인류의 대뇌 용적은 400cc에서 발달하기 시작하여 현재 1,500cc로 대폭 확장되었다. 인간의 뇌의 특징은 대뇌피질이 발달하여 주름이 많이 잡혀있으며, 인간의 의식적이고 지적인 사고를 맡는다. 뇌의 용량이 커지면서 할 수 있는 일이 많아졌다. 과거를 기억하고, 현재를 파악하며, 미래를 계획하고 예측할 수 있게 되었다.

동물은 몸을 움직이기 위하여 신경을 만들었다. 강장동물은 단순한 운동을 위하여 신경그물을 만들었지만, 동물이 점차 정교한 운동을 함에 따라서 신경도 정교하게 발전하였다. 편형동물은 신경세포들을 모아서 신경줄과 뇌를 만들어 학습을 시작하였고, 척추동물은 척추(spine) 안에 신경줄을 모아서 척수를 만들어서 정보 고속도로로

---

64 척추동물(脊椎動物): 몸의 중심에 있는 등뼈를 따라 중추신경이 연결되어 있는 좌우대칭의 동물.

65 척수(脊髓, spinal cord): 등뼈 속에 있는 신경세포의 집합체로서 두뇌와 함께 중추신경계를 구성.

66 뇌간(腦幹, brain stem): 대뇌반구와 소뇌를 제외한 나머지 부분의 뇌. 반사 운동이나 내장 기능 등의 무의식적인 활동을 제어.

67 변연계(邊緣系, limbic system): 대뇌반구의 안쪽과 밑면에 해당하는 부위. 감정과 기억에 직접 관계.

68 영장류(primate): 포유류가 수상생활을 하면서 지능을 발달시킨 동물. 5개의 손가락과 발가락, 양안시, 시각의 발달과 후각의 쇠퇴, 뇌의 발달과 사회생활이 특징. 원숭이과와 사람과로 분류.

이용하였다. 파충류는 척수 위에 뇌간을 만들어서 생존에 필수적인 기능을 부여하였으며, 포유류는 변연계를 만들어서 감정과 기억 기능을 부여하였다. 영장류는 대뇌피질을 만들어서 고도의 지능과 사고력을 구사하게 되었다.

3.3.2 신경계 구조와 기능

뉴런(neuron)은 동물이 운동하기 위하여 다른 세포들에게 신호를 전달하는 신경세포이다. 사람의 몸에는 뉴런이 수천억 개 모여서 신경계를 구성한다. 신경계는 몸을 움직이기 위하여 만든 조직이지만 오랫동안 조금씩 기능이 발전하여 정보처리 시스템이 되었고 더욱 발전하여 <표 3.8>과 같이 사람이 생각하고 사고할 수 있는 의식을 운영하는 기능으로 발전하였다.

〈표 3.8〉 신경계의 구조

신경계	하부 조직		내 역
중추신경계	두뇌		정보를 받아들여서 해석하고 판단하는 기관
	척수		두뇌와 말초신경계를 연결하는 통신 선로
말초신경계	체성신경	감각신경	감각기관으로부터 정보를 수용
		운동신경	골격근의 운동을 제어
	자율신경	교감신경	운동 기능을 활성화시키는 신경
		부교감신경	운동 기능을 안정시키는 신경

(1) 뉴런

뉴런은 여러 가지의 형태가 있지만 기본적으로 [그림 3.14]와 같이 동일한 구조를 가지고 있다. 뉴런은 몸체인 세포체와 가지를 치고 있는 섬유질들로 구성되어 있다. 나뭇가지 같은 수상돌기는 정보를 받아들여 세포체로 전달한다. 축색돌기는 세포체의 정보를 다른 뉴런이나 근육 또는 내분비선[69]으로 전달한다. 뉴런은 수상돌기에서 정보를 입력하여 축색돌기로 정보를 출력한다. 축색돌기는 매우 긴 것은 약 1m 정도까지 되는데 비하여 수상돌기는 세포체에 붙어있을 정도로 매우 짧다.

---

69 내분비선(內分泌線): 동물의 몸 안에서 호르몬을 분비하는 기관.

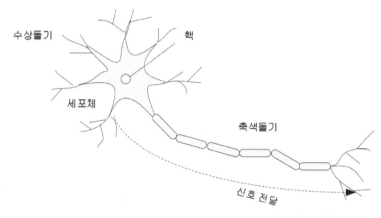

[그림 3.14] 뉴런의 구조

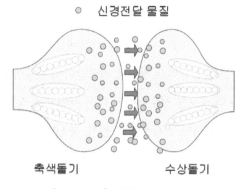

[그림 3.15] 시냅스의 구조

[그림 3.15]와 같이 축색돌기와 수상돌기가 만나는 곳이 시냅스(synapse)이다. 시냅스에는 두 돌기 사이에 매우 좁은 간격이 있다. 이 간격은 수백만 분의 일 밀리미터도 안 된다. 멀리 있는 뉴런의 축색돌기가 수상돌기와 만나는 사이를 따라서 신경전달물질(neuro-transmitter)[70]이 분비되어 두 돌기를 연결해준다. 신호 강도가 높을수록 흥분상태가 되어 신경전달 물질이 많이 분비된다. 신경전달 물질이 다음 뉴런으로 전달되면 그 뉴런은 다시 흥분 상태에 이르고 다시 다른 뉴런으로 신경전달 물질을 배출함으로써 정보를 전달한다.

신경 신호는 초당 83cm에서 83m까지의 낮은 속도로 전달된다. 전기가 전선으로 전달되는 속도에 비하면 매우 느린 속도이다. 컴퓨터가 나노초(nano-second) 단위로 연

---

70 신경전달물질(neuro-transmitter): 신경세포에서 분비되는 신호 물질. 시냅스를 통하여 인접한 신경세포의 전위를 높이거나 낮추는 역할을 한다. ex) 아세틸콜린, 아민, 뉴로펩타이드.

산하는 반면에 두뇌 활동은 밀리초(mili-second) 단위로 연산한다. 컴퓨터가 즉각적으로 반응하는 것과 달리 사람의 반응은 매우 늦는 편이다.

〈표 3.9〉 뉴런의 종류

종류	기능	유비쿼터스 시스템
감각뉴런	외부의 자극이나 내부의 정보 입수	센서에 해당
연합뉴런	한쪽 뉴런의 정보를 다른 뉴런에게 전달	통신망에 해당
운동뉴런	정보를 받아서 근육 운동을 실행	작동기에 해당

<표 3.9>와 같이 뉴런은 기능에 따라서 감각뉴런(sensory neuron), 운동뉴런(motor neuron), 연합뉴런(interneuron)으로 구분된다. 감각뉴런은 외부의 자극이나 내부의 정보를 받아들이는 신경세포이고 운동뉴런은 정보를 전달받아서 행동에 옮기는 신경세포이다. 연합뉴런은 다른 신경세포의 정보를 접수받아서 다른 뉴런으로 정보를 전달하는 신경세포이다. 신경계의 뉴런들은 유비쿼터스 시스템의 센서, 통신망, 작동기에 해당하는 기능을 수행한다(2장 3절).

(2) 중추신경계

신경계는 천억 개 이상의 뉴런으로 연결되어 있으며 중추신경계(central nervous system)와 말초신경계(peripheral nervous system)로 구분된다. 중추신경계는 뇌와 척수로 구성되고, 말초신경계는 중추신경계와 신체의 각 부분들을 연결해주는 신경들을 말한다.

■ 두뇌

중추신경계의 하나인 두뇌는 정보를 받아들여서 해석하고 반응을 결정한다. 뇌는 척수와 뇌신경을 통하여 환경과 체내의 정보를 받아들이며, 이런 감각정보들이 뇌의 여러 영역에서 처리를 거친 다음에 비로소 사람은 감각이나 감정을 느낀다. 뇌는 감각정보들을 서로 통합하고, 신체 내부의 상태 정보를 파악하고, 과거의 기억을 활용하여 행동 계획을 세우고 최종적으로 운동중추에 전달되면 근육을 통하여 외적 행동으로 나타난다.

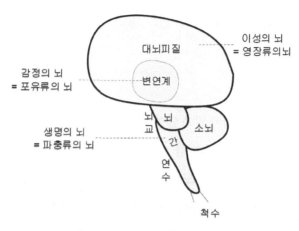

[그림 3.16] 3부 뇌의 구조

사람의 뇌는 3부 뇌라고 해서 [그림 3.16] 및 <표 3.10>과 같이 뇌간, 변연계, 대뇌피질의 세 부분으로 구성된다. 뇌간(brain stem)은 파충류의 뇌라고도 하고, 변연계(limbic system)는 포유류의 뇌라고도 하며, 대뇌피질(cerebral cortex)은 영장류의 뇌라고 한다. 이렇게 부르는 이유는 동물의 진화 과정에서 뇌간이 가장 먼저 파충류에서 생겼으며, 다음으로 변연계가 포유류에서 생겼으며, 대뇌피질은 영장류에서 생겼기 때문에 붙여진 별명이다. 이들의 별명은 기능에 따라서 생명의 뇌(뇌간), 감정의 뇌(변연계), 이성의 뇌(신피질)라고 부른다.

<표 3.10> 3부 뇌의 생성과 기능

뇌 이름	기능(별명)	생성 동물	생성 시기
뇌간	생명의 뇌	파충류	5억 년 전
변연계	본능의 뇌, 감정의 뇌	포유류	2~3억 년 전
신피질	이성의 뇌	영장류	500만 년 전

뇌간은 척수 위에 있으며 연수(medulla oblongata) 부분에서 심장박동과 호흡을 제어한다. 그 위에 뇌교가 있는데 운동 협응에 관여한다. 연수와 뇌교를 합하여 뇌간이라고 한다. 변연계는 뇌간과 대뇌 사이에 도넛 모양을 하고 있다. 변연계는 공포와 분노, 식욕과 성욕 등의 동물의 기본적인 욕구를 관장하므로 감정을 표현한다. 대뇌피질은 두뇌의 껍데기 부분으로 신경세포들이 복잡하게 상호 연결되어 있는 부분이다. 대뇌피질은 나무껍질처럼

대뇌반구 바깥쪽에 얇은 층을 형성하고 있다. 대뇌피질은 신체를 제어하고, 정보처리를 수행하는 중추이다.

■ 척수

중추신경계의 척수는 두뇌와 말초신경계를 연결하는 정보 고속도로이다. 정보를 전달하는 축색들은 많이 모여서 다발을 이루는데 이 축색 다발을 신경(nerve)이라고 한다. 사람의 척수는 새끼손가락 정도의 굵기로 길이는 약 40~45cm 정도이다. 척수는 정보를 두뇌로 올려 보내는 상향 신경과 말단 조직으로 내려 보내는 하향 신경으로 구성된다. 예를 들어, 시신경은 백만 개의 축색이 하나의 다발을 이루어 각 눈의 정보를 두뇌에 전달한다.

자극에 대한 자동반응인 반사를 관장하는 신경통로가 척수의 기능을 잘 설명해준다. 간단한 척추 반사 통로는 하나의 감각뉴런과 하나의 운동뉴런으로 구성된다. 둘은 연합뉴런을 통하여 정보를 주고받는다. 손가락에 촛불을 대면 두뇌가 의식하기도 전에 손가락을 움직여서 촛불을 피하는 것은 척수의 반사 신경이 동작하기 때문이다. 즉, 촛불이 손가락에 닿으면 피부 수용체가 흥분하여 정보를 연합뉴런에게 전달하고, 연합뉴런들이 연결되어 척수에 이르면 척수는 정보를 다시 내려 보내서 운동뉴런을 흥분시켜서 손가락을 치우게 한다.

(3) 말초신경계

말초신경계(peripheral nervous system)는 두뇌 또는 척수와 신체의 말단에 있는 수용체[71]나 실행기[72] 사이를 연결한다. 수용체는 눈, 코, 피부와 같이 신체 말단 조직에 존재하면서 감각 정보를 입력하는 조직이며, 실행기는 근육이나 내분비선과 같이 전달받은 명령을 실행하는 조직이다.

말초신경계는 체성신경계(somatic nervous system)와 자율신경계(automatic nervous system)로 구성된다. 체성신경계는 감각기관에서 정보를 받아들이는 감각신경과 골격

---

71 수용체(accepter): 자극이나 유도물질에 의해 반응을 일으키는 동물의 물질이나 조직.

72 실행기(executer): 동물이 외계에 대하여 능동적인 활동을 가능하게 조직. 근육, 분비선, 발광기, 발전기 등. 활동은 세포 내에 저장되는 화학 에너지에 의존.

근의 운동을 제어하는 운동신경으로 구성되어 있다. 자율신경계는 내장의 평활근, 심장근육, 분비선을 조절한다. 자율신경계는 교감신경계(sympathetic automatic nervous system)와 부교감신경계(parasympathetic automatic nervous system)로 구성된다. 교감신경계는 사람이 위험에 처했을 때 민첩하게 행동하도록 도와주는 기능을 하며, 부교감신경계는 사람을 진정시키는 역할을 한다. 건강한 사람의 경우에는 교감신경계와 부교감신경계가 서로 균형을 맞추어 신체를 안전하고 안정된 상태를 유지하도록 도와준다.

말초신경계는 척수와 신체의 각 부분을 연결하는 31쌍의 척수 신경과 머리 부분이나 내장기관들을 직접 두뇌로 연결시켜주는 12쌍의 뇌신경으로 구성된다.

신경과학은 여러 학문들의 융합 학문이므로 범위가 방대하지만 여기에서는 소개하는 차원에서 구조와 기능을 중심으로 간단하게 정리하였다. 제6장 뇌과학에서는 인간의 의식을 설명하기 위하여 두뇌에 관하여 더 설명하기로 한다.

3.4 인공지능

(자연)지능(知能)이 인간의 머리에서 실행되는 사고능력이라면 인공지능은 기계에서 실행되는 사고능력이다. 인간 고유의 영역으로 인식되어 오던 지능을 컴퓨터가 소유할 수 있도록 지금까지 많은 연구가 진행되어 왔다. 인공지능은 지능과 기계와의 관계에서 성립되는 것이므로 지능과 기계에 대한 구체적인 개념이 필요하다. 지능은 추상적 사상을 다루는 능력이다. 그러나 연구 관점에 따라서 다양하게 설명할 수 있다. 인간의 지능을 정의하면 다음과 같다.

> 지능은 목적 있게 행동하고 합리적으로 사고하고 환경을 효과적으로 다루는 능력이다.

지능을 단순하게 설명하면 '기존의 지식이나 경험을 기반으로 추론하여 문제를 해결하는 능력'이다. 문제를 해결하기 위해서는 많은 정보와 사고력이 요구될 것이다. 기계란 무엇인가? 기계란 '다수의 부품으로 구성되어 일정한 운동으로 유용한 일을 하는 도구'이다. 컴퓨터는 정보를 처리하는 일을 하며 많은 부품으로 구성되어 있으므로 기계임에 틀림없다.

인공지능은 기계가 인간처럼 합리적으로 사고하는 능력을 의미한다. 인공지능을 주도한 매카시(McCarthy)[73]와 민스키(Minsky)[74]가 생각한 인공지능은 기계가 인공적으로 지적인 행위를 수행할 수 있게 하는 과학이다. 이 정의에 의하면 언어를 구사하는 능력, 대상을 인식하고 식별하는 능력, 문제 해결 능력, 논리적 추론 능력 등 인간의 다양한 능력을 기계가 갖추도록 구성한다.

인공지능의 목표는 다음과 같다.

① 인공지능 기술을 통하여 인간이 어떻게 지능적인 과제를 수행하는가를 연구한다.
② 컴퓨터를 더 유용하게 사용한다.

전자는 인공지능 자체가 목적이 아니라 (자연)지능을 연구하기 위한 수단이 목적이다. 후자는 지능에 대한 지식을 컴퓨터에 적용해서 컴퓨터를 더 유용하게 사용하는 것이 목적이다. 컴퓨터과학의 목표는 정신 노동을 수행하는 인간과 유사한 기계를 만드는 것이다. 인간처럼 생각하고 인간처럼 행동하는 컴퓨터를 만드는 것이 컴퓨터과학의 궁극적인 목표이다. 인공지능의 목표는 사람처럼 생각하는 컴퓨터를 만드는 것이고 사람과 비슷하게 보이는 기계가 사람처럼 행동하는 것은 로봇공학(robotics)[75]의 목표이다. 현재의 예상으로는 2029년경에는 사람과 유사한 기계가 출현할 것으로 본다.

3.4.1 인공지능의 기반 학문

인공지능은 최근의 학문이지만 인간의 지능을 기계화하기 위한 노력은 오래 전부터 있어왔다. 기호논리학, 튜링 기계, 신경망 모델, 컴퓨터 이론, 기호체계 가설 등이 모여

---

73 John McCarthy(1927~): MIT 교수. 1960년 인공지능 언어인 LISP 개발.
74 Marvin Minsky(1927~): MIT 인공지능연구소 설립자.
75 robotics: 사람과 유사한 모습과 행동을 하는 기계에 관한 학문.

서 오늘의 인공지능이 되었다. 이들 기반 학문을 살펴본다.

(1) 기호논리학

인공지능은 인간의 사고를 기계화하는 것으로서 기호논리학에 기원을 두고 있다. 현대논리학이 기호를 많이 사용하는데서 기호논리학 또는 수리논리학이라는 명칭이 사용되었다. 사람들이 사용하는 논리를 기호로 표현할 수 있다면 기계는 기호를 이용하여 논리를 추론할 수 있다. 독일의 철학자 라이프니츠(Leibniz)[76]는 두뇌의 사고 작용을 기호로 표현할 수 있으면 논리적인 계산으로 풀 수 있다고 생각하였다. 라이프니츠가 기호논리학을 구상하였으나 이를 계승하여 발전시킨 사람이 없었다.

아리스토텔레스의 3단 논법과 같은 기존의 형식논리학은 일상 언어를 사용하기 때문에 같은 말이라도 다르게 해석할 수 있는 중의성 문제가 있다. 논리학을 새로운 견지에서 발전시키려는 노력이 영국의 드 모르간(Morgan)과 조지 불(Boole)[77]에 의하여 시작되었다. 불은 수학이 수와 양의 학문이 아니라 기호를 사용하는 한 방법이라고 규정하였다. 기호논리학은 추론할 때 기호를 사용함으로써 비논리적인 요소를 완전히 배제할 수 있었다.

〈표 3.11〉 불 대수의 논리표

자료	and	or	xor	비고
00	0	0	0	
01	0	1	1	
10	0	1	1	
11	1	1	0	

---

76 Gottfried Leibniz(1646~1716): 독일의 철학자, 수학자, 외교관, 정치가. 수학에서 미적분법의 창시자로 미분 기호와 적분 기호를 창안.

77 George Boole(1815~1864): 영국의 수학자. 기호논리학의 창시 및 불 대수(Boolean algebra) 전개.

불 대수는 컴퓨터과학에서 볼 때 알고리즘(algorithm)[78]의 기반이 된다. 불 대수는 한 가지 명제에 관하여 참이나 거짓의 두 가지 중에서 하나만을 인정하는 논리이다. 복잡한 논리식도 참을 의미하는 '1'과 거짓을 의미하는 '0'으로 표현할 수 있어서 논리회로를 만들고, 이를 확장하여 컴퓨터를 만들 수 있고 정보를 처리할 수 있다. <표 3.11>은 불 대수로 두 자료를 연산하는 이진 연산의 실례이다.

인간의 모든 추론이 참과 거짓의 연속체로 환원될 수 있다는 불의 생각이 컴퓨터의 핵심적인 개념이 되었다. 불 이후에 프레게(Frege)의 노력으로 기호논리학의 체계는 완성되었다. 현재는 러셀(Russell), 화이트헤드(Whitehead) 등의 수학자들의 노력으로 개량된 기호논리학을 사용하고 있다. 이들 중에 몇 가지 예를 들면, ㄱ(부정기호), ∧(연언기호), ∨(선언기호), ⊃(함의기호), ∀(전칭기호), ∃(존재기호) 등이 있다.

(2) 튜링 기계

프레게, 러셀, 화이트헤드 이후에 수리논리학을 현실 문제에 적용하여 대폭 발전시킨 사람은 영국의 앨런 튜링(Turing)이다. 1936년에 튜링은 자동기계 이론(automata theory)을 발표하였다. 자동기계 이론은 모든 추론의 기초가 되는 형식 기계의 개념을 최초로 정립한 이론이다. 자동자 이론의 오토마톤(automaton)은 자동기계를 의미한다. 튜링은 인간이 사고하는 과정을 흉내내서 정보를 처리하는 기계를 고안하였으며 이 기계가 컴퓨터의 원형이 되었다.

튜링은 사람이 완전하게 명시된 규칙에 의하여 수행할 수 있는 계산이라면 적합한 알고리즘을 가진 기계에 의하여 수행될 수 있다고 주장하였다. 알고리즘은 어떤 문제를 해결하기 위하여 여러 동작들을 기술한 것이다. 다시 말하면 알고리즘은 기계가 수행해야 하는 일을 지시하는 절차를 구체적으로 명확하게 기술해 놓은 명령이다. 컴퓨터 프로그램은 알고리즘의 대표적인 실례이다.

알고리즘을 수행할 수 있는 기계를 형식 기계라고 하며, 튜링이 제안한 기계를 튜링 기계(Turing machine)라고 부른다. 튜링 기계는 제어장치, 테이프, 입출력 헤드로 구성된다. 튜링 기계는 사람이 기호로 명확하게 표현할 수 있는 논리는 무엇이든지 처리할 수

---

78 algorithm: Mohammed ibn Musa Al-Khowarizmi라는 AD 825년대 아랍의 수학자의 이름을 따서 만든 단어.

있으므로 컴퓨터의 원형이 되었다. 실제로 튜링은 제2차 세계대전에서 적군의 암호를 해독하기 위하여 'Colossus[79]'라는 컴퓨터를 최초로 발명하여 혁혁한 공로를 세웠다.

(3) 신경망 모델

3.3절에서 설명한 바와 같이 인간의 몸은 신경계가 지배하고 있다. 신경계(nervous system)는 수많은 뉴런들이 모여서 하나의 망을 이루고 있으므로 신경망(neural network)이라고 한다. 인간의 사고는 신경망에서 일어나므로 신경망에 대한 연구는 오래 전부터 추진되고 있었다.

1943년에 매커럴(McCulloch)[80]과 월터 피츠(Pitts)[81]는 신경망 이론에 관한 논문을 발표하였다. 이 논문은 뉴런을 논리적인 단위로 동작하는 기능으로 보는 형식 모델을 제시하였다. 이 신경망 모델에서 뉴런으로 구성되는 신경망이 기호논리학의 모든 논리들을 조작할 수 있는 가능성을 보여 주었다. 신경망 모델은 인간의 뇌를 그대로 반영하지는 못하였지만 뇌를 논리학의 원리에 따라서 동작하는 것으로 모형화하는데 성공하였다.

튜링 기계는 오토마타 이론 발표와 함께 구체적인 컴퓨터 제작으로 연결되어 최초의 컴퓨터를 제작하였다. 그러나 신경망은 튜링 기계와 달리 실질적인 연구로 연결되지 못하였다. 매커럴과 피츠 이후에는 후속되는 연구가 없었으나 1980년대에 이르러 다시 연구가 활성화되었다.

(4) 컴퓨터 이론

현재 우리가 사용하고 있는 컴퓨터 기술은 제2차 세계대전 발발 전에 튜링에 의하여 태동되었으며, 제2차 세계대전이 끝난 후에 위대한 세 사람의 노력으로 본격적으로 발전하게 되었다. 이들 세 사람은 <표 3.12>의 폰 노이만(von Neumann), 노버트 위너(Wiener), 클로드 섀넌(Shannon)이다.

---

79 Colossus: 최초의 프로그램 가능한 디지털 전자 컴퓨터. 2차 세계대전 중에 암호 해독용으로 사용.

80 Warren McCulloch(1898~1969): 미국 신경물리학자, 인공두뇌학자. Pitts와 함께 신경망 연구

81 Walter Pitts(1923~1969): 미국의 인지심리학자. McCulloch와 함께 신경망 연구.

〈표 3.12〉 주요 컴퓨터 이론

컴퓨터 이론	이름	내역
자동기계론	앨런 튜링	추상 기계를 이용하여 정보처리 기계를 모델링
컴퓨터 구조론	폰 노이만	프로그램 내장 방식으로 디지털 컴퓨터 설계
인공두뇌학	노버트 위너	신경과학을 이용하여 기계를 지능화
정보이론	클로드 섀넌	2진법의 비트를 이용하여 정보를 계량화

튜링이 디지털 컴퓨터의 이론적 모델을 창안하였다면, 디지털 컴퓨터의 논리적 구조를 확립한 사람은 폰 노이만이다. 1946년에 미국 펜실베니아대학에서 모클리(Mauchly)와 에커트(Eckert)가 공식적으로 세계 최초의 컴퓨터인 에니악(ENIAC)[82]을 제작하였다. 폰 노이만은 이에 자극을 받아서 새로운 방식의 컴퓨터를 설계하였다. 에니악은 새 문제를 처리하려면 수천 개의 스위치를 며칠 동안 조작해야 하는 운영하기 힘든 구조였다. 폰 노이만은 스위치 조작 대신에 프로그램을 작성하여 기억장치에 넣고 프로그램과 자료를 차례대로 불러내서 처리하는 프로그램 내장(stored program) 방식의 모델을 발표하였다. 프로그램 내장 방식은 수많은 스위치 조작을 없애고 프로그램을 작성하면 즉시 실행할 수 있는 컴퓨터로 바꾸어 놓았다. 이후로 프로그램 내장 방식은 모든 디지털 컴퓨터의 설계 표준이 되었다.

노버트 위너(Wiener)는 동물과 기계 사이에는 동일한 이론이 적용될 수 있는 부분이 있으며 그것은 제어와 통신에 의하여 개체가 유지된다는 사실이라고 하였다. 이 이론을 인공두뇌학(cybernetics)이라고 한다. 사이버네틱스 이론은 인간을 정보처리 체계로 보는 시스템 이론으로 발전하였다. 정보처리 체계는 인간이 사고하는 모든 생각들을 수치 계산과 같은 메커니즘으로 간주한다. 예를 들어, 사고, 지각, 언어 등의 다양한 지능 활동들은 모두 수치 계산과 같으므로 기계로 인간의 사고를 대신할 수 있다.

클로드 섀넌(Shannon)은 전기통신 공학자로서 1948년에 통신 이론에 관한 논문을 발표하였다. 이 논문은 정보 이론을 최초로 정립하였다. 불 대수가 참과 거짓으로 논리

---

82 ENIAC(Electronic Numerical Integrator And Computer): 모클리와 에커트가 제작한 전자 컴퓨터. 18,000여개의 진공관과 1,500개의 릴레이가 있고 무게는 30톤에 150kw 전력 소요.

를 표현하는 것을 응용하여 전기회로에서는 스위치가 켜짐(on)과 꺼짐(off)의 두 상태를 표현할 수 있다는 아이디어를 활용하였다. 섀넌은 켜짐과 꺼짐을 이용하여 정보를 측정하는 단위로 비트(bit)를 제안하였다. 비트는 이진 숫자(binary digit)의 약자로서 0과 1 또는 켜짐과 꺼짐의 전기 상태를 나타낸다. 섀넌은 정보의 개념을 비트라는 정보 단위로 표현함으로써 정보를 수량적으로 측정할 수 있게 되었다. 이 개념에 의하여 정보는 과학의 대상이 되었다.

섀넌의 정보 이론은 통신선로(channel)로 전송되는 이진 값의 비트들이 의미와 관계없이 모두 정보로 간주된다. 섀넌의 이론으로 인하여 모든 전송 신호들은 정보의 의미를 가지고 전송되고 조작될 수 있기 때문에 컴퓨터 기술은 획기적으로 발전한다.

(5) 기호체계 가설

인공지능에 관한 연구는 컴퓨터 연구가 시작되면서 같이 시작되었지만 1950년대 초까지는 큰 영향이 없었다. 1956년에 다트머스대학(Dartmouth College)[83]에서 '사고 기계'에 대한 워크숍이 개최되었다. 이 워크숍에서는 인간처럼 사고할 수 있는 컴퓨터 프로그램을 개발하기 위하여 존 매카시, 마빈 민스키, 허버트 사이먼, 앨런 뉴웰 등 네 명이 모임을 가지고 인공지능 연구를 시작하였다.

앨런 뉴웰(Newell)은 인간의 마음을 정보처리 시스템으로 보았고, 허버트 사이먼(Simon)[84]은 인간의 마음을 기호 조작 시스템으로 보았으므로 두 사람의 생각은 의미상으로 동일하였다. 뉴웰과 사이먼은 공동으로 연구하여 1956년에 LT(Logic Theorist)라는 프로그램을 개발하였다. 이것은 기호논리학의 정리를 증명하는 프로그램이다. 이들은 계속 연구를 진행하여 GPS (General Problem Solver)라는 프로그램을 개발하였다.

GPS는 인간이 문제를 해결하는 과정을 모형화한 프로그램이다. 두 사람은 인간과 컴퓨터는 문제를 해결할 때 모두 기호를 조작하는 방식이 비슷한 기호 조작 시스템이라고 결론지었다. 기호체계 가설을 요약하면 <표 3.13>과 같다.

---

83 Dartmouth College: 미국 뉴햄프셔주에 있는 기독교에서 설립한 대학. 1769년 영국 식민지 시절에 설립. 명문 아이비리그 8개 대학 중의 하나.

84 Herbert Alexander Simon(1916~2001): 미국 경영학자. 카네기멜론대학 경영학, 행정학, 컴퓨터과학, 심리학 교수.

〈표 3.13〉 기호체계 가설

번호	내역	주창
1	인간의 마음은 정보를 처리하는 시스템이다.	앨런 뉴웰
2	정보처리(마음)는 기호를 조작하는 과정이다.	허버트 사이먼
3	컴퓨터 프로그램은 기호를 조작하는 시스템이다.	기호논리학
4	인간의 마음은 컴퓨터 프로그램으로 모형화될 수 있다.	인지심리학

기호체계 가설에서는 컴퓨터는 인간의 두뇌, 프로그램은 인간의 마음에 해당한다고 본다. 뉴웰과 사이먼이 체계화한 기호체계 가설은 인공지능의 핵심적인 개념이 되었다.

3.4.2 연결주의

인공지능은 1960년까지 인간의 지능을 대신할 수 있는 프로그램을 개발하려는 노력이 곧 성과를 볼 것으로 생각되었다. 신경 모델은 입력과 출력 신경세포들 사이의 연결을 논리에 의해 모형화할 수 있으며, 신경을 흥분하는 것과 흥분하지 않는 것으로 구분하여 진위의 명제적 대수의 조작으로 간주할 수 있다고 생각하였다. 그러나 이후 20년 가까이 정보처리적인 결과가 나오지 않았다. 그 이유는 두뇌와 논리체계를 직접 대응시키려고 하였고 학습 가능성이 구현되지 못했기 때문이다. 사람들이 일상적으로 수행하는 시각, 음성, 지각, 언어 등을 인공지능으로 이해하기에는 당시의 기술로 매우 어려운 수준이었다.

인공지능 초기에는 컴퓨터 프로그램의 해결 능력을 프로그램이 사용하는 추론 방식에서 찾았으나 쉽지 않았다. 사람들은 추론 방식이 아니라 프로그램이 보유하고 있는 지식의 양에 따라 문제 해결 능력이 결정된다고 보게 되었다. 프로그램이 지능적이라는 것은 해당 문제 영역에 대한 지식이 많아야 된다는 것이다. 문제는 지식을 프로그램으로 어떻게 표현해야 하는가에 초점이 맞추어졌다. 정보의 실체를 구체적으로 표현하는 형식체계를 표상(representation)이라고 한다.

인공지능에서 효과적으로 프로그램을 개발한 것이 전문가 시스템(expert system)이다. 전문가 시스템은 전문가들이 자신의 업무를 해결하는데 사용되는 경험적 법칙들을 모아 놓은 지식베이스(knowledge base)와 이것을 이용하여 문제를 해결하는 추론 프로그램으로 구성된 소프트웨어이다.

전문가 시스템의 대표적인 실례가 장기 프로그램, 바둑 프로그램, 의사의 진단/처방 시스템, 자동차 정비공의 고장진단 시스템 등이다. 이들 전문가들을 위한 전문가 시스템은 성공했으나 보통 사람들의 일상생활에서 겪는 문제를 처리하는 능력을 프로그램으로 개발한 것들은 의외로 성공하지 못하였다. 그 이유는 전문가들의 지식은 한정되어 있으나 상식은 오랫동안 축적되어 그 내용이 방대하기 때문에 지식베이스를 구축하기 힘들기 때문이라고 결론지었다.

인공지능은 각종 인식과 상식 추론 능력에 한계가 나타나서 그 대안으로 신경망 이론이 주목을 받게 되었다. 신경망 이론은 매커럴과 피츠에 의하여 1943년에 형식 모델이 [그림 3.16](a)와 같이 제시되었으나 이후 인간의 지능을 컴퓨터로 연구하는 분야에서 뚜렷한 실적을 내지 못하고 있었다. 1949년에 헵(Hebb)은 두 신경 단위가 흥분하면 그 둘 사이의 연결 강도를 증가시킨다는 이론을 제시하였다. 그러나 이 제안은 실제 과정을 모형화할 만큼 구체적이지 못하였다.

1957년에 로젠블라트(Rosenblatt)[85]는 퍼셉트론(perceptron)[86]을 제시하였다. 퍼셉트론은 입력층과 출력층의 두 층을 지닌 체계로서 뉴런 간의 연결 강도가 0과 1의 이진 값이 아니라 연속적인 값이며, 뉴런들이 이 값을 스스로 변경할 수 있으므로 학습하는 절차를 도입시킬 수 있었다. 퍼셉트론이 동작하는 방식은 간단하다. 각 노드의 가중치와 입력을 곱한 것을 모두 합한 값이 임계치보다 크면 뉴런이 활성화되어 결과 값으로 1을 출력하고, 작으면 활성화되지 않아서 결과 값으로 0을 출력한다. [그림 3.16](b)와 같이 입력 값 X_i와 가중치 W_i를 곱하여 얻은 값들을 모두 합한 값 Output이 역치(임계치) T를 넘으면 y값은 1이 되고, 넘지 못하면 y값은 -1이 된다.

---

85 Frank Rosenblatt (1928~1971): 코넬대학에서 퍼셉트론과 MarkIV를 완성.

86 perceptron: 1957년 Cornell Aeronautical Lab의 Frank Rosenblatt에 의해 고안. 가장 간단한 형태의 feedforward 네트워크.

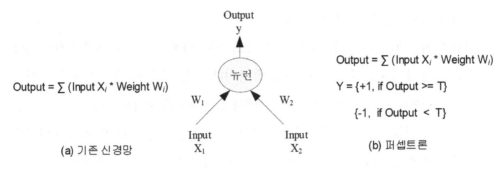

[그림 3.17] 기존 신경망과 퍼셉트론

예제 3-1

역치 T = 5, 입력 : X_1 = 4, X_2 = 8, 가중치 : W_1 = 0.5, W_2 = 0.6 이다. y값을 계산하시오.

해 Output = (4 * 0.5 + 8 * 0.6) = 6.8

Output(6.8) > T(5)이므로 y = 1

퍼셉트론의 영향력은 대단하여 신경망에 대한 열기가 높았다. 그러나 민스키 (Minsky) 교수가 퍼셉트론의 한계를 낱낱이 지적한 책을 출판하자 신경망 연구에 대한 열기는 차갑게 가라앉았다. 오랜 시간이 흐르고 1982년에 존 홉필드(Hopfield)[87] 교수의 논문이 발표되어 다시 신경망 연구에 활기를 불어넣었다. 이 논문에서 제시한 신경망을 홉필드망이라고 부르며 연상 기억장치(CAM)[88] 기능을 가진다. 신경망과 인공지능을 구분하여 연결주의(connectionism)와 계산주의(computationalism)라고 부른다. 계산주의의 기반이 튜링 기계라면 연결주의의 기반은 인간의 뇌이다. 컴퓨터 초기에는 계산주의가 우세하였으나 앞으로 감각정보 처리에서는 연결주의가 우세할 것으로 예상된다. <표 3.14>에서는 튜링 기계를 기반으로 하는 디지털 컴퓨터와 두뇌를 기반으로 하는 신경망의 특성을 비교하였다.

---

87 John Hopfield(1933~): 미국 Princeton대학 교수. 신경망 일명 홉필드망 개발.

88 CAM(content addressable memory): 주소를 제공하면 그 주소에 있는 자료가 전달되는 RAM 과 달리 검색어를 제공하면 메모리 공간 전체를 검색하여 해당 검색어의 주소나 검색어와 관 련된 자료를 전달한다. 연관 기억장치(associative memory)라고도 한다.

〈표 3.14〉 인공지능과 신경망 비교

구분	인공지능(디지털 컴퓨터)	신 경 망
기반	튜링 기계	두뇌
체제 특성	상징	상징 이하
기본 개념	계산주의	연결주의
처리 기반	기호논리학	신경과학
처리 형태	직렬처리	병렬처리
처리 방식	기호 조작	활성화
표상 위치	기억 내 특정 위치	신경망 전체에 분포
검색 방식	위치 기반 검색	내용 기반 검색

연습문제

3.1 다음 용어들을 정의하시오.
① 인지   ② 인식   ③ 인지과학   ④ 자아
⑤ 무의식   ⑥ 표상   ⑦ 형식 기계   ⑧ 알고리즘
⑨ 기능   ⑩ 상징

3.2 구조주의 심리학과 기능주의 심리학을 비교하고 차이점을 설명하시오.

3.3 플라톤과 아리스토텔레스의 사상적 차이점을 설명하시오.

3.4 인지심리학은 사람의 마음을 어떻게 이해하는가?

3.5 전의식은 어떤 상태인가? 예를 들어 설명하시오.

3.6 신경줄과 뇌와의 관계를 설명하시오.

3.7 공부를 잘하기 위해서는 어떤 뇌가 우수해야 하는가?

3.8 동물과 기계의 유사성과 차이점을 설명하시오.

3.9 선험적 지식과 경험적 지식의 차이를 설명하시오.

3.10 지각과 감각의 관계를 설명하시오.

3.11 인식과 인지의 관계를 설명하시오.

3.12 연결주의와 계산주의를 비교하시오.

3.13 기호체계가설의 목표를 설명하시오.

3.14 인공지능의 목표를 설명하시오.

3.15 신경망 모델의 성과가 부진한 이유를 설명하시오.

4

인지과학과 융합

4.1 철학

4.2 언어학

4.3 인류학

4.4 인지과학과 융합

■ 연습문제

철학은 그리스어의 어원에서 말해주듯이 지식을 사랑하는 학문이고, 언어학은 인간
의 생각과 지식을 표현하는 학문이며, 인류학은 인류의 지식과 문화를 기술하는 학문
이다. 이들은 모두 인간의 마음과 지식을 연구 대상으로 하고 있으므로 인지과학의 기
초 학문들이다. 이들 학문의 바탕위에 심리학, 신경과학, 인공지능 등이 꽃을 피운다.
융합이 이루어지려면 여러 분야가 두뇌에서 경계를 풀고 녹아야 하기 때문에 인지과
학이 뒷받침 되어야 한다.

[그림 4.1] 인지과학의 학문 구성도

4.1 철학

철학은 현실 문제에 직접 도움이 되지는 않지만 모든 문제를 근원적으로 해결하는
데 도움을 준다. 단기적으로 도움이 안 되지만 장기적으로 중요한 문제를 해결하기 때
문에 가치가 있다. 철학(哲學)에서 '哲'자는 다음과 같이 세 글자를 결합한 것이다.

哲 = 才 + 斤 + 口

손 수변 '才'에 도끼 근 '斤'에 입 구 '口'자로 합성되어 있다. 이것을 풀이하면 손으
로 도끼를 잡아서 찍듯이 분명하게 말한다는 의미이다. 철학에서 가장 중요한 작업은
각 낱말의 정의를 분명하게 하는 것이다. 영문자 definition의 의미도 내려놓는다는 뜻
의 접두사 'de'와 경계와 끝을 의미하는 라틴어 'fine'를 합한 말이다. 어떤 낱말의 뜻을
다른 낱말과의 경계를 분명하게 구분한다는 의미이다. 그리스 철학에서 '참다운 지식
은 최종적인 정의를 발견하는데 있다'고 하였다. 그리스 사람들이 철학을 지혜를 사랑
하는 학문이라고 한 것은 지혜가 사물의 개념과 정의를 분명하게 설명하기 때문이다.

4.1.1 철학의 제 분야

철학의 분야는 여러 가지 기준으로 분류할 수 있으나 여기서는 <표 4.1>과 같이 연구 대상을 기준으로 다섯 가지로 분류한다.

〈표 4.1〉 철학의 제 분야

분야	내역	비고
인식론	지식의 본질과 근거에 관한 내용	무엇을 알 수 있는가?
형이상학	궁극적인 원인에 관한 내용	나는 누구인가?
미학	아름다움, 감각, 예술 등에 관한 내용	무엇을 바라는가?
윤리학	선과 악에 관한 내용	무엇을 해야 하는가?
논리학	추론과 증명의 법칙에 관한 내용	무엇이 옳은가?

철학의 고유한 문제들에 대하여 알아보기 위하여 임마누엘 칸트(Kant)[1]는 철학을 공부하는 사람들에게 <표 4.2>와 같이 네 가지 질문을 던졌다. 사람이 생활하면서 누구나 생각하지 않을 수 없는 문제들이지만 간과하기 쉬운 철학적 사유의 문제이기도 하다.

〈표 4.2〉 칸트의 네 가지 질문

순서	질 문	관련 분야
1	나는 무엇을 아는가?	인식론
2	나는 무엇을 해야 하는가?	윤리학
3	나는 무엇을 바라는가?	미학
4	인간이란 무엇인가?	사회철학

---

1   Immanuel Kant(1724~1804): 독일의 철학자. 서유럽 근대 철학을 집대성. 순수이성비판, 실천이성비판, 판단력비판의 저서 집필.

POINT 철학의 제 분야

인식론(認識論, epistemology)

'사람이 알 수 있는 것은 무엇인가', '어떻게 알 수 있는가'에 관한 것이 주제다. 즉, 지식을 얻는 과정과 생각하는 것에 관하여 연구한다. 무엇을 '안다'라고 하는 것이 무엇을 의미하는지 또 어떻게 알 수 있는지를 연구하므로 '앎'에 관한 학문이다. 이것들은 생각을 통해서 알 수 있으므로 '생각'에 관한 학문이다. 경험론과 합리론이 있으며, 인식의 대상이 관념적이라는 관념론[2]과 실재적이라는 실재론[3]이 있다.

형이상학(形而上學, metaphysics)

그리스어 'meta'와 'physika'의 합성어로 자연의 세계를 넘어선 이데아(idea)[4]의 세계를 의미한다. 플라톤의 이데아는 영원불변의 실체이며 진실한 존재이고 궁극적인 목적이다. 이데아의 세계는 이성만이 파악할 수 있는 영원불변의 세계로서 경험의 세계를 존재하게 한다. 이데아와 인간과 세계의 궁극적인 원인을 연구한다. 인간과 세계의 기원과 존재에 대한 질문, 신에 관한 질문 등이다. '形而下者 爲之器 形而上者 爲之道'라는 말이 있다. 형태는 물질세계를 다루고, 형태 이상은 정신세계를 다룬다.

미학(美學, esthetics)

아름다움을 연구하는 학문이다. 고전적인 미학은 아름다움이 무엇인지 아름다움의 본질을 묻는 형이상학이었으나 근대 미학은 감성적 인식에 의한 아름다움의 현상을 추구한다. 예술은 아름다움을 표현하고 행위하는 것이므로 예술도 미학에 속한다. 논리학이 이성에 관한 학문이라면 미학은 감성에 관한 학문이다.

윤리학(倫理學, ethics)

도덕의 기원과 원리를 대상으로 인간의 행위에 대한 규범을 연구한다. 사회에서 사람 간의 관계를 규정하는 규범을 연구한다. 개인은 사회 구성원으로서 사회가 갖는 생활방식에 따라가야 하므로 윤리학은 사회생활을 위한 갈등해소와 의사소통 수단이다. 물리가 사물의 이치이듯이 윤리는 사람들 사이의 이치를 말한다. 사람들의 행위에 대하여 옳고 그름의 답을 준다.

논리학(論理學, logic)

추론과 증명의 법칙을 연구한다. 기존 지식에서 새로운 지식을 만드는 것이 추론이고, 추론의 정당성을 확인하는 것이 증명이다. 진리에 도달하려면, 추론이 정확해야 하고 추론의 정확성을 증명해야 한다. 진리를 얻기 위하여 정당성을 확보하는 방법이다. 논리(論理)의 '論'은 말(言)을 묶는다(侖)는 뜻이므로 논리는 말을 만드는 이치이다. 철학뿐만 아니라 모든 학문의 기초가 된다.

---

2   관념론(觀念論, idealism): 객관적인 실재보다 주관적인 정신, 이성의 우위를 주장하는 인식론의 입장.

3   실재론(實在論, realism): 주관보다 주관과 독립된 객관적인 존재를 인정하고 그것을 올바른 인식의 기준으로 삼는 인식론의 입장.

4   이데아(理念, idea): 플라톤 철학에서 영혼의 눈으로만 볼 수 있는 세계. 고귀한 인간의 이성만이 파악할 수 있는 영원불변하는 진리의 세계. 모든 존재와 인식의 근거가 되는 초월적 실재.

첫째 문제는 인식론에 관한 문제이다. 외부의 사물들은 어떻게 인식되는가? 외부 사물은 실재하는가? 인간의 지각 능력에 독립해서 존재하는 실재란 과연 있는가? 있다면 인간은 어떻게 실재를 인식할 수 있는가? 인식은 어떻게 형성되는가? 하나의 인식이 참이 될 수 있는 기준은 어떤 것인가? 그리고 참된 인식으로부터 어떻게 지식을 획득할 수 있는가?

형이상학에서 제기되는 문제들은 대부분 인간의 인식 방법으로는 해결이 불가능한 것들이다. 신은 존재하는가? 우주의 시작과 끝은 존재하는가? 시간과 공간은 연속하는가? 이런 문제들은 인식론의 대상이 아니다.

둘째 문제는 윤리학에 관한 문제이다. 옳고 그른 것들 사이에는 어떤 차이가 있는가? 있다면 우리는 그것을 어떻게 증명할 수 있는가? 실제 상황에서 우리는 옳고 그름에 대한 이론적 관념들을 어떻게 적용하는가? 소크라테스에 의하면 인간은 태어날 때부터 본질적으로 선하다고 한다. 스스로 깨달아서 잘 아는 사람은 선하지만 모르는 사람은 곤경에 빠질 것이라고 한다. 그는 사람이 무엇이 옳은지를 정확히 안다면 자연스럽게 좋은 일을 할 것이라고 생각하였다.

셋째 문제는 미학에 관한 문제이다. 예술은 인간에게 어떤 즐거움을 주는가? 아름다움(美)이란 무엇인가? 예술 작품의 가치는 어디에 있는가? 아름다움은 자연에만 존재하는가? 아니면 인공물에도 존재하는가? 성형수술한 사람도 아름답다고 할 수 있는가? 같은 사람을 보고도 어제는 아름다웠는데 오늘은 아름답지 못하다고 하는 이유는 무엇인가?

넷째 문제는 사회철학에 관한 문제이다. 사회의 의미와 본질 그리고 사회 질서의 원리, 개인과 공동체의 관계에 대한 물음에 답하는 것이다. 인간은 어떻게 해서 사회를 이루는가? 국가는 어떻게 성립되고 또 어떻게 운영되는가? 개인의 이익과 사회의 이익이 상충할 때는 어떤 것을 따라야 하는가? 전쟁터에서 자살 공격을 선택하는 군인들은 잘하는 일인가?

이상과 같은 주제의 질문들은 삶에서 자주 부딪치는 문제는 아니다. 그러나 인생의 장기적인 행로에서 단편적인 일들을 모두 성공적으로 수행하고도 불행한 삶으로 마감하는 사람들이 있다. 이것은 전투(전술)에 승리하고도 전쟁(전략)에서 실패한 것과 같은 경우이다. 철학은 전술적인 문제보다 전략적으로 인생의 기반을 쌓고 방향을 제시해주는 학문이다.

4.1.2 인식론과 논리학

이 절에서는 인지과학의 입장에서 인식론과 논리학에 대하여 살펴본다.

(1) 인식론

인식이란 대상을 아는 일이며, 인지는 대상을 알고 해석하여 판단까지 하는 일이므로 인식은 인지보다 작은 개념이다(제3장 1절 참조). 인식론이란 인식에 의하여 얻어지는 지식의 기원과 성질 그리고 그 범위를 연구하는 학문이다. 인식론은 인식의 기원을 이성(理性)에 두고 있는 합리론과 인식의 기원을 경험에 두고 있는 경험론으로 구분할 수 있다. 또한 인식론은 사람이 인식을 하는데 중요한 요소가 두 가지라고 하는 이원론과 하나라고 하는 일원론으로 구분할 수 있다. 이원론은 합리론과 통하고 일원론은 경험론으로 연결된다. 이 절에서는 이원론(합리론)과 일원론(경험론)을 중심으로 인식 방법론을 설명하고자 한다.

⚙ CASE 인식 방법론

(1) 이원론과 일원론

일원론(一元論, monoism)

세계를 유일한 근본 원리로 설명한다. 몸과 마음은 떼어놓고 생존할 수 없으므로 본질적으로 하나다. 현실에 있는 몸이지만 열심히 노력하면 이상을 추구할 수 있기 때문에 몸과 마음은 하나라고 본다. 사람은 누구나 현실에 살면서 이상을 꿈꾸며 노력하면 이상을 이룰 수 있다고 생각한다.

이원론(二元論, dualism)

세계를 서로 독립적인 두 개의 근본 원리로 설명한다. 몸과 마음은 전혀 이질적인 것이기 때문에 별개라고 생각한다. 몸은 현실에 담고 있지만 마음은 이상을 추구할 수 있기 때문에 하나라고 보기 어렵다. 현실과 이상이 공존하는 세상이다. 몸은 현실에서 살고 있지만 마음만으로 이상을 이룰 수 있다고 생각한다.

(2) 합리론과 경험론

합리론(合理論, rationalism)

우연을 배척하고, 이성적이고 논리적인 것을 중시한다. 현실 세계보다 이데아의 세계, 즉 형상[5]과 원리를 존중한다. 눈에 보이는 말(馬)과 마음의 눈으로 보이는 말이 따로 있으며, 눈에 보이는 말이 질료[6]이고 마음으로 보는 말이 형상이다. 플라톤은 모든 사람들은 일정한 지식이 프로그램으로 만들어진 상태로 태어난다는 본유 관념을 주장하였다. 모든 사람은 불멸의 영혼을 소유하고, 영혼은 이전의 존재를 지니고 있다. 사람이 배운다고 하는 것은 이전의 존재가 가지고 있던 기억을 상기하는 것이다.

경험론(經驗論, empiricism)

인식의 근원을 오직 경험에서만 찾는다. 아리스토텔레스는 이데아의 세계보다 인간에 가까운 감각되는 자연물을 존중하는 현실주의 입장을 취하였다. 따라서 말(馬)은 구체적인 말밖에는 존재하지 않는다. 질료 이외에 형상이 따로 존재하지 않는다. 영혼 불멸성에 대하여 아무런 보장을 하지 않는다.

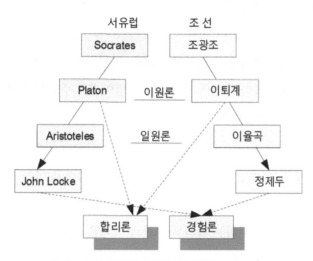

[그림 4.2] 서유럽과 조선의 인식론 비교

[그림 4.2]에서 서유럽과 조선의 인식론을 비교하였다. 소크라테스와 조광조[7]는 열심히 학문과 이상을 추구하였으나 당시 현실에서는 뜻을 이루지 못하고 죄인이 되어 사형을 당하였다. 플라톤은 스승의 죽음을 겪으며 스승을 사형시킨 사람들을 증오하였고, 이퇴계[8]는 가장 존경하던 대선배의 억울한 죽음을 목격하고 낙향하여 학문과 교육에 전념하였다. 플라톤과 이퇴계는 매우 어려운 여건에서 살면서 이상주의자였던 스승과 선배의 죽음을 목격하고 이상은 현실과 다를 수밖에 없다는 이원론을 주장하였다.

---

5   형상(形相, eidos): 경험의 세계에 있는 특정 사물을 그 사물답게 만드는 원인. 존재하는 사물에 내재하는 본질. 플라톤 철학에서의 이데아.

6   질료(質料, matter): 형상을 구성하는 구체적인 재료. 아리스토텔레스 철학의 기본 용어.

7   趙光祖(1482~1519): 조선 중종 때 대사헌. 도학 정치 실현을 위해 개혁을 추진했으나 훈구 세력의 역습으로 사형 당함.

8   李滉(1501~1570): 조선 중기의 유학자, 문인. 이기호발설로 이기이원론 주장.

아리스토텔레스는 알렉산더 대왕의 스승으로 풍요로운 궁정 생활을 하면서 기득권 층에서 성장하였다. 이율곡(李栗谷)[9]은 아홉 차례의 과거에 모두 장원하여 벼슬길에 올랐으며, 국왕의 두터운 신임을 바탕으로 40세에 당시의 정국을 주도하게 된다. 아리스토텔레스와 이율곡은 현실 세계에서 책임을 져야 하는 지도자 입장이므로 현실적일 수밖에 없었다. 따라서 이상과 현실을 조화롭게 연결해야 하는 일원론을 주장하였다.

존 로크(locke)[10]는 플라톤의 본유 관념을 부정하고 경험론을 주장하였다. 본유 관념이란 사람이 태어나면서부터 가지고 나오는 선천적인 능력이다. 그는 인지는 감각과 반성이라는 경험을 통하여 얻어지는 습득 관념이라고 주장했다. 정제두[11]는 처음에는 주자학[12]을 공부하였으나 뒤에 지식과 행동의 통일을 주장하는 양명학[13]을 연구하여 사상적 체계를 세웠다. 마음이 기(氣)이고 마음이 갖춘 도덕성을 이(理)라고 하는 주자학의 이원론에 반하여 양명학은 마음(氣)이 곧 이(理)라고 하는 경험론적 일원론을 주장하였다.

서양 철학은 이성을 중시하는 플라톤 철학과 경험을 중시하는 아리스토텔레스 철학으로 구분된다. 동양 철학의 유학은 이성을 중시하는 주자학과 경험을 주장하는 양명학으로 구분된다. 유럽에서 영국의 경험론과 대륙의 합리론이 인식론의 주류를 이루며 절충을 모색하고 있는 동안 신대륙(미국)에서는 프래그머티즘이라는 전혀 새로운 인식론이 자리를 잡고 있었다.

(2) 실용주의 : 프래그머티즘

관념이나 사상을 행위(그리스어 pragma)와 관련하여 파악하는 입장을 실용주의(實用主義, pragmatism)라고 한다. 실용주의는 미국의 철학 정신을 반영하는 사조로서 실

---

9   李珥(1536~1584): 조선 중기의 유학자, 정치가. 기발이승일도설로 이기일원론 주장. 성학집요, 격몽요결 집필.

10 John Locke(1632~704): 영국의 철학자 정치사상가. 계몽철학과 경험론의 원조.

11 정제두(鄭齊斗, 1649~1736): 조선 후기 유학자, 양명학자. 지식과 행동의 통일을 주장하는 양명학을 체계화.

12 주자학(朱子學): 남송의 주희가 집대성한 유교 주류의 성리학. 이와 기의 개념으로 우주와 인간의 생성과 심성의 구조, 인간의 자세 등을 연구하는 학문.

13 양명학(陽明學): 명나라 중기의 양명 왕수인이 이룩한 신유가 철학. 인식과 실천은 하나라는 지행합일을 주장.

제(practice)에 관심을 둔다. 인간의 사고는 실제 행위로 옮겨갈 수 있는 활동이다. 따라서 사고는 목적이 아니라 목적을 위한 수단이라고 본다.

실용주의 창시자인 찰스 퍼스(Peirce)[14]는 '무엇을 아는가(know-what)'보다 '어떻게 아는가(know-how)'에 관심을 두었다. 다시 말해서 내용보다 실제 결과에 비중을 두고 있다. 퍼스에 의하면 개념이란 그 개념으로부터 나오는 실제 결과에 지나지 않는다. 퍼스의 인식론을 살펴보자. 퍼스는 모든 인식은 그 이전 인식의 제한을 받는다고 했다. 따라서 인식은 순간적으로 이루어지지 않고 해석을 해야 한다.

사람은 기존의 인식을 소재로 현재의 생각을 구성한다. 이것은 기호과정을 의미한다. 기호과정이란 이전 인식이 다음 인식의 소재로 연속되는 과정이다.

갈색이며 우는 동물 → 닭 → 토종닭

이와 같이 이해하는 것처럼 인식은 기호를 매개하는 과정이다. 퍼스는 이런 관점에서 볼 때 유럽의 합리론은 인간의 주체성이 개입할 여지가 없다고 본다. 퍼스는 인식과 행위가 결부된다는 점을 주목하였다. 어떤 개념을 이해하고자 한다면 그 개념이 어떤 효과나 결과를 가져오는지 고찰해보아야 한다는 것이다. 기호과정에서 어느 것이 타당한가라는 질문은 의미가 없다. 중요한 것은 경험적으로 결과가 좋아야 한다는 것이다.

퍼스는 프래그머티즘의 체계를 세우지 못하고 윌리엄 제임스(James)[15]에게 계승되었다. 제임스는 어떤 관념이든지 그것을 믿는 사람에게 효용이 있다면 그 사람에게는 진리라는 설을 주장하였다. 그는 경험이 바로 실재이며, 세계는 물질도 정신도 아닌 '순수 경험'으로 이루어졌다고 주장하였다. 그에게 참이란 사고와 사실의 일치라기보다 실적 가치나 유용성으로 판정한다. 그는 한정적 진리를 인정함으로써 사실에 어긋나는 신앙이라도 사람들이 나름대로 믿을 수 있는 권리를 인정해야 한다고 주장하였다.

존 듀이(Dewey)[16]는 행동적 요소를 더욱 강조하였으며, 모든 관념이나 사상은 문제 해결을 위한 도구라고 보았다. 그는 실용주의를 변용하여 도구주의[17]를 주장하였다.

14　Charles Sanders Peirce(1839-1914): 미국의 철학자, 논리학자, 프래그머티즘 창시자.

15　William James(1842~1910): 미국의 심리학자, 철학자. 프래그머티즘의 체계를 확립.

16　John Dewey(1859~1952): 미국의 실용주의 철학자, 교육학자. 도구주의 주장.

그는 어떤 진술이 참이 되려면 진술의 기능이 성취되고 경험적으로나 실험적으로 확증되었을 때라고 주장하였다. 물건의 좋고 나쁨을 써보고 알 수 있듯이, 관념의 좋고 나쁨도 상황을 좋게 만들 수 있는지에 따라 결정된다고 주장하였다.

실용주의는 미국인의 생활철학과 개척정신의 한 표현이라고 할 수 있다. 미국의 사상계는 독일의 관념론이 지배하다가 경험론과 과학주의의 흐름을 따르면서 실용주의로 면모하였다. 실용주의는 생활의 철학이요 상식의 철학이다. 진리는 실생활에서 유용성에 의해 결정되는 공리주의적으로 파악되었으며, 실용주의에서 진리는 경험에 의해서 검증되고 변화되어야 하는 경험주의로 인식되었다.

(3) 본질과 현상

우리가 어떤 것을 안다고 하는 것은 무엇을 안다는 것인가? 그 사물의 본질인가 현상인가? 본질과 현상은 같은 것인가 다른 것인가? 본질은 무엇이고 현상은 무엇인가? 본질과 현상의 두 가지 주제는 앞으로 논의할 모든 주제에서 끊임없이 제기될 것이므로 미리 이해해둘 필요가 있다.

본질과 현상을 정의하면 다음과 같다.

> 본질은 사물에 존재하면서 사물의 존재를 가능하게 하는 필수 요소이다.
> 현상은 사물의 존재가 외부에 나타나는 모습이다.

본질을 강조하면 원리주의자가 되기 쉽고 현상을 추구하면 실용주의자가 되기 쉽다. 본질을 더 추구하는 것이 합리론이라면 현상을 더 추구하는 것은 경험론이다. 본질에 더 가치를 둔 것을 이원론이라고 하면 현상에 더 가치를 둔 것은 일원론이라 할 수 있다. 인간이 사물의 참된 실재인 본질을 알 수 없다고 주장하는 불가지론과 함께 사물의 존재를 기능으로 파악하려는 기능주의 이후에는 본질의 개념이 불명확해졌다.

---

17 도구주의(instrumentalism): 개념은 선험적인 형식이 아니라 성과와 효용에 의하여 판정되어야 하는 도구라는 입장. 실천 과정에서 사용되고 부단히 개정되어야 한다. 존 듀이의 사상.

본질(本質, essence)

어떤 사물이 그 사물로 존재하기 위해서 없어서는 안 되는 핵심적인 성질이다. 따라서 본질은 그 사물에만 존재하는 고유한 존재이므로 실체(substance)라고도 한다. 인간의 본질은 무엇인가? 인간의 본질은 이성이므로 인간을 '이성적 동물'이라고 한다. 본질은 그 사물들의 공통성을 의미하는 것으로서 사물에 존재하면서 그 사물을 구성하는 필수 요소이며 원인이다.

현상(現象, phenomenon)

일상적인 용어로는 외부에 나타나는 모양(象)을 의미하지만 철학에서는 두 가지 의미가 있다. 첫째, 사물이 외부에 나타나는 사실로 자연과학의 대상이 되는 모든 것을 의미하며 둘째, 인간의 의식 안에 존재하는 사실로 관념적인 사실을 의미한다. 형이상학에서는 어떤 사물이 있다면 본질은 그 사물의 참된 실재이고 현상은 참된 실재의 가상적인 모습(象)이라고 보았다. 따라서 [그림 4.3]과 같이 현상은 경험의 세계에 속하므로 감각적 인식으로 볼 수 있으나 참된 실재인 본질은 감각적으로 볼 수 없고 이성적 인식으로만 파악될 수 있다고 한다.

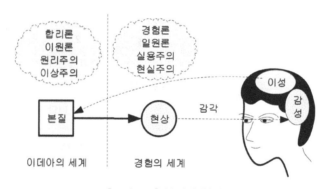

[그림 4.3] 본질과 현상

인식론의 종류는 많이 있으나 여기서는 인지과학의 관점에서 중요한 이론만 설명하였다. 합리론, 경험론, 실용론이 발전한 동기는 시대적 상황에 크게 좌우되었다는 사실을 확인할 수 있었다. 송나라는 이민족의 침입과 전쟁 패배의 어려운 현실 속에서 주자학이 이원론을 주장하였으며, 중국을 통일한 명나라에서는 양명학이 일원론을 주장하는 것이 대표적인 실례이다.

(4) 논리학

우리는 대화하는 도중에 논쟁하는 것을 많이 볼 수 있다. 자신의 주장이 옳은데 그 이유는 상대방이 수긍하는 사실로부터 합리적으로 결론을 도출했기 때문이라고 한다.

상대방도 내가 수긍하는 사실에서 자신의 결론을 도출했기 때문에 자신의 주장이 옳다고 주장한다. 서로 자신의 주장이 옳다고 주장할 때는 상대방의 추론 과정에 오류가 있다는 것을 지적해야 논쟁에서 이길 수 있다. 논쟁할 때 중요한 것은 자신의 주장이 논증에 의하여 진리가 보전되었음을 증명하는 것이다.

일상생활에서 우리가 하는 대화에는 논리에 맞지 않는 주장들이 많이 있다. 상대방의 주장이 틀린 것 같은데 틀린 점을 지적하지 못해서 억울한 경우가 있으며, 나의 주장이 옳은데 옳다는 것을 증명하지 못해서 억울한 경우도 있다. 이런 억울함을 해결할 수 있는 수단이 논리학이다.

아리스토텔레스는 설득력 있게 논증하는 수단으로 명제론을 제시하였다. 주어와 술어로 이루어진 명제는 다른 명제[18]에 영향을 끼친다는 사실을 발견하였다. [그림 4.4]에서 네 가지 명제들은 상호 작용을 하며 명확한 관계를 형성하고 있다. 이 명제들 간의 관계를 대당의 사각형이라고 한다.

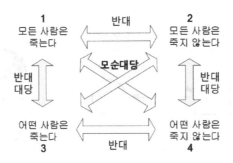

[그림 4.4] 명제의 대당 사각형

[그림 4.4]에서 1번 명제와 2번 명제는 동시에 참이 되거나 동시에 거짓이 될 수 없으므로 반대 관계이다. 대각선에 놓인 1번과 4번 명제는 모순 대당 관계이다. 두 명제 가운데 하나는 참이지만 둘 다 참이 될 수는 없다. 한 명제가 참이라면 다른 명제는 거짓이 된다.

다른 대각선에 있는 2번과 3번 명제도 모순 대당 관계이다. 1번과 3번 명제는 동시에 거짓이 될 수 없지만 동시에 참이 될 수는 있는 반대 대당 관계이다. 만약 1번 명제

---

18 명제(命題, proposition): 판단을 언어로 표현한 문장. 진위를 가릴 수 있는 문장.

가 참이라면 3번 명제도 참이 되지만, 그 반대의 경우는 성립하지 않는다.

2번과 4번 명제도 1번 명제와 3번 명제의 관계와 같다. 이런 반대 대당 관계는 '모든 사람은 죽는다' 그리고 '소크라테스는 죽는다'라는 두 명제의 관계에도 적용된다.

아리스토텔레스는 대당 사각형에서 새로운 사실을 깨달았다. '소크라테스는 사람이다'는 명제를 살펴보자. 세 가지 진술로 이루어지는 삼단논법에서 앞의 두 진술은 전제라 하고 마지막 진술은 결론이라고 한다. <표 4.3>과 <표 4.4>는 세 개의 진술로 이루어지는 삼단논법이다. 아리스토텔레스는 첫 번째 진술의 주어가 두 번째 진술의 술어이고, 세 번째 진술이 그 나머지 용어로 구성되어 세 가지 진술로 이루어진 논증이 성립되면 결론은 진리가 보증된다는 사실을 발견하였다.

 POINT   삼단 논법의 종류

정언적 삼단논법(定言的三段論法)

조건을 붙이지 않고 확정적으로 주장하는 세 개의 명제로 구성된다. "모든 사람은 죽는다"(대전제) "소크라테스는 사람이다"(소전제) "소크라테스는 죽는다"(결론)의 형식이다. 일반화하면, "모든 S는 P이다"(대전제) "어떤 A는 S이다"(소전제) "모든 A는 P이다"(결론)로 표현된다. S는 전제에서 쓰이나 결론에서는 사용하지 않는 것으로 두 전제를 매개(媒介)하는 개념이다. 정언(定言)이란 조건을 붙이지 않고 확정적으로 주장하는 명제라는 뜻이다.

가언적 삼단논법(假言的三段論法)

어떤 사건의 발생을 가정하고 결과를 주장한다. <표 4.4>와 같이 "비가 오면 소풍가지 않는다"(대전제) "비가 왔다"(소전제) "소풍가지 않았다"(결론)의 형식이다." 여기서 소전제가 "소풍갔다"라면 결론은 "비가 오지 않았다"로 된다. 가언적 판단은 전건이 성립하면 후건이 성립되는 것을 의미하기 때문에, 전건이 성립되지 않았을 때는 후건의 성립을 따지지 않는다. 예를 들어 소전제가 "비가 오지 않았다"라면 결론은 "소풍을 갔다"와 "소풍을 가지 않았다"가 모두 성립한다.

〈표 4.3〉 정언적 삼단논법

구분	명제
대전제	모든 사람은 죽는다.
소전제	소크라테스는 사람이다.
결 론	소크라테스는 죽는다.

〈표 4.4〉 가언적 삼단논법

구분	명제	
대전제	비가 오면 소풍가지 않는다.	
소전제	비가 왔다.	비가 안 왔다.
결론	소풍갔다(×) 소풍가지 않았다(○)	소풍갔다(○) 소풍가지 않았다(○)

논리학(論理學, logic)은 추론과 증명의 법칙을 연구하는 학문이다. 다른 말로 진리를 보증하는 논증의 학문이다. 추론(推論, reasoning)은 기존의 사실로부터 결론을 도출하는 과정이다. 결론이 정당하려면 추론 과정에서 오류가 없어야 하며, 오류가 없다는 것을 확인하는 과정이 증명이다. 증명(證明, proof)은 특정한 공리를 가정하고, 그 가정에서 어떤 명제가 참이라는 것을 확인하는 과정이다.

〈표 4.5〉 증명에 관련된 용어

용어	내역
추론	기존의 사실들로부터 새로운 사실을 유도하는 과정
증명	특정한 공리를 가정하고, 그 가정에서 어떤 명제가 참이라는 것을 확인하는 과정
공리	하나의 이론에서 증명 없이 바르다고 하는 명제
명제	진위를 가질 수 있는 문장
정리	수학적으로 참이라고 밝혀진 명제
정의	용어나 기호의 의미를 확실하게 규정한 문장

공리(公理, axiom)는 하나의 이론에서 증명 없이 바르다고 하는 명제이다. 논리학은 진리를 보증하는 논증의 학문이기도 하다. 수학적으로 참이라고 밝혀진 명제를 정리(定理, theorem)라고 하며, 정리는 다른 명제를 증명하는데 사용할 수 있다. 정의(定議)는 논의 대상을 보편화하기 위하여 용어의 의미를 명확하게 규정한 문장이다. 증명 과정을 명확하고 일반화하기 위하여 사용하는 용어들을 정확하게 정의할 필요가 있다.

추론과 증명에 관련된 용어들의 의미를 명확히 하기 위하여 다음과 같이 <표 4.5>에서 정의하였다. 주요한 증명 기법에는 <표 4.6>과 같이 네 가지 방법이 있다.

〈표 4.6〉 추론의 증명

종류	증명 방법
연역법	기존 명제로부터 새로운 명제를 유도
귀납법	많은 사례로부터 일반적인 명제를 도출
귀류법	명제가 거짓일 때의 모순을 밝힘으로써 진위를 밝힘
예제를 통한 증명	구체적인 예제가 명제를 충족하는지의 여부로 진위를 밝힘

 POINT **추론의 증명 기법**

연역법(演繹法, deductive reasoning)

기존의 판단을 근거로 새로운 판단을 유도하는 추론방식이다. 명제들 간의 관계와 논리적 타당성을 따진다. 공리와 정의 그리고 이미 증명된 정리를 논리적으로 직접 연결하여 증명한다. 귀납과 달리 전제와 결론의 구체적인 내용은 문제 삼지 않고 엄격한 논리적 규칙에 의존한다.

귀납법(歸納法, inductive reasoning)

개별적인 특수한 사실이나 원리로부터 그러한 사례들이 포함되는 좀 더 확장된 일반적인 명제를 이끌어내는 추론 방식이다. 바탕 명제가 참일 때, 귀납 규칙을 증명하여 무한히 다른 명제들도 참이라는 것을 증명한다.

귀류법(歸謬法, reducio ad absurdum)

어떤 명제가 거짓이라고 가정하여 모순이 발생한다는 것을 증명하면, 그 명제가 참이라는 것을 증명하는 방법으로 간접 증명이라고도 한다.

예제를 통한 증명(proof by construction)

어떤 성질을 만족하는 구체적인 예제를 하나 만들어 그 성질을 만족하는 어떤 것이 실제로 존재함을 증명한다.

예제 4-1 귀류법

$\sqrt{2}$ 가 유리수가 아닌 것을 증명하시오.

해 '$\sqrt{2}$ 는 유리수가 아니다'라고 가정하면 $\sqrt{2} = n/m$(n,m은 정수, 단 m≠0)과 같은 기약분수[19]가 될 수 있다. 이 식의 양변에 제곱을 하면 $2m^2 = n^2$이 되며, n^2이 짝수이므로 n은 짝수이다. 즉, n = 2k(k는 정수)가 된다. 두 식에서 $m^2 = 2k^2$을 얻는다. m^2이 짝수이므로 m도 짝수임을 알 수 있다. m과 n이 모두 짝수라면 n/m은 기약분수가 아니므로 가정은 모순이 된다. 따라서 $\sqrt{2}$ 는 유리수가 아니고 무리수이다.

역사적으로 유명했던 논리학에 관한 실례를 공부하기로 한다. 하나는 러셀의 역설이며, 또 하나는 거짓말쟁이의 역설이다.

(1) 러셀의 역설 Russell's paradox

프레게(Frege)[20]는 명제논리와 술어논리를 공리체계로 조직화해서 기호논리학을 창시하였다. 그는 독일 예나대학교의 교수로서 아리스토텔레스 이후 가장 위대한 수학자라는 평을 듣고 있었다. 버틀런드 러셀(Russel)[21]은 프레게가 집합론을 응용하는 것에 대하여 치명적인 모순이 있다고 지적하였다. 러셀의 질문과 프레게의 답변은 [그림 4.5]와 유사하다.

러셀 : 한 집합이 다른 집합에 속하는 것은 가능합니까?
프레게 : 가능합니다. 2와 3으로 이루어진 집합은 2와 3과 4로 이루어진 집합에 포함됩니다.
러셀 : 집합이 그 자체에 속할 수 있습니까?
프레게 : 물론 속할 수 있습니다.
러셀 : 예를 들어, 세 요소 이상으로 이루어진 집합들의 집합과 같은 집합들의 집합도 가능합니까?
프레게 : 가능합니다.
러셀 : 자기 자신을 포함하지 않은 모든 집합들의 집합도 가능합니까?
프레게 : ……

[그림 4.5] 러셀과 프레게의 대화

러셀은 이 집합이 그 자체의 요소라면 정의에 따라서 이 집합은 그 자신에게 속할 수 없다고 지적한다. 반대로 이 집합이 그 자체의 요소가 아니라면, 이 집합은 자신에게 속할 수 있다. 결론적으로 이 집합은 그 집합의 요소일 수도 있고 아닐 수도 있는 모순에 빠진다. 러셀이 지적한 이 오류는 프레게를 철저히 몰락시켰다. 이것은 러셀이 1901년에 발견한 것으로서 '러셀의 역설'이라고 한다. 그러나 러셀은 프레게의 연구

---

19 기약분수(旣約分數, irreducible fraction): 분모와 분자가 1 외의 공통된 인수를 갖지 않는 분수.
20 Gottlob Frege(1848~1925): 독일의 수학자, 논리학자. 현대논리학에 큰 영향.
21 Bertrand Russel(1872~1970): 영국의 논리학자, 철학자, 수학자, 사회사상가. 기호논리학을 집대성. 반전 운동가. 1950년 노벨 문학상 수상.

업적을 계승받아 기호논리학을 집대성하는 큰 업적을 이룩하였다.

(2) 거짓말쟁이의 역설 liar paradox

신약성서 <디도서> 1장 12절에 "그레데인 중에 어떤 선지자가 말하기를, 그레데인들은 항상 거짓말쟁이야"라는 말이 있다. 이 경우에 선지자 자신이 그레데인이므로 그레데인이 거짓말쟁이라는 것을 긍정할 수도 부정할 수도 없는 모순을 낳는다. 또 다른 거짓말쟁이의 역설로 "한 남자가 자기는 거짓말을 하고 있다"고 말한다. 그가 말한 것은 참인가 거짓인가?는 고대 그리스 철학자의 역설이다.

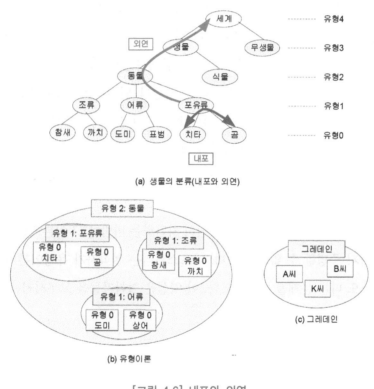

[그림 4.6] 내포와 외연

러셀은 거짓말쟁이의 역설을 집합 이론의 관점에서 체계적으로 정리하였다. 러셀은 이 문제를 내포와 외연의 문제로 보았다. 내포(內包, intention)는 어떤 명사로 불리는 사물들의 공통적인 성질을 말한다. 외연(外延, extention)은 하나의 개념에 부합되는 것의 전체를 의미한다.

예를 들어 [그림 4.6]에서 포유류의 내포는 포유류의 성질을 가지고 있는 모든 것들을 말하므로 치타와 표범과 곰 등이 포함되며, 조류에 내포되어 있는 원소는 참새와 까치가 포함된다. 포유류의 외연은 포유류 개념을 포함하고 있는 모든 것이므로 동물, 생물, 세계가 모두 포유류의 외연이다. 그러나 조류, 어류, 식물, 무생물은 포유류의 외연이 아니다. [그림 4.6](a)에서 보는 바와 같이 계층구조에서 내포는 자신에게 소속된 모든 하위 요소들이고, 외연은 자신을 포함하는 모든 상위 요소들이다.

러셀은 역설을 해결하기 위하여 유형이론(theory of types)을 고안하였다. 유형이론은 집합과 원소의 혼동을 금지한다. 예를 들어 [그림 4.6](b)의 포유류라는 집합을 생각해보자. 이 경우, 이 집합의 원소인 치타와 곰은 유형 0, 포유류와 어류와 조류는 유형 1, 포유류를 원소로 포함하는 상위 집합인 동물은 유형 2가 된다. 유형 2에는 동물과 식물이 있다. 포유류에는 어떤 원소가 있을까라는 질문을 들었을 때 치타, 곰 등을 예로 드는 것은 좋으나 포유류와 동물이라고 대답해서는 안 된다고 하는 것이 유형이론의 핵심이다. 유형이 다른 것을 혼동하면 역설이 일어나는 것은 당연하다. [그림 4.6](c)에서 그레데인의 집합에는 A씨, B씨, K씨 등의 원소가 있는데 그 집합의 원소인 A씨가 '그레데인들은 항상 거짓말쟁이야'라고 자신의 상위 집합을 정의하는 것은 유형이론의 법칙을 위반한 것이다. 이런 잘못을 범하지 않는 것이 해결법이다.

러셀의 유형이론은 유형의 교차를 완전히 차단하는 바람에 그 이론으로는 집합론의 요소 명제마저 증명할 수 없게 되었다. 타르스키라는 철학자가 유형이론의 해결책을 내놓았지만 또 다른 문제를 야기하였다. 이 역설은 철학자들을 고무시키는 한편 계속 괴롭히고 있다.

▚▚ 4.2 언어학

사람은 언어로 생각하고, 언어로 말을 하고, 언어로 글을 쓴다. 언어가 없으면 생각도 못하고, 말도 못하고, 글도 쓸 수 없다. 언어는 어디서 온 것일까? 사람은 언어를 어떻게 습득하는가? 어느 날 언어를 모두 잊어버린다면 어떻게 생각하고 어떻게 대화를 할 것인가? 동물들은 언어 없이 어떻게 무리를 지어 공동생활을 하는가? 어휘가 많으

면 생각이 넓고 깊을까? 지구상에는 여러 가지 언어가 있는데 모든 언어들의 기능과
어휘는 다 일대일로 대응이 될까? 언어와 사고는 어떤 관계에 있는가? 이런 질문에 답
할 수 있는 것이 언어학이다.

언어는 여러 가지로 정의할 수 있으나 다음과 같이 두 가지로 요약할 수 있다.

> 첫째, 언어는 소리와 문자를 이용하여 사람의 생각을 표현하는 의사소통 체계이다.
> 둘째, 언어는 상호 의사를 전달하는 기호 체계의 하나이다.

언어 정의의 공통점은 모두 생각을 대상으로 하고 있다는 점이다. 의사(意思), 관념
(觀念), 사고(思考) 등은 생각을 다른 말로 표현한 것이기 때문이다. 언어는 생각을 표
현하는 도구이고 생각을 표현하는 구체적인 방법은 기호이므로 언어는 기호 체계라고
할 수 있다. 달리 표현하면 언어는 관념을 표현하는 기호의 체계이다. 따라서 인간의
마음은 기호를 조작하는 체계라고 할 수 있다. 언어를 활용하는 측면에서 보면 언어는
인간의 사고와 세계관을 인식하고 이해하는 도구라고 할 수 있다.

언어학(linguistics)을 정의하면 다음과 같이 두 가지로 요약할 수 있다.

> 첫째, 언어학은 언어의 형태와 구조, 의미를 연구하는 학문이다.
> 둘째, 인간의 마음의 구조와 성장, 성숙에 대해 연구를 하는 학문이다.

언어를 과학적으로 연구하는 것은 언어를 관찰하고 실험을 통하여 언어의 형태와
구조와 의미, 변화 과정을 이해하는 일이다. 사람은 언어로 생각하므로 정신적으로는
언어로 성장한다고 볼 수 있다. 따라서 인간의 언어를 연구하는 것은 인간의 마음의 형
태와 구조, 의미와 성장 과정을 연구하는 것과 마찬가지이다.

4.2.1 언어와 사고의 관계

사람은 언어로 사고를 한다. 언어결정론자들은 아무리 깊은 사고를 한다고 해도 언
어의 범위를 벗어나지 못한다고 주장하고 인지언어학자들은 사고가 깊어지면 언어 능
력을 확장한다고 주장한다. 구조 언어학과 생성 언어학의 경우에 언어는 사고(마음의
작용 방식)와 독립된 자율적인 기호 체계라고 이해하고 있으므로 의미나 문법을 언어

자체의 문제로 해결하려고 한다.

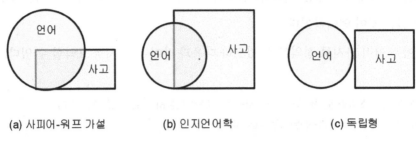

(a) 사피어-워프 가설   (b) 인지언어학   (c) 독립형

[그림 4.7] 언어와 사고의 관계

〈표 4.7〉 언어와 사고의 관계 이론

이론	내역	비고
사피어-워프 가설	언어가 사고를 결정	Sapir, Whorf
사고-언어 독립	언어와 사고는 독립적	Noam Chomsky
인지언어학	사고가 언어 구조를 결정	George Lakoff

(1) 언어와 사고 관계 이론

언어와 사고의 관계는 여러 가지로 연구되고 있으나 여기서는 인지과학의 입장에서 [그림 4.7] 및 〈표 4.7〉과 같이 대표적인 이론만 살펴본다. 언어와 사고의 주도권에 관한 이론에는 여러 가지 주장이 존재한다. 사고가 언어를 주관하는지 또는 언어가 사고를 생성하는지, 언어와 사고가 독립하는지에 관한 이론은 세 가지가 있다.

> ### 🔍 CASE 언어와 사고 관계 이론
>
> **사피어-워프 가설**
>
> 사피어(Sapir)[22]와 워프(Wharf)[23]는 미국과 캐나다의 토착 언어들에 관하여 무수한 연구를 한 끝에 결과를 내놓았다. 이들은 사람이 세계를 인식하는 방법은 어느 정도 언어의 구조가 결정한다는 주장을 하였다. 문화와 언어가 달라서 다른 문법을 사용하는 사람들은 그 문법에 의하여 상이하게 관찰하고 상이한 평가를 하게 된다. 관찰이 유사해도 평가를 다르게 한다고 주장하였다. 이런 생각은 언어결정론 또는 언어상대설 등으로 불린다.

사피어-워프 가설

사피어(Sapir)[24]와 워프(Wharf)[25]는 미국과 캐나다의 토착 언어들에 관하여 무수한 연구를 한 끝에 결과를 내놓았다. 이들은 사람이 세계를 인식하는 방법은 어느 정도 언어의 구조가 결정한다는 주장을 하였다. 문화와 언어가 달라서 다른 문법을 사용하는 사람들은 그 문법에 의하여 상이하게 관찰하고 상이한 평가를 하게 된다. 관찰이 유사해도 평가를 다르게 한다고 주장하였다. 이런 생각은 언어결정론 또는 언어상대설 등으로 불린다.

사고-언어 독립

언어와 사고는 독립적인 기능이며 언어 능력은 생득적으로 주어진 인간 특유의 기능이라는 입장이다. 언어 능력[26]은 간단히 말해서 언어를 배우고 사용하는 능력이다. 노암 촘스키(Noam Chomsky)[27]는 언어의 심적 과정이 하나의 체계로서 사고 체계와는 독립적으로 작용한다고 주장하고 있다. 언어가 사고에 영향을 주지만 모든 경우가 아니고 특정한 수준에서 영향을 주며, 사고가 언어를 결정하는 것이 아니라 언어의 특정 수준에서 사고가 영향을 줄 가능성이 있다고 주장하고 있다.

인지언어학(cognitive linguistics)

언어적 인지는 언어 현상과 관련되지만 인간의 모든 인지능력을 포괄하고 있다. 인지언어학은 문법적 형식보다 실제 언어활동의 중심인 '의미'를 중시한다. 인간은 저마다 다르게 살기 때문에 같은 경험을 해도 결과가 다르고 의미는 인간에게서 나오므로 인간 중심의 연구를 한다. 조지 레이코프(George Lakoff)[28]의 인지언어학에서는 사피어-워프의 가설과 정반대의 관점을 가진다. 인지언어학은 사람의 사고가 부분적으로 언어 구조를 결정한다고 주장하고, 언어의 구조와 작용을 인간의 지각과 인지적 관점에서 이해하려고 한다.

---

(2) 구조주의

구조란 무엇인가? 구조를 이해하면 구조주의를 쉽게 이해할 수 있다. 구조란 여러 개의 사물들이 연결되어 하나를 이룬 체계(system)를 말한다. 구조를 결정하는 것은 사

---

22 Edward Sapir(1884~1939): 미국의 언어인류학자. 독일 출생, 시카고대 및 예일대 교수.

23 Benjamin Lee Whorf(1897~1941): 에드워드 사피어의 제자. 언어결정론자.

24 Edward Sapir(1884~1939): 미국의 언어인류학자. 독일 출생, 시카고대 및 예일대 교수.

25 Benjamin Lee Whorf(1897~1941): 에드워드 사피어의 제자. 언어결정론자.

26 언어 능력(言語 能力, linguistic competence): 언어 수행(읽기, 쓰기, 말하기, 듣기)과 구별되어, 언어의 문법성과 의미 판단의 토대가 되는 규칙에 대한 인간의 기저 지식.

27 Avram Noam Chomsky(1928~): 미국 언어학자. MIT 교수. 변형생성문법이론가. 사회운동에 참여하는 비판적 지식인.

28 George Lakoff(1941~): 미국 인지언어학자. 버클리대학 교수. 사고의 본질과 언어적 표현을 연구. 촘스키의 제자지만 견해가 다르다.

물들을 연결하는 방식이므로 연결 방식이 다르면 다른 체계가 된다. 이것은 사물들 간의 관계(relation)가 구조를 결정하는 것이므로 구조에서 중요한 것은 관계라고 할 수 있다. 예를 들어 나무를 가지고 주택 설계도에 따라 나무를 연결하면 집이 되지만 선박 설계도에 따라 연결하면 선박이 되고 다르게 연결하면 수레가 되기도 하고 비행기가 되기도 한다. 객체는 구성요소들이 중요한 것이 아니고 구성요소들을 연결하는 방식인 관계가 더 중요한 것이다.

체계(체제)는 공동의 목적을 달성하기 위하여 함께 기능하는 요소들의 집합이다. 체계의 특징은 요소들이 개별적으로 있을 때의 기능과 체계로 구성되어 있을 때의 기능이 전혀 다르다는 점이다. 체계는 여러 가지 요소들로 이루어지므로 간단하지 않고 복잡한 기능을 수행하는 것이 일반적이다. 여러 가지 의미에서 구조는 체계라고 할 수 있다.

구조주의 이전에도 구조나 체계라는 개념이 있었지만, 이때는 [그림 4.8](a)와 같이 먼저 사물이 존재하고 그것에 연결된 구조나 체계가 가능하다고 생각되었다. 그러나 소쉬르는 [그림 4.8](b)와 같이 구조가 먼저 있고 그 구조를 통해서 사물이 인지 가능하다고 생각했다. 구조주의의 구조는 어떤 사물을 다른 사물과 다를 수 있게 하는 관계이다. 관계는 두 사물의 차이에 의해서 형성된다고 생각하였다.

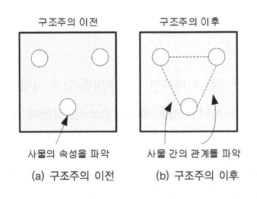

[그림 4.8] 구조주의와 사물의 관계

구조주의(構造主義, structuralism)는 하나의 세계관이며 여기서 비롯된 학문적 방법론이다. 구조주의는 사물의 의미란 개별로서가 아니라 다른 사물과의 관계에 따라서 결정된다는 시각으로 세계를 인식하려는 사상적 조류이다. 사물의 참된 의미는 사물 자체의 속성과 기능에 의해서가 아니라 다른 사물과의 관계에 따라 결정된다는 주장이다. 구조주의에서는 구조화된 우주가 있다고 본다. 다시 말해서 자연의 법칙에는 관찰자가 개입할 수 없는 고유하고 일관된 구조가 있으며, 그 구조들은 보편적이라고 믿는 것이다. 구조주의를 정의 하면 다음과 같다.

> 구조주의는 사물의 의미는 다른 사물과의 관계에 따라서 결정된다는 사상이다.

'이율곡'이라는 인물의 의미는 그가 관계하고 있는 인물들과의 관계를 통하여 파악 할 수 있다. 어떤 사물을 알려고 하면 그 사물의 구조를 통하여 사물의 내용을 인지할 수 있다는 주장이다. 미술을 감상할 때 흔히 '아는 만큼 본다'라는 말이 있다. 미술에 대한 전체 구조를 이해하고 있는 상태에 따라서 개별적인 작품을 감상하는 내용이 달 라진다는 의미이다.

구조주의는 소쉬르의 언어학으로 시작하여 인류학, 정신분석, 사회학, 미학, 정치이론 등으로 막대한 영향을 발휘하였다. 구조주의는 대표적으로 실존주의를 붕괴시키고 경험 론도 퇴조시켰다.

실존주의(existentialism)[29]의 핵심 사상은 합리주의에 대한 반동으로 인간 중심적 사유이다. 실존주의에서는 '사회나 역사는 인간에 의해 만들어진다'라고 주장하였다. 사르트르(Sartre)[30]는 '실존은 본질에 선행한다'라고 주장하였다. 그러나 구조주의에 의하면 인간은 거대한 구조의 일환으로 돌아가는 미미한 개체일 뿐이다. 구조는 인간 의 사회관계를 규정할 뿐만 아니라, 인간의 사고나 행동 양식도 결정한다. 정신분석에 의하면 '보편 무의식'이 인간을 지배하므로 인간 개인의 노력은 미미한 것으로 추락하 였다.

(1) 구조주의 언어학

구조주의 언어학(言語學, linguistics)은 20세기 전반의 언어학계를 지배했던 페르디 낭 드 소쉬르[31]의 언어 이론으로 당시에는 매우 새로운 이론이었다. 구조주의 관점에

---

29 실존주의(實存主義, existentialism): 합리주의와 실증주의에 대한 반동으로 일어난 철학 사상. 개인의 자유, 책임, 주관성을 중요하게 여기는 사상.

30 Jean-Paul Sartre(1905~1980): 프랑스의 작가, 사상가. 노벨 문학상 수상 거부. 실존주의자.

서 볼 때, 언어는 하나의 체계로 존재하기 때문에 개별적인 문법요소보다는 요소 간의 관계를 통해 설명해야 한다. 구조주의 언어학은 언어의 구성요소들 간의 관계에서 언어의 구조와 원리를 이해하려는 학문이다. 언어는 구성요소들 간의 관계의 차이에 의하여 의미가 결정된다는 것이다.

역사적으로 언어학 발전에 가장 영향력 있는 인물은 소쉬르이다. 소쉬르는 21세에 이미 인도유럽어의 어려운 문제를 해결하는 논문을 발표하여 유명하였다. 소쉬르 이전에는 어원의 의미를 발견하기 위하여 언어의 기원을 추적하다가 어원의 늪에서 헤어나지 못하고 있었다. 소쉬르 이전의 언어학에서는 언어란 사물에 붙여지는 이름이므로 언어는 사물과 대응되는 개념으로 이해하고 있었다. 당시에 진리란 머릿속의 관념이 실제 사물과 정확하게 일치할 때 성립하는 것이라고 이해하고 있었기 때문에 언어 연구는 언어의 기원에 집중되고 있었으며 큰 진전이 있을 수 없었다. 소쉬르는 언어의 의미는 외부에 있는 사물과의 대응에서 나오는 것이 아니고, 다른 것들과 관계의 차이에서 의미가 부여된다고 주장하였다.

■ 기표와 기의

소쉬르의 연구는 언어가 여러 개의 요소들로 이루어진 구조화된 체계라는 관점에서 출발하였다. 그래서 구조주의라고 한다. 소쉬르는 언어 기호를 그 기능적인 측면에 따라서 기호의 물질적인 측면을 나타내는 기호 표현과 정신적인 개념을 나타내는 기호 내용으로 분류하였다. 기호 표현을 기표(記表, signifiant)라고 하고, 기호 내용을 기의(記意, signifie)라고 하였다.

[그림 4.9]와 같이 하나의 기호는 기표와 기의로 구성된다. 기표는 시각과 청각이 받아들이는 감성적 측면으로, 예를 들면 '늑대'라는 음성이나 '잠자리'라는 문자가 이에 해당된다. 잠자리는 실체로서의 잠자리가 있으며 호칭으로서의 잠자리가 있다. 호칭으로서의 잠자리를 기표라고 하고, 실체로서의 잠자리를 기의라고 한다.

---

31 Ferdinand de Saussure(1857~1913): 스위스의 언어학자. 제네바대학 교수. 구조주의 언어학의 선구자.

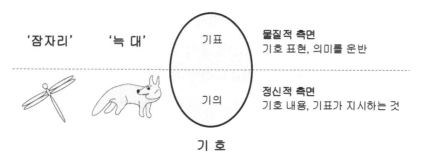

[그림 4.9] 기표와 기의

잠자리를 '장자리'라고 발음해도 대부분의 경우 잠자리로 알아듣는다. '장짜리'라고 해도 대부분 의미가 통한다. 그 이유는 무엇일까? 그것은 언어가 차이의 세계이기 때문이다. 언어기호는 단독으로 정해진 의미를 갖는 것이 아니라 체계 내의 다른 기호와의 대립관계에 의해 그 기호의 의미(시니피에)를 가지는 것이다. 잠자리와 늑대는 서로 다르기 때문에 그 차이가 체계 안에서 두 개체 사이의 관계를 구성하는 것이다. 차이에 의한 관계가 구조주의를 만들었다. 구조는 관계에서 비롯되기 때문이다.

교차로에서 빨간 신호등이 켜지면 '멈춤'을 의미하고 파란 신호등이 켜지면 '통행'을 의미한다. 빨간 신호등은 파란 신호등에 의하여 의미가 확실해지는 것과 같다.

잠자리와 늑대가 있을 때 왜 어느 것은 잠자리라고 부르고 어느 것은 늑대라고 부르는가? 사람들은 늑대는 늑대이기 때문에 그렇게 부르게 되었으며 잠자리는 잠자리이기 때문에 그렇게 부르게 되었다고 생각할 수 있다. 즉, 진리란 머릿속의 관념과 실재가 일치하는 것이라는 표상주의에 의한 판단이다.

플라톤 이래 언어기호는 언어에 앞서 존재하는 사물에 붙여진 레이블로 생각되어 왔다. 의미는 기호와 독립하여 존재하며, 언어는 사물의 이름이나 옷으로 생각되어 왔던 것이다. 소쉬르는 이러한 언어관을 바꾸어 놓았다. 언어 이전에는 사람에게 식별 가능한 사물도 관념도 존재하지 않았다. 언어가 생기면서 사물과 관념이 세분화되고 인식 가능하게 되었다.

갓 태어난 아기는 아무리 눈을 뜨고 보아도 인식할 수 있는 것이 아무 것도 없다. 엄마가 보살펴줌에 따라서 엄마를 인식하게 되면 '엄마'라고 부를 수 있다. 아기가 우유를 먹고 우유를 인식할 수 있을 때 '우유'라고 말할 수 있게 된다. '엄마'와 '우유'는 인식되는 실체가 서로 차이가 있기 때문에 구별하려고 부르기 좋게 붙인 이름이다.

소쉬르 이전에는 [그림 4.10]과 같이 언어 연구를 통시적(과거와 현재의 시간을 따라서 비교하는 방식)으로 진행하였는데, 통시적(diachronic)으로 어원을 따라 올라가다가 길을 잃게 되었다. 반면에 소쉬르는 현재 사용되는 여러 가지 언어들을 대상으로 비교하는 공시적(synchronic)인 방법으로 연구를 진행하였다.

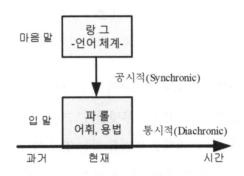

[그림 4.10] 랑그와 파롤의 관계

■ 랑그와 파롤

소쉬르는 사람이 갖고 있는 언어 능력을 사회적이고 체계적인 측면을 의미하는 '랑그(langue)'와 개인적이고 구체적인 측면인 '파롤(parole)'로 분류하였다. 언어 능력은 사람이 언어를 배우고 사용할 수 있는 능력이다. 랑그는 사회 안에서 사용되는 제도로서의 언어이며, 파롤은 랑그에 기반을 두고 각 개인이 실제로 행하고 있는 발화(發話) 행위이다.

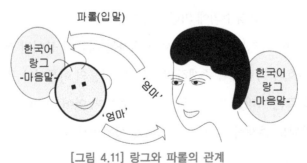

[그림 4.11] 랑그와 파롤의 관계

두 사람이 의사소통하기 위해서는 [그림 4.11]처럼 공통적인 랑그가 있어야 한다. 그러나 랑그는 자체로서는 존재하지 않고 파롤을 통과시키는 역할만 한다. 따라서 파롤이 있어야 랑그가 존재하게 된다. 한국에서 태어나서 한국어를 자꾸 들으면서 말을 하면 한국어 랑그 체계가 성장한다. 한국어 랑그 체계가 한국말을 하는 것은 랑그를 현실화하는 것이고, 한국말을 듣는 것은 랑그를 성장시키는 것이다.

사람들의 머릿속에는 태어날 때부터 기본적인 랑그 체계가 있어서 독일어를 들으면서 자꾸 따라하면 독일어 랑그 체계를 형성하고, 영어를 들으면서 영어를 따라하면 영어 랑그 체계를 형성한다. 구체적인 랑그 체계는 어릴수록 잘 형성되므로 언어는 일찍 시작할수록 빨리 배울 수 있다.

랑그는 언어 사회 안에서 구성원들이 공유하는 추상적인 체계이다. 모든 기호들이 들어 있는 금고와 같다. 랑그는 사람의 마음에 들어 있는 체계이므로 우리말로 '마음말'이라고 한다. 파롤은 '마음말'에 의하여 입으로 실행하므로 '입말'이라고 한다. 랑그가 있어야 파롤이 가능하지만 파롤이 있어야 랑그도 가능하다. 파롤은 랑그에 영향을 주기 때문에 언어는 시간이 흐르면 자꾸 변화하는 것이다.

(2) 구조주의 언어학의 문제점

구조주의 언어학은 언어학 발전에 지대한 공헌을 하였다. 언어학은 인간의 마음속에 세상에 대한 표상이 언어적 기호로 존재하는 것을 전제로 한다. 그러나 구조주의는 당시에 풍미하던 행동주의 심리학에 경도되어 마음을 언어학에서 제외시켜 버렸다. 마음이 언어학에서 제외되면서 여러 가지 한계에 부딪치게 된다.

구조주의는 통사론(syntax)[32]에서 중의성이 나타나는 것을 해명하지 못하였다. 예를 들어 다음 문장을 살펴보자.

> I like her cooking.
> Labour isn't working.

이 문장들은 여러 가지 의미를 가질 수 있다. 첫 번째 문장은 '그 여자가 요리하는 것을 좋아하는 것'인지 '그 여자의 요리를 좋아하다는 것'인지 애매하다. 두 번째 문장은 1970년대 영국 보수당의 선거 포스터에 있는 문구다. 포스터에는 실업 수당을 받으려

---

32 통사론(統辭論, syntax): 소리 단위들이 결합하여 단어를 구성하고, 단어들이 결합하여 문장을 구성한다. 각 요소들이 결합되어 문장을 구성하는 문법 규칙.

는 노동자들이 길게 줄을 서서 기다리고 있다. 어떤 사람은 이 문장을 '노동은 힘든 것이 아니다'라고 이해하지만 다른 사람은 '노동당은 일하지 않는다'로 이해할 수 있다.

(3) 후기 구조주의

구조주의가 실존주의[33]에 대한 반발이었다면 후기구조주의(post-structuralism)는 구조주의에 대한 반발이다. 실존주의가 1900년대 초반에 합리주의와 실증주의에 대한 회의로 등장하였고 1950년대에 구조주의가 등장하였으며 후기구조주의는 1960년대 후반에 프랑스에서 등장하였다. 실존주의가 인간의 현실적인 존재 자체를 중시하고 관계를 경시한 것을 구조주의가 비판하였다. 구조주의는 인간 주체보다 움직일 수 없는 '구조'와 '관계'를 강조함으로써 인간중심적인 사유와 대립하면서 성장하였다. 구조주의가 관계를 중시하고 인간 자체를 경시한 것을 후기구조주의가 비판하고 나왔다. 후기구조주의는 인간 자체는 물론이고 인간의 종교와 역사까지 중시하였다.

✿ CASE   후기 구조주의의 구조주의 비판

구조주의: 기표와 기표 대상과의 무관계
소쉬르의 언어학은 기표가 다른 기표들과의 차이에 의하여 규정되기 때문에 기표와 기표의 대상 사이에는 어떤 본질적 연관도 없다. 후기구조주의는 이런 언어의 지시적 기능에 대하여 비판한다.

구조주의의 고정성과 후기 구조주의의 유동성
소쉬르의 언어학이 구조를 통하여 고정된 의미를 창출하였다면 후기구조주의는 기표와 기의가 끊임없이 분리되고 새롭게 다시 결합하기도 하는 유동적인 의미를 창출한다고 보았다.

구조주의의 로고스중심주의와 음성중심주의
소쉬르가 문자를 언어의 내적 조직과 무관한 것으로 간주하여 언어학을 말로 된 단어의 결합으로 규정하였다. 이것은 음성중심주의 입장으로서 서양 문화의 전통적인 로고스 중심주의와 같은 것이다. 후기구조주의는 로고스 중심주의를 근본적으로 부정한다. 후기구조주의는 말과 글을 우위의 관계가 아니라 상호

---

33 實存主義(existentialism): 인간 개인의 주체적인 존재를 강조하는 문예 사조. 19세기 전반에 독일과 프랑스에서 합리주의와 실증주의에 반대하여 나타났음.

보완적으로 얽혀있는 관계로 본다. 언어로 의사소통을 하는 상황에서 말이나 글은 모두 기호로 작용할 수밖에 없는 같은 입장이라고 한다.

이성과 비 이성
구조주의가 합리적인 이성을 기반으로 한다면 후기구조주의는 비합리적이고 자유롭고 분방한 감성 측면을 강조한다.

소쉬르에 의하면 언어는 완성된 체계이므로 전체 구조를 보아야 하기 때문에 구조의 개별적인 구성 요소 간의 관계를 파악해야 한다는 것이다. 소쉬르에 의하면 언어는 관념을 표현하는 기호의 체계이다. 기호는 기호의 형태인 기표와 기호의 내용인 기의로 구성된다. 그런데 기표의 의미는 자체의 본질적인 속성에 의해서가 아니라 다른 기표와의 차이에 의해서 규정된다고 보았다. 따라서 기표는 기표가 지시하는 대상과의 관계가 없다는 의미이다. 예를 들어 '나무'라는 낱말의 의미는 그것이 가리키는 대상에 의해서가 아니라 전체 언어 체계 안에서 다른 낱말들과의 관계에 따라 결정된다. 언어는 어떤 대상을 표현하는 수단이 아니라 그 자체의 체계 안에서 자기충족적으로 구조화된다는 것이다. 즉 언어의 의미는 전체 체계에서 독립해서 스스로 존재할 수 없는 것이다. 이것은 개인의 주체성을 부정하고 개인을 그들이 속해 있는 사회나 문화 체계 안에서 창조되는 것이므로 실존주의와 정면으로 배치된다. 인간이 언어구조, 무의식 등에 의해 구성된 존재이기 때문에 인간중심 사고를 거부하는 것이다. 즉 인간이 세계의 중심이 되어 전체 사물들을 규정하고 의미를 부여한다고 하는 인간 중심의 관점을 부정하는 것이다. 소쉬르의 언어학은 기표와 기의의 임의적인 결합을 통해 고정된 의미를 창출한다고 주장함으로써 플라톤 이래의 전통적인 관념론과 이성중심의 틀을 유지한다.

후기구조주의는 인간의 본질과 성격을 규명하고 인간 행위와 그 산물들을 설명하려 하기 때문에 구조주의와 여러 가지 면에서 충돌하고 있다. 후기구조주의는 여러 가지 차원에서 구조주의를 비판하고 있다. 후기구조주의자들은 하나의 근본적인 주체를 설정하는 목적론, 역사주의, 환원주의 등에 반대하고 있다. 이들은 체계적인 철학과 총체적이거나 일반적인 이론도 거부한다. 후기구조주의의 이러한 성격은 포스트모더니즘과 해체주의와 자연스럽게 연결된다.

4.2.2 변형생성문법과 보편문법

행동주의 심리학자 스키너는 아이들은 어른들의 말을 듣고 모방하여 언어를 습득한다는 모방 학습 이론을 주장했다. 당시에는 이 이론이 지배적이었다. 아이들은 모방하면서 잘하면 칭찬을 듣고 못하면 꾸지람을 들으며 언어를 효과적으로 습득한다고 주장했다. 그러나 아이들은 이전에 한 번도 들어본 적이 없는 문장을 문법적으로 정확히 만들 수 있다. 촘스키는 이 사실을 실험으로 확인하였다. 스키너의 주장대로라면 아이들은 어른 말의 근사치를 내어야 하며 얼마간의 무작위 실수를 해야 한다. 그러나 일반적으로 이와 같은 일은 일어나지 않는다. 아이들은 매우 정연한 방식으로 언어를 습득한다. 어른 말의 근사치를 내지도 않고 얼마간의 무작위 실수를 하지도 않는다. 아이들은 어른들의 말이 틀렸다고(문법이 틀렸다고) 지적하기도 한다.

영어의 과거 시제를 살펴보자. 대부분의 영어 동사는 규칙적으로 과거형을 만든다. 즉, love/loved, wash/washed, smile/smiled 등과 같다. 그러나 불규칙적으로 변화하는 동사들이 있다. see/saw, take/took, give/gave 등이 그렇다. 아이들은 일찍부터 자신도 모르는 사이에 불규칙 동사형들을 습득하여 saw, took, gave라고 말한다. 그러나 얼마 후에 규칙 동사가 있다는 규칙을 배우면 이를 응용하여 seed, taked, gived라고 말하기 시작한다. 이후에 다시 불규칙 동사를 배워야 saw, took, gave라고 말하기 시작한다.

스키너의 주장대로라면 말더듬이 부모의 아이들은 모두 말을 더듬어야 하는데 실제로는 그렇지 않다. 외국에 이민을 가서 외국어를 늦게 배운 부모와 일찍 배운 아이들 사이에서는 스키너의 이론을 적용시킬 수 없었다.

또 다른 관찰은 부정에 관한 습득이다. 아이들은 부정을 의미하는 어떤 말도 하지 못한다. 그 다음에는 부정어를 문장 앞에 놓는다. 그 다음에는 문장 안에 넣고, 그 다음에야 제대로 된 부정문을 만든다.

```
No I want book.
I no want book.
I don't want book.
```

아이들은 처음에 복수형을 말하지 못한다. 그러나 books, dogs, trees 같은 상당수의 규칙형을 천천히 배우면서 규칙을 발견하고 tables, rooms, buildings 같은 새로운 복수형 단어들을 마음대로 만들기 시작한다.

아이들이 언어를 습득하는 속도와 정확성을 살펴보면 단순 모방과 조건형성적 강화 학습으로는 설명하기 미흡하다. 아이들은 배우지 않은 문장도 잘 만든다. 언어 안에는 창조적 생산성이 내재해 있다. 그렇기 때문에 아이들은 새로운 문장을 창의적으로 생산할 수 있다. 모든 언어의 밑바탕에는 언어의 음운, 의미, 통사의 원칙이 있고 언어능력을 구성한다. 이것은 외적인 언어 행동만 따라해서는 될 수 있는 일이 아니다.

이상과 같은 관찰을 보면 스키너의 주장대로 아이들이 암기나 모방을 통하여 언어를 습득할 수 있는 것은 아니라는 것을 알 수 있다. 여러 가지 실험과 관찰을 통하여 아이들은 언어를 습득할 수 있는 능력을 타고난다는 것을 확인할 수 있게 되었다. 아이들은 언어 능력을 타고나는데 다른 사람들로부터 일정량의 언어 자극을 받으면 언어 수행이 가능해진다. 즉 발화하는 언어 기능이 작동하는 것이다. 스키너 이후의 언어학에 대한 이론들을 살펴보기로 한다.

(1) 변형생성문법

촘스키는 오랜 연구 끝에 변형생성문법(變形生成文法, transformational generative grammar) 이론을 발표하였다. 변형생성문법은 생성문법과 변형문법을 합한 것이므로 생성문법부터 살펴보자. 생성문법은 영어 문장의 형성을 지배하는 규칙들을 철저하게 명시적으로 기계적으로 진술하는 것이다. 영어 생성 문법의 간단한 실례를 [그림 4.12]에서 살펴보자.

[그림 4.12]에서 첫 번째 규칙은 '하나의 문장은 동사구를 수반한 명사구로 이루어질 수 있다'이다. 다른 규칙들은 명사구와 동사구가 각각 어떤 형태를 취할 수 있는지를 나타내고 있다.

> 1. S → NP VP (문장 → 명사구 동사구)
> 2. NP → Det N (명사구 → 지정어 명사)
> 3. N → A N' (명사 → 부가어 명사)
> 4. N → N' (명사 → 명사)
> 5. VP → V NP (동사구 → 동사 명사구)

[그림 4.12] 생성문법의 실례

변형문법은 언어 구조가 심층구조(deep structure)와 표층구조(surface structure)로 구성되는 것을 전제로 한다. 변형규칙에는 두 구조의 관계가 중요하다. 심층구조는 문장 요소들 간의 관계성을 나타내는 구절 구조로, 문장이 실제로 서술되는 방식과는 독립적이다. 표면구조는 문장의 음소 구조에 연결된 문장 통사구조로, 문장 요소들의 조직을 실제 발화되는 바와 가장 가깝게 명세화하는 구조이다. 사람의 마음의 심층에는 언어 능력이 있으며 이 능력은 상황에 따라서 변형규칙에 의하여 표층에 나타난다는 것이다. [그림 4.13]에 있는 문장의 예를 살펴보자.

[그림 4.13] 변형 문법의 실례

'김씨가 책을 책상 위에 놓았다'라는 문장과 '책은 김씨에 의하여 책상에 놓였다'라는 문장의 표면구조는 다르지만 의미적 심층구조는 같다고 볼 수 있다. 심층구조가 같은데 표면구조가 다른 것은 심층구조에서 단지 다른 변형규칙을 적용한 것뿐이다.

변형생성문법의 성과는 다음과 같이 두 가지이다.

> 첫째, 인간의 마음이 모듈로 조직되어 있다.
> 둘째, 인간의 지식은 경험에 의하지 않고 대부분 본유적이다.

(2) 보편문법

촘스키의 보편문법(普遍文法, universal grammar)은 사람들의 머릿속에 내장되어 있는 매우 특수한 문법 규칙을 말한다. 촘스키는 사람들의 언어 능력은 인간 생태의 일부이며 사람의 유전자에 내장되어 있다고 주장한다. 이제는 대부분의 언어학자들이 인류의 어떤 조상들이 언어 능력을 발전시켜 왔으며 모든 인간은 태어나면서 언어 능력을 갖게 되었다고 믿는다.

보편문법은 아주 특수해서 인류의 모든 언어들을 배우고 사용할 수 있는 보편적인 능력을 가지고 있다. 사람들은 누구나 어느 나라에서든지 태어나면 그 나라의 언어를 배울 수 있으며, 이주를 하게 되면 다시 그 나라의 언어를 배울 수 있다. 다만 늦게 배울수록 학습 효과가 적을 뿐이다.

보편문법이 내재적이라는 촘스키의 견해를 '언어 생득설'이라고 한다. 그러나 언어 생득설은 아직까지 많은 논란을 부르고 있다. 여기서는 인지과학의 주제에 크게 중요하지 않으므로 더 이상 논하지 않는다.

(3) 언어와 뇌

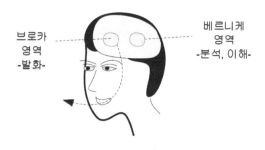

[그림 4.14] 뇌의 언어 영역

외과의사 폴 브로카(Broca)[34]는 실어증이라는 언어 장애를 가진 환자들을 만나게 되었다. 실어증 환자들은 극소수의 문법을 사용하여 매우 힘들여서 천천히 말을 하는데 발음이 분명하지 않아서 알아듣기 어려웠다. 이런 증상을 보이는 환자들을 검사한 결과 [그림 4.14]와 같이 모두 왼쪽 두뇌의 특정한 부분에 부상을 입은 것을 알 수 있었다. 브로카는 이 영역이 문장의 문법적인 구조를 제공하며 음성기관을 통제하는 미세한 근육들에 대한 책임을 맡고 있다고 생각하였다. 이 생각은 사실로 확인되었다.

신경과 의사 칼 베르니케(Wernicke)[35]는 매우 다른 형태의 실어증을 앓고 있는 환자들을 만나게 되었다. 이 환자들은 빠르고 유창하게 말을 하는데 말의 내용이 의미가 통

34　Paul Broca(1824~1880): 프랑스 외과의사. 언어 중추의 소재 발견.

35　Carl Wernicke(1848~1904): 오스트리아 신경정신과 의사. 언어 중추의 소재 발견.

하지 않는 것이었다. 검사한 결과에 의하면 왼쪽 두뇌의 특정한 부분에 부상을 입은 것을 알 수 있었다. 이 영역은 청각피질과 시각피질로부터 전달된 언어 정보를 해석하는 기능을 맡고 있다. 실제로 이해와 일상적인 어휘 사용을 주관하고 있는 영역으로 확인되었다.

세상에서 가장 최근에 사용되기 시작한 언어는 청각장애인들이 사용하는 수화(手話)이다. 1979년 니카라과(Nicaragua) 혁명 이후에 새 정부는 구체제 하에서 완전히 격리되었던 수백 명의 청각 장애아들을 특수학교에 집합시켜 놓았다. 이 아이들은 짧은 시간 내에 전혀 새로운 수화를 만들어 내기 시작하였다. 이 수화를 니카라과 수화라고 부르는데 이제는 수백 명의 원어민들이 사용하고 있다. 이것을 보면 사람은 내재적으로 언어 능력을 타고 나는 것을 확인할 수 있다.

4.3 인류학

인류학(anthropology)은 그리스어로 '인간에 대한 연구'라는 뜻이다. 인류학자들은 인류의 조상들이 어떤 삶을 살았는지에 관심이 많다. 조상들이 살았던 과거로 돌아가 볼 수 없으므로 원시인들이 살고 있는 곳을 찾아가서 이들의 문화를 연구한다. 인류학을 연구하는 사람들은 원시인들의 문화를 알기 위해서는 최소 1년 이상 필요하기 때문에 원시인 마을에서 현지 조사라는 이름으로 장기간 체험하는 것을 통과의례로 생각한다. 이런 이유로 인하여 인류학은 원시인들의 문화를 연구하는 학문이라고 알려졌다.

문화(文化, culture)란 무엇인가? 문화란 인류가 오랜 역사 속에서 사회 구성원들이 함께 만들어낸 무형의 자산이다. 문명이 유형의 자산이라면 문화는 무형의 자산이다. 문화는 인간이 소속된 사회의 생활 속에서 함께 공유하게 된 생활양식이다. 이밖에도 문화에 대한 정의는 많이 있다. 가장 권위 있는 것은 에드워드 타일러(Tylor)[36]가 그의 저서 '원시 문화'에서 문화를 다음과 같이 정의했다.

---

36 Edward Burnett Tylor(1832~1917): 영국의 인류학자. 인류학의 아버지. '원시 문화(Primitive Culture)' 집필.

문화는 지식, 신앙, 예술, 도덕, 법, 관습 및 사회 일원으로서 획득하는 모든 능력과 습관을 포함하는 복합적인 전체이다.

인류학의 주제는 '마음이 문화와의 상호작용으로 어떤 식으로 발전하였으며, 마음에 스며든 문화를 어떻게 생각하고 이해해야 하는가?'에 있다. 그러나 이 주제는 마음과 문화를 기반으로 꾸준히 변화하고 있다. 인류학의 목표는 '사람이란 무엇인가'라는 질문에 과학적으로 인간상을 정립하려는 것이다. 따라서 인류학은 인간이 변화함에 따라서 인류학의 주제와 목표도 계속 변화할 것이다. 인류학이 연구하는 분야를 분류하면 <표 4.8>과 같다.

〈표 4.8〉 인류학의 연구 분야

번호	내역
1	생물학적, 문화적, 사회적 관점에서 인간을 연구
2	인류의 문화적 차이를 연구
3	인류의 문화와 본성에 대한 일반화를 모색
4	다양한 문화들 사이의 유사성과 차이점을 연구

인류학을 연구하는 방법은 문자가 없는 사회에 가서 현지 조사를 하는 것으로 시작된다. 마거릿 미드(Mead)[37]는 가장 유명한 인류학자이다. 미드는 남편과 함께 현지 조사를 통하여 많은 업적을 남겼으며 대중적인 인류학자로 이름을 떨쳤다. 미드의 저서는 사회과학의 표준 입문서가 되었으며, 관련 전공의 교과서가 되었다. 그러나 미드 사후에 한 인류학자의 발표로 미드의 연구는 비판을 받고 몰락한다. 미드는 현지 조사에서 조사 원칙에 맞지 않게 단지 제 발로 찾아온 네 명의 사모아(Samoa)[38] 소녀들의 이야기만 듣고 글을 썼다는 것이다.

---

37 Margaret Mead(1901~1978): 미국 문화인류학자. 뉴기니, 발리섬 등에서 원시부족 청소년기의 문제와 성행동을 조사. 심리인류학 창시자.

38 Samoa: 남태평양 서사모아 제도의 섬들로 구성된 입헌군주제 국가. 1962년 폴리네시아 민족 최초로 독립.

인류학은 인류의 문화를 연구하기 때문에 대상 범위와 적용 시간대가 매우 넓을 수밖에 없다. 인류학은 학문 자체가 발전하면서 세분화되어 연구 대상과 연구 방법에 따라서 종류가 매우 다양하다. 그 중에서 구조주의 인류학이 가장 대표적으로 중심을 이룬다.

4.3.1 구조주의 인류학

구조주의 인류학은 인류학의 한 분야라기보다는 인류학에 구조주의를 적용하여 연구하는 모든 경향을 의미한다. 소쉬르의 구조주의 언어학에서 영향을 받은 클로드 레비스트로스(Levi-strauss)[39]는 언어를 익히지 않은 문화에서도 그 기본구조는 랑그처럼 사회 구성원을 규정하는 체계를 이루고 있다는 사실을 발견하였다. 그는 구조주의 분석방법을 이용함으로써 미개 부족의 생활양식이 매우 체계적이라는 것을 알게 되어 구조주의 인류학을 제창하였다.

레비스트로스는 처음에 부친의 명령에 따라 딸을 다른 부족의 남자에게 결혼시키는 원주민들의 관습을 보고 자유가 없는 야만 집단이라고 생각하였다. 그러나 이 결혼 방식은 그 지역에서 가장 적합한 제도라는 것을 알게 되었다. 이 제도를 '사촌 간의 교차 결혼'이라고 한다.

문명화되지 않은 사회에서는 지금도 본인의 의사를 존중하지 않는 엄격한 교차 결혼 제도를 유지하고 있다. 예를 들어 A, B, C 세 부족이 있다면, A족의 여성은 B족의 남성과 결혼하고, B족의 여성은 C족의 남성과 결혼하고, C족의 여성은 다시 A족의 남성과 결혼하는 이 제도는 개인의 자유를 억압하는 미개한 관습으로 보일 수도 있다. 그러나 자세히 들여다보면 [그림 4.15]와 같이 정연한 체계를 유지하고 있다.

[그림 4.15]에서 A족은 B족에게, B족은 C족에게, C족은 A족에게 여성을 시집보낸다. C족인 나는 모친 형제의 딸과 결혼하고, 나의 아들은 내 아내의 형제의 딸과 결혼한다. 나의 딸은 A족에 가서 나의 자매의 아들과 결혼한다. 사촌 간의 교차 결혼이 영

---

39 Claude Levi-Strauss(1908~2009): 프랑스 인류학자. 콜레주 드 프랑스(Collège de France) 교수. 소쉬르, 야콥슨의 언어학에 영향을 받아 구조주의 인류학을 제창. 브라질 상파울루대학에서 인디오 사회 실지조사 담당.

원히 계속되면 세 부족이 공평하게 결혼하는 체제이다.

구조주의 인류학은 원시인들의 야생적인 사고가 그 지역에서는 가장 적합하고 과학적인 문화임을 알 수 있다. 사촌 간의 교차 결혼은 근친상간의 위험을 제도적으로 막는 것으로서 서구 사회에서 근친 간의 결혼으로 인한 부작용을 겪는 것보다 훨씬 과학적인 제도이다. 조선 사회에서 족보를 유지하면서 동성동본의 결혼을 막아온 것도 근친 간의 결혼 위험을 예방하는 과학적인 제도였다는 것을 알 수 있다

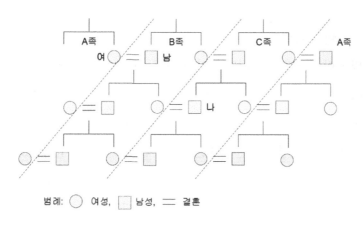

[그림 4.15] 사촌 간의 교차 결혼 방식

레비스트로스는 구조주의 방법론으로 신화와 상징 그리고 원시인들의 친족관계를 탐구하였다. 레비스트로스는 야만적인 문명에서도 인류의 보편적인 문화 구조를 발견한 것이다. 그는 1만 년 전의 인간과 현대인은 본질적으로 동일하므로 '문명'과 '야만'에는 별 차이가 없다고 보았다. 특히 인류 사회와 정신의 보편적이고 불변하는 구조를 연구하여 인류학 발전에 큰 기여를 하였다.

서구인들의 근대적인 사고만이 이성적이라고 생각했던 서양인들의 세계관과 문명관에 근본적인 반성을 촉구하는 것이기도 하였다. 구조주의 인류학에서 열렸던 인식의 지평이 인문, 사회과학 전체에 큰 반향을 일으키게 된다.

4.3.2 인류학의 분류

인류학은 문화(사회)인류학, 체질(생물)인류학, 언어인류학, 고고학 등으로 <표 4.9>와 같이 분류된다. 인류학의 각 명칭은 나라마다 전통에 따라서 다르며, 강조하는

〈표 4.9〉 인류학의 분류

학문 분류	내역
문화인류학	시대별로 인류의 문화와 사회를 연구
체질인류학	인류의 위치, 영장류와의 관계, 신체 분류 등을 연구
언어인류학	무의식에 형성된 언어 능력 연구
고고학	유물과 인간 간의 관계를 밝혀 과거 문화를 연구

부분들도 나라마다 다르다.

　인류학의 분야는 매우 다양해지고 있다. 응용, 행동, 인지, 비판, 개발 인류학에서 페미니즘, 마르크스주의, 의료인류학을 거쳐 상징인류학과 영상인류학까지 왔다. 이밖에도 정치인류학, 예술인류학, 법인류학 등으로 꾸준히 세분화되고 있다. 인간의 관심사에 따라서 다양한 측면에서 인류의 문화를 분석하고 해석하기 위한 노력이다.

　인류학의 관점을 종합하면 다음과 같이 정리할 수 있다. 인류학은 문화 상대주의를 표방하였다. 문화 상대주의는 자신만의 관점으로 다른 문화를 평가하는 것을 경계해야 한다는 주장이다. 반대 개념은 자민족중심주의 또는 자문화중심주의이다. 인류학은 비교 문화론을 통하여 문화의 차이를 발견하려고 노력하였다. 문화를 여러 가지 측면에서 총체적으로 연구하려는 것이다.

　인류학은 서구 문명사회에서 출발하였기 때문에 서구중심주의를 강화하였으며, 인종주의를 촉발하였고, 제국주의 발흥에 도움을 주었다는 주장이 있다. 제국주의자들은 인류학자들에게서 아무 도움을 받지 못했다고 하지만 미개 지역에 진출하면서 이미 그 지역에서 연구를 하고 있던 인류학자들로부터 많은 지식을 습득한 것은 사실이다. 구조주의 인류학이 발전하면서 인류학 초기의 편견은 대부분 사라지고 개선되었다.

POINT   **인류학의 분류**

문화인류학(cultural anthropology)

인류의 출현부터 시대별로 문화와 사회를 연구한다. 문화적 다양성과 문화적 보편성을 추구하고, 전체 사회의 기능에 대한 연구, 사회 구조에 관한 연구, 상징의 해석 등이 주요 과제이다. 민족학(ethnology)은 문화인류학에 포함된다. 민족학은 여러 민족 집단이나 사회의 도덕 법률과 관습의 차이점을 비교하여 인간의 사고 체계를 연구한다.

체질인류학(physical anthropology)

자연에서 인류의 위치, 영장류와의 관계, 신체 분류 등을 연구한다. 인종에 대한 연구로 시작되어 두개골의 크기를 재고 분류하는 일부터 시작하였다. 인종적 차이점은 체질적으로 주어진 것이라는 것을 증명하고, 인간의 기원과 문화적 다양성에 대한 인종주의적 이론을 주장한다. 중요한 논쟁은 다원발생론과 일원발생론이다. 다원발생론은 서로 다른 인종은 서로 다른 기원에서 발생했다고 주장한다. 진화론과 성서는 모두 일원발생론이다. 진화론의 성공은 체질인류학에 큰 영향을 주었다.

언어인류학(linguistic anthropology)

인류 역사 속에서 무의식의 내면에 형성된 언어 능력을 연구한다. 소쉬르는 한 사회의 구성원을 규정하고 있는 차이의 체계를 랑그라고 불렀다. 레비스트로스는 언어를 익히지 않은 문화에서도 그 기본 구조는 랑그처럼 사회 구성원을 규정하는 체계를 이룬다고 하였다.

인류학자들은 구조 언어학의 개념과 이론을 차용하였다. 사회를 의사소통 체계로 보고, 언어를 사고방식의 근본으로 간주하며, 언어학의 모델을 문화적 모델로 활용한다. 언어와 역사 발전과의 연관 관계를 추적하려고 언어학자과 같은 연구를 하고 있다.

고고학(archaeology)

인간이 남긴 물질적인 흔적과 그들 사이의 관계를 밝혀 과거의 문화를 연구한다. 문화와 사회의 기원과 문명의 발전을 설명한다. 학문체계를 확립한 것은 19세기 중엽이지만 20세기에 들어서서 더욱 체계적인 종합과학으로 발전하고 있다. 현대적인 자료 분석기법과 연대측정법으로 연구의 폭과 대상이 비약적으로 발전하였다. 성서를 인용하여 인간은 기원전 4,000~6,000년경에 지구상에 등장했다고 주장하는 설도 있지만 이제는 과학적 분석기법으로 모든 생물의 출현 연대를 정확하게 측정하고 있다.

4.4 인지과학과 융합

융합은 물리적 통합을 넘어서 긴밀하게 소통함으로써 화학적 결합을 통하여 이루어진다. 따라서 현대사회의 융합은 물질적인 것보다 정신적인 것의 비중이 크다. 인류 발생 초기에 인간의 능력은 매우 미약했지만 많은 노력과 진화를 통하여 지적인 능력으로 만물의 영장이 되었다. 인간의 지적인 능력이 성장하게 된 근저에는 이성이라는 도구가 있었고 합리적인 이성이 증대되어 인류 발전에 공헌하였다. 인지 능력을 기반으로 하는 인지과학은 성장을 거듭하여 컴퓨터 중심의 지식정보사회라는 거대 문명을 이룩하였다. 인지과학의 핵심인 지식과 이성은 융합을 통하여 다양한 문화와 문명을 발전시켰다.

4.4.1 지식과 이성

세계를 움직이는 원동력은 무엇인가? 현대사회를 움직이는 것은 지식이고 지식을 만드는 것은 이성이다. 우리는 지식과 이성을 통하여 현대사회를 움직이는 원동력을 이해할 수 있을 것이다. 지식과 이성이란 무엇인가? 지식의 의미는 '알고 있다'는 것이므로 지식인이란 많은 것을 알고 있는 사람이라고 할 수 있다. 지식정보사회에서는 지식의 중요성이 강조됨으로 지식의 의미를 자세히 살펴볼 필요가 있다.

동양에서 지식(知識)의 지(知)는 화살 시(矢)와 입 구(口)로 이루어진 문자로 빨리 말하는 것을 의미하고, 식(識)은 말씀 언(言)과 소리 음(音)과 창 과(戈)로 이루어진 문자이므로 창을 던지듯이 빨리 소리 내어 말할 수 있는 것을 의미한다. 즉 무엇을 알고 있다면 언어를 이용하여 빨리 말할 수 있다는 뜻이다. 서양에서의 지식(knowledge)도 마찬가지로 '알다(know)'에서 나온 말이다. 그러나 정보사회에서는 컴퓨터에 다양한 정보들이 대량으로 저장되어 있으므로 지식의 의미가 조금씩 변화하게 되었다. 현대사회에서 지식은 단순하게 정보를 아는 것이 아니라 새로운 정보를 창출할 수 있는 능력으로 바뀌었다.

(1) 지식의 구조와 종류

지식이란 올바른 근거에 입각하여 참되다고 믿는 것을 의미하므로 어떤 것을 알고 있다는 것은 올바른 근거에 의하여 참되다고 믿는 것이다. 따라서 지식이 성립하기 위해서는 올바른 근거를 세우는 것과 그 근거를 다른 사람들이 인정해주어야 한다. 다른 사람들의 인정을 받기 위해서는 합리적인 설명을 해야 하므로 지식은 언어를 이용하여 주장해야 한다. 많은 사람들이 지식의 근거를 인정해주면 진리가 된다. 과거에는 진리를 정의하기를 '고정불변하는 실체'라고 하였지만 현대에 이르러서는 '담론에 의하여 결정된 지식'으로 바뀌었다. 즉, 어떤 지식을 그 분야에 권위가 있는 사람들이 인정해주면 그것이 진리가 된다는 것이다. 문제는 그것을 결정하는 사람들이 어떤 사람들인가에 있다. 역사적으로는 권력을 가진 사람들이 주도적으로 진리를 만들어냈다.

정보화시대의 핵심은 정보이고, 정보는 자료의 기반 위에서 성립하며, 정보를 활용할 수 있는 능력이 지식이다. [그림 4.16]에서 보는바와 같이 지식은 정보, 자료와 함께 계층적으로 구조화되어 있다. 자료는 인간이 인식할 수 있는 모든 것으로 문자, 숫자, 기호, 그림 등의 단편적인 조합으로 특정한 사실(fact)을 의미한다. 정보는 이들 자료 중에서 사용할 가치가 있는 것으로 판단된 것이므로 '의미가 부여된 자료'라고 할 수 있다. 지식은 기존의 정보를 이용하여 새로운 정보를 만들거나 의사결정에 활용할 수 있는 능력을 의미한다. 따라서 지식이 단순한 정보를 암기하는 것이라기보다는 새로운 정보를 만들 수 있는 능력이며, 지식인은 단편적으로 정보를 많이 알고 있기보다는 정보를 이용하여 새로운 정보를 만들거나 의사결정을 내릴 수 있는 사람이다.

[그림 4.16] 지식의 계층 구조

지식은 선언적 지식과 절차적 지식으로 구분된다. 선언적 지식이 없어도 절차적 지식이 있을 수 있으며, 반대로 절차적 지식이 없어도 선언적 지식이 있을 수 있다. 예를 들어, 자동차의 구조와 설계 내용 등을 아는 것은 선언적 지식이지만 자동차를 운전할 수 있는 것은 절차적 지식이다. 택시 기사가 자동차의 구조나 설계 내용을 전혀 몰라도 택시를 잘 운전할 수 있듯이 스포츠 자동차 설계 기사가 설계는 잘할 수 있지만 경주용 자동차는 잘 운전할 수 없는 것과 같은 의미이다.

 POINT 지식의 종류

선언적 지식(declarative knowledge)
무엇이 어떻다고 단언하는 지식이다. 무엇을 알고 있다면 언어로 설명(선언)할 수 있어야 한다. 다른 말로 설명하면 진위를 가릴 수 있기 때문에 명제적 지식이라고 하고, 무엇에 대하여 결론적으로 설명하는 것이므로 결과적 지식이라고 하고, 내용에 대해서 설명하는 것이므로 내용에 관한 지식이라고도 한다. 어떤 명제에 대해서 안다는 것이므로 'know what(~라는 것임을 안다)'을 의미한다. 이것은 정보를 증명하거나 회상하는 능력을 측정하는 용도로 사용되는 지식이다. 선언적 지식을 알기 위해서는 그것의 성질이나 관계를 아는 것이 중요하다.
선언적 지식을 활용하는 프로그래밍 언어로 인공지능의 LISP, Prolog 등이 있으며 데이터베이스의 자료 언어로 SQL, QBE 등이 있다. 이들 언어들의 특징은 명령어들의 절차(순서)를 기술하지 않으므로 코딩하기 쉽다는 장점이 있다.

절차적 지식(procedural knowledge)
어떤 문제를 해결하기 위하여 수행하는 과정과 절차를 기술하는 것을 말한다. 문제를 해결하는 방법을 수행(설명)하는 것이므로 방법적 지식이라고 하고, 수행하는 과정을 중시하므로 과정적 지식이라고도 한다. 어떤 문제를 해결하는 방법을 안다는 것이므로 'know how(~하는 방법을 안다)'를 의미한다. 자전거 타기와 같이 어떤 과정이나 절차를 익힘으로써 수행 능력을 발휘할 수 있는 지식이다. 절차적 지식을 알기 위해서 실행 조건과 행위규칙을 미리 알아야 한다.
절차적 지식을 활용하는 프로그래밍 언어로 C, Java 등이 있다. 이들 언어들의 특징은 명령어들의 순서(절차)가 중요하기 때문에 작은 실수에도 오류가 발생하기 쉽다는 데 있다.

(2) 이성의 구조와 성장

인간을 동물과 구별하는 의미에서 '인간은 이성적인 동물이다'라는 말이 있다. 인간의 대표적인 특징이 이성이라는 것을 전제하는 것이다. 이성(理性, reason)은 인간의 역사 발전과 문명 건설의 주역이라고 하는데 과연 이성이란 무엇인가? 이성의 능력을 설명하면 참된 것과 거짓된 것을 구분하고, 선한 것과 악한 것을 구별하고, 아름다운 것과 추한 것을 식별할 수 있는 정신적인 능력이다. 이런 능력으로 인하여 사람은 사물을 옳게 판단할 수 있고 사리를 분별하게 되었으며 스스로 "만물의 영장이다"라고 자의

적인 주장을 하게 되었다. 이성의 어원은 그리스어 logos로서 언어와 논리라는 뜻이고, 라틴어역으로 ratio는 비례와 균형이라는 뜻이다. 어원에서 의미하는 바와 같이 이성은 논리적이며 비례와 균형이 잘 잡혀있으며 언어로 수행되고 언어로 설명될 수 있는 것이다. 이성은 태초의 혼돈(chaos) 속에서 발현하여 만물을 비례와 조화로운 관계를 설정하고 정리하여 조화로운 우주(cosmos)를 탄생시킨 주역이다.

이성은 합리적인 것이기 때문에 경험에 앞서는 것이라는 합리론은 유럽대륙에서 발전하였다. 칸트는 경험하기 전에 이미 진리를 터득할 수 있는 능력을 이성이라고 하면서 선험론을 주장하였다. 이성의 의미가 시대와 지역에 따라서 다양하기 때문에 이성의 대표적인 정의들을 정리하면 다음과 같이 세 가지로 분류할 수 있다.

〈표 4.10〉 이성의 대표적인 정의

구분	정 의
1	사물을 올바르게 인식하는 능력
2	세계를 지배하는 근본 원리
3	진리를 표현하는 언어 능력

[표 4]에서 첫째 능력은 세상의 진리를 알아내는 능력이 될 수 있으며, 사물의 이치와 원리를 알아내는 능력이 될 수도 있고, 논리적으로 또는 개념적으로 생각하는 능력이 될 수 있다. 둘째, 세계를 지배하는 근본 원리는 인간의 이성으로 세계의 근원을 파악할 수 있다는 생각이다. 셋째 능력은 진리를 표현하는 언어 그 자체와 언어를 구사하는 능력이 완벽하다고 생각하는 주장이다.

이성을 설명하기 위하여 대표적으로 비교되는 기능이 감성이다. 이성을 빛과 이상이라고 한다면 감성적인 욕망은 어둡고 맹목적인 에너지다. 사람은 땅에 발을 딛고 별을 바라보면서 승천하려고 하는 존재라고 한다. 현실 세계에 살면서 이상 세계를 꿈꾸는 것이 사람이다. 사람은 욕망을 충족시켜야 생존할 수 있는 대신에 욕망을 적절하게 제어하지 못하면 생존이 위험해진다. 따라서 이성은 욕망을 충족시키도록 노력하면서 과도한 욕망을 자제해야 하는 기능을 수행해야 하는 생존 수단이다.

동물을 감성적이라고 하는데 비하여 인간을 이성적이라고 하는 이유는 무엇인가?

동물들이 본능적 충동에 의하여 행동하는데 반하여 인간은 이성적인 기준을 가지고 이성의 지배하에 행동하기 때문이다. 인간의 이성은 언제부터 가능하게 되었는가? 뇌 과학에 의하면 감성을 관장하는 뇌는 변연계이고 이성을 관장하는 뇌는 신피질이다. 변연계는 포유류부터 생성되었으므로 약 2억년의 역사를 가지고 있고 신피질은 고급 영장류부터 생성되었으므로 약 500만년의 역사를 가지고 있다. 따라서 인간의 이성은 약 500만년동안 진화를 거듭해온 결과물이다.

신경과학에 의하면 동물은 움직이기 위하여 뇌(뇌간, 소뇌)를 만들었고, 생존에 좋은 것과 나쁜 것을 기억하기 위하여 변연계를 만들었다. 올바르게 판단하기 위하여 신피질을 만들었다. 인간은 왜 이성을 발전시켜온 것일까? 원시시대의 지구환경이 인간에게 매우 불리하였기 때문에 환경에 적응하기 위하여 물리적인 힘과 속도보다는 이성을 활용하여 경쟁자들을 물리치려고 했을 것이다. 인간은 도구를 개발하고 도구를 개선하면서 환경에 적응했고 동료들과 소통하기 위하여 언어를 이용하면서 이성을 진화시켜온 것이다. 변연계에서 요구하는 욕망을 적절하게 충족시키고 제어하면서 생존의 목적을 달성하기 위하여 이성을 발전시켜온 것이다.

4.4.2 이성과 비 이성의 융합

플라톤이래 서양의 전통 문명은 로고스중심주의[40]에 의하여 이성이 인간의 역사를 주도하는 방식이었다. 근대 이후에 이성이 사회를 어떻게 주도하였을까? 현대사회에서는 이성의 역할이 어떻게 바뀌었을까? 이성이 앞으로 융합의 시대에 어떻게 작용할 것인가? 융합 시대에 이성의 변화를 살펴본다.

(1) 이성과 사회

서양에서 근대에 이르러 사회를 개혁하기 위한 방안들이 제시되었는데 이성에 대한 입장이 크게 두 가지로 구분된다. 첫째, 이성의 능력을 강조하여 이성의 힘으로 계획을 세워서 사회를 개혁할 수 있다고 주장한다. 둘째, 이성은 경험을 통하여 지식을 얻어야

---

40 logocentrism: 로고스(logos: 이성, 언어, 합리성 등 불변의 절대적 권위)가 서양문화의 중심을 이루고 있다. 자크 데리다가 처음 사용한 용어로 해체를 주장함.

유익한 사회를 건설할 수 있다고 주장한다. 모두 이성의 힘을 빌렸지만 전자는 이성에 매우 긍정적인 힘을 기대하였고 후자는 이성이 사회 경험 속에서 발전하는 진화의 산물이라는 회의적인 입장이었다.

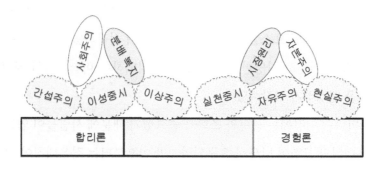

[그림 4.17] 합리론과 경험론의 융합

대륙의 사상가들은 이성을 통하여 좋은 사회구조를 만들 수 있다는 합리론적인 사상을 개발하였으나 영국의 사상가들은 이성에 대한 기대보다는 경험과 실천을 통하여 좋은 사회구조를 만들 수 있다는 경험론적인 사상을 개발하였다. [그림 4.17]과 같이 합리론자들이 간섭주의를 제창하여 정부의 기능을 분배와 복지로 강조하였으나 경험론자들이 자유주의를 제창하여 자유시장의 자생적인 질서를 강조하였다. 합리론자들이 사회주의를 발전시켰다면 경험론자들은 자본주의를 발전시켰다. 합리론자들의 생각에 이성은 선험적으로 진리하고 하는 이상주의가 깔려있으나 경험론자들의 생각에 사회는 시장의 자생적 질서에 의하여 발전한다는 현실주의가 깔려 있었다.

이성에 긍정적인 사상과 회의적인 사상은 모두 사회구조를 개혁하는데 있어서 정도의 차이는 있지만 이성의 역할을 인정하고 있다. 그 이유는 어떤 방식을 전개하든지 사람은 주어진 정보를 기반으로 의식적으로 판단을 하고 의사결정을 해야 하기 때문이다. 18세기에 시작된 이념의 논란은 1990년 소련이 무너지면서 종지부를 찍게 되었다. 사회주의 국가의 이상은 국민을 먹여 살릴 수조차 없는 빈곤의 무력함을 보인 반면에 자유주의 국가의 현실은 국민들에게 물질적인 풍요를 가져올 수 있었기 때문이다. 사회주의가 패배했다고는 하지만 자유주의 사회에 사회주의적인 요소들이 많이 수용되어 효과적으로 기능하고 있다는 점을 간과해서는 안 된다.

구조주의 이후에 후기구조주의는 역사와 사회를 합리적인 이성의 세계로만 보지 않고 비합리적인 요소들의 중요성을 부각하기 시작하였다. 포스트모더니즘[41]은 세계를 이성이 지배하는 획일적인 논리적 세계로 보지 않고 다양한 원인과 욕구에 의하여 발전하고 변화하는 모습을 강조한다. 자크 데리다[42]의 해체주의는 이성을 중심으로 구성된 서양의 문화와 문명을 근원적으로 해체할 것을 주장하였다. 구조주의 이후에 나타난 다양성과 비합리적인 요소들의 중요성이 부각되기 시작하였다. 세상은 논리적으로만 돌아가는 것이 아니고 다양한 욕구와 충동이 지배하는 비합리적인 세계와 맞물려 돌아가는 것을 인정하기 시작하였다.

포스트모더니즘 이전에는 균형과 조화가 중요했기 때문에 사람들이 입고 다니는 복장에도 좌우대칭과 균형이 반드시 요구되었지만 이후부터는 좌우대칭이 되지 않는 디자인의 옷을 입고 다니기 시작하였다. 예전에는 상상할 수도 없는 디자인과 기능들이 다양한 방식으로 현대 사회에 등장하기 시작하였다. 이성의 역할이 점차 무너지고 새로운 비논리가 등장하기 시작하였다.

(2) 비 이성과 융합

로고스중심주의 문화에서는 모든 것이 이성에 의하여 낱낱이 분석되고 해석되어 재조립될 수 있고 미래의 계획도 완벽하게 설계할 수 있었다. 현미경이 발명되어 물질의 성분이 분석되고 성질이 파악되기 시작하였다. 전자현미경이 발견된 후에는 물질의 구성이 화학원소 단위로 분석되고 밝혀지기 시작하였다. 학문은 날이 갈수록 분화되었으며 세분화될수록 전문성이 확보된다고 생각하였으므로 학문마다 자신의 체계를 성처럼 구축할 수 있었으므로 학문 간의 거리가 점차 멀어졌다. 과학에 의하여 이 세상은 완전하게 인간에 의하여 파악되고 재구축될 수 있다고 믿었다. 그러나 아무리 과학적으로 분석을 하고 계획을 세우고 대비를 해도 인류의 불행을 막을 수는 없었다. 두 번의 세계 대전을 겪으면서 인류는 대재앙과 좌절을 맛보았다. 그동안 신에게 의지했

---

41 postmodernism: 1960년대에 일어난 문화운동. 18세기 계몽주의 이래 진행되어온 이성주의와 합리주의에 대한 반발로 생겨난 사상. 개성 자율성 다양성 대중성을 중시하고 절대 이념을 배격한 탈이념을 주장함.

42 Jacques Derrida(1930.07.15 ~ 2004.10.08): 구조주의 이후를 대표하는 프랑스의 철학자. 서양 문명의 로고스중심주의에 반대하고 해체주의를 주장.

던 많은 희망들도 한꺼번에 무너져 내리고 말았다. 인간은 이성 밖에서 새로운 희망을 찾기 시작하였다.

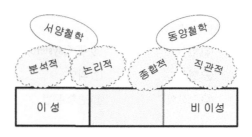

[그림 4.18] 동양과 서양 사고의 융합

[그림 4.18]과 같이 서양의 과학이 분석적이고 논리적이라면 동양의 사항은 종합적이고 직관적이다. 서양의 합리주의가 두 번의 세계대전을 거치면서 좌절을 가져왔을 때 동양의 문화가 새롭게 인식되기 시작하였다. 과학적이고 분석적 사고에 의존하던 사상들이 점차 동양적인 종합적 사고를 점차 수용하게 되었다. 불교의 선문화가 서양 세계에 받아 들어지고 유교문화에 대한 관심이 높아졌다. 서양의 철학과 동양의 사상이 만나게 되었다. 동양 문화와 서양 문화가 만나면서 이성과 비 이성이 융합하게 되었다. 이성에 의하여 갈라진 세계를 비 이성에 의하여 융합되기 시작한 것이다.

지금까지는 이성으로 구축된 문명의 내부에서의 융합이 있었다면 앞으로는 이성을 중심으로 구축된 문명과 비 이성을 중심으로 구축된 문명 사이에서 융합을 하는 것이므로 융합의 효과가 상대적으로 크고 획기적일 것으로 예상된다.

연습문제

4.1 다음 용어들을 정의하시오.
① 본질 　② 인식 　③ 체계(system) 　④ 문화
⑤ 언어 　⑥ 현상 　⑦ 외연 　⑧ 랑그
⑨ 생성 문법 　⑩ 고고학 　⑪ 변형 문법 　⑫ 이데아

4.2 인식론과 논리학의 관계를 설명하시오.

4.3 미학과 윤리학의 관계를 설명하시오.

4.4 형이상학과 프래그마티즘의 관계를 설명하시오.

4.5 언어와 사고의 관계를 설명하시오.

4.6 구조주의를 설명하고 영향력을 기술하시오.

4.7 구조주의 언어학의 문제점을 설명하시오.

4.8 거짓말쟁이의 역설의 문제점과 대책을 기술하시오.

4.9 기표와 기의의 관계를 설명하고 구조 언어학에서의 역할을 설명하시오.

4.10 랑그와 파롤의 관계를 설명하시오.

4.11 스키너와 촘스키의 이론을 비교하시오.

4.12 문명과 문화의 관계를 설명하시오.

4.13 구조 언어학과 생성 언어학의 차이점을 설명하시오.

4.14 언어학과 인류학의 관계를 설명하시오.

4.15 철학이 필요한 이유를 설명하시오.

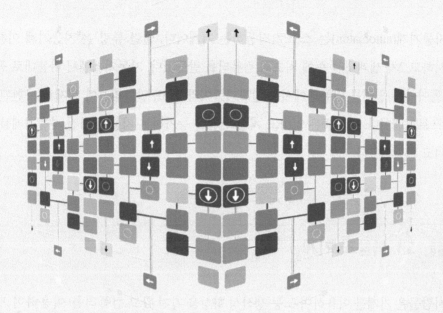

C H A P T E R

5

자동기계

5.1 마음과 기계

5.2 튜링기계

5.3 자기증식 기계

5.4 알고리즘

■ 연습문제

자동기계(automaton)는 스스로 작동하는 기계이다. 앨런 튜링[1]은 자동기계 이론을 제시하고 2차 세계대전 중에 최초의 컴퓨터를 만들었다. 자동기계에서 나름대로 규칙이 돌아가는 원리를 컴퓨터에서는 알고리즘이라 하고, 알고리즘이 실제로 구현된 것이 프로그램이다. 사람들은 알파고 처럼 인간을 능가하는 지능을 가진 자동기계를 만들려고 노력해왔다.

▦ 5.1 마음과 기계

사람들은 기계를 이용하여 노동 생산성 향상을 가져 왔고 컴퓨터를 이용하여 정보처리에서도 큰 성과를 거두었다. 사람들은 자동기계를 만들기 위해서 오랫동안 노력해왔다. 이제는 사람처럼 생각하고 스스로 움직일 수 있는 자동기계를 만들려고 한다. 4차 산업혁명의 주요 과제가 자율주행 차량과 비행기 등이다. 자동차가 자율주행하려면 차량이 운전사처럼 생각하고 스스로 안전하게 운전해야 한다. 기계가 자율적으로 움직이려면 인간의 마음을 기계에 담아서 실행시켜야 한다. 인간의 사고방식과 기계 동작이 1:1 대응하도록 돌아가는 프로그램을 만들면 가능할 것이다. 따라서 기계의 동작 원리부터 살펴볼 필요가 있다.

사람들이 만들고 있는 기계(機械, machine)의 정의는 다음과 같다.

> 기계는 여러 부품으로 구성되어 일정한 동작에 의하여 일을 하는 도구이다.

이것은 물리적인 기능에 비중을 둔 설명이므로 논리적으로 일하는 기계를 살펴본다. [그림 5.1]과 같이 음료수 자동판매기를 살펴본다. 이 자동판매기는 500원 짜리 동전만 받는다. 사람이 500원을 넣고 커피, 홍차, 율무, 콜라 등의 단추 하나를 누르면 해당 음료수가 배출된다. 이 기계의 회로는 동전 투입구와 음료수 선택 버튼으로 구성된

---

1   Alan Turing(1912~1954): 영국의 수학자 물리학자. 자동기계 모델 고안. 세계 최초의 컴퓨터 'Colossus'를 개발. 1943에 진공관을 이용하여 만든 컴퓨터로 1944년에 독일군의 암호 기계 Enigma가 만든 암호를 해독하였다.

다. 동전을 투입한 후에 선택 버튼을 누르면 각 AND 게이트(gate)의 양쪽 입력에 신호가 와서 해당 음료수를 배출하는 간단한 기계이다. 이 기계는 AND 게이트만 있으면 만들 수 있는 논리회로로 구성된다.

　[그림 5.1]의 자동판매기는 꼭 500원짜리 동전을 넣어야 한다. 100원짜리 동전만 있는 사람은 이용할 수 없다. 이 문제를 해결하기 위해서는 [그림 5.2]와 같이 자동판매기에 내부 상태를 기억할 수 있는 회로가 필요하다. 100원짜리 동전을 받을 때마다 상태를 변경하면서 500원이 모두 채워지면 선택 버튼에 불이 들어오고 선택 버튼을 누르면 [그림 5.2]와 같은 원리로 해당 게이트가 열려서 음료수가 배출된다. 이 기계를 만들려면 플립플롭(flip-flop)[2]을 이용하여 기계의 내부 상태를 관리해야 한다. 이 기계는 매우 간단하지만 이 원리가 발전되면 현대식 디지털 컴퓨터가 된다.

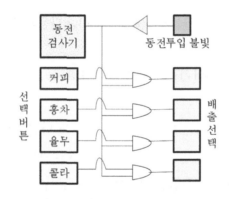

[그림 5.1] 자동판매기 회로

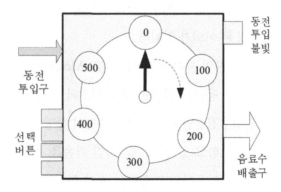

[그림 5.2] 개선된 자동판매기

2　**flip-flop**: 입력 단자의 값에 따라서 내부 상태를 유지하는 논리회로. 게이트들로 구성.

기존 기계는 사람이 정확하게 계속 조작해야 하므로 번거롭다. 차량 운전사는 여러 장치들을 계속 정확하게 조작해야 목적지에 도달할 수 있다. 사람들은 한번 명령을 내리거나 조작을 하면 기계가 나머지 복잡한 일들을 알아서 처리해주는 똑똑한 기계를 꿈꾸게 되었다. 그 결과 자동항법장치가 발명되었고 이제는 자율주행 차량이 개발되었다.

기계는 물리적인 일 이외에 수치 계산 등의 정신적인 일도 하고 있다. 기계의 기능이 바뀌었으므로 기계의 정의를 바꾸어야 한다. 기계를 새롭게 정의하면 다음과 같다.

> 기계는 일련의 규칙에 의하여 일련의 조작을 수행하는 체계이다.

사람들은 수치계산보다 더 어려운 정신적인 일을 할 수 있는 기능을 기계에게 요구하고 있다. 기계가 그렇게 똑똑하려면 사람처럼 생각하고 자동적으로 일을 수행하는 자동기계를 만들어야 한다. 자동기계(automaton)란 다음과 같다.

> 자동기계는 복잡한 동작을 제어 기구에 의하여 스스로 실행하는 체계이다.

인간을 닮은 최초의 기계는 1495년에 레오나르도 다빈치가 설계하였다. 그러나 실물로 구현하지는 못하였다. 인간의 마음을 모방하는 자동기계를 만들려는 노력은 17세기부터 구체화되기 시작하였다. 데카르트(Descarte)는 동물을 마음이 없는 하나의 순수한 자동기계로 보았으며, 인간은 신체와 마음이 있는데 신체는 자동기계지만 마음은 기계가 아니라고 생각하였다. 데카르트의 이원론을 받아들이는 입장에서는 인간의 신체를 기계로 보는데 큰 이의가 없었다.

데카르트와 달리 유물론자인 줄리앙 라메트리(La Mettrie)[3]는 인간의 마음도 기계라고 생각하였다. 라메트리는 동물과 인간은 모두 사고와 느낌을 갖는 복잡한 기계라고 주장하였다. 마음을 기계의 전형인 컴퓨터에 유추하여 설명하려는 인지주의적 접근과 이에 대립되는 견해가 상존하고 있다. 기계론적인 마음을 주장하는 입장에서 기계적이라는 것은 마음이 하드웨어로서의 기계라는 것이 아니다. 기계가 돌아가는 과정을

---

3   Julien La Mettrie(1709~1751): 프랑스 의학자, 철학자. 계몽시대의 대표적 유물론자. '인간기계론' 저자.

엄밀하게 규정할 수 있다는 의미에서 기계적이라고 한다. 기계에 사람의 심리적인 능력을 부여하려는 노력의 일환으로 계산하는 기계를 개발해왔다. 파스칼과 라이프니츠 등이 처음으로 계산기를 고안하고 만들었다.

　불의 연구를 바탕으로 러셀과 화이트헤드가 참여하여 기호논리학을 더욱 발전시켰다. 기호논리학의 발전으로 인하여 모든 수학 문제를 계산할 수 있는 기계를 만들 수 있으며, 그 기계는 기호화가 가능한 모든 논리와 추리의 문제들을 기호 조작을 통하여 해결할 수 있게 되었다. 수학 계산과 기호 조작을 모두 처리할 수 있는 기계를 보편 기계(universal machine)라고 한다.

 POINT　자동기계의 역사

블레즈 파스칼 Blaise Pascal

아버지의 세무 계산을 돕기 위하여 1645년에 계산기를 만들었다. 10진법의 덧셈과 뺄셈만 가능한 계산기로서 주유소에서 볼 수 있는 계수기 같은 종류였다. 파스칼[4]은 인간의 생각이 기계적인 요소로 되어있고, 이성과 감정과 의지로 구성되어 있다고 생각하였다. 인간의 이성은 기계적일 수 있으나 감정과 의지는 이성과 달라서 인간의 마음은 기계적일 수 없다고 결론지었다. 아라비아 숫자가 보급되기 전이라 로마자를 이용해서 수를 표현하고 계산했기 때문에 매우 어려운 작업이었다.

고트프리드 라이프니츠 Gottfried von Leibniz

인간의 사고는 숫자를 계산하는 것과 같다고 생각했다. 숫자처럼 만국 공용의 보편적인 언어를 만들 수 있다고 생각하였다. 보편적인 언어는 논리적인 체계를 지닐 것이고, 그 언어는 내포와 외연 관계로 표현할 수 있을 것이다. 내포와 외연의 개념 조작은 수학에서의 뺄셈과 덧셈 조작과 같을 것으로 생각하였기 때문이다. 라이프니츠[5]는 파스칼의 계산기보다 진일보한 계산기를 고안하였다. 곱셈과 나눗셈을 할 수 있는 계산기를 만든 것이다.

찰스 배비지 Charles Babbage

배비지[6]는 라이프니츠의 이론을 발전시켜서 어떤 유형의 계산도 가능한 계산기를 만들었다. 이것은 자료와 계산 절차인 명령어와 순서대로 실행하는 계산의 세 가지 요소들을 갖춘 이론적 계산기였다. 이 계산기는 보편적인 기계 이론을 적용하였으므로 프로그램이 가능한 컴퓨터의 원형이라고 할 수 있다. 당시에 이것을 기계로 구현할 수 있는 기술이 없었으므로 창의적인 아이디어로만 존재하였다.

조지 불 George Boole

모든 수학적 작업은 체계적인 기호(상징)를 조작하는 절차로 보았으므로 수학은 수와 양의 학문이 아니라 기호를 조작하는 하나의 체계라고 규정하였다. 불[7]은 라이프니츠의 생각에 따라 논리학과 계산 수학을 조합하여 기호논리학을 출발시켰다. 불은 논리대수(Boolean algebra)를 발전시켜 디지털 컴퓨터의 기본 회로로 구성하는 기반을 구축하였다.

인지과학과 컴퓨터과학이 본격적으로 발전하기 이전에 이미 다음과 같이 과학적인 기반이 두 가지 측면에서 갖추어져 있음을 알 수 있다.

> 첫째, 수리적인 계산을 체계적으로 기술하면 기계로 수행할 수 있다.
> 둘째, 기계적인 계산 과정이 인간의 이성적인 사고와 유사하다.

이상과 같은 생각들이 수세기 동안 발전하여 컴퓨터의 발명으로 이어지게 되었다. 인지과학의 두 가지 핵심 개념은 마음의 내용을 지칭하는 표상과 마음의 과정을 지칭하는 계산이다. 표상과 계산이라는 두 가지 개념을 바탕으로 정보처리적 관점에서 마음과 컴퓨터를 연결할 수 있게 되었다.

마음과 컴퓨터는 다같이 '언어'를 사용하고 있다. 마음과 컴퓨터는 마음의 내용과 자료라고 하는 내용 요소도 기호라는 점에서 동일하고, 그 기호들을 조작하는 기능이 일정한 규칙에 의해서 일어난다는 것도 동일하다. 따라서 정보처리적 관점에서 마음과 컴퓨터는 동일하므로 객관성을 가진 동일한 방식으로 표현하고 처리할 수 있다고 생각한다.

자료와 계산처리 방식을 형식적으로 기술함으로써 자동기계를 만들 수 있게 되었다. 그 근거는 논리학의 도움으로 어떤 대상을 규정하고 기술하는 방식을 객관화하는 기호논리학이다. 튜링기계는 마음과 컴퓨터가 동일한 방식으로 기호를 조작할 수 있다는 정보처리적 관점에서 앨런 튜링이 만든 자동기계 모델이다.

4　Blaise Pascal(1623~1662): 프랑스 수학자 물리학자, 종교사상가. 계산기 고안, 적분법 창안.

5　Gottfried von Leibniz(1646~1716): 독일의 철학자, 자연과학자, 법학자, 신학자, 역사가. 미적분법 창시, 미분 기호, 적분 기호 창안.

6　Charles Babbage(1792~1871): 영국의 수학자. 케임브리지대학 교수. 계산기 연구의 선구자.

7　George Boole(1815~1864): 영국의 수학자. 독학으로 초등학교 교사, 퀸스칼리지 수학 교수. 기호논리학 창시. 논리대수 발표.

📊 5.2 튜링기계

앨런 튜링은 1931년에 캠브리지대학의 King's College에 장학생으로 입학한다. 튜링은 학교에서 Hilbert[8] 문제와 Gödel의 정리[9]에 대해 공부한다. 튜링은 달리기를 좋아하였다. 어느 날 달리기를 마치고 쉬면서 "셈이란 무엇인가?"라는 질문에 대해 생각해 보았다.

셈이 일어나는 과정은 논리적인 사고로써 계산하는 과정은 다음과 같이 이루어진다. 우선 마음의 상태가 있어야 하고, 외부에서 입력되는 숫자가 있고, 기존 상태에서 입력된 숫자를 계산하면 마음의 상태가 바뀌고, 바뀐 마음의 상태를 출력하고, 또 다른 입력을 기다린다. 이것이 셈을 계산하기 위하여 우리의 마음이 수행하는 처리 과정이다.

덧셈을 한다고 가정하자. 문제를 주는 사람이 덧셈 시작을 알리면 계산할 사람은 [그림 5.3]과 같이 머리 상태를 0으로 만들고 숫자를 기다린다. 드디어 "5 더하기 3 더하기 4는 얼마인가?"라는 문제가 주어진다. 계산하는 사람은 머리를 비운 상태 즉 0에서 5를 더하여 5라는 상태를 만들고, 다시 3을 입력받아서 8이라는 상태를 만들고, 다시 4를 입력받아서 12라는 상태를 만든 다음에 "합계는 12입니다"라고 입으로 출력할 것이다.

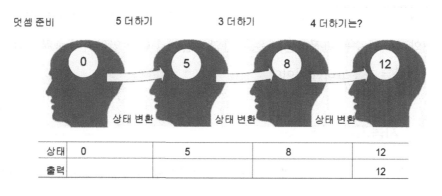

상태	0	5	8	12
출력				12

[그림 5.3] 덧셈의 처리 과정

8　**David Hilbert**(1862~1943): 독일의 수학자. 모든 수학 문제를 풀 수 있는 알고리즘 제기로 유명.

9　**Gödel의 정리**: 당시 수학자들은 수학적인 명제는 참과 거짓을 판별할 수 있는 절대적인 지침이 있다고 믿었다. 괴델은 참이지만 증명이 불가능한 식이 있음을 보였다.

POINT   **오토마톤과 튜링 기계**

유한 오토마톤(Finite Automaton)

유한한 수의 상태가 있고, 유한한 수의 입력과 출력이 있고, 시간은 이산적이다(t = 0, 1, 2, 3,...). 각 시간에 내부 상태 중에서 하나를 취하고, 하나의 입력을 받고, 상태가 변하며 출력을 낸다. 현재 상태와 입력에 따라서 다음 상태와 입력이 정해진다. 각 시간의 출력은 그 시간의 내부 상태에 따라 결정된다. 상태와 입력에 따라서 다음 상태와 출력이 정해지는 규칙을 전이 함수라고 한다.

유한 오토마톤은 튜링이 셈을 계산하는 과정을 유추한 것이다.

튜링 기계(Turing Machine)

유한 오토마톤에 보조기억 테이프를 부여하고, 테이프에 기호를 쓰거나 읽을 수 있는 장치를 부여한 것이다. 테이프에 읽거나 쓰는 기호는 0과 1로 충분하다.

튜링은 사람이 머릿속에서 수를 계산하는 과정을 논리적으로 기술하고 이것을 실행할 수 있는 기계를 논리적으로 구상하였다. 튜링이 만들려고 하는 것은 수를 계산하는 자동기계(automaton)이다. 자동기계란 스스로 동작하는 기계를 말한다. 여기서 말하는 자동기계, 즉 오토마타란 디지털 컴퓨터에 대한 추상적 모델이다. 자동기계는 일반적으로 유한 자동기계(finite automaton) 또는 유한 상태 기계(finite state automaton)라고 한다. 유한 자동기계란 유한한 수의 상태를 가지며, 유한한 수의 입력을 받아서 상태를 변경하고, 상태 전이 함수가 정의되어 있는 기계를 말한다. 자동기계에서 입력과 내적 상태와 출력의 수를 한정하는 것은, 인간의 마음이 무한한 입력이나 출력을 감당할 필요가 없다는 것을 고려한 것이다.

5.2.1 자동기계 이론

튜링은 1936년에 실제 기계가 아닌 추상적인 자동기계에 관한 논문[10]을 발표하였다. 그는 독일의 유명한 수학자 데이비드 힐베르트(Hilbert)가 1900년 파리 국제수학회에서 제기한 문제를 해결한다. 힐베르트 문제란 모든 수학 문제들을 풀 수 있는 일반적인 알고리즘을 발견하는 일이었다. 다시 말하면 "모든 수학 문제를 풀 수 있는 알고리

---

10 "On Computable Number with an Application to the Entscheidungs(결정)-problem", 1936.

즘이 존재할 수 있는가?"에 대한 해답을 구하는 것이었다. 알고리즘을 정의하면 다음과 같다.

> 알고리즘은 어떤 문제를 해결하기 위하여 실행하는 유한한 단계의 처리절차이다.

여기서 알고리즘은 기계적으로 처리할 수 있는 논리를 의미한다. 힐베르트 문제의 어려운 점은 일반적인 알고리즘이 실행되려면 '기계적인 프로그램'이 있어야 하는데 그 의미를 정확하게 결정하는 일이었다. 이 개념은 당시 수학 개념의 한계를 넘는 것이었다. 튜링은 알고리즘을 수식화하기 위하여 기계 동작을 기본적인 식으로 나누어 형식화함으로써 '기계'라는 개념을 수식으로 표현하려 하였고 그 결과 인간의 뇌를 하나의 기계로 간주하고 셈을 하는 과정을 기술하였다. 그는 수학 문제를 푸는 사람의 행동이 무엇이건 '기계적인 프로그램'으로 표현할 수 있다고 생각하였다.

튜링은 힐베르트의 문제에 대한 답은 '불가능'이라고 결론지었다. 그는 어떤 수학 문제들은 '제한된 명확한 처리과정'에 의하여 풀릴 수 없다는 것을 증명하였다. 그 대신 튜링기계를 제안하고 '제한된 명확한 처리'가 할 수 있는 일은 튜링기계가 할 수 있는 일이라고 주장하였다. 어떤 과제든지 그 과제를 해결하기 위해서 필요한 과정들을 단계적으로 명확하게 표현할 수 있다면 그 과제는 그가 제안한 보편기계(튜링기계)로 그 문제를 해결할 수 있다는 것이다.

[그림 5.4] 힐베르트의 알고리즘 문제

튜링의 주장을 바꾸어 말하면, 튜링기계로 정의할 수 없는 문제는 알고리즘으로 해결할 수 없는 문제이고, 일정한 규칙에 의하여 해결할 수 있는 문제는 튜링기계로 계산할 수 있다는 것이다. [그림 5.4]와 같이 모든 수학 문제는 기계로 풀 수 있는 문제와 풀 수 없는 문제로 구분되며 기계로 풀 수 있는 문제란 알고리즘처럼 해결 방법이 명확하게 단계별로 기술되어있는 문제이다. 튜링의 자동기계 이론으로 인하여 모든 알고리즘을 처리할 수 있는 디지털 컴퓨터의 개념적 모델이 완성되었다.

5.2.2 튜링기계

튜링은 자동기계 이론(automata theory)을 발표하여 힐베르트 문제를 해결함으로써 유명한 수학자가 되었다. 또한 그는 자신의 이론을 뒷받침할 수 있는 자동기계 모델을 제안하였고 이 모델을 튜링기계라고 부른다.

튜링기계는 [그림 5.5]와 같이 테이프와 헤드와 제어장치로 구성된 자동기계 모델이다. 테이프는 입·출력을 담당하며, 작은 칸들로 구분되어 문자를 읽거나 쓸 수 있다. 이 테이프의 자료를 읽거나 쓰기 위해서 읽기-쓰기 헤드(read-write head)가 있으며, 이 헤드는 테이프를 왼쪽이나 오른쪽으로 움직일 수 있고 움직일 때마다 하나의 문자를 읽거나 쓸 수 있다. 제어기구란 입력된 자료에 따라 테이프와 상태를 이동하고 출력을 실행하는 장치이다.

테이프에 기록되는 문자 집합 C는 임의로 정의할 수 있다. 다음과 같이 0과 1로 정의할 수도 있고 a, b, c로 정의할 수도 있다.

$$C = \{0, 1\} \quad \text{또는} \quad C = \{a, b, c\}$$

헤더는 테이프에 있는 문자를 읽고 상태에 따라서 0이나 1을 테이프에 출력하고 다음 칸(왼쪽 또는 오른쪽)으로 이동한다.

테이프의 문자를 읽고 나서 기계의 상태에 따라서 기계의 동작을 결정한다. 기계의 상태 집합은 다음과 같이 표현한다.

$$S = \{S_1, S_2, ..., S_n\}$$

상태집합은 반드시 초기 상태 S_I을 포함하지만 정지 상태 S_0은 S에 포함되지 않는다. 기계는 정지 상태에 이르면 동작을 정지한다. 튜링기계는 [그림 5.5]와 같이 구성되며 기계 M은 다음과 같이 정의할 수 있다.

$$M = (S, C, \delta, H)$$

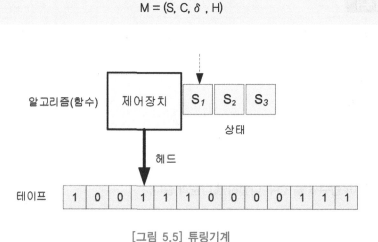

알고리즘(함수)   제어장치 S_1 S_2 S_3

상태

헤드

테이프   1 0 0 1 1 1 0 0 0 0 1 1 1

[그림 5.5] 튜링기계

튜링기계 M을 구성하는 요소들의 내용은 다음과 같다.

S : 내부 상태의 집합
C : 입력과 출력되는 문자
δ : 전이 함수(transfer function)
H : 정지 상태 S_0

이와 같이 동작하는 튜링기계 M의 전이 함수 δ을 다음과 같이 정의한다.

$$\delta : S \times C \rightarrow C \times \{L, R\} \times (S \cup \{S_0\})$$

이 전이 함수는 두 개의 매개변수를 받아서 세 개의 변수를 변환한다. 이 함수에 따르면 튜링기계는 내부 상태 S와 입력 문자 C에 따라서 문자 C를 출력하고, 왼쪽(L) 또는 오른쪽(R)으로 이동하고 상태 S를 변경한다. 집합의 기수(cardinal number)가 n인 기계를 n-상태기계라고 부른다. 정상적인 기계 M은 초기상태 S_1에 있을 때 입력된 테이프의 초기 위치에서 동작을 시작하여 정지 상태 S_0에 이르면 동작을 멈추고 임무를 완수한다.

튜링기계의 이해를 돕기 위하여 예제 5.1을 살펴보기로 한다.

예제 5-1

튜링기계의 정의를 기반으로 구체적인 튜링기계 M1을 다음과 같이 정의한다.

$S = \{S_1\}$
$C = \{0, 1\}$
$\delta \ : S_1 \times (0, 1) \rightarrow (0, 1) \times \{L, R\} \times (S_1, S_0)$
$H = \{S_0\}$

그리고 전이 함수 δ 를 전부 나열하면 다음과 같다.

$\delta \ (S_1, 1) = (S_1, 1, R)$
$\delta \ (S_1, 0) = (S_0, 1, R)$

전이 함수 δ는 초기 상태 S_1에서 1이 입력되면 1을 출력하고 오른쪽으로 이동하며, S_1에서 0이 입력되면 1을 출력하고 오른쪽으로 이동한 후에 기계를 정지하는 프로그램이다. 튜링기계 M_1을 이용하여 전이 함수 δ를 처음부터 종료할 때까지 실행하여 보기로 한다.

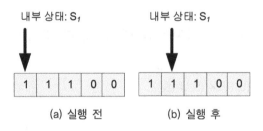

[그림 5.6] 튜링기계 M_1의 첫 번째 동작

[그림 5.6]은 첫 번째 입력 문자가 1이므로 다음의 전이 함수 δ를 처음 실행하기 전과 실행한 후의 상황을 보여준다.

$\delta \ (S_1, 1) = (S_1, 1, R)$

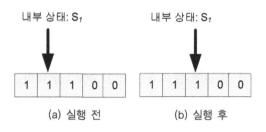

[그림 5.7] 튜링기계 M₁의 두 번째 동작

[그림 5.7]에서 튜링기계는 내부 상태 S_1에서 입력 문자 1을 받아서 1을 출력하고 오른쪽으로 이동하고 내부 상태는 S_1으로 변함이 없다. 테이프에 문자 1이 세 개가 있으므로 전이 함수 δ가 두 번 실행되면 [그림 5.7](b)와 같은 상태가 될 것이다. 다시 전이 함수 δ가 세 번째 실행되면 [그림 5.8]과 같은 상태가 될 것이다.

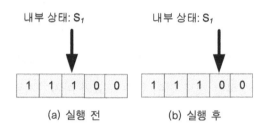

[그림 5.8] 튜링기계 M₁의 세 번째 동작

전이 함수 δ가 네 번째 실행되면 S_1 상태에서 입력 문자 0을 읽게 되고 [그림 5.9]와 같은 종료 상태 S_0가 될 것이다.

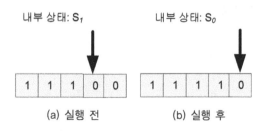

[그림 5.9] 튜링기계 M₁의 네 번째 동작

이상과 같이 튜링기계 M_l의 전이 함수를 실행시킨 결과는 문자 1이 세 개에서 네 개로 바뀌었음을 알 수 있다. 이것은 달리 표현하면 덧셈에서 1을 더하는 계산을 수행한 것과 동일하다. 따라서 이 전이 함수 δ는 어떤 수에 1을 더하는 프로그램이라는 것을 알 수 있다.

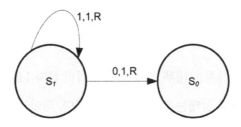

[그림 5.10] 튜링기계 M_l의 전이 함수 도표

[그림 5.10]은 튜링기계 M_l의 전이 함수를 그림으로 나타낸 것이다. 튜링기계에서 어떤 프로그램을 설계한다는 것은 이 그림을 작성하는 것과 같은 의미이다. <표 5.1>은 튜링기계 M_l의 전이 함수를 표로 작성한 것으로 프로그램의 의미는 동일하다. 따라서 전이 함수표를 작성하는 것도 전이 함수 도표와 마찬가지로 튜링기계를 설계하는 작업이다.

튜링기계는 간단한 컴퓨터로 생각할 수 있다. 내부 상태를 유지하는 유한한 기억장치와 전이 함수라는 처리장치를 가지고 매우 긴 테이프라는 보조 기억장치를 가지고 있는 컴퓨터라고 볼 수 있다. 이 컴퓨터가 실행할 수 있는 명령어는 매우 제한되어 있다. 이 컴퓨터는 테이프의 문자를 감지할 수 있고 문자를 다시 쓸 수 있으며 헤드를 움직일 수 있는 일만 할 수 있다.

〈표 5.1〉 튜링기계 M1의 전이 함수표

상태＼입력	0	1	비 고
S_1	1, R, S_0	1, R, S_1	출력, 방향, 다음 상태

튜링기계의 명령어들이 할 수 있는 일은 간단하지만 이 명령어들을 잘 조직해서 전이 함수 δ를 만들면 매우 강력한 능력을 발휘할 수 있다. 이 전이 함수 δ를 프로그램이라고 부른다. 튜링기계는 초기 상태에서 테이프의 자료를 가지고 시작한다. 다음에는

전이 함수 δ에 의하여 일련의 단계들이 실행된다. 전이 함수 δ가 실행되는 동안 테이프의 내용은 여러 번 읽혀지고 바뀔 수 있다. 마침내 모든 처리가 종료되면 튜링기계는 정지 상태에 놓임으로써 완료된다.

〈표 5.2〉 튜링기계와 컴퓨터의 비교

상태＼입력	튜링기계	컴퓨터	비 고
처리기	제어장치	CPU	
주기억장치	내부 상태	RAM	
보조 기억장치	테이프	디스크/테이프/…	
프로그램	전이 함수	C, C++, BASIC	추론 규칙

<표 5.2>는 튜링기계의 이해를 돕기 위하여 컴퓨터와 비교한 것이다. 예제 5.1보다 조금 더 복잡한 튜링기계 M_2를 살펴보기로 한다.

예제 5-2

튜링기계의 정의를 기반으로 구체적인 튜링기계 M2를 다음과 같이 변형하여 정의한다.

$S = \{S1\}$
$C = \{a, b\}$
$K = \{a, b, \square\}$ // $\square$는 공백 문자
$\delta : (S_1) \times (a, b, \square) \rightarrow (a, b, \square) \times \{L, R\} \times (S_1, S_0)$
$H = \{S_0\}$

예제 5.1과 유사하지만 공백 문자 $\square$가 추가되었다. 튜링기계 M_2의 정의에 의하여 자료 입력은 a와 b만 허용되고, 공백 문자 $\square$가 확인되면 전이 함수를 종료한다. 전이 함수 δ를 전부 나열하면 다음과 같다.

$\delta (S_1, a) = (S_1, b, R)$
$\delta (S_1, b) = (S_1, b, R)$
$\delta (S_1, \square) = (S_0, \square, L)$

전이 함수 δ는 초기 상태 S_1에서 a가 입력되면 b를 출력하고 오른쪽으로 이동하며, S_1에서 b가 입력되면 b를 출력하고 오른쪽으로 이동하여 S_1에서 □가 확인되면 □를 출력하고 왼쪽으로 이동한 후에 기계를 정지하는 프로그램이다. 튜링기계 M_2를 이용하여 전이 함수 δ를 처음부터 종료할 때까지 실행하여 보기로 한다.

[그림 5.11]은 첫 번째 입력 문자가 a이므로 다음의 전이 함수 δ를 처음 실행하기 전과 실행한 후의 상황을 보여준다.

$$\delta\,(s1,\ a) = (S_1,\ b,\ R)$$

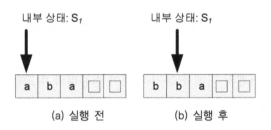

[그림 5.11] 튜링기계 M_2의 첫 번째 동작

튜링기계 M_2의 두 번째 동작에서는 전이 함수 $\delta(S_1,\ b) = (S_0,\ b,\ R)$를 실행하는 과정을 [그림 5.12]에서 보여준다.

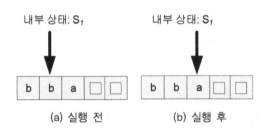

[그림 5.12] 튜링기계 M_2의 두 번째 동작

튜링기계 M_2의 세 번째 동작에서는 전이 함수 $\delta(S_1,\ a) = (S_0,\ b,\ R)$를 실행하는 과정을 [그림 5.13]에서 보여준다.

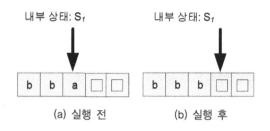

[그림 5.13] 튜링기계 M_3의 세 번째 동작

튜링기계 M_2의 네 번째 동작에서는 전이 함수 $\delta(S_1, \square) = (S_0, \square, L)$를 실행하는 과정을 [그림 5.14]에서 보여준다. [그림 5.14](a)는 세 번째 동작을 마친 상태이다.

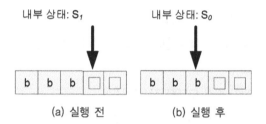

[그림 5.14] 튜링기계 M_2의 네 번째 동작

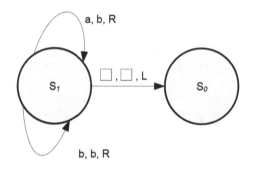

[그림 5.15] 튜링기계 M_2의 전이 함수 도표

〈표 5.3〉 튜링기계 M2의 전이 함수표

상태＼입력	a	b	□
S_1	b, R, S_1	b, R, S_1	□, L, S_0

튜링기계 M_2가 하는 일은 테이프로 입력되는 문자 a와 b 중에서 a는 모두 b로 바꾸는 프로그램임을 알 수 있다. [그림 5.15]는 튜링기계 M_2의 전이 함수 도표이며 <표 5.3>의 전이 함수표와 수학적으로 등가이다.

예제 5-3

이제는 조금 복잡한 튜링기계를 설계해보기로 한다. 입력되는 문자는 0과 1뿐이다. 문자 1의 수가 홀수 개인지 짝수 개인지를 판단하려고 한다. 문자 1이 짝수 개이면 0을 출력하고 홀수 개이면 1을 출력하는 기계를 설계하시오.

이 문제를 해결하기 위하여 다음을 기술하시오.

(1) 튜링기계 M3의 구성 요소들을 정의하시오.

입력 문자는 두 개뿐이다. 내부 상태는 홀수 상태와 짝수 상태 두 개이며, 기계가 정지하는 종료 상태가 있다.

(2) 튜링기계 M3의 전이 함수 도표를 작성하시오.

전이 함수는 1이 입력되면 두 내부 상태를 이동하다가 0이 입력되면 출력으로 홀수나 짝수를 판단하는 출력을 쓰고 종료 상태로 간다.

(3) 튜링기계 M3의 전이 함수표를 작성하시오.

(4) 실제 표본 자료를 입력하면서 함수가 실행되는 과정을 그림으로 작성하면서 설명하시오.

5.3 자기증식 기계

기계가 자기증식을 하면 생물인가 무생물인가? 생물과 무생물의 차이는 무엇일까? 자기증식 기계를 설명하기에 앞서서 생물이 무엇인지 살펴보기로 한다. 우선 생물의 조건을 살펴보자. [표 5.4]와 같은 몇 가지 생명의 조건을 갖추면 생물이라고 한다. 생물의 여러 가지 조건 중에서 번식 여부가 가장 중요한 요소일 것이다.

<표 5.4>의 생명의 조건에도 의문이 남는다. 특히 자기 복제와 생물 관계가 명확하지 않고 모호하다. 예를 들어, 말과 당나귀 사이에서 태어난 노새는 번식을 못하는데 무생물인가? 불은 성장하고 물질대사를 하고 움직이고 번식하고 외부 자극에 잘 반응

하는데 생물인가? 바이러스[11]는 성장은 안하지만 번식하기도 하고 못하기도 하며 반응이 없을 때도 많은데 과연 생물인가? 광우병의 원인이라고 하는 프리온(prion)[12]은 생물인가? 이처럼 생명의 조건에는 아직도 애매한 사항이 많이 남아있다.

기계가 자신과 똑같은 기계를 만들어서 자신이 할 수 있는 일을 수행한다면 어떨까? 그런 기계는 어렵지 않게 만들 수 있다. 그러나 기계가 만든 기계가 다시 자신과 같은 기계를 또 만들 수 있는가? 만들 수 있다면 생물과 같이 번식할 수 있으므로 생물 기계라고 할 수 있을 것이다. 그렇다면 인간이 생명을 창조하는 것이다. 과연 가능한 일인가?

〈표 5.4〉 생명의 조건

순서	내 용	비 고
1	번식	유전 정보 복제
2	물질대사	탄수화물, 단백질 등 필요
3	내·외부적으로 움직인다	운동
4	성장	에너지와 물질 필요
5	외부 자극에 반응	

■ 호드 립슨의 자기증식 기계

미국 코넬대학의 호드 립슨[13]은 2005년 Nature지에 전동 로봇을 발표하였다.[14] 이 로봇은 자신과 똑같은 로봇을 만들어내는 로봇이다. 이 로봇은 스스로 몸을 이리저리 움직여 주위의 부품으로 자신과 동일한 시스템을 지닌 로봇을 조립하여 만들어낸다. 태어난 자식 로봇도 손자 로봇을 만들 수 있으므로 이론적으로 영원히 증식할 수 있다.

---

11 virus: DNA나 RNA로 이루어진 유전물질과 단백질로 구성된 감염체. 크기는 0~1,000 nano-miter.

12 prion: 광우병의 원인 물질. 단백질과 바이러스 입자의 합성어.

13 Hod Lipson(-): 미국 로봇 엔지니어. 코넬대학 Computational Synthesis Lab의 디렉터.

14 Zykov V., Mytilinaios E., Adams B., Lipson H. (2005) "Self-reproducing machines", Nature Vol.435 No.7038, pp.163~164.

이 로봇은 한 변이 10cm인 정육면체의 조합으로 이루어져 있다. 주사위 모양의 각 부품에는 자료 송수신 센서와 전자석이 설치되어 다른 부품과 자유롭게 결합하거나 해체할 수 있다. 이미 자기증식이 가능한 기계는 이론상으로만 있는 것이 아니고 실제로 만들어졌다. 이 로봇은 생물인가 무생물인가? 립슨 박사는 "자기 복제는 기계도 가능하므로 더 이상 생물 고유의 특성이 아니다"라고 말한다. 자기증식이 가능한 기계는 생물인가?

뇌과학에서도 생물과 무생물의 경계를 구별해야할 경우가 있다. 생명체의 자연 지능과 컴퓨터의 인공지능을 구별할 때 유사한 문제점에 부닥칠 것이다. 앞으로는 과학이 더욱 발전하여 인공지능 로봇이 개발될 것이다. 친구에게 인공지능 로봇을 소개했다고 가정하자. 그 친구가 죽을 때까지 로봇이라는 사실을 몰랐다고 하면, 그 로봇은 의식을 가졌다고 할 수 있는 것일까?

5.3.1 생물의 번식과 DNA

생물이 번식하기 위해서는 부모의 유전 정보를 자식에게 전달해주어야 한다. 생물의 몸에 있는 모든 체세포[15]들의 핵에는 그 생물의 모든 유전 정보를 갖고 있는 유전자(遺傳子, gene)가 있다. 따라서 체세포 하나만 있으면 자신과 동일한 생물을 복제(번식)할 수 있다. 유전자는 DNA(Deoxyribonucleic acid)로 구성되어 있다. DNA는 세포의 핵 안에 포함되어 있는 유전자를 구성하는 물질이다. DNA는 나선구조를 이루는 뼈대와 염기로 구성되어 있다.

DNA는 염기가 배열된 방식이 다르면 다른 유전자를 나타내므로 다른 유전 정보를 가진다. 이것은 컴퓨터에서 0과 1로 구성되는 자료의 배열 방식에 따라서 정보 내용이 달라지는 것과 같다. DNA가 하드디스크라면 유전자는 하드디스크에 저장된 유전 정보이다. 생물이 번식하려면 자식의 몸체를 만들 때 자신의 유전자를 복제하여 자식의 몸 안에 넣어주어야 한다.

DNA는 다음과 같이 두 가지 기능을 수행한다(<표 5.5> 참조).

---

15 體細胞(somatic cell): 생식세포를 제외한 동·식물을 구성하는 모든 세포.

① 자신의 유전자를 저장하며 번식할 때 자식에게 유전 정보를 전달하기 위해서 복제한다.

② 단백질을 합성하기 위하여 DNA를 RNA에 복제하는 전사 기능과 RNA[16]를 단백질로 바꾸는 번역 기능을 수행한다.

기계가 자기증식을 하려면 생명체에서 DNA가 수행하는 것과 동일한 두 가지 역할이 필요하다. 자기증식 기계가 되려면 부모 기계가 자식 기계에게 자신의 기계 설계도(유전정보)를 복제해 주어야 하며, 기계가 만드는 제품을 생산할 수 있어야 한다(세포가 단백질을 만드는 일).

〈표 5.5〉 DNA의 기능

순서	내용		비고
1	유전자 저장과 복제		DNA는 자신의 유전 정보를 저장하고 번식할 때 복제
2	단백질 합성	전사	단백질을 합성하기 위하여 DNA를 RNA에 복제
		번역	RNA를 단백질로 바꾸는 번역

체세포 분열은 1개의 세포가 2개의 세포로 갈라져서 세포의 수가 불어나는 생명현상을 말한다. 체세포가 분열하여 두 개가 되면 두 세포는 동일한 기능을 하는 세포가 된다. 분열하는 과정은 [그림 5.16]과 같이 크게 4단계를 거쳐서 다음과 같이 진행된다.

① **염색체 복제** : 각 염색체들이 복제되어 두 개의 염색체로 증가한다. 두 염색체들은 옆에 붙어있는 형태이다.

② **방추체 형성** : 세포의 중심체가 두 개로 분리되어 양극으로 이동하여 방추체를 형성한다. 증식된 염색체들은 적도면에 배열한다.

③ **염색체 분리** : 각 염색체들이 복제된 쌍둥이 염색체로부터 떨어져 나오게 된다. 분리된 염색체들이 점점 방추체의 양극으로 이동한다.

④ **세포 분리** : 세포가 양극을 중심으로 두 개로 분열되면서 염색체도 같이 분리된다.

---

16 Ribonucleic acid: 핵산의 한 종류로서 DNA의 일부가 전사되어 생성. 단백질을 합성하는 과정에 작용하며, 일부 바이러스는 DNA 대신에 RNA를 유전물질로 사용됨.

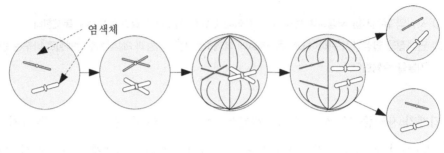

1) 염색체 복제   2) 방추체 형성   3) 염색체 분리   4) 세포 분리

[그림 5.16] 체세포 분열

체세포가 분열하는 것은 기계가 자기 증식하는 것과 같은 목적으로 이해할 수 있다. 염색체(染色體, chromosome)는 유전물질인 DNA를 담고 있는 막대 모양의 구조물로서 세포 분열 시에 염색사[17]가 응축되어 핵 속에서 형성된다. 따라서 자기증식 기계도 세포분열의 원리를 이용할 수 있을 것으로 예상한다. 실제로 폰 노이만은 자기증식 기계를 위하여 DNA의 복제원리와 유사한 아이디어를 제시하였다.

5.3.2 폰 노이만의 자기증식 기계

생물처럼 자신과 동일한 기계를 만들려고 하는 노력은 튜링의 자동기계 이론에서 출발하였다. 폰 노이만은 튜링기계에서 영감을 얻어서 생물과 같이 자식 기계를 낳는 부모 기계를 설계할 수 있다고 주장하였다. 폰 노이만은 튜링과 다른 각도에서 자동기계 이론에 접근하였다. 튜링이 출력을 내기 위해서 자동기계가 입력을 처리하는 방식에 중점을 두었다면, 폰 노이만은 정보가 자동기계의 구조가 변화하도록 제어하는 방식에 중점을 두었다.

폰 노이만의 보편 기계 M에는 [그림 5.17]과 같이 제품을 제작하는 모듈 A와 기계 M을 만드는 모듈 B와 기계 M을 만들 수 있는 설계도 I_M으로 구성된다. 보편 기계 M의 모듈 B는 기계를 구성하는 기계 재료들과 기계 M에 대한 설계도(기술, description)인

---

17 염색사(染色絲, chromonema): DNA 등의 유전물질로 구성됨. 많은 DNA를 작은 핵 속에 넣기 위하여 응축해야 함. 세포 안의 DNA를 길이로 연결하면 2m가 되는데 이것을 핵 속에 넣기 위해서는 응축이 필요함.

I_M을 이용하여 자신과 동일한 기계 M'을 만들 수 있다. 보편 기계 M이 제품을 구성하는 제품 재료들을 받아서 제품을 만들 듯이 자식 기계 M'도 제품 재료만 있으면 제품을 만들 수 있다. 그러나 자식 기계 M'은 자신과 동일한 자식 기계 M"를 만들 수 없다. 그 이유는 자신에 대한 설계도인 I_M이 없기 때문이다. 이것은 생물의 세포가 분리되면 두 개의 딸세포가 생성되는데, 그 중의 한 개는 유전정보가 없을 수 있으므로 증식능력이 없는 것과 마찬가지 경우이다.

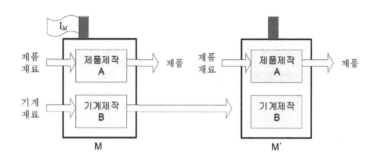

[그림 5.17] 보편 기계

폰 노이만은 자식 기계를 생성하기 위하여 자신에 대한 설계도인 I_M을 복제하는 모듈 C와 설계도를 이식하는 모듈 D를 추가하였다. [그림 5.18]과 같이 모듈 C는 기계 M에 대한 설계도인 I_M을 복제하는 일을 한다. 모듈 D는 모듈 C가 복제해준 설계도인 I_M을 자식 기계 M'에 이식하는 일을 수행한다. 모듈 D는 모듈 (A+B+C+D)로 구성된 기계 M으로부터 새로 만든 M'을 떼어내어 독립시키는 기능도 수행한다.

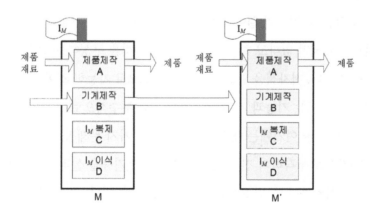

[그림 5.18] 폰 노이만의 자기증식 기계

폰 노이만이 1947년에 자기증식 기계의 모델을 발표했는데 1953년에 발표된 DNA 구조와 기능이 거의 유사하다는 점이 놀랍다. 폰 노이만은 기계가 증식되기 위해서는 기계의 기술 안에 포함된 정보는 다음과 같이 두 가지 방식으로 사용되어야 한다고 주장하였다.

① 자식 기계를 만들 때 설계도로 사용한다.
② 자식 기계에게 복제 기능을 제공하기 위한 설계도로 사용한다.

이후에 발전된 분자생물학에서는 DNA의 구조와 기능을 연구하여 폰 노이만의 상상력이 정확하게 적용되었음을 밝히게 된다.

5.3.3 공작 기계 실례

사람들은 인간을 닮은 기계를 만들려고 꿈꾸어왔다. 사람처럼 일하면서 불평이 없고 문제가 발생하면 알아서 해결하는 기계가 필요했다. 옛날에는 전쟁에서 승리하면 적국의 국민들을 노예로 부려먹었다. 노예는 힘든 일을 해주는 일종의 기계였지만 이제는 존재하지 않는다. 사람들은 인간을 닮은 기계를 넘어서 생물처럼 번식을 하며 진화하는 기계를 만들려고 한다. 기계가 사람처럼 번식하고 진화한다면 그 기계는 무생물인가 생물인가? 생물이라면 인간이 생물을 만들 수 있다는 말인가?

사람들이 원하는 기계는 기계를 만드는 기계이다. 특정한 일을 하는 기계가 자신과 같은 기계를 만들 수 있다면 얼마나 좋은가? 이런 기계를 자기증식 기계라고 한다. 전자석을 만드는 기계가 있다고 하자. 그 기계는 전자석을 구성하는 전기 재료들을 모아서 전자석을 만든다. 전자석을 만드는 기능이 있으므로 가능한 것이다. 이 기계는 자신과 같은 기계를 만드는 기능과 기계 재료들을 주면 부수적으로 자신과 같은 기계를 만들 것이 아닌가? 물론 여기에는 해결해야 하는 여러 가지 문제점들이 있다.

자기증식 기계를 생각하기 전에 일반적인 기계의 기능을 살펴보기로 한다. 공작 기계들을 일반화시켜보면 [그림 5.19]와 같이 구성할 수 있다. 공작 기계에게 재료를 공급하고 특정 제품을 만들 수 있는 제품 설계도를 제공하면 특정한 제품을 만들 수 있다. 다른 제품을 만들고 싶으면 설계실에서 다른 제품 설계도를 제공하면 될 것이다.

CAD/CAM에서 CAD(computer aided design)란 특정 제품의 설계 도면을 작성하는 컴퓨터 프로그램이다. CAD가 작성한 제품 설계도를 (종이테이프로) 출력하여 공작기계에 입력하면 CAM(computer aided manufacturing)이 제품 설계도대로 제품을 만든다.

 선박을 만드는 조선소에서는 수없이 많은 철판들을 용접하여 작은 블록을 만들고, 작은 블록들을 또 용접하여 큰 블록을 만드는 방식으로 큰 선박들을 만든다. 선박 설계실에서는 작은 블록을 만들기 위해 필요한 철판 조각들을 CAD 프로그램을 이용하여 설계한다. CAD로 작성한 설계도면들을 종이테이프(또는 CD)로 출력하여 작업장으로 보낸다. 작업장에는 철판 위에 있는 CNC 가스 절단기[18]에 종이테이프를 입력하고 절단기를 가동시키면 절단기가 철판 위로 이동하면서 설계도대로 도면을 그린 후에 철판을 절단한다. 철판 위에 그린 도면대로 철판들을 용접하면 작은 블록이 만들어지고 계속 블록들을 연결하면 선박이 완성된다.

 [그림 5.19]에서 공작 기계와 조선소의 철판 절단기를 비교하면, 입력되는 설계도는 CAD에서 출력된 종이 테이프이고 재료는 큰 철판이고 제품은 절단된 철판 조각이다. 공작 기계 안의 제작 기능이란 철판 위로 절단기를 이동시키는 이동장치, 불을 뿜으며 철판을 자르는 용접기, 종이테이프의 내용을 읽고 절단기를 이동시키는 제어장치 등으로 구성된다.

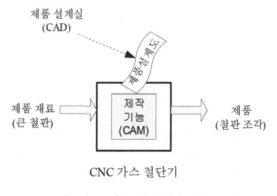

CNC 가스 절단기

[그림 5.19] 공작 기계의 실례

---

18 CNC(computer numerical control, 컴퓨터 수치제어) 가스 절단기: 컴퓨터를 이용하여 설계한 설계 도면대로 철판을 절단하는 공작기계. 철판을 절단하는 도구는 가스를 태워서 얻은 고열을 이용한다. 선박, 철제 교량 등의 제작에 활용.

[그림 5.20]과 같은 공작기계를 자기증식 기계로 만들려고 한다면 어떻게 바꾸어야 할까? 자기증식 기계가 되려면 제품을 제작하는 기능 외에 자신과 같은 기계를 제작하는 기계제작 기능이 추가되어야 한다. 기계제작 기능이 추가되고 기계를 제작하려면 기계설계도가 제공되어야 한다. 기계 설계도는 변경되지 않는 것이므로 외부에서 공급되는 것이 아니라 내장되어야 한다. 이런 기능들을 다 갖춘 자기증식 기계로 만든 것이 [그림 5.21](a)의 부모 기계이고 이 원본 기계가 만든 기계가 [그림 5.21](b)의 복제된 자식 기계이다.

[그림 5.20](b)의 자식 기계는 제품 제작 기능이 있으므로 재료와 함께 제품 설계도가 주어지면 제품을 제작할 수 있다. 그러면 자식 기계는 자신과 똑같은 기계를 또 만들 수 있을 것인가? 자식 기계는 재료가 주어져도 기계설계도가 없으므로 새로운 기계를 만들지는 못한다. 따라서 부모 기계는 완전한 자기증식을 한 것으로 볼 수 없다. 부모 기계에서 복제 기계를 만들 때 기계 설계도를 복제하는 기능이 있어야 하고, 그 기능으로 기계 설계도를 복제해주어야 한다. 이런 기능을 다 갖춘 기계가 [그림 5.21]의 기계이다.

[그림 5.21](a)의 원본 기계 M은 기계 제작 모듈 B가 동작하여 복제 기계 M'을 만들고(1), 설계도 복제 모듈 C가 동작하여 기계 설계도를 복제하고(2), 설계도 이주 모듈 D는 복제된 설계도를 새로운 기계 M'에 이주시킨다(3). [그림 5.21](b)의 복제된 기계 M'은 제품 재료와 제품 설계도만 주어지면 제품제작 모듈 A가 제품을 만들 수 있고,

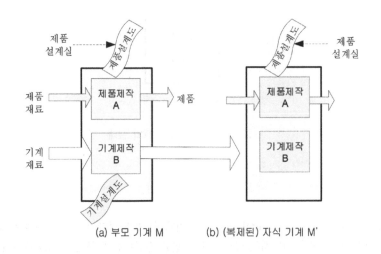

(a) 부모 기계 M   (b) (복제된) 자식 기계 M'

[그림 5.20] 공작 기계 제작

기계 재료만 주어지면 기계제작 모듈 B가 새로운 기계를 제작할 수 있으며, 복제 모듈 C가 자신의 기계 설계도를 복제해 줄 수 있고, 이식 모듈 D가 복제된 기계 설계도를 새로운 기계에 이식해줄 수 있으므로 자기증식 기계라고 할 수 있다.

[그림 5.20]에서 기계 설계도가 내장되어 있는 것은 생물의 세포 핵 안에 유전정보인 DNA가 내장되어 있는 것과 같은 원리이다. 생물이 번식할 때는 유전정보를 기반으로 자식을 출생시키고, 유전정보를 복제하여 자식에게 넘겨주는 것과 같은 이치라고 할 수 있다. 폰 노이만이 주장한 것처럼 기계 설계도는 한 번은 자식 기계를 만들 때 설계도로 사용하고, 또 한 번은 자식 기계에게 기계 설계도를 넘겨주기 위하여 복제 용도로 사용된다.

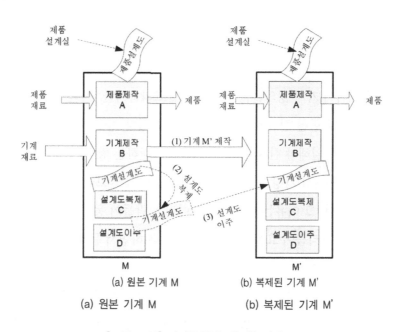

(a) 원본 기계 M   (b) 복제된 기계 M'

[그림 5.21] 자기증식이 가능한 기계

5.3 알고리즘

알고리즘(algorithm)은 컴퓨터의 중점 연구 분야이다. 알고리즘의 어원은 서기 825년대의 아랍의 수학자 알고리즈미(Mohammed ibn Musa Al-Khowarizmi)의 이름에서 유래되었다. 고대 인도에서 발달한 수학이 아랍으로 들어와서 필산(筆算)이라는 이름으로 계속 발전하였다. 대수학[19]을 Algebra[20]라고 부르는 것도 알고리즘이 저술한 책에서 유래되었다. 알고리즘은 역사적으로 수학에서 발전하였으며, 컴퓨터 과학에서 주로 다루고 있으므로 두 학문에서 정의하는 것도 유사하다.

수학 용어로 알고리즘은 다음과 같다.

> ① 잘 정의되고 명확한 규칙들의 집합이다.
> ② 문제를 해결하기 위하여 실행하는 유한한 단계의 처리절차이다.

컴퓨터 용어로 알고리즘은 다음과 같다.

> ① 컴퓨터가 문제를 해결하기 위하여 실행하는 명령어들의 집합이다.
> ② 컴퓨터가 문제를 해결하기 위하여 실행하는 유한한 단계의 처리절차이다.

이상과 같은 여러 가지 정의들을 정리하면 알고리즘이란 '어떤 문제를 해결하기 위한 여러 동작들의 유한한 집합'이라고 일반화할 수 있다. 동일한 문제를 해결하는 알고리즘들은 결과도 동일해야 한다. 그러나 문제를 해결하는 방법은 여러 가지가 있을 수 있으므로 알고리즘에서 가장 중요한 것은 효율성이다. 알고리즘에서 두 번째로 중요한 것은 명확성이다. 그 이유는 알고리즘은 여러 사람들이 동일하게 이해할 수 있어야 하기 때문이다. 알고리즘이 효율성과 명확성을 유지하면서 문제를 해결하기 위해서는 <표 5.6>과 같이 여러 가지 조건이 필요하다.

알고리즘의 조건을 살펴보기로 한다. 외부 입력이 0개 이상이라는 것은 내부에 있는 자료로 알고리즘을 실행시킬 수 있는 것을 의미한다. 출력이 1개 이상 있어야 하는 것은 알고리즘의 목적이 있어야 하는 것을 의미한다. 알고리즘의 명확성을 유지하려는 것은 오류를 예방하는 것이며, 이를 위해서 다양한 순서도(flow chart), 의사 코드(pseudo-code), HIPO[21], 나시-슈나이더만 차트[22], UML[23] 등의 도구를 사용하고 있다.

---

19 대수학(代數學, algebra): 숫자 대신 문자를 써서 문제 해결을 쉽게 하는 학문. 방정식을 푸는 것으로 출발하였으나 지금은 수학의 모든 기초 분야임.

20 Algebra: "Hisab al-jabr w'al-muqabalah"에서 기원.

21 HIPO(계층적 입·출력 기법, hierarchical input, process, output): 입력과 출력 사이에 시스템의

유한성은 알고리즘이 무한 루프에 빠지지 않고 종료되어야 함을 의미한다. 효과성은 간단하고 쉽게 연필로 종이에 명령을 기술할 수 있는 것을 의미한다.

〈표 5.6〉 알고리즘의 조건

구분	내역	비고
입력	외부에서 제공되는 자료가 0개 이상	내부 자료로 실행 가능
출력	최소 1개 이상의 결과	알고리즘의 목적
명확성	각 처리 단계가 명확해야	오류 예방, 기술 도구 필요
유한성	명령들은 유한한 수만큼 실행	종료 기능
효과성	모든 명령들은 수행 가능해야	쉽고 간단하고 기본적이어야

알고리즘의 효율성을 평가하는 방법을 살펴보기로 한다. 컴퓨터에서 사용되는 효율성의 기준은 시간과 공간의 두 가지이며 서로 절충효과를 가지고 있다. 시간은 알고리즘 수행에 소요되는 시간을 의미하고, 공간은 알고리즘 수행에 소요되는 기억장치의 크기이다. 알고리즘의 평가 인수는 자료의 수 n이다. 알고리즘의 효율은 알고리즘의 복잡도(complexity)로 표기한다. 복잡도의 표기 방법은 <표 5.7>과 같이 O(n)으로 표현한다. 컴퓨터 프로그램에서 사용되는 알고리즘들을 효율 측면에서 분류하면 [표 5.7]과 같다.

- O(1) 알고리즘 : 자료의 크기에 관계없이 실행 속도가 일정한 것이 특징이다. 예를 들어 해싱(hashing) 알고리즘은 자료의 킷값을 알면 킷값을 이용하여 자료가 위치한 기억장치의 위치를 계산할 수 있기 때문에 한두 번 접근하면 원하는 자료를 찾을 수 있다.
- O(log n) 알고리즘 : 큰 문제를 작은 문제들로 나누어 처리하는 방식이다. 예를 들어 트리가 있다면 원하는 자식 노드를 찾아갈 때 한번 노드를 접근할 때마다 탐색 대상

기능적인 자료의 흐름을 표현하는 기법.

22 Nassi-Shneiderman chart: HIPO 같이 그림 형태로 알고리즘을 표현하는 기법.

23 UML(Unified Modeling Language): 객체지향 분석/설계용 모델링 언어. 1997년 OMG에서 표준 채택.

노드 수가 현저하게 감소하는 이진 탐색(binary search) 알고리즘과 같은 경우이다.

- O(n) 알고리즘 : 자료를 처음부터 끝까지 차례대로 접근하여 처리하는 방식이므로 자료의 수만큼 접근해야 한다. 급여를 계산하기 위해서 직원들의 급여 파일을 처음부터 읽는 알고리즘이 여기에 해당한다.

〈표 5.7〉 알고리즘의 효율 분석

종 류	내 역	비 고(실례)
O(1)	자료의 수에 관계없이 자료를 접근하는 유형	해싱
O(log n)	큰 문제를 작은 문제로 나누어 처리하는 유형	이진 탐색
O(n)	자료를 선형으로 처리하는 유형	선형 탐색
O(n log n)	큰 문제를 작은 문제로 나누어 처리하고 다시 모으는 유형	쉘 정렬
O(n_2)	이중 루프(loop) 안에서 자료를 처리하는 유형	버블 정렬
O(n_3)	삼중 루프(loop) 안에서 자료를 처리하는 유형	3 way join

- O(n log n) 알고리즘 : O(log n) 알고리즘과 같이 큰 문제를 작은 문제로 나누어 처리하고 다시 이들을 모아서 처리하는 방법이다. 두 번 처리하는 경우이기 때문에 n과 (log n)을 곱해주어야 한다. 쉘 정렬(shell sort)과 같이 자료를 최소 단위로 정렬하여 나눈 다음에 하나로 모으는 알고리즘이 여기에 해당한다.
- O(n^2) 알고리즘 : 루프 안에서 다른 루프를 실행하면서 자료를 처리하는 방법이다. 버블 정렬과 같이 한 번의 루프에서 하나의 자료를 정위치 시키는 알고리즘은 자료의 수만큼 이중 루프를 실행해야 한다. n 값이 커지면 효율이 매우 나빠지지만 n 값이 작으면 n2가 (n log n)보다 작을 수 있다.
- O(n^3) 알고리즘 : 삼중 루프 안에서 자료를 처리하는 방법이다. 삼원-조인(three-way join) 알고리즘[24]이 여기에 해당한다.
- O(n^k) 알고리즘 : k가 상수일 때 앞에서의 모든 알고리즘을 포함하여 다항식 시간(polynomial time) 알고리즘이라고 한다. 다항식 시간 알고리즘이란 처리 시간이

---

24 three way-join 알고리즘: 세 개의 파일을 모두 읽어서 모든 자료들을 다른 파일의 모든 자료들과 비교하는 알고리즘.

아주 크지 않기 때문에 쉬운 문제에 속한다고 한다. 다항식 시간 알고리즘이 아직 만들어지지 않았거나 그런 알고리즘이 존재한다고 증명되지도 않은 문제를 NP-완전문제[25]라고 한다.

〈표 5.8〉 알고리즘의 평가 기준

종류	내역	비고
정확성	입력에 대하여 유한 시간 안에 올바른 결과 생산 여부	
처리시간	중요한 연산만으로 작업 시간을 측정 중요한 연산이 여러 개면 합계를 계산하거나 가중치 사용	
소요 공간	사용되는 기억장치의 소요량	
최적성	더 좋은 연산을 수행하는 알고리즘의 존재 여부	

알고리즘의 평가 기준을 [표 5.8]과 같이 살펴보기로 한다. 정확성은 정확한 입력에 대하여 제한된 시간 안에 정확한 결과를 산출했는지에 대한 평가이다. 처리 시간은 전체 알고리즘에서 수행되는 가장 중요한 연산들만으로 처리 시간을 측정한다. 중요한 연산이 여러 개라면 각각의 중요 연산들의 합을 구하거나, 중요 연산들의 가중치를 두어 계산한다. 소요 공간은 알고리즘을 실행하는데 소요되는 기억장치의 크기를 의미한다. 상대적으로 하드웨어의 값이 하락하면서 중요성이 감소하고 있다. 최적성은 제공된 알고리즘보다 중요한 연산을 더 적게 수행하는 알고리즘이 존재하는지에 관한 것이다.

〈표 5.9〉 알고리즘의 처리절차

종류	내역	비고
설계	특정 문제를 해결하는 알고리즘 고안	설계 도구
검증	적합한 입력에 대하여 올바른 결과 산출 여부 판단	
분석	알고리즘 실행에 필요한 시간과 소요 공간 결정	처리율, 응답시간 기억장치 종류
시험	오류 확인과 제거, 성능 분석	시험 자료 작성

---

25 NP-complete problem: NP-완전문제의 실례에는 영업사원 문제(salesman's problem), 배낭 문제(knapsack problem) 등이 있다.

알고리즘의 처리절차를 <표 5.9>와 같이 살펴보기로 한다. 알고리즘 설계는 특정한 문제를 해결할 수 있는 처리절차를 고안하는 것이다. 알고리즘의 검증은 적합한 입력에 대하여 올바른 결과를 산출하는지에 관한 것과 부적합한 입력에 대하여 효과적으로 대응하는지에 관한 것을 판단한다. 분석은 알고리즘의 성능을 시간과 공간을 기준으로 평가한다. 시험은 오류를 확인하고 제거할 수 있도록 시행하며 성능을 분석하는 과정이다.

알고리즘을 설계할 때는 의사 코드, HIPO, UML 등의 여러 가지 설계 도구 중에서 응용분야에 가장 적합한 도구를 선택하여 사용할 수 있다. 알고리즘을 검증하는 것은 일차적으로 설계자가 수행하지만 확인은 다른 사람이 수행하는 것이 바람직하다. 알고리즘을 분석할 때 사용하는 시간은 처리율(throughput)과 응답시간(response time)을 포함하고 소요 공간은 기억장치의 종류를 결정해야 한다. 시험할 때 사용하는 자료는 설계자보다 제3자가 작성하여 수행하는 것이 바람직하다.

5.4.1 유크리드 알고리즘

2개의 자연수에서 최대공약수를 구하는 유클리드 호제법 알고리즘(互除法, Euclidean algorithm)을 살펴보기로 한다. 이 알고리즘을 통하여 알고리즘을 기술하는 방법과 효율성을 평가하는 방법을 살펴보기로 한다.

■ 최대공약수 문제 정의

2개의 자연수가 있을 때 두 개의 수를 모두 나눌 수 있는 수들 중에서 가장 큰 수를 최대공약수라고 한다. 두 개의 자연수에서 최대공약수를 구하는 알고리즘을 작성하시오.

■ 호제법의 내용

두 개의 자연수 A, B에서 A를 B로 나눈 나머지를 R이라고 하면, A와 B의 최대공약수는 B와 R의 최대공약수와 같다. B를 R로 나눈 나머지 R'을 구하고 다시 R을 R'으로 나눈 나머지를 구하는 과정을 반복하여 나머지가 0이 되었을 때 나누는 수가 A와 B의 최대공약수이다.

■ 호제법 알고리즘 기술

호제법의 내용을 단계적으로 명확하게 기술하면 [그림 5.22]와 같은 알고리즘이 된다.

1단계 : 두 개의 수 A와 B를 입력한다(A 〉 B).
2단계 : B가 0이라면 알고리즘 종료
3단계 : A를 B로 나누고 나머지 R을 구한다.
4단계 : 나머지 R이 0이면 B를 출력하고 종료한다.
5단계 : 나머지 R이 0보다 크면 A를 B값으로 바꾸고 B를 R값으로 바꾸고 3단계로 간다.

[그림 5.22] 호제법 알고리즘

이 알고리즘은 기원전 300년경에 작성된 유클리드 원론으로, 명시적으로 기술된 가장 오래된 알고리즘이다. 이 알고리즘이 정확한지 검증하기 위하여 실제 자료를 이 알고리즘에 입력하여 확인해보기로 한다.

■ 문제 검증 : 1,071과 1,029의 최대공약수를 구하라.

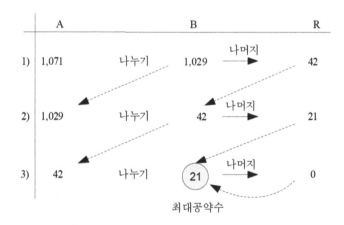

[그림 5.23] 호제법 알고리즘의 절차도

[그림 5.23]에서 1,071을 A에 1,029를 B에 놓고 A를 B로 나누면 나머지는 42가 되어 R에 넣는다. 다시 1,029를 A에 넣고 나머지 42를 B에 넣고 A를 B로 나누면 나머지는 21이 되어 R에 넣는다. 다시 42를 A에 넣고 21을 B에 넣고 A를 B로 나누면 나머지는 0이 되어 R에 넣는다. 그러면 R이 0이므로 B에 있는 21이 최대공약수가 된다.

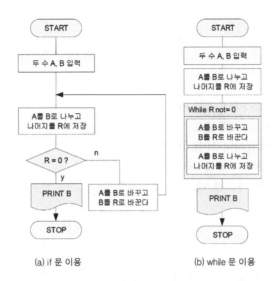

(a) if 문 이용   (b) while 문 이용

[그림 5.24] 호제법 알고리즘의 순서도

호제법 실행절차를 순서도로 작성한 알고리즘이 [그림 5.24]이다. 이 순서도의 두 알고리즘은 동일한 결과를 산출한다. R = A mod B는 A를 B로 나눈 나머지 값을 R에 넣는 내장 명령이다. 어떤 컴퓨터 프로그램이든지 이 두 알고리즘을 이용하여 작성할 수 있고 결과도 동일하다.

5.4.2 알고리즘 실례

간단한 두 개의 논리 문제를 살펴보고 알고리즘의 효과를 검토하기로 한다.

```
Procedure GCD(A, B)  // 최대공약수 알고리즘
// A: dividend,  B: divisor
begin
  read A, B
  R = A mod B   // R: 나머지
mod_label:
  if R = 0 then ;
  else
  begin
    move B to A
    move R to B
    goto mod_label
  end // if end
  print B // 최대공약수 인쇄
end // proc end
```

```
     GCD(A, B)  // 최대공약수 알고리즘
// A: dividend,  B: divisor

  read A, B
  R = A     B   // R: 나머지
       R not= 0  //

       B to A
       R to B
  R = A     B
  // while end
       B  // 최대공약수 인쇄
// proc end
```

(a) if 문 이용 알고리즘   (b) while 문 이용 알고리즘

[그림 5.25] 호제법 알고리즘의 의사코드

(1) 자동판매기

자판기 대신에 사람이 음료수를 판다고 하면 음료수 장수는 자판기를 구매할 필요가 없다. 그 대신 음료수 장수가 돈을 받고 음료수를 제공하고 잔돈을 거슬러 주어야한다. 음료수 장수가 하는 일을 단계적으로 명확하게 기술한 것이 자판기 알고리즘이다. 음료수 장수가 하는 일을 명확하게 기술할 수 있다면 기계가 그 일을 처리할 수 있다는 의미이다.

■ 자동판매기 문제

자판기 알고리즘을 작성하시오. 입력되는 동전은 100원, 500원이고, 지폐는 1,000원짜리가 있다. 상품의 종류는 4가지이고, 상품 가격은 다 700원으로 동일하다.

튜링기계의 상태천이도를 작성하고, 처리 절차를 설명하고, 알고리즘을 기술하시오.

(2) 엘리베이터

사람들이 엘리베이터를 타고 다니려면 엘리베이터에 알고리즘이 설치되어 수행되어야 한다. 그 알고리즘이 부실하면 엘리베이터가 비효율적으로 운행하거나 고장 나기 쉽다. 엘리베이터 알고리즘이 예상 했던 대로 버튼이 눌러지면 엘리베이터는 잘 동작하지만 예상치 않게 눌러지면 엘리베이터는 오동작을 할 수 있다. 알고리즘을 잘 작성했다면 잘못 버튼을 누르더라도 예외적으로 처리하여 오동작을 막을 수 있다.

■ 엘리베이터 문제

엘리베이터 알고리즘을 작성하시오. 건물은 1층에서 5층까지 이고, 중량이 500kg을 넘으면 부저 소리로 경고를 내보낸다. 엘리베이터가 올라가기 시작하면 버튼이 눌려진 가장 높은 층까지 가야만 내려오기 시작한다. 엘리베이터가 내려가기 시작하면 버튼이 눌려진 가장 낮은 층까지 가야만 올라가기 시작한다.

튜링기계의 상태천이도를 작성하고, 처리 절차를 설명하고, 알고리즘을 기술하시오.

■ 알고리즘을 설계하는 아마추어와 전문가와의 차이점

아마추어가 작성한 알고리즘은 예외처리가 부실하기 쉽다. 전문가 알고리즘에는 예외처리가 철저히 준비된다.

5.4.3 알고리즘과 기계의 미래

1930년대에 컴퓨터와 알고리즘이 연구되기 시작하여 많은 발전을 이루었지만 컴퓨터 구조와 알고리즘의 원리는 변함이 없다. 지금가지 사람들은 컴퓨터가 엄청난 발전을 이루었으므로 머지않아 인간과 같은 컴퓨터가 탄생할 것이라고 믿고 있다. 컴퓨터를 만드는 소재와 알고리즘이 발전한 것만큼 생각하는 기계에 관한 기술이 발전된 것 같지 않다. 무엇인가 근본적이고 새로운 돌파구가 필요한 시기라고 본다.

(1) 알고리즘과 기계

1930년대에 튜링, 괴델, 처치 등에 의하여 알고리즘에 대한 연구가 시작되었다. 수학자들은 알고리즘이 어떻게 기계에서 가능한지를 연구하고, 간단한 알고리즘과 효율적인 알고리즘에 대한 연구를 시작하였다. 알고리즘에 대한 연구가 확립되어 컴퓨터 과학을 탄생시켰다. 컴퓨터 과학이란 알고리즘을 연구하는 학문이다. 미국에서는 1960년대 중반부터 컴퓨터 과학으로 박사학위를 받기 시작하였다.

간단한 계산을 수행하는 튜링기계를 설계할 수 있다면 복잡한 알고리즘을 설계하는 것이 가능하며, 복잡한 기계를 만드는 것도 가능하다. 어떤 일을 하는 알고리즘을 만들 수 있다는 것은 그 문제를 확실하게 해결할 수 있는 처리 방법이 있다는 의미이다. 그 문제의 해결 방법이 있다면 누구나 그 알고리즘을 따라서 객관적으로 일을 할 수 있다. 그것은 바로 기계적으로 작업을 할 수 있다는 의미이고, 기계적으로 작업을 할 수 있다는 것은 기계가 수행할 수 있는 작업을 의미한다. 따라서 알고리즘이 있다면 그 일은 튜링기계로 처리할 수 있음을 의미한다.

(2) 생각하는 기계

컴퓨터 과학이 생각하는 컴퓨터를 만들려고 노력한지 반세기가 훨씬 넘었지만 별다른 성과가 보이지 않는 이유는 무엇인가? 튜링이 튜링기계를 발표한 이후에 수없이 많은 컴퓨터들이 개발되어 출현하고 있지만 튜링 모델과 폰 노이만 모델을 벗어나지 못하고 있다. 인공지능이 출범하면서 과학자들은 컴퓨터의 처리능력과 기억능력이 대폭 향상되면 사람과 같이 생각하고 행동하는 컴퓨터가 출현할 것을 믿어 의심치 않았다. 많은 문학가들이 생각하는 컴퓨터를 소재로 기계가 사람을 위협하는 공상과학 소설을 발표하고 인류의 미래를 우려하였다. 그때는 그 정도로 생각하는 컴퓨터가 발전할 것이라고 예상하였다.

다이너마이트와 원자력이 인류를 위험에 빠뜨릴 것이라는 경고가 계속 있었고 국제적으로 대비하고 있는데 이제는 컴퓨터가 인간을 위험에 빠뜨린다는 경고가 화제가 되었다. 그러나 아직 그런 일은 발생하지 않았고 가까운 장래에도 그럴 것 같지 않다. 그 이유는 생각하는 컴퓨터가 하려는 일은 인간의 두뇌가 하는 일을 하려는 것이지만, 컴퓨터와 인간의 두뇌는 너무 다르기 때문이다. 이것은 기존의 컴퓨터 개발 방식이 근본적으로 잘못되었음을 의미한다.

인공지능은 지능이 무엇인지 제대로 알고 있지 못하기 때문에 근본적인 문제가 있다. 인공지능은 인간의 지능과 전혀 다른 방향으로 가고 있다. 그 대표적인 실례가 튜링 테스트이다. 인간과 같은 컴퓨터를 만들기 위해서는 기계보다 인간에 대해서 더 잘 알아야 한다. 생각하는 컴퓨터를 만들기 위해서는 전자공학이나 전산학보다 인간의 두뇌를 더 잘 이해해야 한다는 것이다.

인간 지능의 가장 큰 능력은 상상력이다. 창의성은 상상력에서 비롯된다. 창의성은 뇌의 신피질에서 일어나는 간단한 예측 기능으로 출발한다. 창의성은 매우 우수한 천재들이 하는 일이 아니라 누구나 머릿속에서 일상적으로 하는 일이다. 어린 아이도 창의성을 발휘하지만 지금의 방식으로는 컴퓨터가 창의성을 발휘한다는 것은 불가능하다. 컴퓨터 개발 방향이 근본적으로 바뀌어야 하며 그 방향은 인간의 두뇌에서 찾아야 한다. 생각하는 기계는 인간에 대한 이해를 바탕으로 새 출발해야 한다고 생각한다.

연습문제

5.1   다음 용어들을 정의하시오.
　　　① 기계　　　　　② 자동기계　　　　③ 튜링기계　　　　④ 보편 기계
　　　⑤ 자기증식기계　⑥ 알고리즘　　　　⑦ 수학　　　　　　⑧ 유한 상태 기계
　　　⑨ DNA　　　　　⑩ 대수학

5.2   기계와 자동기계를 비교하고 차이점을 설명하시오.

5.3   기계로 풀 수 있는 문제는 어떤 문제인가?

5.4   튜링기계가 갖추어야 하는 기능을 설명하시오.

5.5   DNA가 하는 일은 무엇인가?

5.6   기계 함수 $f(n) = n - 1$을 나타내는 튜링기계를 만드시오.

5.7   생물이 무엇인지 정의하시오.

5.8   자기증식기계가 갖추어야 하는 기능을 설명하시오.

5.9   DNA의 구조와 기능을 설명하시오.

5.10   DNA와 자기증식기계의 유사성을 설명하시오.

5.11   알고리즘의 기능을 설명하시오.

5.12   알고리즘을 표현하는 수단을 설명하시오.

5.13   마음과 소프트웨어의 차이를 설명하시오.

5.14   기계가 발전하면 사람처럼 생각하는 기계가 될 수 있는가?
　　　　가능하다면 어떻게 가능한가?

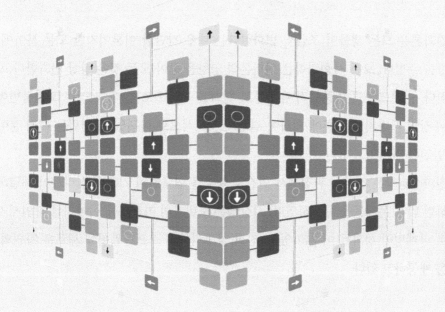

CHAPTER

6

진화론과 융합

6.1 개요

6.2 진화론

6.3 진화심리학

6.4 마케팅

6.5 진화 알고리즘

■ 연습문제

진화론은 모든 생물이 조금씩 변화한다는 매우 간단한 이론이지만 모든 분야에 큰 영향을 주었다. 모든 사회과학은 진화론의 영향을 받아 모든 것은 항상 변화한다고 전제한다. 마르크스의 변증법적 유물론도 변화를 기본으로 한다. 진리는 고정불변이라는 주장이 사라지고 담론에 의하여 결정되는 지식으로 바뀌었다. 변화는 여러 분야에서 발전을 가져오고 있다.

진화심리학은 진화의 관점에서 인간의 행동을 연구하여 기존의 심리학이 해결하지 못하던 많은 문제들을 해결하였다. 시장에는 소비자의 마음속에 이미지를 각인시키는 뉴로 마케팅이 성과를 이루고 있고, 진화 알고리즘은 소프트웨어에 새로운 차원의 수단을 제공하고 있다.

6.1 개요

자연과 과학은 어떤 관계일까? 여러 가지를 생각할 수 있으나 가장 중요한 것은 과학에서 사용되는 지식의 대부분은 이미 자연에서 사용되고 있는 것으로 우리가 뒤늦게 자연에서 보고 배운 것이다. 융합에서 진화론에 관심을 갖는 이유는 무엇인가? 디지털 융합은 컴퓨터 기술을 기반으로 여러 학문과 기술을 융합하려는 것이다. 따라서 디지털 융합은 아주 간단한 원시 생물에서 출발하여 다양하고 복잡하게 진화해온 생물의 역사를 연구하여 활용하고자 한다.

어떤 사람들은 인간이 생물이라는 사실을 강조하지만 어떤 사람들은 인간이 생물이라는 주장을 못마땅하게 생각한다. 그러나 인간이 생물이라는 사실을 배제하고서 인간의 행동과 사회를 설명할 수 있을까? 진화론과 창조론을 떠나서 우리는 인간의 행동과 사회 현상 그리고 마음이 어디서 유래된 것인지에 대해 의문이 있다. 인간의 마음과 행동은 본성에 의한 것인가 아니면 습득된 것인가?

진화론(進化論, evolution theory)의 핵심은 모든 생물이 조금씩 변화한다는 것이다. 진화론은 처음에 매우 간단해서 과학적인 가설 정도라고 생각되었다. 외부 환경이 변화하면 생물들도 살기 위해서 적응하려고 변화한다는 주장이다. 이런 주장은 이미 라마르크(la Marck)[1] 등 여러 사람들이 이미 발표한 사실이었다. 그런데 이 생각이 인간의 사유체계에 엄청난 반향을 불러왔다.

6.1.1 다윈의 영향

찰스 다윈(Darwin)[2]이 진화론을 발표할 당시 세계는 지금과 큰 차이가 있었다. 당시의 가치 기준은 본질적[3]인 것이고, 선험적[4]이었고, 영원한 진리 속에서 추구하는 것이었다. 인간은 이성을 가진 존재로서 다른 생물과 구별되었다. 다윈이 발표한 진화론은 매우 간단했으므로 다윈도 과학적 가치 이상의 것을 시도한 적이 없었다. 그러나 다윈의 진화론은 과학을 벗어나 사회적으로 철학적으로 엄청난 새로운 가치를 창출한다.

다윈은 현대 문명 발전에 한 획을 긋는 큰 영향을 주었다. [그림 6.1]과 같이 영원불변의 진리를 주장하던 것이 변화하는 진리를 주장하게 되었으며, 정태적(靜態的)인 사유체계에서 동태적(動態的)인 사유체계로 바뀌게 되었으며, 신학적 세계관이 과학적 세계관으로 바뀌게 되었다. 신에게 모든 것을 위임하던 생활에서 벗어나 인간이 책임지고 생활하게 되었다.

[그림 6.1] 다윈의 영향

---

1   Jean-Baptiste la Marck(1744~1829): 프랑스 생물학자. 체계적인 학설로 진화론을 처음 주장.

2   Charlse Robert Darwin(1809~1882): 케임브리지대학 의학부 신학부. 목사. 1859년 종의 기원 출간.

3   본질적(本質的, essential): 플라톤 철학에서 이데아의 세계에 존재하는 영원히 변하지 않는 요소.

4   선험적(先驗的, a priori): 경험하기 이전에도 인간은 대상을 알 수 있는 인식 능력이 있다는 주장.

다윈의 영향은 거의 모든 분야에 걸쳐 이루어졌다. 과학은 물론 철학, 법학, 심리학, 의학, 공학 등에 거대한 변화를 몰고 왔다. 디지털 융합도 진화론의 영향을 받기는 마찬가지이다. 디지털 융합이란 학문과 기술들이 제 분야에만 머물러 있는 것이 아니고 서로 영향을 주어서 혁신적으로 통합하여 개선하는 것이므로 동태적인 학문과 기술의 변화를 의미한다. 서로 이질적이어서 전혀 관계가 없는 것으로 보이지만 얼마든지 영향을 주고받아서 변화를 몰고 올 수 있음을 보여준다.

다윈은 좋은 집안에서 태어나 귀족의 지위를 보장받았다. 학교에 들어갔지만 성적은 좋지 않았다. 아버지는 의사를 시키려고 에딘버러대학 의학부에 입학시켰으나 공부를 하지 않아서 중퇴하였다. 다시 목사를 시키려고 케임브리지대학 신학부에 입학시켰으나 신학보다는 지질학과 식물학 등의 자연과학에 관심을 갖는다. 대학을 졸업하기 전에 영국 해군의 탐사선인 비글(Beagle)호를 타고 자연과학과 관련된 일을 하게 된다. 다윈은 1839년부터 5년간 남아메리카, 호주 남부, 아프리카 중남부 지역을 탐사하면서 진화와 관련된 수많은 생물학적 자료들을 가지고 돌아온다. 그리고 이 자료들을 토대로 연구하여 20년 만에 '종의 기원'을 출간한다. 이 책으로 인하여 다윈의 진화론은 뉴턴의 역학과 함께 사상계에 큰 영향을 주었으며 그 사상을 '다윈주의'라고 한다.

6.1.2 생명의 나무

다윈 이전의 유럽에서는 자연계를 위계적으로 보았다. 존재의 맨 밑바닥에는 광물이 있고 그 위에 식물, 그 다음에 동물, 그리고 그 위에 인간이 존재한다. 생명을 일렬로 쭉 세워놓고 우열을 가리는 식이었다. 이런 위계를 '존재의 대사슬(great chain of being)'이라고 하였다. 이것은 '생명의 사다리'이고 인간은 이 사다리에서 최고위층이다.

다윈주의에서는 생명의 줄 세우기를 반대하고 '생명의 나무'를 주장했다. '생명의 나무'에서는 곰팡이든 호랑이든 모든 생명들은 [그림 6.2]와 같이 하나의 공통 조상에서 갈라져 나온 생물들이다. 모든 생물은 하나의 원핵세포에서 시작하여 40억 년 동안 다양하게 분화를 거듭하며 진화하였다. 인간도 수많은 가지들 중의 하나일 뿐이다.

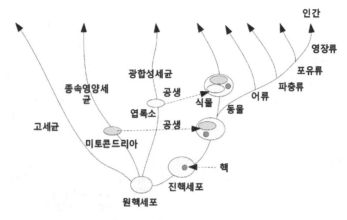

[그림 6.2] 생명의 나무

생물학자들은 화석과 여러 가지 증거를 통하여 지구의 생물 역사를 [그림 6.3]과 같이 재현할 수 있었다. 지구는 약 46억 년 전에 탄생하였으며, 생명은 40억 년 전에 출현하였다. 모든 생물들은 하나의 조상에서 비롯되었다. 그 조상은 아마 세포보다 더 단순했을 것이다. 가장 단순한 세포는 원핵세포이다. 원핵세포는 막으로 둘러싸인 소기관이 없는 세포이다. 따라서 원핵세포는 핵, 미토콘드리아[5], 엽록소[6] 등의 소기관이 없다. 원핵세포가 발전하여 미토콘드리아, 엽록소 등의 세포 소기관을 갖춘 진핵세포가 된다.

진핵세포에 엽록소가 이주하여 공생하면서 식물의 세포를 이룬다. 동물의 세포는 엽록소가 없으므로 남의 에너지를 빼앗아 먹어야 생존할 수 있다. 12억 년 전에 다세포 생물이 출현하고, 동물은 어류, 양서류, 파충류, 포유류, 영장류의 순서로 출현하였다. 어류가 5억 년 전에 출현하여 바다를 지배하였고 양서류는 4억 년 전에 출현하여 바다와 육지를 오고 갔다. 파충류는 3.7억 년 전에 출현하여 육지로 완전히 이주하였으며 포유류와 조류는 2억 년 전에 출현하여 땅과 하늘을 지배하였다.

---

5 mitochondria: 세포 호흡에 관여하는 세포 소기관으로 에너지 생산공장이다. 독자적인 DNA를 갖고 있으며 스스로 증식 가능하므로 예전에 독자적인 세균으로 존재 했을 가능성이 있다.

6 엽록소(葉綠素, chlorophyll): 식물 세포 안에서 빛에너지를 흡수하여 이산화탄소를 유기화합물인 탄수화물로 동화하는 세포 소기관.

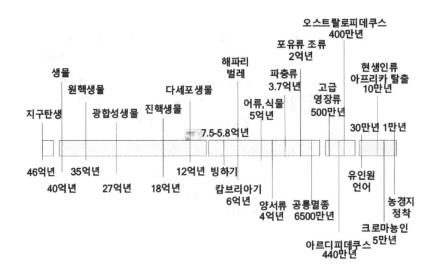

[그림 6.3] 생물의 역사

약 3,500만 년 전에 영장류가 출현하였고, 고급 영장류는 500만 년 전에 출현하였다. 인류의 조상인 오스트랄로피테쿠스[7]는 400만 년 전에 출현하였으므로 인류는 400만 년 간 아프리카의 사바나에서 수렵과 채집생활을 한 것으로 추정된다. 현생 인류(Homo sapiens sapiene)는 약 10만 년 전에 아프리카에서 출현하였으며 1만 년 전에 농경지에 정착한 것으로 추정된다.

생물학에서 생물의 역사를 정연하게 정리할 수 있는 데는 다음의 두 가지 이유가 있다.

1) 화석들을 발굴하여 생물의 계통별로 배열할 수 있다.
2) 탄소연대측정법으로 화석의 생존 연대를 정확하게 측정할 수 있다.

첫째 이유는 화석을 계통별로 배치한 사슬에서 시작점에 있는 화석과 마지막 점에 있는 화석은 매우 다르게 보일 수 있다. 그러나 이 사슬의 화석과 인접한 화석들을 보면 크게 다르지 않다. 화석이 인접한 화석으로 변화하는데도 많은 시간이 걸리므로 화석이 변화하는 데는 상당한 시간이 걸린다. 따라서 아주 상이하게 변화한 화석들은 오랜 시간의 시차가 있을 수밖에 없다.

---

7   Australopithecus: 약 400만 년 전 최초의 화석 인류로 1925년 남아프리카에서 출토되기 시작.

둘째 이유는 화석들을 방사성 탄소연대측정법[8]을 이용하면 생물이 생존했던 연대를 정확하게 측정할 수 있다는 점이다. 탄소연대측정법을 이용하면 생명의 나무를 정확하게 만들 수 있다. 중요한 점은 모든 생물들이 한꺼번에 출현한 것이 아니라 40억 년의 오랜 시간 동안에 간단한 생물에서 복잡한 구조를 가진 생물로 점차적으로 발전하면서 출현했다는 점이다.

6.2 진화론

진화론은 어느 한 시점에서 발전된 이론이 아니다. 1859년에 '종의 기원'이 출간되기 이전에도 유사한 주장이 있었으며 이후에도 많은 발전이 있었다. 출간 당시에도 엄청난 충격을 주었지만 그 이후에도 논란은 그치지 않고 지금까지 계속되고 있다. 확실한 것은 진화론이 다양한 분야에서 지금도 큰 영향을 발휘하고 있다는 점이다.

〈표 6.1〉 진화론의 원리

순서	내역	비고
1	종의 가변성	모든 생물의 종은 시간에 따라 꾸준히 변화
2	단계주의	진화는 점진적, 연속적
3	종의 증가	한 종이 다른 종으로 변화
4	공동 후손	모든 생물의 궁극적 조상은 하나
5	자연선택	진화 원리

---

8 방사성 탄소연대측정법(radiocarbon dating): 방사성 탄소-14의 붕괴를 이용하여 물질의 연대를 측정하는 방법. 생물이 죽으면 탄소가 감소하는 탄소 원자의 반감기(5370년) 원리를 이용하여 정확한 연대 측정이 가능.

6.2.1 진화론의 핵심

(1) 진화론의 원리

진화론은 아주 간단한 생물학적 사실들로서 핵심 이론은 <표 6.1>의 5가지이다.

 POINT **진화론의 원리**

종의 가변성

생물의 종은 영원불변하는 것이 아니라 시간이 흘러감에 따라서 꾸준히 변화한다. 이 세계와 생물은 항상
일정하거나 영원히 순환하는 것이 아니라 꾸준히 변화한다.

단계주의

생물의 변화가 조금씩 단계적으로 변화한다. 진화는 특별한 단절이나 불연속성이 없이 조금씩 일어난다.

종의 증가

오랜 시간이 지나면서 조금씩 변하는 것이 쌓여서 나중에는 전혀 다른 종으로 바뀐다. 이것은 생물 다양
성에 관한 이론으로 한 종에서 새로운 종이 발생한다는 이론이다. 시간이 갈수록 새로운 종이 발생하므로
종의 수가 증가한다. 창조론에서는 신이 직접 모든 종을 만들었다.

공동 후손

생물의 조상을 따라서 올라가다 보면 전부 하나의 조상으로 만나게 된다. 복잡한 형태의 생물 개체들이
시간을 거슬러 올라가면 갈수록 간단한 형태로 통합이 되고 조상의 수가 점점 줄어들면서 결국에는 하나
의 조상으로 귀결된다. 지구상의 모든 종이 하나의 조상에서 기원했으며 동물, 식물, 미생물 등 모든 생물
이 지구상에 단 한번 존재했던 생명체에서 유래했다.

자연선택

지구의 역사 속에서 수없이 많은 생물의 종들이 출현하는데 그중에는 사멸된 종들도 많이 발견된다. 그
이유는 여러 가지로 추정할 수 있으나 자연 환경에 적응하지 못한 종들은 자연으로부터 선택받지 못했다
는 주장이다. 자연선택이란 자연에 적응하는 종들만 자연이 선택한다는 주장이다. 이것은 진화론의 핵심
개념이다.

진화론의 첫 네 가지(종의 가변성에서 공동 후손까지)는 이론이라기보다는 생물학
적인 사실들을 확인한 것이라고 할 수 있다. 반면에 5번째 주장(자연선택)은 사실 확인
이라기보다는 이런 사실이 일어나게 된 이유를 주장하는 것이므로 진화론에서 유일한
이론이라고 할 수 있다. 이상과 같은 의미에서 보면 진화론은 어떤 주장이라고 하기보
다는 사실에 대한 보고서라고 하는 것이 옳을 것이다.

진화론은 종교를 위협하는 '위험한 생각'이라고 보는 사람들이 있다. 진화론이 위험하다는 것은 위에서 기술한 다섯 가지의 개별적인 내용이 아니다. 개별적으로는 위험할 것이 하나도 없다. '위험한 생각'은 진화론이나 자연선택론 자체가 아니다. 두 이론이 합쳐지는 것, 즉 자연선택에 따른 진화 이론이 위험하다는 것이다.

합쳐진 두 이론을 살펴보기로 한다. 진화론에 따르면 종은 변할 수 있다. 자연선택에 따라서 한 종이 다른 종의 근원이 될 수 있다. 따라서 인간의 조상은 인간이 아니라는 주장이 나온다. [그림 6.2]의 생명의 나무에서 보는 것처럼 한 나무의 나뭇가지들이 모두 한 줄기에서 나온 것처럼, 이 세상의 모든 종은 단일 공통 조상을 갖는다. 이것은 대단한 생각이 아닌 것 같지만, 모든 종이 처음부터 결정되어 변하지 않는다고 생각했던 (창조론) 서양 사람들에게는 엄청난 충격이었다. 진화론을 구성하는 자연선택론과 유전자를 살펴보기로 한다.

1) 자연선택론

생물이 진화하는 것을 이해하는 것은 매우 쉽다. 진화가 일어났다는 증거가 엄청나게 많기 때문이다. 그러나 생물이 어떻게 진화하는지를 아는 것은 전혀 다른 이야기다. 다윈의 업적에서 가장 독창적인 부분은 진화론이 아니고 자연선택 이론이다.

자연선택은 다음의 세 가지 조건이 만족될 때 일어난다.

> 1) 스스로 복제하는 개체군이 있다.
> 2) 이 복제 과정은 완벽하지 않다.
> 3) 복제상의 실수 때문에 자손들의 복제 능력에 차이가 난다.

생물들은 번식하기 위하여 유전자를 복제한다. 유전자를 100% 동일하게 복제하면 동일한 자식들을 번식할 수 있으나 100% 완벽한 일이란 일어나지 않으므로 거의 유사하게 복제할 뿐이다. 복제가 수없이 반복되면 초기의 유전자와 말기의 유전자는 상당히 다를 수 있으므로 상이한 형태의 생물들이 출현할 수 있다. 상이한 형태의 생물들은 자연 환경에서 적응할 수 있는 능력에서 차이가 있을 것이다. 자연 환경에 적응하지 못하는 유전자는 도태되고 적응을 잘하는 유전자는 번성할 것이다.

종이 진화한다는 진화론을 받아들이면서도 신을 믿을 수 있다. 신이 모든 생물들의 진화 과정을 감독하는 존재라고 받아들일 수 있기 때문이다. 그러나 자연선택이 도입되면 신이 아니고 자연이 선택하여 진화하기 때문에 신이 개입할 여지가 좁아진다. 이런 이유로 인하여 '자연선택에 따른 진화'는 단순한 진화론보다 더 위험하다고 한다.

자연선택은 선견지명이 아니다. 진화는 합리적으로 개선되는 것만이 아니다. 생물이 진화하는 이유는 복제 능력이 불완전하기 때문이므로 진화는 유전자를 개선시킬 수도 있고 개악시킬 수도 있다. 진화가 항상 바람직한 방향으로 흘러가지 않는다는 것이다. 리처드 도킨스(Dawkins)[9]는 자연선택을 '눈먼 시계공'이라고 표현했다. 시계공은 시계를 만지기 전에 어떤 좋은 계획을 갖고 일을 시작하지만 자연은 '눈먼 시계공'처럼 특정한 의도 없이 작업을 수행하는 것이다.

2) 유전자

동식물은 자손을 낳을 때 자기 복제를 한다. 자손은 부모를 닮기 때문에 '복제본'이다. 원숭이는 원숭이를 낳고 코끼리는 코끼리를 낳는다. 다윈은 자식이 왜 부모를 닮는지 알지 못했다. 자식이 부모를 닮는 이유는 유전자(遺傳子, gene) 때문이다. 유전자는 DNA의 배열이다. DNA는 네 가지 염기[10]로 구성된 복합 단백질이다. 이 염기들은 긴 줄로 배열되며 배열된 서열에 따라 다른 단백질[11]이 만들어진다. 단백질은 동식물을 이루는 세포들을 구성하는 분자이다.

자연선택의 두 번째 조건은 복제 과정이 완전하지 않다는 점이다. 복제 과정에서 최소한의 일부가 부모와 다르기 때문에 다른 자식이 출생한다. 자연에서는 머리가 둘 달린 뱀도 나오고 온 몸에 털이 난 사람도 태어난다. 보통 유전자의 경우 절반은 아버지로부터 받고 절반은 어머니로부터 받는다. 그러나 가끔 유전자 중 하나가 제대로 복제되지 않는다. 이렇게 다른 유전자를 돌연변이(mutation)라고 한다.

돌연변이는 유전물질인 DNA가 갑자기 변화하여 자손에게 전달되는 것을 말한다. 돌연변이는 자연발생적이거나 화학물질과 같은 외부적인 요인으로 발생한다. 복제가

---

9 Clinton Richard Dawkins(1941~): 영국의 동물행동학자 진화생물학자. 옥스포드대학 석좌교수. '눈먼 시계공'의 저자.
10 염기(鹽基, base): 수용액 상태에서 수소 이온을 흡수하는 물질. 알카리라고 함.
11 단백질(蛋白質, protein): 동식물의 몸을 구성하는 고분자 유기물. 아미노산의 연결체.

완전하지 못해서 생기는 자연발생적 돌연변이는 백만분의 일의 비율로 나타난다. 돌연변이는 개체에게 긍정적이기보다는 부정적인 요인으로 작용하는 것이 많다. 복잡한 기계에서 어떤 부품 하나가 잘못 제작되었을 경우에 기계에 도움이 되기보다는 해가 되는 경우가 더 많은 것과 같은 이치이다.

(2) 진화의 실례

인간의 눈과 후두, 언어 등 구체적인 진화의 실례를 살펴보고 진화 과정을 이해하고자 한다.

1) 눈의 진화

지질학에서 약 6억 년 전부터 5억 년 전 사이를 캄브리아기(Cambrian period)[12]라고 한다. 캄브리아기의 특징은 이 기간 동안에 다세포 생물들이 출현하면서 동물들이 폭발적으로 증가했다는 점이다. 이 시기의 대표적인 동물은 삼엽충[13]이지만 척추동물을 제외한 대부분의 동물들이 출현하였다. 이 시기의 특징은 2천만 년에서 3천만 년 사이에 갑자기 동물들이 대거 출현하여 생존 경쟁이 치열하였다. 동물들은 생존하기 위하여 눈을 발달시켜서 무기로 사용하게 되었다.

눈의 기능은 영상을 취급하는 것이며 영상을 처리하는 작업은 대부분 뇌가 담당한다. 눈의 역할은 뇌가 영상을 처리할 수 있도록 적절하게 빛을 받아들이는 일이다. 눈의 종류는 조개의 눈부터 시작해서 곤충의 낱눈과 겹눈 그리고 카메라 식의 사람의 눈까지 다양하다. 카메라 식 눈은 어류에서 포유류까지 두개골을 가진 모든 생물들의 특징이다.

눈의 종류가 다양하지만 모든 눈의 원리는 빛에 민감하게 반응하는 광수용 세포에 있다. 광수용 세포가 빛을 받으면 빛 에너지를 전기 신호로 바꾸어 뇌에 전달하고 뇌가 신호들을 조합하여 영상을 만들어내는 것이다. 빛에 민감한 세포들은 영상을 흑백으로 기록하고 덜 민감한 세포들은 천연색으로 기록한다.

---

12 Cambrian period: 지질시대 구분에서 고생대 최초의 시기. 삼엽충이 대표적이며 척추동물을 제외한 모든 동물군이 출현.

13 삼엽충(三葉蟲, trilobites): 절지동물에 속하는 새우와 비슷한 모양의 화석 동물.

■ 낱눈과 겹눈

눈은 포식자를 피하고 먹이를 찾기 위한 무기였기 때문에 시야를 좋게 하기 위하여 머리의 양쪽에 위치하였다. 빛을 이용하여 360°로 시야를 둘러볼 수 있었다. 간단한 구조의 눈의 종류에는 홑눈(單眼)과 겹눈(複眼)이 있다. 홑눈은 하나로 구성된 눈으로 절지동물 곤충류에 흔히 있으며, 겹눈은 절지동물 곤충류와 갑각류에 있으며 여러 개의 눈으로 구성된 눈을 말한다. 겹눈은 낱눈(個眼)이 벌집처럼 모여서 형성된 눈이다. 잠자리의 눈은 낱눈이 10,000개에서 30,000개가 모여서 형성된 겹눈이다.

■ 카메라식 눈

사람의 눈에 들어온 빛은 [그림 6.4]와 같이 먼저 수정체 앞에 덮인 투명하고 얇은 각막을 통과한다. 각막을 통과한 빛의 양은 홍채라고 불리는 일종의 조리개가 조절한다. 다음에는 수정체를 통과한다. 수정체는 빛의 초점을 모으는 역할을 하므로 모양체 등의 주변 근육이 움직여서 수정체의 모양을 변화시킨다. 수정체를 통과한 빛은 망막에 도착한다. 망막에는 빛 수용체들이 빛을 받아서 전기 신호로 변환하고 시신경을 통하여 뇌에 전달한다.

사람의 눈과 카메라를 비교하여 보자. 사람의 눈은 각막, 홍채, 수정체, 망막, 시신경 등이 순서대로 구성되어 있다. 카메라는 후드, 렌즈, 조리개, 셔터, 필름 등으로 구성되어 있다. 이들을 비교하면 부품들의 순서가 약간 다를 뿐 구조와 기능은 거의 유사하다.

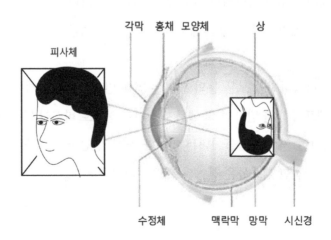

[그림 6.4] 사람의 눈

■ 양안시와 방어시

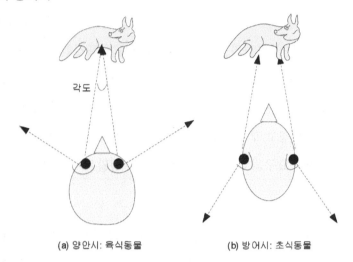

(a) 양안시: 육식동물   **(b)** 방어시: 초식동물

[그림 6.5] 양안시와 방어시

동물의 눈은 두 가지 방식으로 발전되었다. [그림 6.5]와 같이 육식 동물은 초식 동물을 공격하기 위하여 양안시(兩眼視)로 발전하였고, 초식 동물은 방어하기 좋게 방어시(防禦視)로 발전하였다. 양안시란 [그림 6.5](a)와 같이 두 눈이 얼굴의 전면에서 앞을 향하고 있어서 두 눈과 사물을 이루는 각도를 이용하여 사물과의 거리를 정확하게 파악하려고 했다. 방어시란 [그림 6.5](b)와 같이 두 눈이 머리의 양쪽 옆에 있어서 전 방위로 시야를 넓게 하려고 하였다. 실제로 육식 공룡은 양안시였고 초식 공룡은 방어시였다.

야행성 짐승들의 눈은 밤에 빛을 받으면 눈에서 빛이 나는 것을 볼 수 있다. 그 이유는 무엇일까? 야행성 짐승들은 밤에 잘 보아야 하기 때문에 외부에서 눈으로 들어온 빛을 망막을 투과한 다음에 다시 반사경으로 망막에 보낸다. 밤에 고양이과 짐승들의 눈에서 빛이 나오는 것은 반사경에서 반사되는 빛이다.

영장류는 육식 동물이 아닌데 눈은 왜 양안시가 되었을까? 영장류가 나무에서 살았을 때 나무에서 나무로 건너다니려면 거리 측정이 중요했을 것이다. 정확한 거리 측정을 위해서 양안시를 택했을 것이다. 영장류는 왜 밤눈이 약할까? 영장류는 3,000만 년 전부터 야행성을 포기하고 낮 생활을 하기 시작했기 때문에 야행성 동물처럼 밤에 눈에서 빛이 나오지 않는다. 그러면 왜 야행성을 포기했을까? 낮에 먹을거리를 색채로 구별했기 때문에 밤눈이 약해진 것이다.

양안시의 약점은 전방위 시야가 좁다는 것이다. 영장류는 육식 동물도 아니면서 왜 양안시를 선택했을까? 양안시의 단점인 방어는 어떻게 해결했을까? 영장류는 전방위 감시가 미흡한 것을 단체 생활로 해결하였다. 서로 반대 방향을 경계함으로써 전방위 감시가 가능하도록 한 것이다. 그 대신 단체 생활을 하기 위하여 업무를 분장하고, 얼굴 인식을 해야 하고, 정보 교환을 위해서 소통할 언어가 필요해졌다. 따라서 기억력이 중요해지고 판단력이 요구되었다. 사회생활과 조직 생활은 두뇌의 발달을 가져왔다.

■ 가자미와 넙치 그리고 홍어와 가오리의 눈

가자미와 넙치의 두 눈은 한쪽으로 몰려있다. 왜 그럴까? 가자미와 넙치는 새끼 시절에 물가에 살 때는 두 눈이 양쪽에 정상적으로 붙어있다. 어른이 되면 바닥에 붙어서 살게 된다. 몸을 한 쪽으로 누워서 지내려다 보니 한 쪽 눈이 바닥에 닿기 때문에 곤란해진다. 그 대책으로 [그림 6.6](a)와 같이 바닥 쪽에 있는 눈을 다른 쪽으로 옮긴 것이다. 완전히 성장한 가자미나 넙치는 두 눈이 한 쪽에 붙어있다. 어릴 때는 양쪽에 있던 눈을 어른이 되면 한쪽으로 이동하는 것은 머리뼈의 구조를 당대에 바꾸는 큰 작업이다.

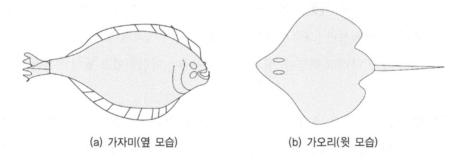

(a) 가자미(옆 모습)   (b) 가오리(윗 모습)

[그림 6.6] 가자미와 가오리

홍어와 가오리는 바닥에 붙어살면서도 [그림 6.6](b)와 같이 두 눈이 양쪽에 붙어있다. 왜 그럴까? 홍어와 가오리는 몸을 바닥에 붙이는 과정에서 몸을 한쪽으로 눕히지 않고 몸 전체를 납작하게 만들었으므로 두 눈도 그대로 양쪽에 붙어있다.

2) 언어의 진화

사람이 말을 하려면 소리통이 필요하다. 사람이 소리통을 확보하기 위하여 후두를 낮추었다. 후두를 낮춤으로써 소리를 낼 수 있었지만 그 대신 음식물이 기도로 들어가서 질식하는 경우가 생긴다. 아기들이 태어나면 후두가 높아서 질식하지 않지만 점점 성장하면서 후두가 낮아지고 말을 하기 시작한다. 후두가 낮아져야 정확하게 발음할 수 있기 때문이다. 다른 영장류들은 후두가 매우 높아서 질식할 일이 없다.

인간의 기도는 파충류만도 못한 배관이라고 한다. 어류 시절에는 아가미로 숨을 쉬었지만 물 밖으로 나오면서 공기를 들여 마시는 기도가 필요해졌다. 그런데 아가미였던 부분을 숨을 쉬기 위하여 입 위로 올리다 보니까 배관이 겹치게 되어 오류가 발생한 것이다. 제대로 기도를 설계했다면 식도 뒤로 기도를 만들었어야 했다. 뱀은 먹이를 먹을 때 큰 먹이가 입을 꽉 메우면 숨을 쉴 수 없다. 그래서 먹이를 먹기 전에 파이프처럼 생긴 기도를 입 밖으로 내놓아서 기도가 막히지 않도록 조치를 하고 먹이를 삼킨다.

■ 언어 습득 도구

사람은 백지 상태에서 언어를 배우는 것이 아니다. 촘스키에 의하면 인간의 아기는 태어날 때 내재된 보편 문법을 가지고 있으며 주변에서 들리는 언어의 규칙을 선택한다고 한다. 이것은 인간이 언어 자체를 배우는 것이 아니고 부모로부터 유전 받은 언어 능력을 활용하는 것을 의미한다. 언어는 진화 과정에서 얻어진 능력으로 자식에게 유전되는 것이다. 즉 언어 능력은 신체 기관같이 선천적인 구조로 생물학적 자원이라고 할 수 있다.

인간은 30만 년 전에서 20만 년 전 사이에 언어 사용 능력이 발달되었다고 한다. 이때부터 후두의 위치가 다른 영장류보다 아래로 이동한 것이다. 인간은 질식의 위험을 감수하면서까지 왜 언어 능력을 발달시켰을까? 여기에는 사냥을 잘하기 위해서 혹은 사랑을 얻기 위해서 등 여러 가지 가설이 있다.

■ 모듈 이론

촘스키에 의하면 인간의 마음은 하나의 일반 목적 프로그램이 아니다. 인간의 마음은 특수 목적 프로그램의 집합이다. 예를 들어 뇌에서 마음을 구성하는 모듈은 청각 모듈, 미각 모듈, 촉각 모듈, 언어 모듈 등으로 구성되어 있다는 주장이다. 이것은 인간의 언어 능력이 아기 때부터 백지 상태에서 시작하는 것이 아니라 유전에 의하여 부모로부터 타고난다는 뜻이다. 여러 개의 모듈들이 별도로 수행되므로 한 가지 모듈이 부족하더라도 다른 모듈은 능력이 우수할 수 있다.

6.2.2 진화론의 영향

다윈의 진화론은 1859년 발표 당시에도 큰 영향을 주었지만 지금도 그 영향이 각 분야에 전파되어 변화를 일으키고 있는 과정에 있다. 철학, 과학, 윤리학, 종교, 심리학, 법학, 정치학 등 이 세상의 모든 분야에 지금도 변화를 일으키고 있다. 이 중에서 철학과 법학 등 대표적인 몇 가지만 살펴보기로 한다.

(1) 철학

진화론은 인간의 사유체계에 거대한 변화를 몰고 왔다. 플라톤과 아리스토텔레스의 철학은 이원론과 일원론으로 분류되기도 하지만 전체적으로 보면 '정태적'이며 정태적으로 규정된 '정의'에 따라 사물을 이해하려고 하였다. 진화론이 발표되자 창조론은 더 이상 절대적이고 유일한 해석이 아니라는 인식이 확산되었다.

진화론 이후에는 모든 것이 동태적으로 바뀌고 사유체계는 점차 역동적이고 현실적인 진리로 대체되었다. 진리는 고정불변의 것이 아니라 '담론에 의해서 결정되는 지식'으로 평가되어 언제나 바뀔 수 있는 정보로 전락하였다.

칼 마르크스(Marx)는 진화론을 이용하여 변증법적 유물론을 만들었다. 모든 것은 정반합의 원리로 변화한다는 세계관을 제시하였다. 실용주의자인 존 듀이(Dewey)도 진화론적 자연주의자였다. 모든 가치의 기준은 사물의 본질이나 선험적이거나 영원한 진리 속에서 추구되어야 한다는 것을 거부하였다. 가치란 행위의 결과로 측정되며 결과가 만족스러워야 바람직하다고 주장하였다.

니체(Nietzsche)는 진화론으로 의미가 상실된 세계를 보고 허무주의를 실감한다. 니체는 인간에게 올바른 행위는 감정적인 것, 삶으로부터 느껴지는 자연스러운 것이며 기쁨을 가져다주는 힘을 도덕의 근원이라고 주장했다. 이렇게 자신의 삶을 긍정할 수 있는 사람을 초인이라고 하고 초인이 될 것을 주장했다.

(2) 법학

미국에서는 진화론과 창조론이 대립하는 재판이 여러 번 있었다. 진화론을 법으로 금지하기도 하고 처벌하기도 하였다. 가장 유명한 '원숭이 재판'의 예를 들어 살펴본다.

■ 1925년 미국 테네시주의 Butler법

주의 재정지원을 받는 교육기관에서는 진화론을 금지하는 법이 통과되었다. 당시 생물 교사가 진화론을 강의했다는 이유로 기소되어 100달러의 벌금형을 받았다. 이 판결은 다른 주들도 유사한 반(反) 진화론 법을 제정하는 계기가 되었다.

■ 1987년 미국 연방대법원의 위헌 판결

당시의 루이지애나 주법은 진화론을 강의하려면 창조론도 함께 강의해야 했다. 그러나 연방대법원은 창조론은 종교에 가까우므로 종교 자유를 침해하는 이 법은 위헌이라는 판결을 내렸다. 당시의 과학자들은 이 법에 반대를 많이 하였으나 종교를 완전히 부정하는 것은 아니었다. 과학자들은 종교와 진화론이 양립할 수 있다고 인정하였다.

■ 2010년 한국 대법원의 종교 교육 판결

대법원은 종교 재단의 사립학교에서 특정 종교 교육을 강요하는 것은 종교 자유를 침해하는 것이라고 판결하였다. 대법원 전원합의체는 2004년에 종교 교육을 거부하다가 퇴학 처분을 받은 학생이 학교의 행위가 불법이라며 손해배상을 청구한 소송에서 학교 측에 배상책임을 규정하였다. 1심에서는 학생이 승소하였고 고등법원에서는 학원이 승소하였으며 대법원에서 최종적으로 학생이 승소하였다.

이상의 실례는 법이 종교의 자유와 진화론에 관하여 판단을 바꾼 경우이다. 진화론의 입장에서 보면 법 자체가 진화한다고 생각할 수 있다. 지금까지 해결하기 어려웠던 문제들이 진화심리학이 발전하면서 법 제정에 많은 도움을 준다. 2005년에 한국의 헌법재판소는 부성주의[14] 원칙을 헌법불일치하다고 선고하였다. 이것은 진화심리학에서 모성이 부성보다 더 확실하게 친자식임을 확신할 수 있다는 주장에 힘을 얻은 경우이다.

---

14 부성주의(父姓主義): 자녀는 아버지의 성과 본을 따라야 한다는 종전의 민법 제781조 조항.

진화론은 다윈의 당대에도 논란이 많았지만 지금도 많은 논란이 이어지면서 변화를 몰아오고 있다. 다윈의 영향으로 구성된 다윈주의는 사회의 각 분야에서 새로운 노력을 계속하고 있다. 그 중의 하나가 진화심리학이다.

6.3 진화심리학

진화심리학은 진화의 관점에서 인간의 행동을 연구한다. 생물이 진화 과정에서 겪었던 모든 경험들은 사라져버리는 것 같지만 실제로는 생물의 각 부분에 남아 있으며 어느 정도의 역할을 수행한다고 보기 때문이다. 도시에 사는 아이들이 뱀을 처음 보고 무서워하는 것이나, 양계장에서 수천 세대를 거쳐서 태어난 병아리들은 맹금류를 본 적도 없지만 맹금류의 날개를 종이로 만들어서 그림자만 보여줘도 병아리들은 공포에 질린다. 이런 실례를 통해 생물의 역사에서 경험했던 중요한 사실들은 사라지지 않고 유전자를 통하여 후손들에게 영향을 주고 있다는 사실을 알 수 있다.

자연과학의 영향으로 심리학자들은 행동주의 심리학에 몰두하게 되었으며, 급진적인 경험론의 주장이 확대되어 <표 6.2>와 같은 표준사회과학 모델(SSSM, Standard Social Science Model)을 만들게 되었다. 표준사회과학 모델은 1920년대부터 1960년대 후반까지 심리학자들이 몰두했던 생각들을 집약한 것이다. 이 모델의 주장은 다음과 같이 크게 4개로 구성된다.

1) 인간은 생물학의 법칙에서 벗어나 존재한다.
2) 인간에게 진화가 이루어진다고 해도 발바닥에서 목까지만 해당하고 이성이 살아있는 머리에는 해당하지 않는다.
3) 인간의 본성은 '빈 서판(blank slate)[15]'과 같아서 경험에 의하여 본성이 결정된다.
4) 인간의 행동과 마음은 완전하게 환경과 사회의 산물이다. 따라서 인간이 생각하고 느끼는 것은 모두 외부 환경에 의해서 결정된다.

---

15 빈 서판(blank slate): 경험론자들이 자주 인용하는 말. 인간은 태어날 때 머리가 백지 상태여서 경험하는 대로 기록된다는 의미.

〈표 6.2〉 표준사회과학 모델과 진화심리학

번호	주제	표준사회과학 모델	진화심리학
1	생물학 법칙	인간은 생물학 법칙에서 제외	인간은 생물
2	진화 범위	진화는 발에서 목까지(인체에서)	뇌는 일반기관
3	본성	인간의 본성은 백지(빈 서판)	본성은 유전
4	행동	인간의 행동은 환경과 사회의 산물	행동은 본성과 환경의 산물

6.3.1 진화심리학의 출현

<표 6.2>와 같은 표준사회과학 모델은 그 후에 발전한 인지심리학, 신경과학, 진화 생물학 등에 의하여 인간의 마음을 설명하는데 부적합하다고 존 투비(Tooby)[16]와 레 다 코스미즈(Cosmides)는 주장한다. 이들의 반론은 다음과 같다.

1) 인간은 생물이므로 당연히 생물학의 법칙을 따른다.
2) 인체의 진화는 온 몸에 걸쳐서 진행된다. 두뇌라고 예외가 아니다.
3) 인간의 본성은 상당부분을 부모로부터 유전 받는다.
4) 인간의 행동과 마음은 본성과 함께 외부 환경의 산물이다.

존 투비는 표준사회과학 모델이 문화적 상대주의[17]의 결과라고 비판하였다. 그 대 신 진화심리학을 대안으로 주장하였다. 진화심리학의 목표는 진화에 의해서 설계된 마음의 구조를 밝히는데 있다. 진화심리학은 사람에게 어떤 자연적인 능력이 존재하 는지를 연구하고, 자연적인 능력의 집합체가 마음이라는 것을 입증하려고 노력하고 있다.

진화심리학에서는 표준사회과학 모델을 대체하여 <표 6.3>과 같이 5가지 원리를 주 장한다.

---

16 John Tooby: 미국의 인류학자, 진화심리학자. 산타바바라 캘리포니아대 교수.
17 문화적 상대주의(文化相對主義): 원래 세계 문화의 다양성을 인정하고 이해하는 견해. 여기서 는 자기 문화의 우월성을 주장하고 남의 문화를 배척하는 태도로 사용됨.

POINT 진화 심리학의 원리

정보처리 체계

뇌는 컴퓨터처럼 정보를 처리하는 물리적 체계이다. 뇌는 신경세포들의 망으로 이루어졌으며 환경에 적절한 행동을 구사하도록 설계되어 있다.

자연선택

뇌의 신경망은 석기시대[18]의 수렵채집 생활에 맞도록 설계되었다. 뇌는 석기시대 생활의 문제점들을 해결하여 생존할 수 있도록 자연선택으로 설계되었다.

복잡한 처리

우리 생각에 쉬운 문제도 마음속에서 해결하기 위해서는 뇌의 신경망에서 매우 복잡한 처리 과정을 거친다. 글을 읽는 작업도 뇌에서는 뇌의 1/3 이상을 동원하는 대규모의 정보처리 작업이 필요하다.

모듈 이론(module theory)

다른 문제를 해결하려면 뇌의 다른 신경망을 이용한다. 마음은 수없이 많은 전문 처리 과정이 필요하며 이를 위해 전문화된 수많은 신경회로망을 가지고 문제마다 별도로 처리를 한다. 전문화된 신경망은 한 가지 문제를 해결하는 전용 컴퓨터라고 할 수 있다. 이것을 모듈이라고 한다. 인간의 마음은 여러 개의 독립적인 모듈로 구성되었다는 주장과 하나의 단일 모델로 구성되었다는 주장이 있다.

석기시대용

인간의 뇌에는 석기시대 조상들의 마음이 들어 있다. 인간은 400만 년 전에 출현하여 아프리카의 사바나 지역에서 유사한 생활 방식으로 10만 년 전까지 살았다. 따라서 인간의 뇌는 400만 년 간 사바나 지역에서 적응하도록 진화되어 왔다. 사바나를 벗어나서 생활한 것은 10만 년 전이고 농경지에 정착한 것은 1만 년 전이므로 우리의 뇌는 아직도 사바나 지역 생활에 적합하다고 볼 수 있다.

진화심리학에 의하면 우리 인간의 뇌는 석기시대의 문제점을 해결하기 위해 만든 정보처리장치를 가지고 현대사회의 문제들을 해결하고 있는 것이다. 인간은 현 시대에 걸맞지 않은 몸과 뇌를 가지고 있으므로 생활하는데 많은 불편과 문제점을 안고 있다. 그러나 진화심리학을 이용하면 지금까지 해결하지 못했던 의문들을 해결할 수 있다.

---

18 석기시대(石器時代, stone age): 구석기시대(약 250만 년~1만2천 년 전), 신석기시대(1만2천년~5천 년 전) 등으로 석기를 도구로 사용하던 시대.

〈표 6.3〉 진화심리학의 원리

순서	원리	비고
1	뇌는 정보처리체계(컴퓨터)	환경에 적용하기 위해 설계
2	뇌는 자연선택으로 설계	석기시대에 생존을 위하여
3	쉬운 문제도 복잡한 처리 필요	정보처리는 복잡
4	상이한 문제는 상이한 회로망에서 처리	여러 개의 독립 모듈
5	인간의 마음은 석기시대	사바나 지역에 적합한 마음

6.3.2 진화심리학의 문제 해결

진화심리학은 진화의 관점에서 인간의 행동을 연구하기 때문에 기존의 심리학으로
이해할 수 없었던 사실들을 많이 해결할 수 있다. 진화심리학으로 이해할 수 있는 문제
들을 구체적으로 살펴보기로 한다.

의문 1 : 사람은 왜 비만을 무릅쓰고 자꾸 먹을까?

사람들은 영양이 부족한 것도 아닌데 살이 찌면 건강에 해롭다는 것을 알면서도 자꾸 먹는 이유는 무
엇일까?

인류는 아프리카의 사바나에서 약 400만 년 간 수렵채집 생활을 하면서 살았다. 오
랜 기간을 늘 굶주리면서 살았다. 당시의 모든 동물들은 언제 먹을 것이 생길지 모르기
때문에 먹을 것이 있으면 일단 먹어서 몸속에 비축해야 했다. 지금도 야생 동물들은 일
주일 또는 몇 주 만에 한 번씩 식사를 하는 경우가 많다. 인류 역사 400만 년 중에서 굶
주림에서 벗어난 것은 매우 최근(서기 1800년대)의 일이므로 우리의 뇌는 늘 굶주림에
대비하도록 설계되어 있다. 슈퍼마켓에 가면 식품이 산같이 쌓여 있어도 우리의 뇌는
무의식중에 언제 식품들이 사라지고 다시 굶을지 모른다고 걱정하고 있는 것이다.

■ 비만의 대책은 무엇인가?

미국에는 비만한 사람들이 많이 있다. 왜 그렇게 비만하게 되었을까?

비만을 불러일으키는 과식은 학대를 받는 사람들에게 일어나는 일반적인 방어기제라는 것이다. 치열한 경쟁에서 벗어나고 싶은 마음을 자꾸 맛있는 음식을 먹는 것으로 해결하려는 것이다. 우리의 뇌는 곤란하고 힘든 상황을 벗어나기 위하여 노력하는데 현실에서의 어려움을 잊기 위하여 비만을 몰고 왔다는 것이다. 최근 발표[19]에 따르면 건강검진을 받은 한국인의 1/3이 체질량지수(BMI)[20] 25 이상의 비만이라고 한다.

의문 2 : 왜 여자는 선물을 좋아하는가?
남자가 사랑을 얻으려면 선물을 잘해야 한다는 말이 있는데 과연 그럴까?

여자들은 사랑하는 사람과 육체적으로 가까이 하는 것을 가급적 늦추려는 경향이 있다. 여자는 시간적인 여유를 가지고 남자의 충실성을 확인하려고 한다. 충실성을 확인하는 수단으로 물질적인 선물을 요구하기도 한다. 그런데 그 선물은 남자들이 보기에는 쓸데없는 것들이 많다. 예를 들면 다이아몬드 같은 선물은 살 때는 비싸지만 일단 사고 나면 값어치가 떨어지고 현실에서 사용할 일도 별로 없다.

남자들은 실생활에 꼭 필요한 물건(TV, 세탁기, 가구 등)을 선물하고 싶지만 여자들은 실생활에 필요한 것보다 자신을 위해서 얼마나 남자의 재산을 소모할 수 있는가를 확인하는 수단으로 쓸데없는 선물을 요구하는 것이다. 여자가 남자의 충실성을 확인하고 나면 선물은 쓸데없는 낭비로 받아들일 수도 있다.

의문 3 : 포르노 산업은 왜 남자들에게만 영업이 될까?
포르노 관련 소설, 잡지, 영화, 성 매매 등의 고객은 주로 남성들이다. 여성들은 남성들보다 포르노 분야에 관심이 적다. 그 이유는 무엇일까?

사바나에서 400만 년 동안 생활하는 동안 남성들의 번식기는 연중무휴인데 반하여 여성들의 번식기는 기간이 짧고 개인마다 시기가 다르다. 더구나 젖먹이를 기르는 동

---

19 국민건강보험공단: 2008년 건강검진 수혜자 988만 명 중 BMI 25 이상인 비만인이 324만 명 (32.8%). 이 중 90% 이상이 BMI 30 이상의 고도비만환자.

20 체질량지수(BMI, body mass index): 몸무게를 키의 제곱으로 나눈 수. 키와 몸무게를 이용하여 지방의 양을 추정하는 비만 측정법.

안은 번식기에서 벗어나기도 한다. 따라서 번식을 하고자 하는 시기에 남성의 수와 여성의 수는 항상 압도적으로 남성이 많을 수밖에 없다. 남성들은 여성을 얻기 위해서 늘 경쟁에서 이길 수 있는 준비를 하고 기다려야 한다. 어떤 여성이 번식기라는 것을 알게 되면 전체 남성들이 그 여성을 상대로 경쟁을 해야 한다. 여성들은 자식의 양육을 위해서 자원이 많이 필요하므로 경쟁에서 이기는 힘 있는 남자를 선택한다.

　남성들이 번식에 성공하려면 우선 남성들끼리의 경쟁에서 이겨야 한다. 남성들은 경쟁에서 이겨도 여성의 마음에 들어야 번식이 가능하다. 경쟁이 심하면 대가를 치르는데 아주 심하면 목숨을 걸고 싸우다가 죽을 수도 있다. 반면에 여성들은 여성들끼리의 경쟁이 적으며, 치열하게 경쟁하는 남성들 중에서 최종 승리자를 선택하기만 하면 된다. 여성들은 남성을 얻기 위해서 대가를 지불할 이유가 없다. 이런 생활이 수백만 년간 지속하는 사이에 남성의 뇌 속에는 남성들과의 경쟁에서 이겨야 한다는 생각이 각인되었고 어떤 대가를 지불하더라도 여성의 마음을 얻으려는 노력이 커지게 되었다.

> 의문 4 : 사람들은 왜 언어를 사용하게 되었을까?
> 다른 동물들은 언어가 없어도 잘 살 수 있다. 말을 하려고 후두를 낮추면 질식의 위험을 감수해야 하는데 왜 언어를 사용하려는 것일까?

　인류의 조상들은 약 50만 년 전에서 20만 년 전 사이에 생활 형태가 많이 바뀌어 약 150명 단위로 씨족 생활을 하게 되었다. 적지 않은 수의 사람들이 함께 살게 되면서부터 정보를 교환해야 할 일이 많아졌다. 정보교환은 언어를 발달시키고 두뇌 발달을 촉진시키게 되었다. 수렵시대에 잡기 힘든 먹잇감을 여러 사람들이 사냥하려면 정보교환을 위해서 언어가 필요했을 것이다. 번식을 위한 치열한 경쟁 속에서 사랑을 얻으려면 더욱 정교하게 표현할 수 있는 언어가 필요했을 것이다. 원시생활에서 언어 능력은 생존에 필수적이었으므로 유전자를 통하여 후손에게 전달하게 되었다.

> 의문 5 : 인간의 진화는 멈췄나, 더 빨라졌나?
> 인류가 농경지에 정착한지 1만 년이 지났다. 이제 인류는 문명 생활을 하고 있다. 석기시대의 척박한 환경에서 살고 있지 않으므로 진화에 변화가 있을 것으로 추정된다. 인간의 진화는 계속될 것인가 아니면 문명의 힘에 의하여 멈출 것인가?

■ 자연선택 축소안

문화가 자연의 칼바람으로부터 인간을 보호하기 때문에 인류의 진화는 더 이상 필요하지 않을 것이라고 한다. 진화는 생존의 위기 때마다 빠르게 진행되었다(ex. 캄브리아기). 여기서 말하는 문화는 종합병원, 항생제, 안경, 중앙냉난방, 인슐린, 식료품, 피임제, 자동차 등이다. 스티브 존스(Steve Hohns)는 100만 년 후에도 인간은 지금과 동일할 것으로 주장하고 있다.

■ 자연선택 강화안

존 호크(John Hawks)에 의하면 인류가 농경지에 정착하면서 최근 1만 년 동안 인구수가 증가하여 진화 속도가 100배 이상 더 빨라졌다고 한다. 개체 수가 많을수록 돌연변이가 증가하므로 진화 속도가 빨라진다는 것이다. 실례로 평균 수명이 연장될수록 자연선택이 강화된다고 한다. 과거에는 젖당을 분해하는 효소가 거의 없었는데 이제는 매우 증가하여 스웨덴 사람들의 95% 이상이 이 효소를 가지고 있다.

진화심리학은 예전에 해결할 수 없었던 많은 문제들을 해결해주는 열쇠가 되고 있다. 진화심리학이 도입되면서 우리는 너무나도 당연한 자연과학적 사실을 모르고 엉뚱한 방식으로 문제를 해결하려고 노력해왔음을 알 수 있다.

6.4 마케팅

진화심리학은 기존의 이론으로는 해결할 수 없었던 많은 문제점들을 속속 해결하고 있다. 뉴로 마케팅(neuro marketing)은 진화심리학이 마케팅에 영향을 주어서 만들어진 새로운 분야이다. 마케팅 문제로 고심하던 많은 기업들이 뉴로 마케팅을 이용하여 어려움을 극복할 수 있었다.

6.4.1 진화심리학과 마케팅

진화심리학이 가장 쉽게 적용될 수 있는 분야가 마케팅이다. 마케팅의 중요성을 이해하고 실제로 적용된 실례를 살펴보기로 한다.

(1) 마케팅의 중요성

1990년대 말에 외환 위기가 닥쳐왔을 때 한국의 국가 경제는 매우 어려운 지경에 이르렀다. 이를 극복하는 방법 중의 하나로 정부에서는 벤처기업을 적극적으로 육성하였다. 벤처기업을 1만 개 육성할 수 있다면 고용 효과가 수만 명으로 증대하고 이와 관련하여 경기가 진작되는 것을 기대했기 때문이다. 당시에 육성된 벤처기업 중에는 상대적으로 IT 분야의 기업들이 많았다.

전자공업과 관련된 부품산업과 컴퓨터 소프트웨어 산업에서 벤처기업들이 많이 출현하였다. 그러나 이 벤처기업들은 대부분 몰락하고 말았다. 원래 벤처기업은 위험을 무릅쓰고 설립하는 것이기 때문에 설립 후 3년이 지나면 거의 문을 닫는다고 한다.

그 이유는 무엇이었을까? 벤처기업의 가장 큰 어려움은 무엇이었을까?

당시의 벤처기업의 운영 패턴을 살펴보기로 한다. 벤처기업이 성공하기 위해서는 기술력이 있어야 하고, 생산력이 뒷받침되어야 하고, 판로가 확보되어야 한다. 그러나 당시의 벤처기업들은 대부분 기술자들이 모여서 좋은 기술을 활용하여 제품을 개발하기로 하고 자금을 끌어 모은다. 자금을 확보하면서 동시에 제품 개발에 들어간다. 제품 개발이 완료될 즈음에 자금이 바닥나고 만다. 자금을 더 동원하여 제품을 생산하지만 생산된 제품을 팔지 못하여 기업은 도산하고 만다.

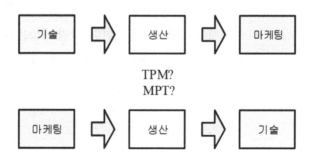

[그림 6.7] 기술, 생산, 마케팅의 순서

앞에서 언급한 실례는 기술자들이 기술 위주로 사업하려는 것을 비유한 것이다. 중소기업 관련 전문가들은 기술보다 더 중요한 것이 제품 생산이고, 제품 생산 보다 더 중요한 것이 마케팅이라고 한다. 그런데 기술자들이 주축이 되어 사업을 하면 종종 일을 추진하는 순서가 바뀐다고 한다. [그림 6.7]에서 보는 것과 같이 TPM(기술-생산-마케팅 순서)이 마땅한가? 아니면 MPT(마케팅-생산-기술 순서)가 마땅한가?

마케팅을 먼저 수행해서 시장의 고객들이 요구하고 판매될 수 있는 제품을 설계하고, 경쟁력 있는 제품을 생산할 수 있는 생산 라인을 확보하고, 제품 생산에 필요한 기술을 개발하는 것이 바른 순서라는 것이다. 기술과 생산도 중요하지만 마케팅은 더 중요하다. 마케팅이 확보되어야 기술과 생산이 빛을 볼 수 있다.

기술과 마케팅의 관계를 잘 이해하기 위하여 애플과 노키아 등의 실례를 살펴보기로 한다.

1) 애플

애플의 스티브 잡스는 창조적인 경영자로 폭발적인 성공을 거듭하여 세계적으로 존경을 받고 있다. 그러나 스티브 잡스(Steve Jobs)[21]가 성공하기까지는 실패도 많았다. 잡스의 실패와 성공을 살펴보고 마케팅의 역할과 기능을 이해하기로 한다.

잡스는 10대에 애플이라는 회사를 만들고 '애플 II'를 성공적으로 출시하여 세상의 이목을 집중시켰다. 그러나 이후에 개발한 '리사(Lisa)'와 '매킨토시(Macintosh)' 등의 컴퓨터가 철저히 실패하여 자신이 만든 회사에서 쫓겨나고 만다. 다시 회사를 만들어 '넥스트(Next)'라는 컴퓨터를 만들었으나 이것도 실패했다. 그는 '픽사(Pixar)'라는 영화회사를 인수하여 하드웨어 사업에 뛰어들지만 또 실패한다. 잡스는 하드웨어를 접고 소프트웨어 사업으로 간신히 회사를 꾸려 간다. 그러던 잡스는 월트디즈니사(The Walt Disney Company)[22]와 손잡고 3D 애니메이션 영화로 성공한다. 한편 애플은 IBM, MS, Sun사와의 경쟁에서 계속 실패를 이어간다. 애플이 최고경영자를 자꾸 바꾸면서 회생하려고 했지만 매우 어려운 상황에 이르자 스티브 잡스를 다시 영입한다.

---

21 Steve Jobs(1955~): 미국의 기업가. 워즈니악과 함께 애플의 창업자. 애플 회장.

22 The Walt Disney Company: 만화영화 제작가인 W. 디즈니가 1928년에 설립한 엔터테인먼트 회사.

잡스는 애플에 와서 새로운 디자인으로 매킨토시를 살려내고 회사를 흑자로 바꾸어 놓는다. 잡스는 MP3에 주목하고 iPod을 출시하여 대성공을 거둔다. 다시 휴대폰에 주목하고 iPhone을 출시하여 또 대성공을 거둔다. 2010년에는 태블릿 PC인 iPad로 대성공을 거두어 다시 세상의 이목을 집중시키고 있다.

〈표 6.4〉 스티브 잡스의 실패와 성공

구 분	실 패 시	성 공 시	비 고
제품전략	기술력 중심 기술 → 디자인	시장과 고객 중심 디자인 → 기술	
협력관계	내부에서 모두 해결	외부 협력 위주	기술, 생산, 판매 등
의사결정	독주체제	협의체제	CEO = CLO
제품사양	기술 위주	기술과 감성 위주	
사업 순서	TPM	MPT	

우리는 여기서 잡스가 실패했을 때와 성공했을 때를 비교함으로써 많은 교훈을 얻을 수 있다. <표 6.4>와 같이 잡스가 실패했을 때는 기술력만 믿고 모든 것을 회사 안에서 다 해결하려고 노력하였다. 디자인, 기술, 부품, 생산, 판매 등 모든 것을 자신의 주도하에 완성하려고 했다. 기술 신봉주의와 폐쇄성이 실패를 몰고 온 것이었다.

잡스가 성공했을 때는 제품의 콘셉트와 디자인만 애플에서 설계하고 기술 개발과 생산, 판매 등 모든 것을 외부와 협력하여 해결하였다. 잡스가 MP3에 주목했을 때 애플은 음악관련 사업이나 기술에 대해 아는 것이 전혀 없었고, 휴대폰에 주목했을 때는 이동통신과 단말기에 대한 기술, 기술자, 생산설비 등이나 경험이 전혀 없었다. 잡스는 모든 것을 외부와 연결하여 개발하거나 외부에 의존하였다. 잡스가 애플에서 쫓겨난 것은 독선과 오만 때문이었으나 다시 돌아왔을 때는 CEO가 아니라 CLO(Chief Listen Officer)가 되었다. CEO는 많은 사람들의 이야기를 들어야 하기 때문에 변화된 것이다.

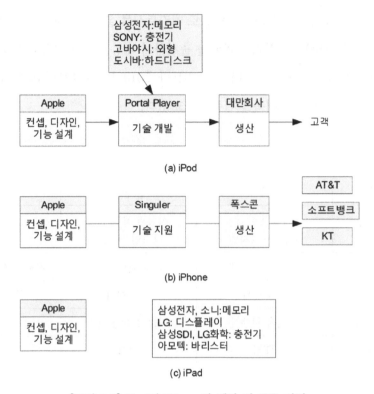

[그림 6.8] iPod과 iPhone의 제작 및 공급 과정

[그림 6.8](a)와 같이 iPod의 콘셉트와 디자인, 기능 등은 애플에서 설계하였지만 제품을 만들기 위한 기술개발은 Portal Player라는 휴대용 오디오 전문회사가 맡았다. 제품 생산은 대만회사가 맡았고, 각종 부품은 여러 회사들이 나누어 맡았다. 예를 들어 메모리는 삼성전자에서 하드디스크는 도시바에서 충전지는 소니에서 외형은 일본 회사가 맡았다. 결국 애플은 시장의 흐름과 고객의 마음을 읽고 아이디어를 디자인한 것이다. 2010년에 출시한 iPad도 Nand Flash와 DRAM은 삼성전자와 도시바에서, 디스플레이는 LG디스플레이에서, 배터리는 삼성 SDI와 LG화학에서, 정전기 방지 부품은 아모텍 등에서 조달하였다.

애플이 기술과 경험이 전혀 없음에도 불구하고 9개월 만에 iPod을 만들고 2년 만에 iPhone을 만들어서 성공한 이유는 잡스의 마케팅 능력이라고 생각한다. 즉 시장의 동향과 고객의 요구를 잘 파악하여 사용하기 쉬우면서 창의적인 제품을 디자인하는 마케팅 능력이 뛰어나다는 것이다. 잡스가 강조한 것은 "디자인은 디자이너에게 맡기고 기술자는 그 디자인에 맞게 제품을 만들어야 한다"는 것이었다.

iPod에서는 PC에 MP3 파일을 다운받고 편집할 수 있는 소프트웨어인 iTunes를 설치하였다. 또한 iPod을 이용하여 개인방송국을 만들 수 있는 Podcasting 소프트웨어를 지원했다. iPhone에서는 개발자들이 만들어서 올린 응용 소프트웨어를 다운로드 받아서 구동할 수 있는 온라인 프로그램 시장을 개설하였다. 여기서 판매되는 소프트웨어의 수익이 발생하면 수익의 30%는 애플이 비용으로 사용하고 개발자는 70%를 가져간다.

잡스는 고객의 마음을 감성으로 사로잡는 외에 수익 모델을 적극적으로 개발하여 콘텐츠로 얻을 수 있는 수익의 대부분을 개발자에게 돌려주고 있다. 소비자는 저렴한 비용으로 콘텐츠를 이용하고 개발자는 수익을 바탕으로 더 많은 콘텐츠를 생산하는 선순환 구조를 만들었다.

2) 노키아

노키아(Nokia)는 1865년 핀란드에서 종이를 만드는 목재사업을 하다가 고무사업과 전기 케이블 사업을 함께 하는 회사였다. 그러나 회사 설립 100년 만에 사업 환경의 변화로 위기를 맞아서 업종 변환을 시도했다. 미래 비전을 조사한 결과 통신사업에 뛰어들기로 하였으나 경험도 기술도 기술자도 생산시설도 판매망도 전혀 없었다. 마케팅을 외부에 의뢰하여 휴대폰을 만들기로 하지만 만들 능력이 없었으므로 디자인을 외부에 의뢰했다. 생산시설이 없었으므로 외부 공장에 생산을 의뢰하고, 홍보와 광고도 이 분야에 경험이 없었으므로 외부기획사에 모두 의뢰했다. 휴대폰 판매망이 없었으므로 판매도 외부에 의뢰했다.

인구 550만의 핀란드 시장을 기반으로 이동통신사업을 펼친 결과 세계적으로 유수한 기업(모토롤라 등)들을 물리치고 세계 제일의 휴대폰 회사가 되었다. 노키아는 철저하게 사업을 외부에 의뢰하였지만 확실한 것은 시장의 흐름을 정확하게 파악하고 고객이 원하는 것을 예감하고 그런 요구에 맞는 제품을 적기에 공급하였으므로 엄청난 성공을 거두었다.

3) 비지오(VIZIO)

비지오는 2009년에 미국 LCD TV 시장에서 삼성전자와 소니를 제치고 점유율 1위에 올랐다. 비지오는 대만계 미국인 윌리엄 왕이 2002년에 자본금 60만 달러로 시작한 벤처기업이다. 비지오는 2009년에 600만대의 LCD TV를 판매하였지만 임직원의 수는 전부 168명이다. 이 회사는 선도기술도 생산시설도 유통채널도 없다. 비지오는 기획, 마케팅, 콜센터와 일부 디자인만 담당하고 생산, 유통, 사후지원 등은 모두 외부 협력으로 해결한다.

비지오는 막대한 시설과 인력을 유지하지 않아서 원가를 크게 낮출 수 있었다. 판매도 백화점이나 전자제품 전문매장과 같이 비용이 많이 드는 유통과정을 통하지 않고 대형 할인매장에서 식료품과 같이 판매했다. 이런 식으로 비용을 절감하여 TV를 경쟁사들보다 20~30% 싸게 판매한다. 2003년에 1,700만 달러의 매출이 2009년에 25억 달러에 이르렀다.

LCD 패널은 LG 디스플레이와 대만 AUO에서, TV 부품은 삼성전기와 LG 이노텍에서, 생산은 중국에서 맡고 있다. 비지오는 연구개발, 제조, 마케팅 등 가치사슬을 분할하여 핵심 역량만 남기고 나머지를 모두 외부 전문기업에 맡기는 네트워크 사업의 대표적인 모델이다. 비지오의 브랜드 인지도는 파나소닉, 도시바, 샤프보다 높고, 3D LED TV도 내놓을 예정이다.

노키아, 애플, 비지오의 성공 신화는 유사한 점이 많다. 노키아가 마케팅, 기술개발, 생산, 판매를 모두 외부에 의뢰한 것처럼 애플은 iPod과 iPohone의 마케팅부터 판매까지 외부와의 협력을 통하여 해결하였다. 실례로 애플은 iPhone의 판매를 미국에서는 AT&T, 한국에서는 KT에 의뢰하여 성공리에 판매하고 있다.

구글은 개방형 모바일 운영체제인 안드로이드[23]를 출시하고 안드로이드폰을 대만에서 위탁 생산하고 있다. 마이크로소프트사는 휴대폰을 개발하여 이동통신회사인 버라이즌(Verizon)을 통하여 발매할 예정이다. 노키아는 태블릿 PC를 출시할 예정이다. IT 시장의 주도권이 PC에서 모바일로 넘어가고 있기 때문이다. 대만의 PC업체인 에이서(Acer)는 자체 생산부문을 분사하고 제조회사에서 서비스기업으로 변신하여 글로벌 2위 업체가 되었다. 비지오의 왕 사장은 넷북이나 자동차에도 네트워크 사업을 적용할 수 있다고 생각하고 있다.

---

23 Android: 구글에서 출시. 휴대전화 등의 모바일 장치를 위한 운영체제, 미들웨어, 응용 등을 포함한 소프트웨어.

애플, 노키아, 비지오에서 보았듯이 이제는 기술만으로 시장을 지배하는 시대는 지났다. 필요하면 기술이 없어도 얼마든지 IT 제품을 출시할 수 있다. 이제는 예술적 감성 없이 기술만으로 고객의 마음을 얻기는 어렵다. 인문과학과 사회과학에 대한 이해 없이는 시장과 고객의 마음을 읽을 수도 없고 시장에 참여할 수도 없다. 수익 모델을 적극적으로 개발하지 않으면 생존하기 어려우므로 마케팅이 중요한 시대가 되었다.

(2) 뉴로 마케팅

인간 행동의 의미는 무의식적인 문화구조에 있다. 문화가 다르면 사물의 의미도 다르다. 어떤 나라에서는 좋은 의미로 사용되는 단어가 다른 나라에서는 나쁜 의미로 사용될 수 있다. 어떤 나라의 호랑이는 수호신이 되지만 다른 나라에서는 살인 맹수에 해당한다. 이것은 그 나라 사람들에게 각인된 정보가 달라 같은 단어에 대하여 전혀 다른 감정을 나타내기 때문이다.

독일어 같은 언어는 단어마다 여성과 남성을 부여한다. 태양은 프랑스어에서 남성이지만 독일에서는 여성이다. 달은 프랑스에서 여성이지만 독일에서는 남성이다. 그 이유는 무엇일까? 프랑스에서는 늘 태양이 밝게 빛나며 밝은 햇빛은 농사를 잘 짓게 해준다. 불타는 태양 아래서 농사일을 하는 사람은 남성이므로 태양은 남성이 된다.

독일에서는 늘 날씨가 흐리고 비가 와서 햇빛이 밝은 날이면 모두 나와서 일광욕을 즐긴다. 독일인에게 태양은 어머니의 손길처럼 따뜻하고 아늑한 품이 되므로 여성이 된다. 반면에 프랑스의 달은 시원한 여성이 되고 독일의 달은 차가운 남성이 된다. 이렇게 같은 태양과 달도 나라에 따라서 전혀 다르게 머릿속에 각인된다. 각인된 정보를 이해함으로써 프랑스인과 독일인의 차이점을 이해할 수 있다.

각인(刻印, stamp, imprint)이란 동물이 본능적으로 가지는 학습 양식의 하나로 태어난 지 얼마 안 되는 짧은 시기에 습득하여 오랫동안 지속되는 행동을 의미한다. 예를 들면 망아지가 태어나면 처음 본 동물을 자신의 어미로 알고 따르는 것을 말한다. 망아지뿐만 아니라 많은 동물들에게서 이런 행태를 찾아볼 수 있다.

뉴로 마케팅은 '사용자의 심층 문화를 통하여 상품이나 서비스를 유통시키는 경영 활동'이다. 심층 문화란 태어나서 7세까지 중요한 사물의 의미를 각인하는 문화를 의미한다. 심층 문화에는 인간이 태어나기 전부터 가지고 있는 무의식적 본성까지 포함된다. 여기서 뉴로란 문화를 통하여 일정한 대상에게 부여하는 무의식적 의미를 말한다. 뉴로 마케팅이란 진화심리학의 지식을 충분히 활용하여 인간의 무의식 속에 잠재해 있는 욕망을 찾아내고 이것을 이용하여 마케팅을 활성화하는 것이다.

마케팅이란 기업이 상품을 하나라도 더 많이 팔기 위한 활동이다. 이밖에도 마케팅에 대한 정의는 무수하게 많다. 미국 마케팅학회[24]에서는 마케팅을 다음과 같이 정의하였다.

> 마케팅은 상품과 서비스를 생산자로부터 소비자에게 흐르도록 하는 기업의 활동이다.

필립 코틀러(Kotler)[25]는 마케팅을 다음과 같이 정의하였다.

> 마케팅은 교환과정을 통하여 욕구와 필요를 충족시키려는 인간의 활동이다.

마케팅 개념은 어디를 강조하느냐에 따라서 의미가 조금 달라지기는 하지만 기업이 영업을 잘하여 수익을 많이 올리려고 하는 활동임에는 틀림없다.

6.4.2 뉴로 마케팅의 실례

패스트푸드는 왜 미국에서 시작되었을까? 왜 미국인은 축구가 아니라 야구에 관심이 많을까? 이런 질문에 대하여 단순하게 지금의 현상만을 가지고 한 나라 사람들 전체에 대한 성격을 파악하는 것은 어려운 일이다. 이 질문의 답은 미국인들의 심층적인 정신 구조를 이해함으로써 얻을 수 있다. 이를 위해 진화심리학이 응용된다.

(1) 자동차의 실례

'컬처 코드'의 작가 라파이유(Rapaile)[26]는 크라이슬러(Chrysler)사로부터 고객들이 지프(jeep)에서 진정으로 원하는 것이 무엇인지 파악해 달라는 주문을 받았다. 라파이

---

24 AMA(American Marketing Association)의 정의위원회.
25 Philip Kotler(1931~): 미국의 경영학자. 노스웨스턴대학 경영대학원 교수.
26 Clotaire Rapaile: 프랑스 정신분석학자. 소르본느대학 문화인류학박사. 마케팅의 스승으로 불림.

유는 미국인들의 머릿속에 각인된 지프에 대한 욕망을 찾기 위하여 사람들에게 원하는 것을 물었다. 사람들의 대답은 대뇌피질에서 나온 것들로 뛰어난 연비, 안전성, 기계의 신뢰성 등이었다. 그는 사람들에게 더 심층적인 질문을 계속함으로써 미국의 서부 지역이나 넓고 거친 길이라도 거침없이 달리는 말의 이미지를 찾아냈다고 한다.

말은 화려하지 않으므로 지프도 화려할 필요가 없다. 지프의 지붕도 개폐식으로 요구했다. 운전자들이 말을 타고 달리는 것처럼 온몸으로 바람을 느끼고 싶어했기 때문이다. 차의 전조등은 사각형이 아니라 원형이어야 한다고 주장했다. 말에는 원형의 등을 달았기 때문이다.

라파이유의 각인 발견 작업으로 크라이슬러는 지프 랭글러로 크게 성공하게 된다. 미국인들은 넓은 개척지에 대한 강렬한 문화적 체험이 있고, 프랑스인과 독일인에게는 점령과 전쟁에 대한 강렬한 문화적 체험이 있다. 지프는 프랑스인들에게 독일군에게서 벗어나는 해방의 상징이었으며, 독일인에게는 암흑시대를 벗어나는 해방의 상징이었다. 같은 지프라도 나라가 다르면 의미하는 바가 전혀 다르다.

제품 기획은 그 제품에 대한 소비자의 심층 문화를 철저히 파악하는 것으로부터 시작해야 한다.

(2) 야구의 실례

미국인들은 왜 야구에 열광하는 것일까? 야구에는 하나의 홈과 세 개의 루(base)가 있다. 타자는 홈에서 나와서 세 개의 루를 돌아 홈으로 귀환해야 점수를 얻는다. 홈으로 돌아오지 못하면 죽은 것이다. 미국인들의 가장 성스럽고 귀한 명절은 추수감사절이다. 추수감사절의 만찬은 귀향과 관련이 있다. 만찬은 대개 어머니의 집에서 이루어지며, 어머니가 집에 계시지 않아도 그 집은 가정을 의미한다.

미국인들은 6.25 전쟁과 월남전 등 전쟁터에서 돌아오지 못한 군인들의 유해를 아직도 찾고 있다. 전쟁이 끝나고 전쟁에서 승리해도 집에 돌아오지 못하면 전쟁에서 진정으로 승리했다고 볼 수 없다고 생각한다. 아무리 시간이 지나도 귀향하지 못한 유해를 찾아서 반드시 고향으로 돌려보내려고 노력한다. 미국은 군인들을 전쟁터로 보낼 때 반드시 고향으로 돌아온다고 보장을 한다. 죽더라도 반드시 돌아온다.

미국 사람들이 가정에 중요한 의미를 두는 것은 깊은 의미가 있다. 구대륙의 고향을 떠나 미국에 온 사람들은 집이 없었다. 여러 가지 이유로 인하여 떠나온 집으로 다시 돌아갈 수도 없었다. 이후에 이민을 온 사람들도 집이 없는 것은 마찬가지였다. 그들은 새로 집을 짓고 살았다. 신대륙에서 새로운 출발을 하기 위해 이민을 온 사람들은 익숙한 생활을 포기하고 온 것이다.

미국인들의 집과 가정에 대한 감정은 어떤 문화보다도 강한 것이다. 가정은 미국 문화에서 강력한 원형이다. 새로 집을 짓고 가정을 꾸린 사람들에게 가정은 매우 귀중한 것이다. 한국에서는 길에서 잠자는 사람들을 '이슬(露)'을 맞으며 잠을 잔다고 '숙(宿)'자를 붙여서 노숙자(露宿者)라고 한다. 중국인들은 정처 없이 떠돌아다닌다고 해서 '유랑자(流浪者)'라고 한다.   미국인들은 이들을 가정이 없다고 보고 '홈리스(homeless)'라고 부른다. 같은 거지를 보고도 보는 눈이 전혀 다르다.

(3) 영화의 실례

스타워즈(Star Wars)[27]는 미국에서 1977년부터 28년 동안 6편의 시리즈물을 출시하여 전 세계적으로 광범위한 인기를 끌었던 공상과학 영화이다. 이 영화로 인하여 할리우드 액션 영화의 주류가 서부활극에서 공상과학 영화로 바뀌었다. 이 영화에는 관객의 인기를 끌 수 있는 인물들이 여러 명 나오는데 모두 정신분석학의 무의식에 관한 이론을 반영하였다. 정신분석학자 구스타브 융(Jung)[28]은 인간의 무의식에는 모든 인류들이 공통적으로 생각하는 마음의 층이 있다고 주장하고 이것을 '보편적 무의식'이라고 명명하였다. 지구상의 모든 인류는 동일한 보편적 무의식을 가지고 수백만 년을 같이 살고 있기 때문에 전 인류가 한 마음이 되어 감동하고 즐거움을 나눌 수 있다고 생각한다.

융에 의하면 보편적 무의식에는 인류 태고 시절부터 지금까지 내려오는 중요한 주제가 있는데 이것이 바로 '원형(archetype)'이다. 이 원형에는 구체적인 내용이 없고 단지 패턴과 경향이 있을 뿐이다. 이들 원형 중에는 영웅, 아니마(anima), 아니무스

---

27 Star Wars: 미국의 조지 루카스 감독이 제작을 시작한 공상과학 영화. 1977년부터 2005년까지 총 6편의 영화를 시리즈로 개봉하여 세계적으로 히트함.

28 Carl Gustav Jung(1875-1961): 스위스 정신과 의사. 한때 지그문트 프로이드의 수제자. 정신분석을 연구하고 심리적인 억압에서 콤플렉스를 발견하고, 성격을 내향성과 외향성으로 나누다.

(animus), 악한, 현자 등이 있어서 인간을 괴롭히기도 하고 도와주기도 한다. 예를 들면 아니마는 어떤 여자를 자신의 영원한 이상이라고 생각하고 그 여성을 향하여 끝없이 사랑을 바치는 원형이다. 이 남자에게 그 여자는 자신의 운명과 같은 존재이므로 모든 것을 다 바쳐서 사랑하고자 한다. 다른 사람들이 보기에는 "그저 그런 여자인데 왜 저렇게까지 목숨을 거는가?"라고 생각할 수 있다. 그러나 그에게는 그저 단순한 여자가 아니고 그 여자에게 아니마를 투영하고 있는 것이다. 반대로 아니무스는 여자가 특정한 남자를 영원한 이상으로 추구하며 사랑하는 운명의 남성이다. 이와 같이 오랜 인류 역사 속에서 모든 인류가 공통적으로 영웅, 아니마, 아니무스, 현인을 고대하거나 자신이 실현하고자 꿈꾸기도 하고 악한을 규탄하거나 기피하면서 살고 있다.

영화 스타워즈에는 이들 원형들이 모두 참여하고 있어서 많은 사람들의 주목을 끌수 있었던 것이다. 주인공 <루크 스카이워커>는 영웅, <레아 오르가나 공주>는 아니마, <한 솔로>는 아니무스, <다스 베이더>는 악한이며 노령의 현자는 <오비완 케노비> 등으로 중요한 원형들을 대신하고 있다. 이들이 활약하는 것은 바로 내가 오랫동안 꿈꾸어 왔던 무의식적인 이상을 실현하는 것이기 때문에 관객들이 지대한 관심을 가질 수밖에 없는 것이다. 스타워즈는 정신분석학의 보편무의식 개념을 영화 마케팅에 적극적으로 활용하여 성공한 대표적인 사례이다.

마케팅은 기술자들이 간과하기 쉬운 분야이며 동시에 진화심리학이 적용될 수 있는 가장 효과적인 분야이다. 현대 산업사회의 특징은 '기술만으로 살 수 없다'라는 점을 인식할 때 마케팅은 기술자들에게 중요한 분야이다.

6.5 진화 알고리즘

진화 알고리즘(evolutionary algorithm 또는 genetic algorithm)은 미국 미시간 대학의 존 홀랜드(Holland)[29] 교수가 세포의 작용을 연구하던 중에 제안한 이론이며, 생물학

---

29 John Holland(1929~): 미국의 심리학자, 전기공학자, 컴퓨터과학자. 미시간대학 교수. 진화 알

계의 적자생존 원리를 기초로 한 최적화 알고리즘이다. 생물의 유전과 진화 알고리즘을 공학적으로 모형화하여 현실에서 발생하는 다른 문제들을 해결하거나 시스템의 학습 등에 응용하려는 알고리즘이다. 진화 알고리즘을 이용하면 다른 기법으로 해결하지 못하는 특정한 분야의 문제들을 쉽게 해결할 수 있다.

진화는 모든 생물에게서 일어나는 자연스러운 현상이다. 지구의 환경이 변하는 것은 지구에 존재하는 생물로서는 피할 수 없는 선택이다. 특히 기후가 변하는 것은 생물들이 생존하는데 치명적일 수 있다. 지구는 지난 수백만 년 동안에 4만 년을 주기로 빙하시대가 교대하고 있으며 근래에는 10만 년 단위로 빙하가 확장되고 후퇴하고 있다. 최근에는 지구 온난화 현상으로 빙하가 빠른 속도로 녹고 있다. 한반도에도 아열대성 기후가 북진을 계속하고 있어서 농민들이 경작하는 농작물의 생태계가 바뀌고 있다.

지구 환경이 조금씩 변하는데 적응하지 않으면 불편하게라도 살아갈 수 있지만 환경이 많이 변하는데도 전혀 적응하지 않으면 생존할 수 없는 것이 생물이다. 생물이 아니더라도 환경이 변함에 따라 같이 변해야 하는 것이 많이 있다. 세법이 바뀌면 모든 기업의 급여계산 프로그램이 변해야 하고 금융기관의 모든 프로그램도 변해야 한다. 시대가 바뀌면 유행이 바뀌듯이 사람들이 입고 있는 옷의 모양도 끊임없이 변한다. 새로운 옷을 입고 싶은 고객의 욕구를 외면하는 의류업체는 퇴출될 수밖에 없다.

6.5.1 진화 유전자 개요

진화 알고리즘은 생물이 진화하는 과정을 활용하여 다른 문제를 해결하려고 개발되었다. 따라서 생물이 진화하는 과정에 대한 이해가 깊어야 하고 이것을 활용할 수 있는 대상 문제를 찾아내서 적용할 수 있는 알고리즘을 개발해야 한다. 진화 알고리즘은 유전 현상을 모델화하여 문제 해결과 모의실험에 사용하는 것이 목적이기 때문에 유전자를 이용하는 분야에는 관심을 두지 않는다. 진화 알고리즘이 사용되는 분야는 주로 탐색 문제, 최적화 문제, 기계 학습 문제 등이다. 생물의 진화에 관련된 중요한 요소들을 살펴보기로 한다.

고리즘 창시자. 최적화 이론과 복잡계 개척자.

(1) 진화 과정의 주요 요소

진화 알고리즘을 이해하기 위하여 필수적으로 이해해야 하는 진화와 관련된 개념들은 유전자, 염색체, DNA, 유전자형, 표현형, 유전체 등으로 최소한 다음과 같은 내용을 알아야 한다.

1) 염색체

염색체(染色體, chromosome)는 몸에 있는 모든 체세포의 핵 안에 유전 물질을 보관하는 물체이다. 사람은 46개, 말은 66개, 완두콩은 14개의 염색체를 가지고 있다. 염색체는 같은 형질에 관계하는 유전자가 두 개의 쌍을 이루기 때문에 상동염색체라고 한다. 사람은 23개의 염색체가 두 쌍이 있어서 46개가 존재하는데 각 쌍이 부모에게서 온 것이다. [그림 6.9](a)는 초파리[30] 염색체로 위가 암컷이고 아래가 수컷이다.

2) 유전자

유전자(遺傳子, gene)는 염색체를 이루고 있는 하나의 인자로 유전 정보를 저장하는 단위이다. 유전자는 유전 형질을 만들어내는 인자로 DNA와 단백질로 구성된다.

3) DNA

DNA(deoxyribonucleic acid)는 유전자를 구성하는 물질로 세포의 핵 안에 포함되어 있다. DNA는 나선구조를 이루는 뼈대와 염기로 구성되어 있다. 만일 염기가 배열된 방식이 다르면 다른 유전자를 나타내는 DNA이므로 다른 유전 정보를 지닌다. [그림 6.9](b)에서 두 개의 뼈대가 나사처럼 구부러져 있고 그 사이를 염기들이 연결하고 있는 것이 DNA의 구조이다.

---

30 초파리: 염색체가 4쌍이고 한 세대가 짧고 키우기 쉬워서 유전학 실험재료로 많이 사용됨. 특히 모건(Thomas Hunt Morgan:1866~1945)의 돌연변이 연구로 유명.

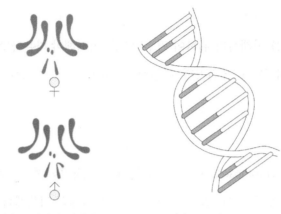

(a) 초파리의 염색체   (b) DNA의 구조

[그림 6.9] 염색체와 DNA

4) 유전자형

유전자형(遺傳子型, genotype)은 생물 내부에서 개체의 특성을 결정하는 유전자의
집합으로 밖으로 나타나지 않은 숨겨진 형질이다.

5) 표현형

표현형(表現型, phenotype)은 생물의 특성으로 겉으로 드러나는 것을 결정하는 유전
자의 조합이나 집합이다. 예를 들어 현재는 주름진 완두콩이지만 내면에는 매끈한 형
질이 숨어 있다가 다음 세대에 매끈한 완두콩으로 나올 수도 있다. 이때 현재의 주름진
완두콩에서 주름진 형질은 표현형이고 매끈한 형질은 유전자형이다.

6) 유전체

유전체(遺電體, genom)는 한 개체 유전자의 총 염기 서열이며, 어떤 생물에 관한 거
의 완전한 유전 정보의 총합이다. 인간은 23개의 염색체가 게놈을 이룬다.

(2) 생물학적 진화

생물은 염색체를 부모로부터 한 벌씩 물려받아서 두 벌의 염색체를 갖게 된다. 생물
이 진화하는 것은 다음 두 개의 시점에서 발생한다.

1) 부모가 자식의 염색체를 복제하는 과정에서 발생한다.
2) 부모의 염색체를 합하여 상동염색체를 구성할 때 발생한다.

이 두 개의 과정에서 부모와 자식 개체의 유전자가 달라지며 이렇게 자식의 유전자가 부모의 것과 달라지는 것 자체가 생물의 진화를 의미한다.

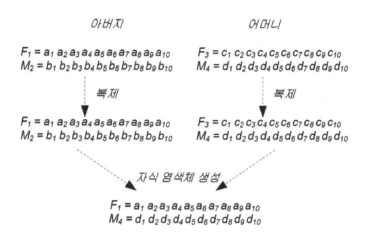

[그림 6.10] 부모 염색체의 복제에 의한 자식 염색체 생성

생물학적 진화는 개체가 교차에 의하여 염색체의 부분 결합과 돌연변이에 의하여 새로운 염색체를 가진 새로운 개체를 생성하는 것을 말한다. [그림 6.10]은 부모 염색체에서 자식 염색체를 생성하는 과정이다. 아버지 염색체는 F_1과 M_2의 쌍으로 구성된다. F_1과 M_2는 각각 자신의 부모로부터 물려받은 염색체 쌍이다. 번식을 하기 위해서 아버지 염색체 F_1과 M_2를 복제하여 동일한 염색체 쌍이 생성된다. 어머니 염색체 F_3와 M_4도 번식하기 위하여 복제한다. 복제한 아버지 염색체와 어머니 염색체 중에서 한 벌씩의 염색체를 물려받아서 생성된 염색체의 쌍 F_1과 M_4가 자식의 염색체 쌍이다.

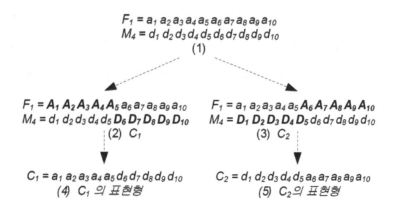

[그림 6.11] 자식 염색체의 표현 과정

[그림 6.11](1)은 앞의 [그림 6.10]에서 생성되어 부모에게서 10개의 염색체를 각각 한 벌씩 물려받아 생성된 F_lM_4이다. 이 생물의 게놈은 10개의 염색체이다. 동일한 염색체를 가진 자식 C_l과 C_2를 출생했다고 가정하자. C_l은 아버지에게서 1번에서 5번까지 어머니에게서 6번에서 10번까지 물려받은 염색체가 표현형이 되었다. C_2는 아버지에게서 6번에서 10번까지 어머니에게서 1번에서 5번까지 물려받은 염색체가 표현형이 되었다. 염색체에서 대문자 A, D 등은 표현형을 의미하고 소문자 a, d 등은 유전자형을 의미한다.

C_l은 아버지의 6번에서 10번까지의 염색체와 어머니의 1번에서 5번까지의 염색체가 유전자형이 되어 형질이 나타나지 않고 숨겨진 것이다. C_2는 아버지의 1번에서 5번까지의 염색체와 어머니의 6번에서 10번까지의 염색체가 유전자형이 되어 숨겨진 것이다.

F_l은 아버지에게서 M_4는 어머니에게서 동일한 염색체를 물려받았지만 각 염색체들이 표현형 또는 유전형으로 선정되는 것에 따라서 [그림 6.11](2)의 C_l과 [그림 6.11](3)의 C_2로 표현할 수 있다.

[그림 6.11](2)는 외부에서 보면 [그림 6.11](4)처럼 보이고, [그림 6.11](3)은 [그림 6.11](5)처럼 보인다. C_l과 C_2는 염색체가 동일한 F_l과 M_4의 쌍으로 구성되었지만 C_l과 C_2의 표현형이 다르므로 전혀 다른 개체로 나타난 것이다.

6.5.2 진화 알고리즘

진화 알고리즘은 생물의 진화 과정을 컴퓨터로 모형화함으로써 실제 세계의 문제들을 해결하려는 계산 모델이다. 또한 문제에 대한 가능한 해들을 정해진 형태의 자료구조로 표현하고 이들을 점차 변형함으로써 점점 더 좋은 해결 방법을 생성하려는 처리 절차이다.

〈표 6.5〉 진화 알고리즘 구성요소

구분	종류	내역
개체군	염색체들의 집합	정해진 개수의 염색체로 구성
유전 연산자	선택	적응도 높은 유전자
	교배	두 염색체 사이에 유전자 교환
	돌연변이	유전자를 강제로 교환
	대치	부모의 염색체를 자식 염색체로 대치
알고리즘 준비	코드화	문제의 해를 염색체로 표현
	적합도 함수	알고리즘을 평가하는 함수
알고리즘 설계	응용 프로그램	현실 문제를 해결하는 프로그램 개발

더 자세히 설명하면 어떤 세대를 형성하는 개체들의 집합, 즉 개체군 중에서 환경에 대한 적합도가 높은 개체가 높은 확률로 살아남아 생존할 수 있으므로 교배나 돌연변이를 통하여 다음 세대의 개체군을 형성하는 진화 과정을 인공적으로 모형화하여 이용하는 논리 체계이다.

진화 알고리즘의 핵심 요소는 염색체를 기호로 표현하는 방법과 유전 연산자들의 종류와 특성을 정의하고 이를 기반으로 알고리즘을 준비하고 응용 프로그램을 설계하는 일이다. 진화 알고리즘의 구성 요소들을 살펴보면 <표 6.5>와 같다.

진화 알고리즘에 사용되는 개체군(population)은 개체들을 여러 개의 염색체로 표현한다. 이들에 대한 기본적인 유전 연산자는 다음 네 가지이다.

① 선택(selection)

적합도 분포에 따라 집단 중에서 적합도가 높은 유전자를 선택하여 교배한다. 적합도가 높을수록 많은 자손을 남길 것이다.

② 교배(crossover)

선택된 두 개의 부모로부터 유전자를 선택하여 하나의 자식을 생성한다.

③ 돌연변이(mutation)

유전자의 한 부분을 강제로 변환한다.

④ 대치(substitution)

부모의 염색체를 생성된 염색체로 대치한다.

⑤ 재생(reproduction)

염색체가 확정되면 자식 개체를 생성한다.

진화 알고리즘을 설계하기 위하여 다음 두 가지를 미리 준비해야 한다.

① 코드화(encoding)

현실의 문제를 진화 알고리즘에서 해결할 수 있도록 문제의 해를 염색체 형태로
코드화(encoding)하는 것이다. 이것은 문제의 해가 될 가능성이 있는 요소들을
유전자적으로 표현하는 방법이다. 전형적인 표현 양식은 0과 1로 일차원적으로
표현하는 것이다.

② 적합도 함수(fitness function)

진화 알고리즘이 문제 해결에 얼마나 좋은지를 측정하는 함수이다. 이것은 각 염
색체의 효용성을 측정하는 기준이다.

(1) 진화 알고리즘의 실례

진화 알고리즘을 쉽게 이해하기 위하여 유전 연산자의 실례와 알고리즘의 실례를
몇 가지 살펴보기로 한다.

1) 유전 연산자

① 단순 교배

[그림 6.12]와 같이 부모 염색체 P1과 P2가 있고 교배점을 5로 했을 때 생성되는
자식은 C1과 C2와 같이 된다.

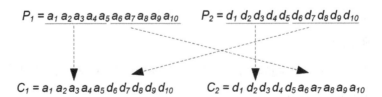

$$P_1 = a_1\,a_2\,a_3\,a_4\,a_5\,a_6\,a_7\,a_8\,a_9\,a_{10} \qquad P_2 = d_1\,d_2\,d_3\,d_4\,d_5\,d_6\,d_7\,d_8\,d_9\,d_{10}$$

$$C_1 = a_1\,a_2\,a_3\,a_4\,a_5\,d_6\,d_7\,d_8\,d_9\,d_{10} \qquad C_2 = d_1\,d_2\,d_3\,d_4\,d_5\,a_6\,a_7\,a_8\,a_9\,a_{10}$$

[그림 6.12] 단순 교배

② 복수점 교배

단순 교배와 같으나 교배점이 2개 이상이다. 다음은 교배점이 3, 8의 두 개로 했을 때 생성되는 결과는 [그림 6.13]과 같다.

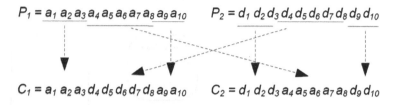

[그림 6.13] 복수점 교배

③ 균일 교배

각 유전자가 독립적으로 교환될 수 있도록 하기 위하여 [그림 6.14]와 같이 마스크를 씌워 비트가 0일 때만 유전자를 교환한다.

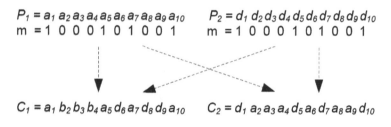

[그림 6.14] 균일 교배

④ 돌연변이

개체의 각 유전자에 대하여 일정한 돌연변이 확률을 적용하여 [그림 6.15]와 같이 대립 유전자의 값으로 교환한다.

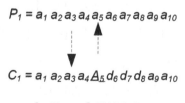

[그림 6.15] 돌연변이

2) 알고리즘

진화 알고리즘 실례 1 : 배낭 문제

{1, 5, 6, 8, 3, 7, 3, 5, 9, 0} 중에서 3개의 숫자를 골라서 20으로 만든다. 20을 만들 수 없으면 20에 가장 가까운 수를 만들 수 있는 3개의 수를 선정하라.

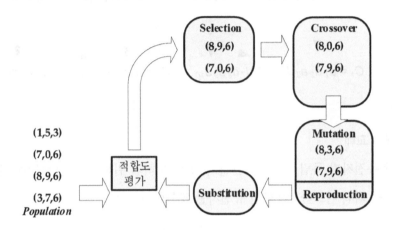

[그림 6.16] 배낭 문제 알고리즘의 실행 실례

이 문제에서 유전체는 각 숫자이며 유전자는 (1, 5, 3)과 같이 유전체 3개의 집합으로 이루어진다. 적합도 함수를 20과 얼마나 가까운지를 나타내는 값으로 둔다면 (1,5,3)에 대한 적합도는 f((1,5,3))=11이 된다.

우선 첫 세대는 임의로 생성한다. 첫 세대가 {(1,5,3), (7,0,6), (8,9,6), (3,7,6)}으로 형성되었다고 가정하자. 각각의 적합도를 구하면 {11, 7, 3, 4}이다. 이 값이 클수록 20에서 멀기 때문에 (1, 5, 3)은 해로서 부적합하다.

다음 세대를 형성하기 위해 이 세대의 개체 중에서 2개의 유전자를 선택한다. 이때 선택은 적합도를 기준으로 확률적으로 선택한다. 여기서 (8,9,6)은 (7,0,6)보다 높은 선택 기회를 가진다. 선택된 2개의 유전자의 유전체는 무작위한 위치에서 교환되어 새로운 세대가 결정된다. 예로써 (7,0,6), (8,9,6)이 선택되었고 교배 위치가 2번째 자리로 결정되었다면 다음 세대의 개체는 (7,9,6), (8,0,6)으로 된다. 두 개체의 적합도는 각각 2와 6이므로 (7,9,6)은 전 세대보다 개선되었다. 다시 돌연변이 단계에서 (8,9,6)의 9가 3으로 변환되는 돌연변이가 발생하여 (8,3,6)이 되었다. 이것은 돌연변이가 개선만 되는 것이 아니라 개악될 수도 있다는 것을 보여준다. 다만 개선되는 확률을 높이는 것이 목적이다.

[그림 6.16]은 배낭 문제(knapsack problem) 진화 알고리즘의 실례를 실제로 실행했을 때 처리 순서를 그림으로 표현한 것이다. 재생(reproduction)은 자식 개체를 생성하는 일이고, 대치(substitution)는 부모의 염색체를 자식의 염색체로 바꾸는 것이다.

(2) 진화 알고리즘 설계

진화 알고리즘을 어떤 문제에 적용하기 위해서는 유전자 표기와 적합도 함수를 정의해야 한다. 일반 생명체의 특성이 유전체의 집합인 유전자로 나타나는 것과 같이 유전자 표기는 문제의 특성을 숫자나 문자열과 같은 값의 집합으로 표기하게 된다. 적합도 함수는 특정한 해가 얼마나 적합한지를 나타내는 함수이다. 진화 알고리즘의 처리절차는 [그림 6.17]과 같이 진화를 위한 연산 결과가 적합도를 만족하는 염색체 배열을 찾는 것이다. 알고리즘의 절차를 설명하면 다음과 같다.

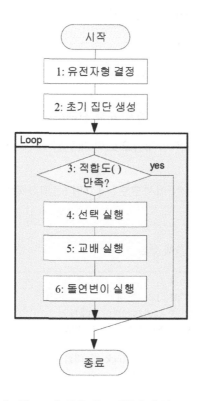

[그림 6.17] 진화 알고리즘의 순서도

① 1단계 : 유전자형의 결정

진화 알고리즘에서 유전자 요소는 DNA가 아니라 기호열이므로 대상 문제를 기호열로 변환한다.

② 2단계 : 초기 유전자 집단 생성

현실 문제를 분석하여 염색체에 해당하는 유전자 요소들의 집합을 정의한다.

③ 3단계 : 적합도의 만족 여부 확인

적합도 함수를 실행하여 적합도가 만족스러우면 프로그램을 종료한다.

만족하지 못하면 다음 단계로 진행하여 유전자들을 개선한다.

④ 4단계 : 선택 실행

도태 : 각 개체를 적합도 함수에 의한 결과값을 판단하여 열등한 개체를 제거한다.

증식 : 우수한 개체는 번식함으로써 개체수를 증대시킨다.

⑤ 5단계 : 교배 실행

두 개체의 염색체 사이에서 유전자를 교환하여 새로운 개체를 생성한다.

⑥ 6단계 : 돌연변이 실행

유전자의 특정 부분을 강제로 변경한다.

3단계로 이동하여 진화 알고리즘을 계속 실행한다.

// 유전자 집단의 다양성을 확대함으로써 개선된 유전자의 개체 발생을 기대.

진화 알고리즘의 전형적인 의사코드는 [그림 6.18]과 같다.

```
n개의 초기 염색체 생성
    {
    i = 1 to k {
    두 염색체 p1, p2  선택
    offspringi = crossover(p1, p2);
    offspringi = mutation(offspringi );
  }
  offspringi, ... offspringk 를 해집단 안의 k개의 염색체와 대치
}       (정지조건 만족);
      최상의 염색체;
```

[그림 6.18] 진화 알고리즘의 의사코드

(3) 응용 분야

진화 알고리즘은 신경망이나 퍼지 알고리즘과 마찬가지로 과학, 공학, 비즈니스, 사회과학 등 많은 분야에서 연구되고 있다. 대표적인 응용 분야는 탐색, 최적화, 기계학습 등의 세 분야이다. 이 중에서 가장 많이 사용되는 문제는 계획을 세우는 일이다. 정해진 다수의 기계가 있고, 이들을 사용하여 효율적으로 일을 할 수 있는 장비 사용 계획이 효과적이다.

대표적인 장비 배치 계획의 일반적인 해법은 우선 임의로 한 가지 계획을 제시하고 진화 알고리즘을 이용하여 만족할만한 수준의 계획이 나올 때까지 변환을 계속하는 것이다. 여기서 중요한 것은 장비와 인력을 기호로 표현하고 교배법에 의하여 기호의 배열을 변경하면서 최적의 계획이 나올 때까지 반복하는 것이다.

항공사에서 비행기와 함께 승무원들을 각 노선에 배정하는 것은 변수가 너무 많아서 계획을 세우기 힘든 일이다. 이와 같이 일정한 수의 장비와 인력을 제한된 조건 아래서 효율적으로 배치하고 운용하는 것은 진화 알고리즘에 적합한 응용분야이다.

예를 들어 대형 아파트 공사 현장에서 사용하는 타워크레인(tower crane)은 매우 고가이기 때문에 크레인의 수가 부족하다. 적은 수의 크레인을 적절하게 배치하여 각 아파트의 골조를 건설하는 일정계획은 전체 공정에서 매우 중요한 비중을 차지한다. 그러나 계획 수립을 최적화하는 방법은 시간이 많이 소요되기 때문에 사용하지 않고 진화 알고리즘을 이용하는 것이 효과적이다.

<표 6.6>은 진화 알고리즘의 응용분야이다. 이들 분야 중에서 더 효과적으로 적용되는 분야를 일반화하면 다음과 같다.

- 어느 정도의 규칙성을 가지고 있는 문제
- 여러 개의 국부적 해가 존재하는 문제
- 문제 영역의 규칙성이 어느 정도 염색체로 표현 가능한 문제
- 부분적인 해들 간에 상대적인 우위 관계가 존재하는 문제

〈표 6.6〉 진화 알고리즘의 응용분야

응용 분야	응용 사례
최적화	순회판매원 문제, 전력 송전망 최적화, 항공기 승무원 배정
설계	반도체 회로 설계, 비행기 날개 설계
인공지능	신경망 합성 및 학습, 자연언어 처리
시스템 분석과 예측	환율 변화 예측, 증권 등 경제분야 예측

진화 알고리즘이 필요 없는 분야는 다음과 같다.

- 잘 정의된 알고리즘이 존재하는 문제
- 최단 경로 탐색 문제, 정렬 등

진화 알고리즘이 가장 효과적인 문제는 다음과 같다.

- 순회 판매원 문제(salesman's problem)
- 함수 값을 최대화하는 변수
- NP–완전 문제(제5장 4절의 알고리즘 참조)

진화 알고리즘의 장단점을 살펴보면 다음과 같다.

■ 진화 알고리즘의 장점

- 알고리즘의 개념을 이해하기 쉽다.
- 기존 문제 해결 방법과 결합하여 사용하기 쉽다.
- 진화 알고리즘의 계산 모델이 자연현상에 기반을 두고 있다.
- 응용문제와 분리하여 모듈화하기 쉽다.
- 항상 해답이 있으며 시간이 갈수록 효과가 좋아진다.

■ 진화 알고리즘의 단점

- 주어진 문제를 해결하기 위한 일반적인 방법이 없다.
- 매개변수들이 너무 많다(개체수, 선택방법, 교배법, 돌연변이의 비율 등).

진화 알고리즘은 기존의 전형적인 알고리즘들이 해결할 수 없었던 난제들을 해결하는데 많은 도움을 주고 있다. 진화론과 진화심리학, 진화 알고리즘을 이해하는 것은 일련의 흐름으로 마케팅 등의 많은 문제 해결에 큰 역할을 할 것이다.

연습문제

6.1 다음 용어들을 정의하시오.
① 진화 　　② 자연선택 　　③ 창조론 　　④ 각인
⑤ 마케팅 　　⑥ 염색체 　　⑦ 표현형 　　⑧ 돌연변이
⑨ 순회 판매원 문제 　　⑩ 게놈

6.2 언어는 어떻게 진화하였는지 설명하시오.

6.3 진화론이 철학에 미친 영향을 설명하시오.

6.4 진화론이 창조론과 충돌하는 이유는 무엇인가 설명하시오.

6.5 생물이 진화하는 내부적인 근거는 무엇인가?

6.6 인간은 지금 진화 중인가 아니면 진화가 멈추었나? 그 이유는 무엇인가?

6.7 식물과 동물의 차이를 진화 과정에서 설명하시오.

6.8 눈의 진화 과정을 설명하시오.

6.9 식물에 눈이 없는 이유는 무엇인가?

6.10 기술 개발과 마케팅 중에서 어느 것이 더 중요한지 설명하시오.

6.11 애플의 실패와 성공을 마케팅 차원에서 설명하시오.

6.12 진화 알고리즘의 핵심 아이디어는 무엇인가?

6.13 진화 알고리즘의 응용 분야를 설명하시오.

6.14 휴대폰이 어디까지 진화할 것인지 설명하시오.

6.15 TV가 어디까지 진화할 것인지 설명하시오.

뇌과학과 융합

7.1 개요

7.2 뇌의 발생

7.3 뇌의 구조와 기능

7.4 의식의 흐름

7.5 의식 조절 물질

■ 연습문제

소프트웨어가 인간의 마음이라면 두뇌 동작의 원리는 소프트웨어의 원리를 의미한다. 인간처럼 생각하는 컴퓨터를 만들기 위해서는 뇌과학을 연구하는 것이 지름길이다. 과학자들은 마음으로 자동차를 움직이고 마음으로 메시지를 전달하고 마음으로 중요한 일을 처리하려고 노력하고 있다. 인간의 두뇌가 기계와 직접 연결될 수 있다면 가능하지 않을까? 자연과학은 자연에서 많은 아이디어를 얻으려고 현실문제 해결에 적극적으로 자연을 활용하고 있다.

▦ 7.1 개요

살아있는 뇌를 관찰하는 것은 매우 힘든 일이지만 관찰할 수만 있다면 뇌과학 연구에 큰 도움이 된다. 과거에는 불가능 했지만 이제는 살아있는 뇌가 동작하는 과정을 관찰할 수 있게 되었다. 뇌과학이 발달하게 된 동기는 뇌를 검사하는 기술이 발전했기 때문이다.

7.1.1 뇌에 대한 이해

머리가 좋다는 것은 지능을 의미하는데 과연 지능은 무엇인가? 나는 누구인가? 뇌인가 몸인가? 뇌는 우리에게 무엇을 의미하는가? 지능은 고정된 것인가? 지능은 향상될 수 있는 것인가? 이와 같이 뇌에 대한 기본적인 질문들에 대한 이해를 바탕으로 뇌과학을 살펴본다.

(1) 뇌의 기능

1) 지능 : 머리가 좋다는 것은 무엇이 좋다는 뜻인가?

우리는 머리가 좋은 사람은 암기력이 뛰어난 사람이라고 생각하는 경향이 있다. 과거에는 많은 시험들이 주로 암기식 문제들로 출제되었다. 암기식 교육이 창의성 교육을 가로 막는 한국교육의 문제점이라는 지적도 있다. 암기력이 좋으면 머리의 다른 능력들도 좋을 가능성이 크다고 한다. 그러나 전혀 그렇지 않을 수도 있다. 실례로 자폐증[1] 환자들의 암기력은 매우 뛰어나지만 다른 기능들은 그렇지 않을 수 있다.

　머리가 좋다는 것은 지능이 높다는 것을 의미한다. 지능(知能, intelligence)은 문제를 해결할 수 있는 정신적인 능력을 말한다. 사람이 문제를 해결하려면 추론, 계획, 추상화, 이해, 학습과 같은 여러 가지 능력이 필요한데 이들은 모두 마음이 수행하는 일이다. 지능은 여러 가지로 정의할 수 있다. 레위스 터먼(Terman)[2]은 지능을 '추상적 사상을 다루는 능력'이라고 정의하였다. 로버트 스턴버그(Sternberg)[3]는 지능을 분석력, 통찰력, 대응력 등 세 가지 능력으로 구분한다<표 7.1>. 스턴버그는 성인이 될수록 상황을 판단하고 무엇을 할 것인지 결정하는 대응력이 중요하다고 생각한다. 대응력은 실제적이고 현실세계적인 능력이다.

〈표 7.1〉 스턴버그의 세 가지 지능

종류	내역
분석력	정보의 내용을 단순한 요소로 나누어 이해하는 능력
통찰력	기존의 정보를 새로운 정보와 비교하고 경합하는 능력
대응력	환경에 대처하는 능력

■ 다중지능

　1970년대까지의 초기 이론가들은 지능을 하나의 요인으로 인식하고 지능 검사와 요인 등을 중심 과제로 연구하였다. 그러나 지능이 단일하다는 사고에서 벗어나 다양한 능력의 지능들이 있다고 생각하는 연구자들이 나타났다. 인간의 지능은 문화 의존적이고 상황 의존적이라는 것이다. 예를 들어, 수렵시대에는 신체의 민첩성과 이동 능력이 중요했으며, 농경사회에서는 자연을 잘 이해하고 적응하는 능력이 중요했으며, 현대사회에서는 언어, 논리수학 능력이 더 중요하게 인식되었다. 그 시대에 필요한 것을 잘하는 사람이 높은 지능을 가진 것으로 평가된다는 이론이다.

1　자폐증(自閉症): 사회적, 신체적, 언어적으로 이해 능력을 저하시키는 신경발달 장애.

2　Lewis Madison Terman(1877~1956): 미국의 심리학자. 스탠퍼드대학 교수. 스탠퍼드-비네 지능검사법 제작.

3　Robert Jeffrey Sternberg(1949~): 미국 심리학자. 예일대학 교수. 사랑의 삼각형 이론가.

POINT 가드너의 8대 다중 지능

언어 지능(linguistic)

말이나 글을 사용하고 표현하는 능력과 외국어를 습득하는 능력이다. 시, 소설 등 문학 작품을 창작할 수 있다.

논리수학 지능(logic mathematics)

숫자, 기호, 상징 등을 습득하고 논리적이고 추상적인 사고를 하는 능력이다. 수학과 논리 문제를 해결한다.

음악 지능(musical)

화성, 음계와 같은 음악적 요소와 여러 가지 소리를 듣고 표현하며 악기를 연주하는 능력이다.

시각공간 지능(visual spatial)

그림이나 지도, 입체물 등 공간과 관련된 상징을 인식하는 능력이다. 새로운 물리적 공간에서 방향과 거리와 지형지물을 잘 파악한다. 주로 시각적으로 주변 환경을 파악하는 능력이다.

신체운동 지능(bodily kinesthetic)

신체를 자유롭고 능숙하게 사용할 수 있는 능력이다. 신체의 균형 감각과 섬세한 움직임, 운동이나 무용을 잘 할 수 있는 능력이다.

자연탐구 지능(naturalist)

자연 환경에 관심이 많고 자연을 잘 이해하고 상호작용하고 파악하는 능력이다. 동식물 채집과 분류를 잘한다.

대인관계 지능(interpersonal)

다른 사람들의 기분, 생각, 감정 태도 등을 잘 이해하고 다른 사람들의 입장에서 생각하는 능력이다. 결과적으로 다른 사람들을 잘 파악하고 좋은 인간관계를 맺을 수 있다.

자기성찰 지능(intrapersonal)

삶의 의미와 희로애락 등 인간의 내면적이고 실존적인 문제를 잘 이해하고 관리한다. 자신의 능력을 최대로 발휘할 수 있는 능력이다.

하워드 가드너(Gardner)[4]는 지능은 <표 7.2>와 같이 언어, 논리수학, 음악, 시각공간, 신체운동, 자연탐구, 대인관계, 자기성찰 지능 등 여덟 가지로 구분된다고 주장하였다. 가드너는 지능을 문화권에서 가치가 있다고 인정되는 문제를 해결하고 산출물

---

4   Howard Gardner(1943~): 미국 발달심리학자. 하버드대학 교수. 한국을 포함하여 26개 대학으로부터 명예박사.

을 생성하는 능력이라고 보았다. 이들 각 지능은 고유한 생물학적인 기반과 상이한 발달 과정 그리고 상이한 전문성과 능력을 가진다고 한다. 이들 각각의 기본적인 잠재력을 성숙한 단계로 끌어올리는 데는 오랜 교육기간이 필요하다고 주장한다. 다중지능 이론은 기존 IQ 중심의 지능이론에서 벗어나 다양성과 문화와의 상호작용을 강조함으로써 두뇌의 영역을 넓혔다. 개인마다 가질 수 있는 다양한 지능 중에서 강점과 약점을 파악하여 개인의 가능성을 폭넓게 인식하는 큰 변화를 제공하였다

어떤 사람들은 머리가 부족해서 운동을 시킨다고 하는데 운동이야말로 지능이 좋아야 할 수 있는 분야이다. 한국의 야구 선수, 골프 선수, 피겨스케이팅 선수들이 세계적으로 뛰어난 기량을 발휘하는 것은 손과 발을 잘 쓰기 때문인 것으로 알기 쉽지만 사실은 머리가 좋아서 가능한 것이다. 이들의 실력이 손과 발에 기술이 배어 있다고 하는 것보다는 머리에 배었다고 하는 표현이 맞는다. 손가락을 잃어도 피아노를 계속 칠 수 있지만 뇌를 다치면 열 손가락이 멀쩡해도 피아노를 칠 수 없다.

우리가 열심히 운동 연습을 하는 것은 손과 발을 연습하는 것보다는 뇌를 연습한다고 보는 것이 옳다. 의식하지 않아도 자동적으로 동작이 정확하게 돌아가는 것은 머릿속에 정확한 신경회로가 만들어졌기 때문이다. 실제로 양궁 선수들은 상상력을 발휘해서 마음으로 활을 쏘고 골프 선수들은 마음으로 공을 홀에 넣는 것이 큰 도움이 된다.

〈표 7.2〉 가드너의 다중 지능 이론

종류	내역
언어	언어 사용 능력
논리수학	논리적 사고력과 수리 능력
음악	음악을 듣고 구사할 수 있는 능력
시각공간	공간을 지각하고 구성할 수 있는 능력
신체운동	몸을 제어하고 운동을 하는 능력
자연탐구	자연을 관찰하고 파악할 수 있는 능력
대인관계	다른 사람들과 좋은 관계를 유지하는 능력
자기성찰	인간의 내면적인 문제를 잘 관리하는 능력

생물학에서는 동물의 학습 능력을 실험하기 위하여 생쥐를 많이 사용한다. 생쥐 유전자의 99%가 인간에서도 발견되며, 번식 기간이 짧고, 번식을 많이 하기 때문에 동물 모델로 적합하다. 생쥐에게 학습 능력을 실험하면 똑똑한 생쥐와 둔한 생쥐 간에 처음에는 차이가 많이 난다. 생쥐들을 미로에 가두고 빠져나오는 실험을 하는데 훈련을 계속하면 나중에는 비슷해진다는 것이다. 지능이 낮아도 열심히 노력하면 똑똑하고 재능을 타고난 사람과 차이가 없어진다는 것을 의미한다. 옛말에 '머리 좋은 사람이 열심히 하는 사람을 못 따라오고, 열심히 하는 사람이 즐겁게 하는 사람을 못 따라온다'는 말이 있다. 이 말이 생쥐 실험에서 증명된 셈이다.

2) 뇌의 기본 동작 : 뇌는 기본적으로 어떤 일을 하는가?

뇌가 하는 일은 외부에서 정보를 접수하고 정보를 처리하고 외부로 정보를 내보내는 일이다. 여기서 말하는 외부란 몸 밖뿐만 아니라 뇌의 밖이므로 몸 안의 내장들도 포함된다. 배가 고프다든가 어디가 아프다든가 하는 것은 몸 안의 정보지만 뇌에서 보면 모두 뇌 밖의 외부의 일이다. 위장에서 배가 고프다는 정보가 오면 음식을 먹기 위해 몸을 이동하는 것도 모두 뇌가 정보를 접수하여 정보를 처리한 결과이다.

뇌는 기본적으로 두 가지 형태의 일을 수행한다.

① 몸 안에서 요구하는 것을 해결하기 위하여 운동한다.
② 외부 환경 변화에 대응하기 위하여 운동한다.

첫째, 배가 고프면 배가 고프다는 정보가 뇌에 전달되고 뇌는 음식을 먹어야겠다는 판단을 하고 음식을 먹기 위한 행동을 시작한다. 뇌는 음식을 얻기 위한 동작을 하기 위해 거리를 계산하고 몸을 움직이는 일을 해야 한다.

둘째, 외부에서 포식자가 나타나면 뇌는 포식자를 회피하기 위한 일을 해야 한다. 뇌는 몸 안에서 요구하는 정보와 외부 환경에서 오는 정보를 종합하여 함께 조정하고 처리해야 하는 종합 정보처리 기관이다.

3) 공포와 불안 : 뇌가 공포를 느끼는 이유는 무엇인가?

호랑이를 한 번도 본적이 없는 멧돼지도 호랑이 털의 냄새를 맡거나 호랑이 울음소리만 들어도 공포에 떤다. 고양이를 본적이 없는 생쥐도 고양이털만 봐도 공포에 몸을 떤다. 도시의 아이들이 처음 보는 뱀을 보고 무서워서 도망치는 이유는 무엇인가? 들에서 뱀을 보는 순간 뱀이라는 정보가 뇌의 시각 영역으로 올라가는 동시에 편도체로 정보가 들어가 즉시 공포반응을 일으킨다. 만약에 같은 상황에서 공포를 느끼지 않는 멧돼지나 생쥐나 사람이 있다면 어떻게 될까? 모두 잡아먹혀서 유전자를 남기지 못할 것이다.

멧돼지나 생쥐의 뇌에는 유전적으로 호랑이나 고양이에게 공포 반응하도록 정보가 기억되어 있다. 이것이 유전적으로 전달되지 않는다면 멧돼지나 생쥐들은 모두 사멸하였을 것이다. 편도체는 불안, 공포 등의 감정 작용을 한다. 동물의 뇌가 생존에 위협이 되는 정보들을 잘 기억하여 후손들에게 유전적으로 전달하는 것은 중요하다.

공포와 불안을 야기시키는 편도체는 기억을 관장하는 해마와 관련이 깊다. 공포와 불안을 야기할만한 과거의 경험이 편도체의 신경회로 구성에 직접 반영되고 이어서 해마에 기억된다. 생존에 중요하여 정착된 신경회로는 유전 정보가 되어 후손에게 전달된다. 그런데 필요 이상으로 공포를 느낀다면 현재의 정보처리 시스템이 과거의 정보처리 시스템에 의하여 억압을 당하는 것이라고 본다. 이러한 뇌의 기능을 알면 과거의 공포로부터 쉽게 빠져 나올 수 있을 것이다.

4) 통증과 기쁨 : 없어진 다리의 통증을 느낄 수 있는가?

교통사고를 당한 환자들에 의하면 이미 수술하여 없어진 다리의 통증이 심하다고 한다. 없는 다리에 대한 통증이 가능한 일일까? 통증을 느끼는 것은 다리에 있는 신경세포가 다리의 상태를 두뇌에 전달하였기 때문에 두뇌의 체감각피질의 다리 부분이 활성화된 것을 의미한다. 체감각피질이 활성화되면 두뇌의 통증반응과 관련된 부분이 활성화되어 통증을 느끼는 것이다. 따라서 다리가 이미 없다고 하더라도 두뇌에 기억되어있는 다리 정보가 통증반응부분을 활성화하면 통증을 느끼는 것이다.

어떤 사람은 환자를 바라보고 있으면 환자의 통증 부위와 동일한 자신의 신체 부위가 아파서 환자를 진찰할 수 있다고 한다. 이런 능력이 있는 사람은 그 환자의 환부를 마음으로 치료할 수 있다고 한다. 아기가 아프면 엄마가 고통을 함께 느끼는데 이런 고통을 동감고통이라고 한다.

우는 아기를 안아주면 울음을 멈추고 좋아한다. 우는 아기에게 과자를 주어도 좋아한다. 우리는 좋았던 기억을 생각하기만 해도 기분이 좋아진다. 기쁨은 고통과 마찬가지로 편도체에서 관장하며 해마와 연결되어 좋은 사실을 기억하기만 해도 기분이 좋아지는 것이다.

(2) 뇌의 정체성

뇌는 식물에는 없고 동물에만 존재한다. 그것도 고등 동물에만 존재한다. 왜 그럴까? 뇌가 구체적으로 무엇인지 생물학적인 존재 측면에서 의미를 살펴보기로 한다.

1) 나의 정체성 : 나는 무엇인가? 뇌인가? 몸인가? 정신인가?

사람은 누구나 자신이 무엇인지 또는 누구인지 존재에 관한 생각을 한다. 우리 몸의 팔다리와 여러 가지 장기들은 다른 것과 바꾸어도 '나'인 것이 분명하므로 팔, 다리, 장기들은 분명히 고유한 내가 아니다. 그러나 머리를 바꾸면 뇌가 바뀌는 것이고 내가 바뀌는 것이므로 뇌가 '나'라고 할 수 있다.

몸과 뇌라고 하는 말은 몸과 뇌를 분리할 수 있다는 의미이다. 그러나 몸과 뇌를 분리할 수 있을까? 팔과 다리 그리고 신장과 같은 장기들은 분리가 가능하지만 뇌와 몸을 분리하는 것은 불가능하다. 뇌가 몸에서 분리되는 순간 뇌와 몸의 의미가 사라진다고 보기 때문이다. 뇌는 신경계의 한 부분이며 신경계는 온 몸에 걸쳐서 분포하면서 하나의 시스템으로 움직이고 있기 때문에 뇌를 분리하여 교체한다는 것은 불가능한 일이다.

확실한 것은 뇌가 몸을 지배하고 있지만 뇌도 역시 몸의 영향을 벗어나지 못한다는 점이다. 몸은 끊임없이 뇌에 영향을 주고 있으며 몸 없이 뇌만 생존할 수 없기 때문이다. 몸이 먼저 생성된 후에 몸이 운동의 필요성 때문에 뇌를 생성하였으므로 뇌는 몸을 위하여 존재한다고 볼 수 있다.

2) 뇌의 정체성 : 뇌란 무엇일까?

뇌는 신경세포(neuron)들의 집합이므로 신경계(nerve system)라고 한다. 신경이 최초로 나타난 동물은 강장동물로 해파리에서 신경그물을 볼 수 있다(제3.3장 신경과학 참조). 신경그물은 신경세포들이 몸체의 각 부분에 배치되어 그물처럼 연결되어 있는 통신선로이다. 신경그물에 연결되어 있는 세포들은 한꺼번에 팽창하고 수축하기 쉽도록 구성되어 있다. 신경그물이 없었을 때는 아메바와 같이 헛발을 내밀어서 세포들이 천천히 이동하는 수준이었다. 신경그물로 인하여 다세포동물이 조직적으로 움직이기 시작하였다. 신경그물에는 중앙에서 관리하는 별도의 기능을 하는 신경세포가 없다. 신경은 [그림 7.1]과 같이 강장동물에서 처음 출현하여 척추동물로 진화하면서 복잡한 신경계를 구축하였다.

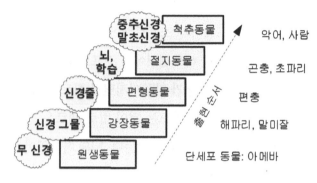

[그림 7.1] 신경계의 출현

편형동물의 몸은 좌우 대칭이므로 방향성이 있어서 강장동물보다 복잡한 운동을 한다. 정보의 양이 많아지므로 신경그물을 더 많이 연결하여 신경줄을 만든다. 신경줄이 있는 편형동물에는 머리 부분에 정보를 처리하는 뇌가 있다. 척추동물은 앞뒤좌우 모든 방향으로 움직일 수 있어서 행동이 더욱 복잡함으로 정보의 양이 더 많아져서 신경줄이 척수로 대폭 확장되고 뇌의 크기가 더 커진다. 뇌는 온몸에 있는 신경세포들로부터 정보를 받아서 처리하는 신경계의 중심이다.

뇌는 몸을 움직이기 위하여 거리를 계산하고 근육을 이동시키는 운동을 지시한다. 뇌는 운동하기 위하여 판단을 해야 한다. 정보를 받아서 판단하는 과정이 생각하는 과정이다. 뇌의 활동이란 운동으로 비롯되는 마음의 과정이다. '나'는 마음의 과정을 주도하는 마음이다.

3) 뇌의 고정성 : 뇌는 고정불변하는가?

얼마 전까지 뉴런은 소멸되기만 할 뿐 새로 만들어지지 않는다고 알고 있었다. 그러나 최근 해마(기억을 관리)와 뇌실(뇌척수액을 생산하는 공간) 주변에서 새로운 뉴런의 탄생이 목격되었다. 뉴런과 시냅스로 이루어지는 뇌신경계는 고정불변하는 것이 아니라 스스로 변화하고 교체된다. 이런 성질을 뇌의 가소성[5]이라고 한다. 뇌의 가장 큰 특성은 가소성에서 나오는 유연함이다. 뇌는 스스로 변화하면서 새로운 세포를 생산하고 새로운 환경에 잘 적응하는 기관이다. 뇌는 인류에게 무한한 가능성을 제공하고 있다.

4) 뇌와 컴퓨터 : 뇌는 컴퓨터와 어떻게 다른가?

뇌와 컴퓨터가 하는 일이 모두 정보처리라는 점에서 비슷하지만 구성 면에서 상당한 차이가 있다. 컴퓨터는 하드웨어와 소프트웨어가 완벽하게 분리되지만 뇌에서는 분리되지 않는다. 컴퓨터는 동일한 하드웨어에서 소프트웨어를 바꾸어 실행하면 전혀 다른 일을 한다. 뇌에서는 소프트웨어가 만들어지면서 회로를 새로 구성한다. 뇌에 새로운 정보를 입력하여 소프트웨어를 만드는 것이 바로 새로운 회로를 만드는 것이기 때문에 하드웨어와 소프트웨어는 분리되지 않는다. 뇌의 하드웨어에 소프트웨어가 포함되어 있다. 뇌의 신경세포는 정보처리 과정에서 다른 신경세포들과 연결하여 새로운 회로를 만들어 나간다.

뇌에서는 과거의 경험이 현재의 정보처리 과정에 영향을 준다. 과거의 정보가 회로를 변화시켜 놓았기 때문에 현재의 정보처리 방식에 큰 영향을 발휘한다. 뇌는 정보가 입력될 때마다 누적되어 회로를 구성하기 때문에 학습이 가능한 것이다. 학습이란 경험에 의하여 비교적 지속되는 행동의 변화이다. 컴퓨터에서는 소프트웨어를 많이 실행하는 것만으로 학습을 하지는 않는다.

5) 뇌와 생물 : 식물과 동물은 무엇이 다른가?

식물에는 뇌가 없는데 동물에는 뇌가 있는 이유는 무엇일까? 식물과 동물의 차이를 살펴보면 해답이 나올 것 같다. 식물과 동물의 차이는 <표 7.3>과 같이 먹이에 있다. 식물은 엽록소를 이용하여 탄소동화작용[6]을 함으로써 에너지(유기탄소화합물)를 자체에서 생산하고 있다. 동물의 세포에는 엽록소가 없기 때문에 식물이 만든 탄수화물(탄소와 물로 이루어진 포도당, 과당, 녹말 등)을 먹어야 살 수 있다. 초식 동물은 식물을 먹어서 에너지를 해결하고 육식 동물은 다른 동물을 먹어서 해결한다.

---

5 가소성(可塑性, plasticity): 외력에 의해 변형된 물체가 외력이 없어져도 원래의 형태로 돌아오지 않는 물체의 성질. 탄성 한계를 넘는 힘이 작용할 때 나타남.

6 탄소동화작용(carbon dioxide assimilation): 녹색 식물과 일부 세균이 햇빛 에너지를 흡수하여 이산화탄소(CO_2)와 물을 탄수화물로 만들면서 산소(O_2)를 배출하는 작용. 일명 광합성.

〈표 7.3〉 식물과 동물의 차이

구 분	식 물	동 물	
		초식	육식
먹이	탄소동화작용	식물	동물
운동	불가	가능	
신경	없음	있음	

동물이 움직이고 이동하는 것은 먹이와 관련이 있다. 외부에서 먹이를 얻으려면 먹이가 있는 곳으로 이동해야 한다. 초식 동물은 주변에 있는 풀을 다 먹으면 풀이 있는 곳으로 이동해야 하고 육식 동물은 다른 동물을 찾아서 이동해야 한다. 동물은 먹잇감을 얻기 위하여 운동을 해야 하고 운동하기 위해서 뇌가 필요하다. 뇌가 없는 동물은 정교하게 운동하기 어려워 먹이를 구하기도 힘들고 포식자에게 잡아먹히기 십상이다.

7.1.2 뇌 관련 기술

뇌를 관찰하고 기능을 이해하기 위해서 뇌를 검사하는 기술과 뇌를 이해할 수 있는 기술들을 살펴보기로 한다.

(1) 뇌 검사 기술

뇌를 연구하기 위해서는 뇌를 관찰해야 하는데 살아있는 뇌를 관찰하기는 매우 어려웠으나 이제는 첨단 장비들이 많이 개발되어 활용되고 있다. 뇌를 검사하는 장비는 크게 두 가지 종류가 있다. 뇌의 정적인 상태를 관찰하는 장비와 뇌가 활동하고 있는 상태를 관찰할 수 있는 장비이다. <표 7.4>와 같이 엑스선(X-ray), CT, MRI 등은 정적으로 관찰하는 장비이고, EEG, PET 등은 동적으로 관찰하는 장비이다.

〈표 7.4〉 뇌 검사 장비

장비	내역
엑스선(X-ray)	투과력이 강한 전자기파. 전자가 고속으로 물체에 충돌할 때 발생
CT	엑스선이나 초음파를 이용하여 물체에 투영하여 입체적으로 관찰하는 장치
MRI	인체가 강한 자기장에 놓일 때 양성자에서 방출되는 전파로 영상을 형성하는 장치
EEG	뇌에서 나오는 미약한 전류를 기록함으로써 뇌의 상태를 파악할 수 있는 장치
PET	인체의 생화학적 변화를 영상으로 기록할 수 있는 핵의학 영상장치

(2) 뇌 관련 기술

뇌에서는 전자파의 일종인 뇌파가 발생하고 있다. 뇌파는 의식의 존재를 규명하는 좋은 재료이며 양자역학과 깊은 관련이 있다.

 POINT 뇌 검사 장비

엑스선(X-ray)

전자가 물체에 고속으로 충돌할 때 발생하는 복사선으로 투과력이 있는 전자파이다. 엑스선은 빌헤름 뢴트겐(Röntgen)[7]이 발견하였으므로 뢴트겐선이라고도 부르며 파장이 10 - 0.01 나노미터이고 주파수는 30×10^{15} - 30×10^{18}Hz의 전자기파이다. 투과성이 강하여 물체의 내부를 볼 수 있으므로 의료분야 등의 비파괴검사에 사용된다. 뇌의 뼈 상태를 관찰할 수 있다.

CT(컴퓨터 단층 촬영장치, computed tomography)

스캐너는 엑스선이나 초음파를 여러 각도에서 인체에 투영하고 이를 컴퓨터로 재구성하여 화면으로 재생하는 장치이다. 엑스선은 3차원의 물체를 2차원으로 나타내지만 CT는 여러 각도에서 단면을 보여주기 때문에 엑스선으로 알 수 없는 사실들을 관찰할 수 있다.

MRI(자기공명촬영장치, magnetic resonance imaging)

수소 원자들이 강한 자기장 안에 놓이면 양성자가 자기장의 방향으로 정렬되고 양성자가 약한 전파를 방출하는데 이 전파를 검출하여 영상을 만드는 장치이다. 인체에는 수소 원자가 많이 있으며 생체 조직의 종류와 밀도에 따라서 방출되는 전파가 다르므로 영상을 형성할 수 있다.

EEG(Electroencephalography)

뇌에서 나오는 미약한 전류인 뇌파를 기록하는 장치이다. 1924년 독일 의사 베르거(Berger)[8]가 처음으로 두피에 전극을 붙이고 뇌파를 기록하였다. 뇌파는 환자에게 통증을 주지 않고 검사할 수 있고 환부를 정확하게 관찰할 수 있으므로 진단에 필수적이다. 뇌파는 안정되었을 때 나오는 알파파가 있으며 상태에 따라서 주파수와 진폭이 다양하다. 뇌파가 정지되는 것은 죽음을 의미한다.

PET(양전자방출단층촬영술, Positron Emission Tomography)
인체의 생화학적 변화를 동적으로 영상화할 수 있는 핵의학 분야의 영상기술이다. 다른 영상들은 신체의 정적인 상태만을 보여주는데 반하여 PET는 혈류의 흐름과 다른 흐름들을 실시간으로 파악할 수 있는 영상장치이므로 두뇌관련 진단에 효과적인 장치이다.

■ 양자역학

양자역학에서는 물질이 아원자적 단위에서 입자와 파동의 양면성을 가진다. 양자역학(量子力學, quantum mechanics)이란 원자, 분자, 소립자 등의 미시적인 대상에 적용되는 역학으로 거시적인 현상에 적용되는 고전 역학[9]과 다른 부분이 많다. 아원자적 단위란 크기가 원자 이하의 모든 실체를 말한다. 입자는 한 곳에 응축된 작은 덩어리이고 파동은 공간으로 퍼져갈 수 있는 형태의 떨림이다. 양자역학에서는 입자가 파동으로 바뀔 수도 있고 파동이 입자로 바뀔 수 있다는 것이다. 대표적인 실례가 빛이다. 빛은 파동으로 나타나기도 하고 입자로 나타나기도 한다.

양자역학에서는 비국소성이 존재한다. 비국소성이란 파동에서 입자로 바뀔 때 공간적으로 멀리 떨어져 있어도 동시에 순간적으로 붕괴하는 것을 말한다. 로저 펜로즈(Penrose)[10]는 뇌에 무수하게 많은 생각들이 양자역학의 파동 상태로 존재하다가 붕괴되면 하나의 의식인 사고가 된다고 주장한다.

---

7 Wilhelm Röntgen(1845~1923): 독일 물리학자. 1895년에 X-ray를 발견하여 최초의 노벨물리학상 수상.

8 Hans Berger(1873~1941): 독일의 신경정신학자. 예나대학 신경정신과 교수. 1924년 처음으로 뇌전위를 측정하는 기계 고안. 뇌파 연구자.

9 고전역학(古典 力學, classic mechanics): 뉴턴 물리학과 상대성이론을 합한 이론. 질량이 일정한 입자의 위치와 속도를 알 수 있다면 그 입자의 운동을 정확하게 예측할 수 있다는 결정론적 역학 이론.

10 Roger Penrose(1931~): 영국 이론물리학자, 수학자. 런던대학 교수.

7.2 뇌의 발생

뇌는 발생 과정에서 뇌의 구조를 만들어 간다. 개체발생이 계통발생을 되풀이하는 것과 같은 이치이므로 뇌의 발생은 뇌를 이해하는데 많은 도움이 된다.

7.2.1 동물 뇌의 발생

'생물의 개체발생은 계통발생을 거듭한다'는 주장이 있다. 개체발생이란 수정란이 세포분화 과정 등을 거쳐 성체와 같은 형태를 가진 개체로 성장하는 일이고 계통발생 이란 생물이 진화해온 과정을 의미하는 것으로 하인리히 헤켈(Haeckel)[11]이 주장한 이론이다. 계통발생이란 개체가 발생하는 과정이 그 조상이 복잡한 체제를 가진 생물체로 진화하여 온 모습을 다시 연출하면서 발생한다는 이론이다. 예를 들어, 고등 동물인 원숭이가 태어날 때는 원시 다세포 동물에서 어류, 양서류, 파충류, 포유류의 과정을 거치면서 영장류로 태어난다는 것이다. 이런 사실은 실험실에서 관찰이 가능하다.

생물의 발생 과정을 살펴보면 뇌의 발생 과정도 확인할 수 있다. 동물에서 뇌가 나타나는 것은 좌우대칭 형태가 시작되는 편형동물부터이다. 좌우대칭은 앞뒤가 구별되고 방향성을 부여하기 때문에 뇌가 좀 더 복잡한 운동을 해야 한다. 학습이 가능한 뇌가 나타나는 것은 지렁이와 거머리로 대표되는 환형동물부터이다. 곤충과 같은 절지동물에 이르면 뇌가 뚜렷하게 발달한 것을 볼 수 있다. 초파리는 동물 실험에서 학습, 수면, 의식 작용을 사용할 수 있을 정도로 뇌가 발달한다. 척추동물에 이르면 뇌의 구조에 큰 변화가 생기고 크기가 대폭 커지는 것을 볼 수 있다.

---

11 Ernst Heinrich Haeckel(1834~1919): 독일의 생물학자, 철학자. '개체 발생은 계통 발생을 거듭한다'는 생물발생법칙을 발견.

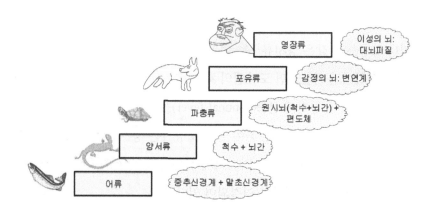

[그림 7.2] 척추동물 뇌의 진화

(1) 척추동물의 뇌

척추동물은 어류로 시작되어 양서류, 파충류, 조류, 포유류로 진화하면서 [그림 7.2] 와 같이 뇌도 같이 진화한다. 척추동물의 뇌는 구조가 크게 바뀌어 중추신경계와 말초 신경계로 구분된다. 중추신경계는 뇌와 척수로 구성되고 말초신경계는 중추신경계와 신체 각 부분을 연결하는 신경들이다. 척수(spinal cord)는 두뇌와 말초신경계를 연결 하는 신경다발이다.

어류의 뇌는 가늘고 길게 생겼는데 어류가 양서류로 진화하면서 척수는 크게 변화 하지 않고 척수 위의 두뇌가 조금 커진다. 양서류가 파충류로 진화하면서 뇌간(brain stem)이 발달한다. 뇌간은 동물의 생명을 유지하는데 필수적인 기능을 수행하여 '생명 의 뇌'라고 한다. 예를 들어 숨쉬기, 피돌기, 소화하기 등은 동물이 의식하지 않아도 생 존을 위하여 자동적으로 처리된다. 척수와 뇌간을 합하여 원시뇌라고 하는데 뇌간은 어류에서 포유류로 진화하는 동안 거의 변함이 없다.

파충류에는 뇌에 편도체라는 기관이 있어서 공포와 불안을 관장한다. 공포와 불안 은 동물의 정서를 다루는 기관이다. 개구리는 양서류이므로 정서 기능이 없으나 도마 뱀은 파충류이므로 정서 기능이 조금 있다. 도마뱀을 손위에 올려놓으면 도마뱀의 온 도가 올라가는데 개구리에게서는 볼 수 없는 일이다.

파충류에서 포유류로 진화하면 뇌간 위에 변연계(limbic system)라는 대뇌가 발달한 다. 변연계는 감정과 기억을 주로 다루는 기관이다. 생존에 위협적인 천적이 나타나면 감정을 흥분시켜서 공포를 조성하고 이런 사실을 해마를 통하여 두뇌에 저장한다. 따라서 감정의 편도체와 기억의 해마는 기능적으로 관련된 일을 하고 있다.

개구리나 도롱뇽과 같은 양서류[12]를 손위에 올려놓으면 체온에 아무런 변화가 없으나 도마뱀을 손위에 올려놓으면 도마뱀의 체온이 올라간다. 이것은 도마뱀이 파충류[13]로서 편도체가 있어 감정적 흥분(emotional fever)을 하기 때문이다. 편도체는 동물이 위험을 만나면 공포심을 야기하게 하여 빨리 도망가는 생존전략을 제공하는 변연계의 한 기관이다. 위험으로부터 공포를 야기하게 하는 편도체는 위험한 정보를 잘 활용하기 위하여 기억을 관장하는 해마와 연결되어 있다.

포유류에서 영장류로 진화하면서 대뇌의 발달이 폭발적으로 이루어진다. 대뇌피질이 특히 발달하는데 두뇌의 뼈에 막혀서 크기가 더 커질 수 없으므로 대뇌피질에 주름을 잡아서 면적을 확장한다. 가장 최근에 진화한 대뇌피질의 표면을 신피질이라고 한다. 동물이 생존하는데는 뇌간만 있어도 되는데 크기가 더 큰 변연계가 추가되어 감정을 처리하고 그 위에 크기가 더 큰 대뇌피질이 추가되어 이성적인 사고를 하고 논리적으로 판단하는 능력이 배가된다.

7.2.2 인간 뇌의 발생

뇌의 발생 과정을 살펴보면 뇌의 구조를 이해하는데 도움이 된다. 정자와 난자가 수정을 하여 만들어진 수정란은 세포분열을 계속하여 포배[14]를 형성하고 생장하여 복잡한 형태의 낭배[15]를 만든다. 발생 13일째에 낭배는 다시 외배엽, 중배엽, 내배엽을 만들고 계속 분화와 생장을 계속한다. 외배엽은 장차 피부, 손톱, 발톱 등과 신경계를 만들 것이고, 중배엽은 근육, 골격, 혈액, 생식기관을 만들 것이며, 내배엽은 소화기관과 간, 이자 등을 만들 것이다.

---

12 양서류(amphibian): 어릴 때는 아가미로 호흡하면서 물에서 살고 성장하면 허파와 피부로 호흡하면서 육지에서 사는 척추동물.

13 파충류(reptile): 양서류가 발전한 척추동물로서 포유류와 조류의 모체. 피부가 각질로 덮여 있어서 물이 빠져나가지 않아 건조지대에서 생존 가능.

14 포배(胞胚): 동물의 수정란이 세포분열을 계속하여 안쪽에 빈 공간이 생기는 배의 형태.

15 낭배(囊胚): 동물 발생 시 포배기 다음에 나타나는 주머니 모양의 배(胚, embryo).

발생 18일째는 외배엽이 신경관을 만들고 척추마디와 척수를 만든다. 발생 초기에는 전뇌, 중뇌, 능뇌를 만든다. 전뇌는 장차 대뇌피질, 변연계, 시상 등을 만들 것이고 능뇌는 소뇌 교뇌 연수 등을 만들 것이다.

발생 5주가 지나면 전뇌, 중뇌, 후뇌로 발전하고 다시 종뇌, 간뇌, 중뇌, 후뇌, 수뇌의 다섯 가지로 분화된다. 이들 간의 분화 관계를 표시한 것이 <표 7.5>이며 여기서 보는 바와 같이 중뇌는 큰 역할을 하지 않는다. 중요한 것은 외배엽이 계속 분화되어 뇌를 형성한다는 것이다.

발생 3개월째 태아의 뇌에는 소뇌와 시상이 상당히 커지고 4개월째는 연수와 교뇌가 보이면서 전반적으로 성인의 뇌 형태를 갖추게 된다. 뇌의 발생 순서를 정리하면 처음에 척수가 만들어지고 다음에 뇌간, 소뇌, 대뇌의 순서대로 만들어진다.

수정란 → 포배 → 낭배 → (외배엽, 중배엽, 내배엽) → 신경관 →
척수 → 뇌간(연수 → 뇌교) → 소뇌 → 대뇌(변연계 → 신피질)

척수는 척추동물이 출현한 약 5억 년 전에 신경줄들이 척추 뼈 안에 모여서 생성되었다. 개체발생 시에는 발생 18일 만에 생성되기 시작하는데 중추신경 다발로 구성된다.

뇌간은 파충류의 뇌라고 하는데 5억 년 전 이후에 척수에서 발생하여 계속 팽창하여 진화되어 왔다. 뇌간은 약 200g의 무게로 생명을 유지하는 일을 한다. 대뇌, 소뇌, 뇌간이 살고 죽는 것에 따라서 다음과 같이 식물인간과 뇌사 상태로 구분된다. 뇌간이 죽으면 스스로 호흡을 할 수 없으므로 인공호흡기가 필요하다.

① 식물인간 : 대뇌와 소뇌가 죽고 뇌간이 살았을 때
② 뇌사 : 대뇌, 소뇌, 뇌간이 모두 죽었을 때

소뇌가 생성되기 시작한 것은 약 4억 년 전이며 개체발생 5주가 지나면 후뇌에서 생성되기 시작한다. 소뇌는 대뇌의 약 10%에 해당한다. 소뇌는 몸의 평형을 유지하는 중추이며 조건반사와 감각기관을 관리한다.

〈표 7.5〉 뇌의 분화 단계

발생 초기		발생 중기	발생 말기	
전뇌		종뇌	대뇌피질, 변연계	대뇌
		간뇌	시상, 시상하부	
중뇌		중뇌	중뇌덮개	
능뇌	후뇌	후뇌	소뇌	소뇌
			교뇌	뇌간
		수뇌	연수	

대뇌는 전체 뇌의 90%에 해당하며 변연계와 대뇌피질로 구성된다. 구피질이라고 하는 변연계는 약 2~3억 년 전에 발생되어 진화하고 있다. 본능적인 정서 기능을 담당한다. 대뇌피질은 영장류가 출현한 1,000만 년 전에 생성되었다. 대뇌피질은 이성적인 사고와 의지를 담당한다.

<표 7.5>에서와 같이 전뇌는 외배엽의 앞부분으로 계속 분화하여 대뇌피질과 변연계 등을 머리의 윗부분에 만들고, 능뇌는 뇌의 끝부분인 소뇌와 교뇌, 연수를 만든다. 중뇌는 말 그대로 전뇌와 후뇌 사이에 위치하는데 큰 역할을 하지는 않는다.

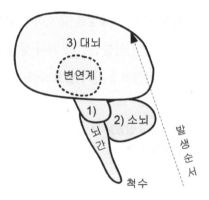

[그림 7.3] 뇌의 발생순서와 구조

사람의 두뇌는 [그림 7.3]과 같이 발생 순서로 보면 뇌간, 소뇌, 대뇌의 세 부분으로 구성되어 있다. 대뇌와 소뇌는 인간의 의식적인 활동을 지배하고 뇌간은 호흡과 심장 박동과 같은 무의식적인 활동을 지배한다. 뇌간은 뇌에서 대뇌와 소뇌를 뺀 나머지 부분이다. 대뇌는 사고하고 판단을 내리는 일을 하고 소뇌는 운동하는 일을 맡는다. 변연계는 감정과 기억을 관장하는 대뇌의 한 부분이다. 시상은 정보를 전달하는 중계소 역할을 수행하고 시상하부는 식욕, 갈증, 체온 등의 조절을 맡는다.

아기가 태어나서 울고 웃고 하는 것은 변연계가 동작하기 때문이다. 아기가 가족들을 잘 알아보지 못하는 것은 아직 변연계의 해마가 발달하지 못한 까닭이다. 아기가 일어서지 못하는 것은 소뇌가 발달하지 못했기 때문이다. 아기의 뇌 기능이 정상적으로 동작하는 것은 태어나서 18개월이 지나야 된다. 이때부터 걷기도 하고 말도 배우기 시작한다. 다른 동물들은 태어나자마자 뛰어다니는데 사람은 왜 누워서 잠만 자는 것일까?

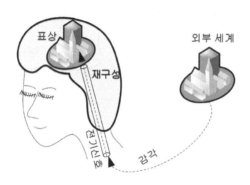

[그림 7.4] 인간은 뼈에 갇힌 가상기계

척추동물에서 척추 뼈 안에 척수가 생성되어 신경 신호를 전달하는 것은 [그림 7.4]와 같이 인간이 가상기계로 만들어졌다는 것을 의미한다. 척추동물의 신경계 특징은 다음과 같다.

① 근육이 밖으로 나오고 뼈가 안으로 들어가다.
② 신경계가 뼈 안에 갇히다.

사람이 외부의 정보를 접수하는 것은 수용체가 받은 자극을 전기 신호로 바꾸어 척수를 통하여 뇌에 전달한다. 이것은 사람이 세상의 사물을 직접 알 수 없다는 것을 의미한다. 뇌는 감각 입력을 통하여 외부 세계를 인식하는 것으로 뇌가 감각을 통하여 세계를 가상적으로 그리는 폐쇄계임을 의미한다. 뇌가 인식하는 정보를 표상이라고 하는 것은 외부 세상에 있었던 정보를 재구성하여 다시 표현(representation)한다는 뜻이다.

▦ 7.3 뇌의 구조와 기능

뇌의 발생 과정을 이해하면 진화 과정과 발생 순서에 따라 생성된 구조와 함께 각 부분의 기능과 부분 간의 관계를 이해할 수 있다.

7.3.1 뇌의 구조

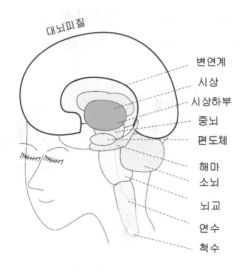

[그림 7.5] 뇌의 구조

뇌의 구조를 이해하기 위하여 [그림 7.5]의 아래 부분부터 살펴보기로 한다. 척추에 있는 척수로부터 연수가 연결된다. 연수와 뇌교를 합하여 생명의 중추인 뇌간이라고 한다. 뇌교 위에 중뇌가 있고, 중뇌 위에 간뇌가 있다. 간뇌는 대뇌와 소뇌 사이에 위치한다. 간뇌는 시상과 시상하부로 구분되며 자율신경계를 조절하는 중추이다. 간뇌 옆에 해마가 있어서 기억을 관장하고 해마 위에 편도체가 있어서 공포와 불안을 관리한다. 해마, 편도체 등을 합하여 변연계라고 한다. 변연계 위에 대뇌피질이 있어서 이성적인 사고를 운영한다. 대뇌피질은 구역으로 나뉘어 일을 분장하고 있는데 앞부분이 전두엽이고, 뒷부분이 후두엽, 윗부분이 두정엽, 옆 부분이 측두엽이다. 각 엽들의 기능은 다시 설명하기로 한다.

[그림 7.6]은 뇌의 구조에 대한 이해를 돕기 위하여 정면에서 본 그림이다. 뇌의 각 기관들의 기능을 <표 7.6>과 같이 간단하게 설명하기로 한다.

〈표 7.6〉 두뇌 각 기관의 명세

구분	이름		기능
대뇌	좌반구		논리, 언어, 분석, 귀납적, 이성적, 능동적, 공격적 능력
	우반구		직관, 공간, 비언어, 연역적, 감성적, 수동적, 방어적 능력
	뇌량		좌반구와 우반구를 연결하는 통로
변연계	해마		경험을 학습하고 장단기 기억 관리
	편도체		공포, 불안, 기쁨, 싫어함 등을 관리, 부정적인 정서의 기억과정 관리
	간뇌	시상	대뇌피질과 뇌간 사이의 정보를 전달
		시상하부	불수의근 조절. 호르몬 조절.
	중뇌		안구 운동과 홍채 수축과 이완을 조절
소뇌	소뇌		신체의 평형감각과 근육 운동을 조절
뇌간	뇌교		연수와 합하여 생명의 중추신경 역할
	연수		호흡, 심장박동, 소화기관의 운동 등을 조절
척수	척수		두뇌와 말초신경계를 연결하는 통로 (두뇌와 말초신경계를 연결)

대뇌는 좌반구와 우반구로 나뉘어 자극을 감각하고 반응을 명령한다. 좌뇌와 우뇌는 뇌량이라는 신경다발로 연결된다. 좌뇌는 몸의 오른쪽을, 우뇌는 몸의 왼쪽을 관장한다. 좌뇌는 언어, 논리, 분석, 체계적 기능을 담당하고 우뇌는 비언어, 전체적, 시공간적, 창의적, 미적 기능을 담당한다.

소뇌는 좌우 두 부분으로 나뉘어 있으며 평형감각과 근육 운동을 조절하는 운동중추 역할을 한다.

변연계는 뇌간 위에 위치하며 해마, 편도, 간뇌 등으로 구성되어 본능과 감정을 담당한다.

해마는 경험을 학습하고 장·단기 기억을 관리한다.

편도체는 대뇌변연계의 입구에 해당하며 공포, 불안, 기쁨, 싫어함 등을 관리하고 부정적인 정서의 기억과정을 관리한다. 해마와 협동하여 기억을 관리한다.

시상은 대뇌피질과 뇌간 사이의 정보를 전달한다. 후각 정보 외의 모든 감각 정보를 일시적으로 저장했다가 대뇌피질로 보낸다.

시상하부는 시상의 아래에 위치하며 불수의근을 조절한다. 식욕 중추, 갈증 중추, 체온 조절, 중추가 모여 있는 곳이며 교감신경과 부교감신경을 총괄한다. 교감신경은 외부 환경에 대해 능동적으로 활동하게 하고, 부교감신경은 활동을 진정시키는 역할을 한다. 뇌하수체와 함께 호르몬을 조절한다.

간뇌는 대뇌반구와 중뇌 사이에 위치하며 시상과 시상하부로 구성된다. 체온 조절과 체액 성분을 유지하는 등 자율신경계를 조절하는 중추이다.

중뇌는 눈동자 운동과 홍채 수축과 이완을 조절한다. 변연계는 대뇌에서 신피질을 제외한 부분을 말한다.

뇌간은 연수와 뇌교로 구성되어 생명유지의 기본적인 기능을 수행한다. 연수는 호흡, 심장박동, 소화기관의 운동 등을 조절하고, 뇌교는 연수와 합하여 생명의 중추신경 역할을 수행한다.

척수는 두뇌와 말초신경계 사이에서 자극을 감각 신호로 전달하는 통로이며 긴급한 자극에 대한 반사운동을 관리한다. 척수만 있는 하등동물은 자극에 대해 판에 박은 반사활동만 한다.

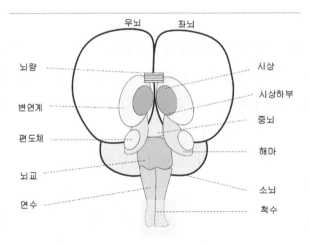

[그림 7.6] 뇌의 정면

두뇌는 [그림 7.6]에서 보는 바와 같이 두 개의 좌우반구로 나뉘어 있으며 대뇌피질로 구성되어 있다. 대뇌피질(celebrum cortex)은 대뇌 표면의 회백질로 고등동물일수록 주름이 많다. 감각 입력을 처리하며 운동을 출력하고 중요한 정보는 기억으로 저장한다. 면적은 2,200cm²이고 1/3은 표면에, 2/3는 고랑에 분포되어 있다. 대뇌 무게의

40%로 100에서 150억 개의 뉴런이 분포되어 있다.

대뇌피질은 신피질과 변연피질로 구분되는데 신피질은 고등동물에서 발달하여 대뇌 표면을 덮고 있으며 변연피질을 대뇌변연계(또는 변연계)라고 한다. 대뇌변연계는 대뇌 반구 안쪽과 아래쪽에 위치하며 구피질로 구성되어 있다. 변연계는 시상, 시상하부, 해 마, 편도체 등을 포함하며 주로 식욕, 성욕, 마시기, 수면, 공포, 불안, 즐거움 등의 본능적 인 감각과 정서를 관장한다.

두뇌 반구는 상당부분 중복 역할을 수행한다. 두 개의 반구 중에서 우세한 뇌가 언어 능력과 많이 사용하는 손을 결정한다. 이런 이유로 인하여 오른손잡이와 왼손잡이가 있는데 왼손잡이는 전체의 7~10%라고 한다. 두뇌 반구는 옆에서 보면 [그림 7.7]과 같 이 앞부분의 전두엽, 윗부분의 두정엽, 뒷부분의 후두엽, 옆 부분의 측두엽으로 나뉘 어 일을 담당한다. 전두엽은 사고와 감정과 운동을 담당하고, 두정엽은 공간을 인지하 고 감각 정보를 조절하며 측두엽은 기억을 유지하고 청각 정보를 처리하고, 후두엽은 시각 정보를 처리한다.

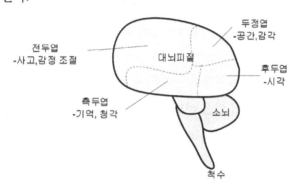

[그림 7.7] 대뇌피질의 기능

7.3.2 뇌의 기능

뇌의 기능은 감각, 운동, 기억 세 개의 영역으로 나눌 수 있다. 동물이 생존에 필요한 것은 모두 외부에 있으므로 외부 정보를 감각 기관을 통하여 파악하고 필요한 것을 가 져오기 위해 운동을 한다. 동물이 효과적으로 생존하기 위해서는 감각과 운동 과정에 서 얻은 중요한 정보들을 다음에 활용하기 위하여 저장한다.

[그림 7.8]은 뇌의 세 가지 기능이 운영되는 순서이다. 외부와 내부의 정보가 뇌에 입 력되는 감각 기능이 수행되고 입력된 정보를 이용하여 상황을 판단하고 운동을 수행

한다. 이 과정에서 뇌는 외부 정보와 기억된 정보를 비교하여 운동에 활용한다.

예를 들어 동물이 먹이를 찾아가는 과정을 살펴보자. 먹이 정보가 들어오면 기존의 기억된 정보와 비교하고 먹이라는 것을 확인한다. 다음에는 조심스럽게 먹이에게 이동한다. 기존에 기억된 정보를 상기하여 그 먹이를 잘 잡을 수 있는 방법을 생각하면서 접근한다. 먹이에게 이동할 때마다 자신의 위치가 바뀌므로 먹이의 위치와 거리를 다시 계산하면서 이동해야 하므로 운동 결과는 감각에 환류(feedback)한다.

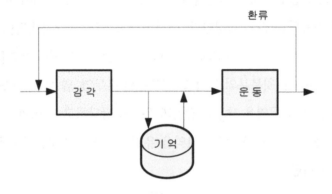

[그림 7.8] 뇌의 세 가지 영역

대뇌피질이 하는 일은 영역별로 구분되어 있다. 전두엽은 정보를 비교하고 예측하고 판단하는 등의 지능적인 일을 하면서 근육 운동을 명령한다. 두정엽은 신체의 감각을 감지하고 공간 지각을 인식하며 종합적으로 운동 명령을 지시한다. 측두엽은 청각과 기억을 담당하며 사람의 얼굴을 기억하는 일을 한다. 후두엽은 주로 시각에 관한 일을 한다.

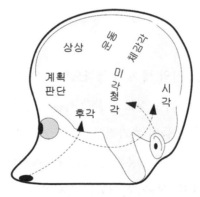

[그림 7.9] 뇌의 영역별 기능

　　대뇌피질의 일을 성격별로 구분하면 감각 영역, 연합 영역, 운동 영역으로 구분된다. 신체의 각 부분의 수용체로부터 감각 신호가 접수되면 이를 감각 영역에서 처리하고, 하나의 감각만으로 판단할 수 없으므로 연합영역에서 종합한 다음에 행동 여부를 판단하여 운동 영역을 통하여 운동을 출력하는 역할을 수행한다.

　　대뇌피질은 [그림 7.9]에서와 같이 감각 영역별로 구분되어 있다. 시각 정보는 후두엽의 시각 영역으로, 청각 정보는 측두엽의 청각 영역으로, 후각 정보는 측두엽의 후각 영역으로, 피부의 체감각 정보는 체감각 영역으로 전달되어 전두엽에서 종합적으로 판단하고 운동 영역을 통하여 행동에 옮긴다.

　　변연계는 종족의 유지 본능과 관련된 식욕, 성욕, 수면욕, 체온 유지 등의 일을 한다. 생존하기 위하여 불안과 공포를 야기하고 생존에 중요한 정보를 기억하는 일을 한다. 생존에 도움이 되는 일을 보상하기 위한 수단으로 도파민[16]과 같은 물질을 분비하여 즐거움을 제공한다. 변연계의 각 기능은 <표 7.7>에서 보는 바와 같다.

〈표 7.7〉 대뇌변연계의 구성과 기능

구성 요소	기능	위치
해마	장·단기 기억	위 아래로 인접
편도체	불안, 공포, 분노, 기억	
시상	신경의 전달, 기억	위 아래로 인접
시상하부	감정, 체온, 공포, 호르몬 조절	
중격	즐거움	편도 옆
뇌하수체	위험, 긴장, 호르몬 조절	중앙, 시상 아래
후구	냄새	중뇌 아래

16　dopamine: 호르몬의 일종. 뉴런의 신경전달 물질로 작용. 뇌신경세포 흥분 역할.

〈표 7.8〉 좌뇌와 우뇌의 특성

구분	좌뇌	우뇌
표현력	논리적, 말, 계산	음악, 그림, 이미지
언어 능력	이름, 단어 기억, 문장 능력	비언어능력: 얼굴, 목소리, 경험 기억
상황 인식	이성적, 사실적, 현실적	감정적, 창조적, 새로운 것 선호
논리성	귀납적, 논리적, 분석적, 추상적	연역적, 직관적, 구체적, 시공간적
대외관계	능동적, 공격적, 남성적	수동적, 방어적, 여성적
문제 해결	논리적으로 해결	직관적으로 해결

(1) 좌뇌형과 우뇌형

두뇌 반구의 특성은 〈표 7.8〉과 같이 좌뇌와 우뇌가 대비된다. 산업사회에서는 좌뇌형 인간이 필요했으나 앞으로의 지식정보사회에서는 우뇌형 인간이 필요하다고 한다. 스티브 잡스가 실패를 연속하다가 성공을 거듭하는 단계로 바뀐 것은 스스로 좌뇌형에서 우뇌형으로 변신한 까닭이다. 좌뇌형은 논리적으로 표현하고 우뇌형은 감성적으로 표현하기 때문에 남성들은 글을 쓰고 여성들은 문학, 미술과 음악을 전공하는 학생들이 압도적으로 많다.

남성들이 공격적이고 능동적인 것은 원래 수렵생활에서 유전된 것이고 여성들이 수동적이고 방어적인 것은 채집생활에서 유전된 것이다. 여성들은 고객의 얼굴과 목소리를 잘 기억하지만 남성들은 이름을 잘 기억한다. 남성들이 현실적이라면 여성들은 감성적이고 새로운 것을 좋아한다. 남성들이 나무를 본다면 여성들은 전체적으로 숲을 본다.

(2) 감각 정보의 흐름

사람이 느끼는 감각은 대뇌에서 제어하는 특수 감각과 척수에서 제어하는 일반 감각의 두 종류가 있다.

① 특수 감각 : 시각, 청각, 미각, 후각, 평형감각 등 두뇌에서 제어.
② 일반 감각 : 촉각, 온도 감각, 위치 감각, 고유 감각 등 척수에서 제어

특수 감각을 두뇌에서 처리하는 것은 감각 정보처리가 복잡한 과정을 필요로 하기 때문이다. 일반 감각을 척수에서 수행하는 것은 반사 신경을 이용하여 긴급하게 처리할 때 필요하다. 감각의 수단으로 구분하면 다음과 같이 세 가지가 있다.

① 접촉 감각 : 촉각
② 화학 감각 : 미각, 후각
③ 원격 감각 : 청각, 시각, 후각

원생동물이 처음 발달시킨 감각은 접촉해야 알 수 있는 촉각이며 고등동물은 화학적으로 대상을 인식하기 위하여 미각과 후각이 발달되었다. 미각은 먹이를 입에 넣어야 인식할 수 있는 감각이지만 후각은 먼 거리에서 인식할 수 있는 능력이다. 하이에나는 10km 밖에 있는 시체의 냄새를 맡을 수 있으며 북극곰은 32km 밖에 있는 바다표범의 냄새를 맡을 수 있다. 개는 인간의 후각보다 1만 배 이상 우수하여 마약 탐지에 이용되고 있다. 시각과 청각도 원거리에서 상대를 인식할 수 있는 감각 수단이다. 원거리에서 포식자가 먹이를 인식할 수 있다는 것은 생존에 매우 중요한 무기가 되기 때문에 많은 진화가 이루어졌다.

감각 정보는 시각, 청각, 체감각 등으로 구분되어 대뇌피질의 해당 영역으로 전달된다. 각 감각 영역에는 정보를 연합하기 위한 시각 연합, 청각 연합 등의 연합 영역에서 정보를 종합한다. [그림 7.10]과 같이 연합된 정보들은 다시 다중 감각 연합으로 집중되어 종합한 다음에 전전두엽으로 전달되어 판단을 하고 판단 결과를 운동 영역을 통하여 출력하게 된다.

큰 폭음 소리가 나면 사람들은 그곳으로 눈과 귀를 돌리고 자세히 바라보고 잘 들으려고 한다. 냄새가 나면 냄새로 무엇인지 확인하려고 한다. 소리와 함께 바람이 불고 어떤 물체가 날아 왔는지 확인하려고 촉각을 곤두세우기도 한다. 이런 모든 동작은 외부 상황을 종합적으로 판단하기 위하여 시각, 청각, 후각, 체감각 등을 다중 연합하는 회로를 거쳐서 전전두엽에 보내려는 노력이다. 전전두엽에서는 상황을 종합적으로 판단하고 몸을 피할 필요가 있으면 운동 영역을 통하여 행동에 옮기게 된다.

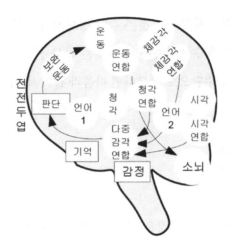

[그림 7.10] 감각 정보의 흐름

[그림 7.10]에 운동 영역 앞에 보완운동 영역이 있다. 이것은 전전두엽이 판단하여 운동을 지시한 후에 혹시 잘못했는지를 확인하는 안전장치이다. 우리가 말을 하고 나서 취소하기는 어렵기 때문에 할 말을 결정하고 말을 하려다가 다시 확인하는 단계가 바로 보완 운동 영역이다. 손과 다리 등의 모든 운동에도 보완 운동 영역을 거치게 된다.

다중 감각 영역은 정보의 중요성에 따라서 긴박하게 행동할 필요가 있으면 편도체를 통하여 몸을 긴장시키고 필요하면 해마라는 기억장치를 활용하여 과거의 기억 정보를 활용한다. 전전두엽에서는 기억된 정보와 지금 들어온 정보를 비교하고 판단하는 일을 수행한다. 생존에 필수적인 정보는 감정과 연결되어 있어서 불안이나 공포로 기억한다. 변연계는 무섭거나 슬프거나 기쁜 정도에 따라서 감정을 기억하고 관리한다.

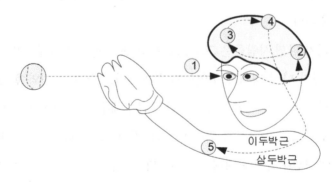

[그림 7.11] 공을 잡는 행동

변연계는 뇌간의 무의식적인 욕구와 대뇌피질의 이성적인 판단 사이에서 갈등하면서 절충과 조화로 문제를 해결하려고 한다.

[그림 7.11]은 날아오는 공을 눈으로 보고 공을 손으로 잡는 운동이 다음과 같이 일어나는 과정이다.

① 1단계

공이 오는 것이 눈에 비치면 망막에서 빛 에너지가 전기 에너지로 변환되고 시신경이 전기 신호를 뇌로 전달한다.

② 2단계

시각 영역에 신호가 전달되면 시각 신호를 시각 연합과 다중 감각 연합을 통하여 종합한 다음에 전두엽으로 전달한다.

③ 3단계

전전두엽에 공이 온다는 시각 신호가 접수되면 공이 오는 속도를 계산하고 손으로 잡을 위치를 판단하고 팔을 올리는 운동을 운동 영역에 전달한다.

④ 4단계

운동 영역에 운동 정보가 접수되면 운동 연합을 거쳐 척수를 통하여 팔 근육으로 운동 정보를 전달한다.

⑤ 5단계

왼팔의 이두박근과 삼두박근에 운동 신호가 도착하면 이두박근을 당기고 삼두박근을 늘려서 팔을 이동하고 손가락 근육들을 오므려서 공을 잡는다.

두뇌가 생성된 이유는 동물들이 운동하기 위하여 신경계를 발달시켰기 때문이다. 동물은 빨리 정확하게 운동할수록 포식자를 회피하고 먹이를 잡을 수 있는 생존 능력이 향상된다. 인류의 남성 조상들은 도구를 사용하여 사냥하면서 더욱 힘센 운동 능력을 향상하였으며 여성 조상들은 채집을 위주로 했으므로 힘보다 섬세한 운동 능력을 향상했을 것이다.

⠿ 7.4 의식의 흐름

동물은 생존하기 위하여 운동하는 과정에서 정보를 처리한다. 정보처리 능력이 우수할수록 생존능력이 우수할 것이다. 정보처리 능력이 고도화되면서 인간은 마음을 갖게 된다. 루돌프 이나스(Llinas)[17]에 의하면 마음이란 '자기 자각을 포함해서 감각운동 이미지가 발생하는 전역적인 뇌 기능 상태'라고 한다. 감각 운동 이미지란 행동을 일으키는 상태를 만들어내는 모든 감각 입력이다. 마음이 효과적으로 동작하려면 기억을 유지하고 관리하는 능력이 요구된다. 기억 과정과 함께 의식 과정을 살펴보기로 한다.

(1) 기억과 상기

동물이 생존하기 위해서는 기억력이 필수적이다. 과거에 위험했던 경험들을 잘 기억하고 있다면 위험에 대비하기 쉬웠을 것이다. 외부 환경에서 새로운 정보가 나타나면 기억된 정보와 현재 정보를 비교함으로써 정확한 판단을 내리고 조치를 취할 수 있다.

기억에는 <표 7.9>와 같이 감각기억, 단기기억, 장기기억 등이 있다. 감각기억은 일시적으로 정보를 통합, 처리, 삭제, 재생하는 기능이 있다. 경험을 수초 동안 의식 속에 유지하는데 단어를 7개 내외로 기억하는 정도이다. 감각기억은 확인하지 않으면 18초후에 소멸되지만 확인하면 단기기억으로 저장된다. 단기기억은 음향에 의하여 큰 영향을 받으므로 운율에 따라서 소리 내어 기억하면 효과적이다. 단기기억은 사고 작업시에 사용하므로 작업 기억이라고도 한다.

〈표 7.9〉 기간별 기억의 종류

기억종류	기간	용량	장소	내역
감각기억	수초	단어 7개 정도	감각 영역	일시적. 확인하면 단기기억으로
단기기억	수 일	단어 7개 이상	해마	작업 기억. 확인하면 장기기억
장기기억	수개월 이상	무제한	측두엽 등	

---

17 Rodolfo R. Llinas(1934~): 콜럼비아 출신. 호주국립대학 박사. 뉴욕대학 의대 교수. '꿈꾸는 기계의 진화' 저자.

단기기억은 며칠 동안 유지되는 기억인데 소멸되기 전에 다시 확인하면 장기기억으로 저장된다. 장기기억은 수개월 이상 유지되는 기억이다. 용량도 무제한이다. 장기기억은 해마와 편도체의 내부, 간뇌의 핵, 전뇌 기저부 등 여러 곳에 분산되어 저장된다. 장기기억을 재생(상기)하는데도 다음과 같은 요령을 이용하면 효과적이다.

- 감정과 관련된 기억
- 서로 관련된 정보를 조직화할 때
- 기억할 때와 저장할 때의 상황이 비슷할 때
- 반복적이고 지속적으로 학습할 때

[그림 7.12]와 같이 사람과 컴퓨터의 정보처리 절차는 유사하다. 컴퓨터에서 정보를 처리하기 위해서는 자료가 입력장치를 통하여 주기억장치(RAM[18])에 적재되어야 하고, 주기억장치의 내용이 순차적으로 중앙연산처리장치(CPU)에 차례대로 적재되면서 연산이 실행되고 연산 결과는 다시 주기억장치에 일시적으로 저장된다. 이것은 외부 정보가 사람의 감각기관을 통하여 입력되면 이들 정보를 처리하기 위해서 전두엽으로 이동하여 처리하고 처리 결과를 운동 영역에 일시적으로 저장하는 것과 유사하다.

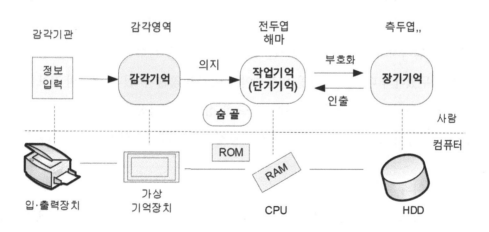

[그림 7.12] 기억장치의 기능

---

18 RAM(random access memory): 읽기와 쓰기를 모두 실행할 수 있는 휘발성 기억장치.

뇌의 감각기억 영역은 컴퓨터의 가상기억장치와 유사한 방식으로 운영된다. 외부의 정보를 두뇌의 감각 영역(시각 영역, 청각 영역, 후각 영역 등)에 일시적으로 보관하는 이유는 컴퓨터에 입력된 정보를 가상기억장치(VM[19])에 일시적으로 저장하는 것과 같이 신속한 처리를 위해서 두뇌의 일부분을 감각기관별로 할당하여 사용하는 것이다.

CPU의 연산 결과는 주기억장치를 거쳐서 출력장치를 통하여 출력된다. 이것은 전두엽에서 정보를 처리한 결과를 다시 운동 영역을 통하여 손과 발 등의 근육을 움직이게 하는 것과 같다. 다시 사용할 필요가 있는 정보는 단기적으로는 해마에 저장되고 장기적으로는 측두엽 등에 나뉘어 저장된다. 이것은 장기적으로 저장할 자료를 하드디스크(HDD)에 저장하는 것과 같다.

기존에 기억된 정보를 사용하려면 기억장치에서 전두엽으로 인출되어야 가능하다. 컴퓨터를 기동하기 위해서는 운영체제의 핵심 코드들이 주기억장치에 적재되어 실행되어야 하는데 중요한 핵심 코드들은 안전과 속도 향상을 위해서 읽기 전용 기억장치(ROM[20])에 저장한다. 이것은 사람의 생명에 핵심이 되는 중요한 정보들은 숨골(연수)에 저장되어 전두엽의 의식과 별도로 실행되는 것과 유사한 방식이다.

동물은 뇌가 있어야 학습할 수 있다고 하는데 그 이유는 무엇일까? 학습이란 '경험을 통하여 비교적 지속되는 행동의 변화'이다. 예를 들어 '같은 돌뿌리에 두 번 넘어지지 않는다'라는 속담이 있다. 한 번 걸려서 넘어진 돌부리에 대한 경험을 잘 기억해 두었다가 다시 넘어지지 않도록 조심한다는 뜻이다. 전두엽은 돌뿌리에 넘어졌던 경험을 잘 기억해 두었다가 다시 그 사실을 인출해야 넘어지지 않을 수 있다. 과거의 정보를 활용하려면 전두엽이 처리한 정보 중에서 중요한 정보를 기억장치에 저장했다가 다시 인출하는 기능이 필요하므로 뇌의 기억기능과 정보처리 기능은 함께 이루어진다.

(2) 의식의 흐름

마음을 뇌과학 용어로 의식이라고 한다. 의식은 동물이 운동하기 위하여 정보를 처

---

19 VM(virtual memory): 주기억장치의 용량 부족을 해결하기 위하여 보조기억장치의 한 부분에 정보를 저장해두는 특별 영역.

20 ROM(read only memory): 한번 기록한 정보를 빨리 읽을 수는 있으나 지울 수 없는 비휘발성 기억장치.

리하는 상태이다. 동물은 세 가지 일을 해야 생존이 가능하다. 첫째 먹이를 찾아야 하고, 둘째 포식자를 회피해야 하고, 셋째 이성을 만나야 하는데 이것은 모두 이동(운동)을 함으로써 가능한 것이다. 식물의 생존활동이 탄소동화작용이라면 동물의 생존활동은 운동이다.

척추동물들은 감각 기관들이 대부분 앞을 향하고 있으며 운동도 앞을 향하여 수행한다. 동물이 생존하기 위해서는 뇌가 감각 정보를 입수하고 기존에 기억된 정보와 비교하고 적절한 운동을 명령해야 한다. 외부 환경의 정보는 눈, 귀, 코, 피부 등에 있는 수용체가 자극을 받으면 신경세포가 미약한 전류로 전환하여 뇌에 전달한다. 뇌는 입수된 정보와 기존에 기억된 정보를 비교하여 적절한 운동 명령을 신체 근육에게 전달하고 근육이 운동을 실행한다.

의식이란 뇌가 운동을 하기 위하여 감각기관을 통하여 정보를 전달받고 기존 기억을 활용하면서 근육에게 운동을 명령하는 상태이다. [그림 7.13]과 같이 뇌는 감각과 운동과 기억 사이에서 판단 기능이 필요한데 하등동물일수록 이 기능이 적어지고 고등동물일수록 커진다. 판단 기능이 동작하는 것을 의식 상태라 하고 판단 기능이 동작하지 않는 상태를 의식이 없는 상태라고 한다. 예를 들어 강장동물은 신경계가 있으나 판단 기능이 없는 상태지만 영장류의 신경계는 추론 등의 사고가 가능한 상태이다. 정보의 입력에서 판단과 운동을 거쳐서 환류하는 전체 과정을 우리는 의식이라고 부른다.

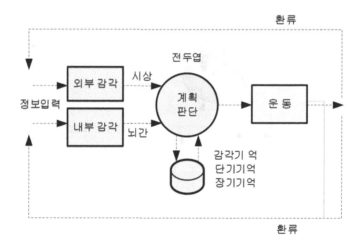

[그림 7.13] 뇌의 의식의 흐름

의식에는 감정, 상징, 언어가 포함되어 있으며 생각은 언어로 진행된다. 뇌의 활동에서 언어가 아닌 부분은 무의식이다. 뇌 활동의 5%만 의식되고 95%는 무의식 상태이다. 낮 동안에 하는 일의 대부분은 무의식적인 운동이다. 동일한 자극이 계속되면 우리는 습관대로 의식하지 않고 자동적으로 처리하지만 자극이 바뀌는 순간에는 의식이 돌아온다.

의식을 설명하는 대표적인 표현들을 정리하면 다음과 같다.

- 신경계가 운동의 조화를 이루는 상태
- 신경계가 운동을 하기 위하여 관련 신경세포들이 40Hz로 함께 진동하는 상태
- 신경계가 외부와 내부 대상을 경험하는 상태
- 신경계가 정보를 처리하는 일련의 과정
- 신경계가 언어로 외부와 내부 세계를 반영하는 상태

이상과 같은 표현들을 살펴볼 때 의식은 운동과 밀접한 관련이 있으며 신경계가 운동을 하는 상태라고 정의할 수 있다.

[그림 7.14]와 같이 내부 감각은 몸 안에서 유발되어 뇌간을 통하여 뇌에 전달된다. 외부 감각은 외부 정보가 시상에 전달되어 변연계에서 내부 감각과 만나게 되고 전두엽에서 절충하여 판단을 내리고 운동을 명령한다. 의식은 1차 의식과 고차 의식으로 구분된다.

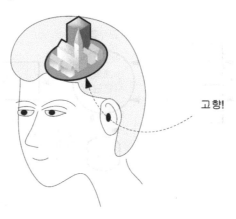

[그림 7.14] 1차 의식

(1) 1차 의식

1차 의식은 외부에서 실시간으로 입력되는 정보와 기존의 기억들이 양방향으로 연결되는 상태이다. 예를 들어 '고향'이라는 말을 들으면 [그림 7.14]처럼 어릴 때 살던 마을의 풍경이 떠오르는 것이다. 1차 의식은 언어가 생성되기 전에 형성되는 의식이다. 예를 들어 포유류 동물이 갖고 있는 수준의 의식이다. 1차 의식은 장면들이 연속적으로 흐르지 않고 하나의 장면만 떠오른다. 예를 들어 쥐를 쫓던 고양이는 쥐가 쥐구멍으로 사라지면 이동했다가 돌아와도 그 사실을 기억하지 못한다.

1차 의식의 결과가 중요한 정보라면 해마에 저장되어 나중에 활용된다. 1차 의식은 외부 환경을 감각 입력 신호로 받아들여 하나의 인과로 연결된 장면을 구성할 수 있는 능력이다. 1차 의식이 가능하기 위한 조건은 다음과 같다.

① 시상-피질의 발달

시상은 외부의 감각 정보를 대뇌피질에 전달하는 중계소이며 전전두엽은 사고하고 판단하는 신피질이다. 시상은 외부의 신호를 신속하게 중계하여 신피질에서 처리할 수 있도록 해야 한다. 시상이 발달되어야 외부 정보를 신속하게 신피질에 전달할 수 있고 신피질이 발달되어야 계획, 추론, 판단 등을 신속하게 수행할 수 있다.

② 뇌간-변연계의 발달

뇌간은 동물의 본능적인 욕구를 유발하는 기관이며 변연계는 감정을 관리하는 기관이다. 뇌간은 내부 정보를 전달하고 변연계는 생존 관련 정보인 내부 신호처리를 관장하면서 중요한 정보는 해마를 통하여 기억으로 저장한다. 이런 기억을 가치-범주 기억이라고 한다.

가치란 욕구와 욕망으로 추진되는 생존과 관련된 정보를 의미하고 범주화는 외부 정보를 몸에서 생성되는 내부 신호에 맞추어 받아들이는 과정이다. 가치-범주 기억이란 내부에서 요구되는 정보와 외부에서 필요한 정보를 절충하여 기억으로 저장한 것을 의미한다. 뇌간의 가치를 충족시켜주면 변연계는 도파민으로 쾌감을 제공하고 충족시키지 못하면 불안을 야기한다.

③ 시상-피질계와 뇌간-변연계의 연결

시상-피질계는 외부 정보를 처리하는 신경계의 일부이고 뇌간-변연계는 내부 정보를 처리하는 신경계의 일부이다. 두 신경계가 만나서 절충해야 자신의 욕구를 외부에서 해결할 수 있고 외부의 위험을 내부적으로 대응할 수 있다.

뇌간-변연계는 쾌락계라고 하며 이를 충족시켜야 생존할 수 있다. 시상-피질계는 쾌락계의 요구를 충족시키기 위하여 운동하는 체제로서 쾌락계가 생성된 다음에 진화되었다. 시상-피질계는 절제 의지를 통하여 쾌락계를 조절한다.

(2) 고차 의식

1차 의식만 가진 동물들은 현재 진행 중인 장면과 지각 활동을 연결시키지 못한다. 쥐를 쫓은 고양이는 현재 상태만 인식하고 먹이를 추적한다. 사람이 쥐를 쫓는다면 종합적으로 상황을 그려보고 예측함으로써 생각을 복합적으로 수행한다. 과거와 현재, 미래를 연결하는 장면들을 여러 가지 측면에서 추론을 해보고 판단을 한다. 동물들은 현재 기억된 장면만을 가지고 매 순간 행동을 결정한다.

사람은 현재 상황은 하나지만 과거의 여러 기억들을 상기하여 미래와 연결함으로써 장면들의 흐름을 만들어내고 지우기를 반복하여 가장 효과적인 장면을 추론하고 판단하여 행동에 옮긴다. 여기에 언어가 추가된 것이 바로 고차 의식이다.

1차 의식이 하나의 장면이라면 고차 의식은 장면의 흐름이다. 장면들이 연속적으로 흐르면서 가장 효과적인 결과들을 예측하고 행동한다. 고차 의식은 과거 기억의 장면

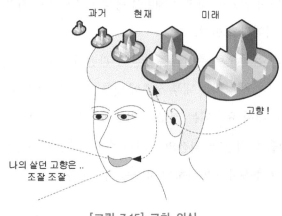

[그림 7.15] 고차 의식

을 떠올리고 미래를 예상하여 여러 가지 장면의 흐름을 만들어보고 언어를 이용하여 최종적으로 판단한다. 인간의 가장 뛰어난 능력이 있다면 상상력이며 상상력은 경험에 비추어 내일을 예측하는 기능이다. 고차 의식은 인간을 만물의 영장으로 만들어준 최고의 기관이다. 의식의 흐름은 과거와 현재와 미래를 연결하는 사고의 원동력이다.

〈표 7.10〉 1차 의식과 고차 의식

구 분	1차 의식	고차 의식
장면	1개	스트림
시간	현재	과거 현재 미래의 연결
언어	없음	사용
구성	뇌간-변연계와 시상-피질계의 연결	신피질과 언어 영역의 추가적인 연결
기능	현재 상태에서 판단	계획, 추론, 판단 등

고차 의식이란 말이 가능한 상태로 의사소통을 할 수 있는 상태이다. 고차 의식은 [그림 7.16] 및 〈표 7.11〉과 같이 언어를 매개로 여러 장면들이 인과적으로 연결되어 장면의 흐름을 생성하는 것이다. 언어를 사용하기 위하여 대뇌피질은 두 개의 언어 영역을 사용한다. 브로카 영역은 언어를 구사하는 발음을 만드는 운동 영역이다. 베르니케 영역은 언어를 이해하고 분석하는 영역이다. 두 개의 언어 영역들이 연합하여 전전두엽의 판단 기능에 활용되는 것이 고차 의식이다.

⑶ 의식의 갈등

뇌는 항상 뇌간의 욕구와 신피질의 이성 사이에서 갈등한다. 이 갈등을 잘 해결하지 못하면 죽음에 이를 수도 있다. 뇌간은 3.7억 년 전에 파충류에서 완성되었다고 해서 파충류의 뇌 또는 원시의 뇌라고 한다. 변연계는 2억 년 전에 포유류에서 완성되어 감정을 지배하므로 감정의 뇌 또는 포유류의 뇌라고 한다. 신피질은 500만 년 전에 고급 영장류에서 발달하여 이성을 지배하므로 이성의 뇌 또는 영장류의 뇌라고 한다. 뇌간과 변연계를 합하여 동물의 뇌라고 하며 무의식적으로 동물적 본능을 추구한다. 영장류의 뇌는 의식적으로 이성을 추구한다.

인간은 무의식적으로 본능을 추구하지만 의식적으로는 이상을 추구한다. 정신분석학으로 보면 뇌간-변연계는 원초아(id)에 해당하고 신피질계는 초자아(superego)에 해당하며 의식상태의 자아(ego)는 둘 사이의 경쟁 속에서 갈등을 겪는다.

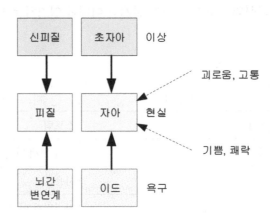

[그림 7.16] 두뇌의 갈등

〈표 7.11〉 뇌와 정신분석

구 분	속칭과 내역	갈 등	정신분석
뇌간	파충류의 뇌 : 생존 추구	욕구 분출	리비도 원초아
변연계	포유류의 뇌 : 본능, 감정 추구	절충	
대뇌피질	영장류의 뇌 : 이상 추구	욕구 억압	자아
			초자아

뇌간-변연계의 원초아는 공격성, 잔인성 등 각종 욕망을 채우려고 하며 초자아는 이상을 실현하기 위하여 노력한다. [그림 7.16] 및 <표 7.11>과 같이 의식적인 자아는 현실 문제를 해결해야 하기 때문에 욕망과 이상 사이에서 조화를 이루려고 갈등을 겪는다. 그러나 자아가 문제를 잘 해결하면 도파민[21]이라는 보상이 주어져서 기쁨을 만끽할 수 있다.

---

21 dopamine: 신경전달물질. 화학식 $C8H11NO2$

⑷ 의식과 소프트웨어

신경계의 의식과 컴퓨터 프로그램은 유사한 점이 많다. 컴퓨터의 입력, 출력, 저장은 각각 신경계의 감각, 운동, 기억과 대응되며 컴퓨터에서 정보를 처리하는 프로그램을 신경계에서는 의식 또는 마음이라고 한다. [그림 7.17]에서 운동 결과를 감각계로 환류(feedback)하는 것은 컴퓨터에서 CPU가 제어장치를 통하여 입·출력 장치들과 정보를 주고받는 과정과 대비된다.

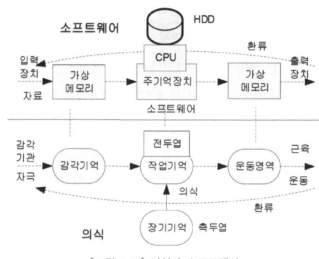

[그림 7.17] 의식과 소프트웨어

사람은 감각기관으로부터 자극을 받아서 두뇌의 해당 감각영역에 기억하고 전두엽이 관련된 정보를 단기기억이나 장기기억에서 찾아서 비교하고 적절한 조치를 내리면 해당 운동영역에 전달되어 연합 뉴런을 통하여 해당 근육에 전달되고 근육에서 운동이 실행된다. 근육의 운동 결과는 다시 감각기관에 의하여 입력되고 필요하면 다시 운동 명령을 내린다. 자신의 실행 결과에 따라서 스스로 재조정하는 기능을 환류(feedback)라고 한다. 이상과 같이 정보가 입력되어 처리되고 운동이 일어나는 두뇌에서의 신경세포들의 처리동작을 의식이라고 한다.

컴퓨터의 정보처리 작업도 두뇌와 유사한 방법으로 진행된다. 컴퓨터의 입력장치와 출력장치는 CPU에 비하여 속도가 느리기 때문에 입력정보와 출력정보를 임시로 가상메모리에 저장하면서 프로그램을 실행한다. 컴퓨터의 실행결과를 출력한 후에 결과에 따라서 다시 작업을 재조정하는 환류작업을 실행한다. 컴퓨터에서 실행되는 소프트웨어(프로그램)는 사람의 의식과 유사한 방식과 과정을 거쳐서 처리된다.

신경계의 의식은 광의로 보면 감각, 운동, 기억을 모두 포함하는 개념이지만 협의로 보면 생각을 하고 있는 상태이므로 컴퓨터 프로그램의 프로세스[22]에 해당하고 무의식은 주기억장치나 하드디스크에서 대기 중에 있는 제어 프로그램(control program)에 해당한다. 인간의 무의식은 인간 행동의 대부분을 처리하지만 컴퓨터에서는 의식에 해당하는 프로세스가 거의 모든 일을 처리한다.

신경계의 두뇌와 컴퓨터가 다른 점이 있다면 컴퓨터는 하드웨어가 고정되어 있으므로 소프트웨어 프로그램을 교체하여 실행시키면 전혀 다른 일을 할 수 있다. 프로그램은 하드웨어 위에 떠있는 상태와 같다. 그러나 인간의 의식은 두뇌에 저장될 때 단순하게 신경세포에 저장되는 것이 아니라 신경세포의 시냅스들을 새롭게 연결하면서 새로운 신경 회로(하드웨어)를 만들어 나간다는 점이 다르다. 컴퓨터 프로그램은 자신을 실행하고 있는 하드웨어를 변경하거나 만들지 못한다.

인간의 신경계는 한 번 경험하거나 학습하면 물리적인 신경회로가 형성되어 다음에 들어오는 정보를 지배하려고 한다. 따라서 무엇이든지 배울 때는 처음에 제대로 배우는 것이 중요하다. 한 번 잘못 배우면 신경 회로에 남아서 의식을 계속 지배하려고 한다. 일단 만들어진 회로를 수정하려면 몇 배의 노력을 해야 한다.

인간의 의식은 진화하지만 컴퓨터 프로그램은 진화하지 못하고 고정불변이라는 것이 차이점이다. 컴퓨터가 인간과 같아진다고 하는 것은 컴퓨터 소프트웨어가 두뇌의 신경계처럼 스스로 자신을 개조해 나갈 수 있어야 한다.

▦ 7.5 의식 조절 물질

사람이 생각을 잘 한다는 것은 머리가 좋다는 것과 함께 두뇌의 신경세포가 잘 동작한다는 의미이다. 신경세포가 잘 동작한다는 것은 한 신경세포의 신경전달물질이 다

---

22 process: 현재 CPU에서 처리 중인 프로그램.

른 신경세포로 잘 전달되는 것이다. 뇌를 비롯한 신경계가 수행하는 기본 동작은 신경세포에서 다른 신경 세포로 정보를 전달하는 일이며, 신경세포가 정보를 전달하는 방법은 신경세포 사이에 신경전달물질을 이동하는 것을 의미한다. 우리가 물질세계와 정신세계를 둘로 나누어 생각하는데 사실상 정신세계도 신경전달물질이 있어야 가능하기 때문에 정신세계는 물질이 이동함으로써 만들어지는 물질세계라고 볼 수 있다. 따라서 정신세계는 물질세계의 영향과 지배를 받고 있다.

7.5.1 생각을 출현시킨 신경전달물질

한 개의 신경세포는 수많은 다른 신경세포와 연결되어 정보를 주고받는다. 20세기 초까지는 신경세포와 신경세포 사이에는 세포질이 서로 전깃줄처럼 연결되어 정보가 전달되는 것으로 생각하였다. 그러나 현미경으로 관찰한 결과 신경세포 사이에는 일정한 간격이 있다는 사실이 밝혀졌다. 세포 사이의 간격을 넘어서 정보가 전달되기 위해서는 어떤 매개물질이 필요하다는 추론이 제시되었다. 오토 뢰비[23] 박사는 1921년에 미주신경[24]을 연구하는 과정에서 아세틸콜린(acetylcholine)이라는 신경전달물질의 존재를 처음으로 밝혔고 이 공로로 노벨상을 받았다.

신경세포가 정보를 전달하는 방법은 신경세포의 시냅스에서 여러 종류의 신경전달물질(neurotransmitter)을 선택적으로 방출하여 다른 신경 세포에 전달하는 것이다. 신경전달물질이란 뇌를 비롯한 신경세포에서 방출되어 옆에 있는 신경세포에게 정보를 전달하는 물질이다. 신경전달물질은 여러 가지 종류가 있으며 각각 자신이 맡은 역할을 수행하고 있다. 특정 분야의 신경전달물질이 잘 발생되면 그 분야의 머리가 좋다고 할 수 있고 그렇지 않으면 그 분야의 머리가 나쁘다고 할 수 있다. 따라서 신경전달물질의 종류와 기능을 잘 이해하는 것이 뇌의 활동을 이해하는 것이다.

---

23 Otto Loewi(1873~1961): 독일 출생의 미국 약리학자. 1936년에 노벨 의학상 수상.

24 미주신경(迷走神經): 10번째 뇌신경. 연수 바깥쪽에서 나와 경부, 흉부 및 복부내장 등에 분포하는 신경.

(1) 신경전달물질의 종류

신경전달물질은 수십 종류가 발견되었으며 크게 아미노산류[25], 아민류[26], 펩티드류[27] 등의 세 가지로 분류한다. 아미노산류에는 아세틸콜린, GABA, 글루타메이트, 글라이신, 아스파라진산 등이 있고 모노아민(monoamine)류에는 도파민, 아드레날린(에피네프린), 노르아드레날린, 세로토닌, 히스타민 등이 있고 펩티드류에는 엔돌핀, 옥시토신 등이 있다. 이 중에서 대표적인 신경전달물질들의 역할과 기능을 살펴본다. <표 7.12>에서 대표적인 신경전달물질의 종류와 기능을 다음과 같이 기술한다.

1) 아미노산류와 펩티드류

 POINT **신경전달물질: 아미노산류**

아세틸콜린(acetylcholine)

흥분과 억제 기능이 있으며 인지, 학습, 기억 등의 지적인 활동과 신속안구운동 수면(REM) 등을 통제한다. 분비 시에는 혈관이 확장되고 심장박동이 감소한다. 적절하게 분비되지 않으면 알츠하이머병에 걸린다.

가바(GABA, Gamma Amino Butyric Acid)

억제성 전달물질로서 표적 세포의 활동을 억제하고 불안장애, 간질, 항우울, 항경련, 혈압강하, 간 기능에 영향을 준다. 부족하면 무도병[28]을 야기한다.

글루타메이트(Glutamate)

흥분성 전달물질로서 기억과 관련된다. 과다하면 신경 독소로 작용하여 세포가 사망하게 된다. 도파민계와 상호작용하여 정신분열병을 야기하거나 완화한다.

글라이신(Glycine)

억제성 전달물질로서 생체 내에서 생긴 유독물질과 결합하여 해독작용을 한다. 경련을 유발하거나 에너지 생산에도 관여한다.

---

25 아미노산(amino acid): 아미노기(-NH2)와 산성인 카르복실기(-COOH)를 모두 가지고 있는 화합물. 대표적인 양성 전해질로서 단백질을 구성하는 중요 성분이다.

26 아민(amine): 암모니아의 수소원자를 탄화수소기로 치환한 형태의 화합물.

27 펩티드(peptide): 아미노산의 카르복실기(-COOH)와 다른 아미노산의 아미노기(-NH2)가 탈수해서 결합한 화합물.

28 무도병(chorea): 얼굴, 손, 발 등의 근육에 불수의적 운동장애를 나타내는 병. 신경병으로 보행이 춤추는 것 같아서 붙여진 이름.

POINT   신경전달물질: 펩티드류

엔돌핀(endorphine)

아편과 같이 진통제 기능을 수행하여 기분을 좋게 하고 통증을 줄여준다. 운동할 때, 흥분할 때 고통을 느낄 때 사랑을 느낄 때 작용한다. 어머니가 아기를 안아주면 아기 몸에 엔돌핀이 증가하여 행복감을 준다.

옥시토신(oxytocin)

학습과 기억에 관계되며 감정의 조절에도 관련된다. 스트레스를 감소시키고 공감능력을 높여주며 사랑을 할 때 기쁨을 준다. 어머니가 아기를 낳고 아기를 포옹하고 젖을 먹일 때 쾌감을 주기 때문에 모성애 호르몬이라고도 한다.

2) 아민류

 POINT   신경전달물질: 아민류

도파민(Dopamine)

기분 좋게 즐기고 쾌락을 추구하는 것과 관련이 있다. 보상체계, 의욕체계, 공격성, 운동, 학습, 정서, 쾌락 정보 등과 관계된다. 부족 시에는 파킨슨병에 걸리고 동작이 둔해지고 쾌감을 상실하게 된다. 과다 시에는 환각 증상, 쾌락이나 새로운 것에 몰두하게 되고 정신분열병과 관련이 깊다.

아드레날린(Adrenaline)

교감 신경을 고취하여 혈관을 수축함으로써 혈압을 상승시키고 대사를 촉진하며 당 분해를 촉진하여 에너지를 생산한다.

노르아드레날린(nordrenaline)

아드레날린과 함께 스트레스, 불안, 투쟁 또는 도피 반응을 만들어내며, 교감 신경을 고취하여 심박수를 증가시키고 지방으로부터 에너지를 방출한다. 각성을 유지하고 기분 상태를 조절한다. 공포와 우울증에 관여한다.

세로토닌(Serotonine)

활력의 원천으로서 수면과 각성에 관여하고 기분, 배고픔, 통증, 체온조절, 심혈관 반응, 정서 등을 조절한다. 부족 시에는 초조해지거나 우울하거나 불안감, 식욕 및 수면 장애와 공황장애, 강박장애가 나타나고 폭식을 하기도 한다.

히스타민(Histamine)

알레르기와 염증 반응의 매개체로서 위산 생성의 자극제이다. 수면과 각성 주기, 호르몬 분비, 심혈관 조절, 체온조절, 기억 기능에 관여한다.

지금까지 발견된 신경전달물질은 수백 가지가 넘는다고 하지만 그 기능이 자세히 밝혀진 것은 수십 개에 지나지 않는다. 지금까지 밝혀진 종류와 기능만으로도 우리는 인간의 정신이 육체와 긴밀하게 통합되어 움직이고 있다고 믿게 되었다. 점차 심신이 원론에서 심신이원론으로 비중이 옮겨가고 있다.

[표 7.12] 신경전달물질의 종류

성분 분류	신경전달물질	기능
아미노산류	아세틸콜린	인지, 학습, 기억 등 지적인 활동에 관여
	GABA	억제성 물질, 불안장애, 항우울, 혈압 강하 등
	글루타메이트	흥분성 물질. 과다하면 신경독소로 작용
	글라이신	억제성 물질. 경련 유발, 에너지 생산
아민류	도파민	보상체계, 의욕체계, 운동, 쾌락과 관계
	아드레날린	혈압 상승, 대사촉진, 당 분해 촉진
	노르아드레날린	혈압 상승, 대사촉진, 당 분해 촉진
	세로토닌	수면과 각성에 관여, 불안감, 식욕 및 정서에 관여
	히스타민	알레르기와 염증에 관여, 심혈관과 체온 조절
펩티드류	엔돌핀	진통제 기능과 사랑의 감정에 관여
	옥시토신	기억과 감정에 관여. 여성의 성 기능에 관여

(2) 신경전달물질의 전달 과정

신경전달물질은 [그림 7.18]과 같이 보통 때는 신경세포 축색돌기의 소포체[29]에 저 장되어 있다. 신경정보가 전기적 신호로 축색돌기의 말단부로 전파되어 오면 소포체 가 신경세포막과 결합한 후 터져서 신경전달물질이 시냅스 간격에 방출된다. 신경전 달물질은 시냅스를 거쳐서 다른 신경세포의 수용체[30]로 전달된다. 수용체는 신경전달 물질을 모두 수용하지 않고 자신에게 적합한 물질만 선택적으로 받아들인다. 신경전

---

29 소포체(小胞體): 진핵세포에서 단백질, 스테로이드 등을 합성하는 세포 안의 소기관.
30 수용체(receptor): 세포 안에서 세포 외의 물질 등을 신호로 하여 선택적으로 수용하는 물질.

달물질이라고 하는 열쇠가 수용체라고 하는 잠을쇠를 만나서 적합하면 수용체의 대문이 열려서 정보가 전달되고 적합하지 않으면 전달되지 않는다. 각각의 신경전달물질들은 각자 특유의 수용체 분자하고만 결합하여 특정정보를 전달하므로 사람마다 사고 능력이 다를 수 있다. 신경전달물질이라는 화학물질과 이 물질을 받아들이는 수용체의 단백질 분자의 특성이 맞아서 상호결합할 수 있으면 정보를 전달하는 것이다. 이런 방식으로 정보가 전달되어 고도의 정신기능에서부터 사소한 감정에 이르기까지 인간의 모든 사고와 행동이 결정되는 것이다.

　시냅스의 정보 전달 구조로 인하여 신경전달물질만 가지고는 온전한 통신 역할을 하지 못한다. 신경전달물질이 잘 방출된다고 하더라도 이와 결합하는 수용체가 적절한 기능을 하지 못하면 신경정보는 효율적으로 전달되지 못한다. 신경전달물질과 수용체가 합쳐져야 확실한 통신 역할을 할 수 있다. 신경전달물질의 종류는 매우 많으며 각각에 맞는 수용체도 다르기 때문에 통신 기능은 매우 복잡하다. 어떤 이유로 인하여 전달물질의 방출이 적어지면 수용체 수가 증가하고, 반대로 방출이 너무 많아지면 수용체 수가 줄어든다. 쉽게 비유하자면, 통신장치에 자동 수리 기능까지 있는 셈이다. 그래서 우리 뇌의 기능이 일정하게 유지되는 항상성을 가지게 된다. 이러한 항상성이 깨지면 여러 가지 신경 정신 질환이 발생한다.

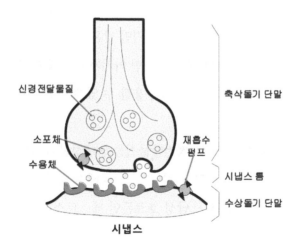

[그림 7.18] 신경전달물질의 이동 과정

(3) 신경전달물질의 연구 사례

바소프레신은 일종의 사랑의 묘약이라고 부른다. 톰 인셀[31]박사가 평원 들쥐와 초원 들쥐를 비교한 최근 연구에 따르면 평원 들쥐(prairie vole)는 한번 짝짓기 한 암컷과 평생을 살고 초원 들쥐(meadow vole)는 짝짓기가 끝나면 바로 다른 암컷을 쫓아 다닌다고 한다. 이들의 차이점은 평원 들쥐는 바소프레신을 잘 수용하고 초원 들쥐는 바소프레신을 수용하지 못한다는 것이다. 그 이유는 바소프레신이 아무리 방출되어도 초원 들쥐에게는 이것을 수용하는 수용체가 없기 때문이다. 연구원들이 초원 들쥐 수컷의 뇌에 바소프레신 수용체 유전자를 넣었더니 이들도 평원 들쥐처럼 헌신적인 남편이 되었다는 것이다. 바소프레신은 원래 수분을 재 흡수하는 역할을 수행하지만 남녀 간의 관계에 이르면 애착 관계를 형성하는 기능을 수행한다. 바소프레신이 남자에게 애착 역할을 수행하듯이 옥시토신도 여자에게 애착 역할을 수행하게 한다. 인셀 박사는 들쥐 연구에서 바소프레신과 함께 옥시토신을 함께 사용하였다.

유전자를 바꾸지 않아도 후천적으로 사람들의 생각과 태도를 바꿀 수 있다고 한다. 에른스트 페르[32] 교수의 연구에 의하면 옥시토신을 사람의 코에 뿌리면 상대에 대한 신뢰감이 높아진다고 한다. 투자자들을 상대로 투자게임을 했는데 옥시토신 냄새를 맡은 사람들은 45%가 투자를 하고 냄새를 맡지 않은 사람들은 21%가 투자를 했다고 한다. 옥시토신은 상대에 대한 신뢰감을 증대시키는 효과가 있다는 것이다. 옥시토신 수치가 높은 사람들은 연인 관계가 오래가지만 낮은 사람들은 오래가지 않는 다는 연구 결과도 있다. 옥시토신을 수용하지 못하면 아기가 어미를 따르지 않고 자폐증에 걸릴 수 있으므로 옥시토신을 후천적으로 수용할 수 있게 하면 정신질환 치료에도 도움이 될 수 있다고 한다.

하나의 신경세포는 여러 가지 신경전달물질들을 생성할 수 있으며 수상돌기의 수용체들은 각각 수용할 수 있는 신경전달물질들이 정해져 있기 때문에 사람마다 생각이 다르고 행동이 다를 수밖에 없다. 남성 호르몬인 테스토스테론은 바소프레신과 같이

---

31 Thomas R. Insel(1951.10 -): 미국의 신경과학자. 미국 NIMH(National Institute of Mental Health) 원장.

32 Ernst Fehr: 스위스 Zurich 대학 경제학과 교수. Nature에 "Oxytocin increases trust in humans"에 기고(2005년 5월).

작용하여 경쟁과 정복의 심리에 영향을 주고 여성 호르몬인 에스트로겐은 옥시토신과 같이 작용하여 대화하고 애정과 호의를 표현하는데 영향을 준다. 사람들의 생각이 긍정적이거나 부정적인 것도 호르몬의 영향 탓이라고 할 수 있다.

7.5.2 생각을 바꿔주는 호르몬

신경전달물질이 인간에게 생각을 하게 해준다면 호르몬은 생각을 다르게 할 수도 있다. 신경전달물질이 같은 사람이라도 인위적으로 호르몬의 분비를 바꿔주면 다른 생각을 하게 되고 결과적으로 다른 행동을 하게 된다. 성 호르몬의 분비에 따라서 여성스럽게 성장하기도 하고 남성스럽게 성장하기도 한다. 신경전달물질과 호르몬 (hormone)은 둘 다 생체 내의 항상성과 관련 있다. 신경전달물질은 신경세포 사이에서 정보를 전달하는 화학물질로서 운동, 기억, 중독, 정서, 인지 등의 포괄적인 기능을 수행한다. 호르몬은 내분비계로 혈관을 통해 분비되어 표적기관으로 이동하는 화학물질이다. 호르몬의 전달 속도는 느린 반면 효과가 지속되는 시간이 길다. 표적기관은 주로 내장기관이며 영향을 준 결과는 환류(feedback)하여 다시 호르몬의 분비량을 조절하게 된다. 신경전달물질은 신경세포의 축색돌기를 통하여 시냅스로 분비된다. 따라서 속도는 빠르고 효과가 지속되는 시간은 짧다. 신경계를 통해 분비되므로 불연속적이며, 분해하는 화학물질도 따로 존재한다.

(1) 호르몬의 종류

POINT 뇌에 영향을 주는 호르몬

바소프레신(vasopressin)
수분을 재흡수하고 체액량을 조절하고 혈압과 혈당을 높인다. 테스토스테론과 함께 남성성을 강화한다. 신장에서 배뇨를 조절한다. 일부일처제의 호르몬으로 한 사람의 배우자에게 헌신하고 자식을 보호하고 방어한다.

멜라토닌(melatonin)
빛의 량을 감지하여 생식활동과 함께 생체 리듬을 조절하고 관리한다. 겨울철에 몸무게가 늘고 잠을 많이 자고 육체 활동을 줄이고 성욕이 감퇴하는 계절정서장애의 원인이 되기도 한다.

뮬러관억제물질(mullerian duct inhibiting substance)

뮬러관[33]에서 분비하는 물질로서 임신 6주부터 남자 아기를 만들기 위하여 남자에게서 여성의 특성과 여성 생식기를 억제하고 제거한다. 남성 생식기와 남자의 뇌 회로를 만드는데 도움을 준다.

테스토스테론(testosterone)

남성 호르몬의 대표로서 남성성이 강한 뇌를 만들어서 지배적이고 공격적인 행동을 한다. 원하는 짝을 찾기 위하여 또는 원하는 목표를 달성하기 위하여 큰 집중력을 발휘한다. 자신감과 용기를 발휘하여 성공하기도 하지만 너무 무뚝뚝하고 난폭해질 수 있다.

에스트로겐(estrogen)

여성 호르몬의 대표로서 여성성이 강한 뇌를 만들어서 부드럽게 공감하는 행동을 한다. 남자의 옥시토신을 자극하여 대화하고 포용하는 자세를 만들게 한다.

대표적인 호르몬으로 성 호르몬과 성장 호르몬이 있다. 성 호르몬은 남자와 여자의 생식선에서 분되는 것으로 생식기를 발육시키고 그 기능을 유지시키는 역할을 한다. 여성 호르몬 에스트로겐(estrogen)은 여성 생식기를 발육시키고 배란에 관여하여 생식 주기를 조절하며 여성성을 강화한다. 남성 호르몬 테스토스테론(testosterone)은 남성의 생식기를 발육시키고 생식 기능을 유지하고 남성성을 강화한다. 성장 호르몬은 뇌하수체 전엽에서 분비되는 것으로 뼈, 연골 등의 성장과 지방 분해와 단백질 합성을 촉진시키는 물질이다. 성장 호르몬은 깊은 잠이 들었을 때 많이 분비되는 특징이 있으며 시간적으로는 오후 10시에서 새벽 2시 사이에 많이 분비된다. 따라서 성장기에는 규칙적인 습관이 중요하다.

교감신경과 부교감신경을 관장하는 호르몬인 아드레날린과 아세틸콜린은 호르몬과 신경전달물질 양쪽으로 기능한다. 같은 물질이 신경세포의 시냅스로 방출되면 신경전달물질이 되고 혈관으로 방출되면 호르몬 역할을 수행한다. [표 3]에서 뇌에 영향을 주는 호르몬의 종류와 호르몬이 분비되는 샘과 호르몬의 기능을 다음과 같이 설명하고 있다.

---

33 뮬러관(mullerian duct): 태생 초기에 여성의 생식기로 발전하기 위한 원시기관. 남성 생식기로 발전하기 위한 원시기관은 볼프관(wolffian duct)이다. 태생 초기의 아기에게는 뮬러관과 볼프관이 모두 다 존재한다. 남성 호르몬이 분비되면 뮬러관을 억제하여 남자를 만들고 분비되지 않으면 볼프관을 억제하여 여자를 만든다.

〈표 7.13〉 뇌에 영향을 주는 호르몬의 종류

분비샘	호르몬	기 능
뇌하수체	옥시토신	여성 성기능
	바소프레신	신장 기능과 혈압 상승, 남성성 증대
송과샘	멜라토닌	수면과 생활 리듬
부신	아드레날린	혈류 증가, 혈당 증가, 대사 촉진
정소	테스토스테론	남성 성징 발달과 남성성 유지
	뮬러관억제물질	여성 생식기 제거 물질
난소	에스트로겐	여성 성징 발달과 여성성 유지

　〈표 7.13〉의 아세틸콜린, 옥시토신, 바소프레신, 아드레날린 등은 호르몬뿐만 아니라 신경전달물질로도 사용되고 있다. 남성 호르몬과 여성 호르몬은 남성과 여성 모두에게서 분비되지만 성별에 따라서 분비되는 량이 크게 차이가 난다. 남성이 늙으면 남성 호르몬이 줄어서 여성화되고 여성이 늙으면 여성 호르몬이 줄어서 남성화된다.

　옥시토신은 남녀가 사랑에 빠질 때 많이 나오며 여자에게 모성애를 일으키게 하고 남자에게 좋은 아빠가 되게 한다. 뿐만 아니라 인간관계에서 미움과 다툼을 확연하게 줄여준다.

(2) 남자의 뇌와 여자의 뇌

　남자와 여자가 다르다면 무엇이 다른 것일까? 남자의 행동과 여자의 행동에는 큰 차이가 있는데 그 원인은 무엇일까? 아기들은 남자와 여자 사이에 큰 차이가 없으나 사춘기가 되면 크게 달라지는데 그 원인은 무엇일까? 남자들이 이해하지 못하는 여자의 세계가 있고 여자들이 이해하지 못하는 남자의 세계가 있다. 남자와 여자가 서로를 이해할 수 있어야 의사소통이 될 수 있는데 어떻게 남자와 여자를 잘 이해할 수 있을까? 이런 질문에 대한 답은 바로 뇌에 있다.

　남자와 여자는 같은 사람이지만 행동이 너무 다르기 때문에 다른 인종이라는 말이 있다. 그것은 여자의 뇌와 남자의 뇌가 전혀 다르기 때문이다. 여자들은 모여서 한없이 사소한 주제로 대화를 즐기지만 남자들은 큰 주제가 없다면 말을 많이 하지 않고 지내려고 한다. 남자 아이들은 가만히 있지 않고 쉴 사이 없이 움직이며 거친 놀이를 즐기지만 여자 아이들은 모여 앉자서 조용하게 노는 것이 보통이다. 여자 아기들은 사람의 얼굴을 오래 바라보고 누구하고나 눈을 맞추지만 남자 아이들은 눈을 다른 상대에게 자주 돌린다. 남자 아기들은 자동차 같이 움직이는 것을 좋아하지만 여자 아이들은 인형과 같이 예쁘고 정적인 것을 좋아한다. 이 모든 차이는 뇌의 회로가 다르기 때문이다. 뇌의 회로는 인류 역사 400만년 동안 진화되어 온 것이므로 뿌리가 매우 깊다. 남자는 사냥꾼으로 여자는 채집꾼으로 살아온 경험이 온전하게 뇌의 회로에 반영되어 있는 것이다.

남자와 여자의 성이 구별되는 것은 임신 6주부터이므로 이때부터 남자의 뇌와 여자의 뇌가 달리 성장한다. 부모로부터 xx 염색체를 물려받으면 여자로 성장하고 xy 염색체를 물려받으면 남자로 성장하므로 사람의 성별은 유전자가 결정한다. 그러나 유전자만이 사람의 성을 결정하는 것은 아니다. 호르몬의 작용에 따라서 성별이 영향을 받는다. 사람의 기본형은 여자이기 때문에 아기가 xy 염색체를 가지면 남성 호르몬과 뮬러관억제물질을 분비해서 여성 생식기를 제거하는 대신에 남성 생식기를 만들고, 아기가 xx 염색체를 가지면 남성 호르몬을 분비하지 않으므로 자연스럽게 여성 생식기를 만든다.

⑶ 동성애의 원인

남자로 태어나서 여자로 살고 싶은 사람들이 있으며, 여자로 태어나서 남자로 살고 싶은 사람들이 있다. 왜 그럴까? 외형은 남자지만 뇌는 자신을 여자로 생각하고 있으며, 반대로 외형은 여자지만 뇌는 자신을 남자로 생각하기 때문이다. 그 이유를 살펴보자.

임신 12주부터 생식기에 차이가 생기기 시작하여 16주가 되면 생식기 형태를 갖추게 된다. 그런데 이 시기에 xx 염색체를 가진 여자 아기에게 어떤 잘못으로 인하여 남성 호르몬이 분비될 수 있다. 예를 들어 임신 중에 당뇨약을 잘못 먹어서 호르몬에 이상이 오는 경우가 있었다. 여자 아기에게 남성 호르몬이 잘못 분비되면 남성 생식기가 만들어지고 부모는 남자 아이로 키우게 된다. xy 염색체를 가진 남자 아기에게 어떤 잘못으로 인하여 남성 호르몬이 분비되지 않으면 여성 생식기가 만들어지고 부모는 여자 아이로 키우게 된다. 여기서 성 정체성의 혼란이 야기된다. 유전자는 여성인데 생식기는 남성이고, 유전자는 남성인데 생식기는 여성이 될 수 있다. 따라서 마음도 유전자와 다르게 또는 생식기와 다르게 남성 또는 여성이 될 수 있다. 즉 사람은 생식기에 의한 생물학적인 성이 있으며 성정체성과 성역할에 따르는 심리적인 성이 있는데 이들이 서로 다를 수 있다는 것이다. 뇌 속의 생각과 생식기의 차이를 해소하기 위하여 성전환을 하고 싶은 사람이 생기는 것이다.

연습문제

7.1 다음 용어들을 정의하시오.
① 지능   ② 다중 지능   ③ MRI   ④ 계통발생
⑤ 뇌간   ⑥ 구피질   ⑦ 의식   ⑧ 편도체
⑨ 해마   ⑩ 척수

7.2 뇌가 하는 일을 설명하시오.

7.3 나는 누구인가?(자신이 무엇인지 설명하시오)

7.4 고전 역학과 양자 역학의 차이를 설명하시오.

7.5 개구리와 도마뱀의 뇌의 차이점을 설명하시오.

7.6 뇌의 발생 순서대로 구조를 설명하시오.

7.7 유비쿼터스 시스템과 신경계의 구조와 기능을 비교하시오.

7.8 사람이 뼈에 갇힌 가상기계라면 세상 밖의 물체를 어떻게 인식하는가?

7.9 장기기억을 잘하기 위해서 신경 써야 할 일들을 설명하시오.

7.10 대뇌피질이 주름진 이유를 설명하시오.

7.11 좌뇌형과 우뇌형의 특징을 구분하시오.
좌뇌형이 신경 써야 할 일과 우뇌형이 신경 써야 할 일을 설명하시오.

7.12 몸과 뇌 중에서 어느 것이 더 중요한가?

7.13 1차 의식과 고차 의식의 차이점을 설명하시오.

7.14 의식과 소프트웨어의 유사성과 차이점을 설명하시오.

7.15 인간의 욕망과 이성의 충돌이 뇌 속에서 해결되는 과정을 설명하시오.

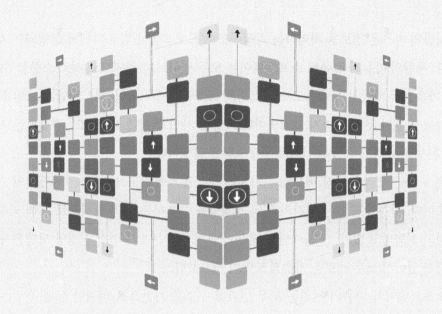

8

마음과 소프트웨어

8.1 개요

8.2 마음

8.3 폰 노이만 모델

8.4 신경망 모델

8.5 컴퓨터의 철학적 이해

■ 연습문제

사람의 마음은 정보를 처리하는 과정이므로 프로그램이 컴퓨터에서 실행되는 것과 같다. 사람의 마음과 컴퓨터 소프트웨어는 모두 언어로 수행되므로 서로 소통할 수 있다. 마음은 두뇌에서 돌아가고 프로그램은 하드웨어에서 돌아간다. 사람은 보편 문법이라는 공통의 문법을 가지고 지역마다 다양한 자연 언어를 사용하고, 컴퓨터는 기계어[1] 문법을 가지고 다양한 언어로 프로그램을 실행한다.

폰 노이만 모델은 내장 메모리 순차처리 방식을 사용하고 있는 모든 컴퓨터의 기본 구조이다. 신경망 모델은 인간의 두뇌 신경망을 유추하는 처리 방식으로 오랜 역사를 가지고 진화하고 있다. 폰 노이만 모델은 병목현상의 문제가 있고 신경망 모델은 구현 문제가 있어서 모두 새로운 기술적 도약이 필요하다.

소프트웨어와 마음의 원리는 모두 인과적 구조를 기반으로 하지만 실행 구조는 조금 다르다. 소프트웨어는 폰 노이만 모델이나 신경망 모델에서 모두 수행되므로 이들의 인과적 구조를 이해하는 것은 마음의 구조를 이해하는 것과 같다.

8.1 개요

마음은 어디에 있는가? 우리는 마음이 아프다고 하면 가슴과 심장을 생각하게 된다. 기분 좋은 일이 생기면 가슴이 뛴다. 가슴이 뛰는 일은 마음이 행복해지는 것이다. 마음속에 있는 말을 하면 매우 솔직하다고 생각된다. 마음속에 있는 말은 머릿속에 있는 말과 다를 수 있고 머릿속에서 나온 말은 왠지 조작되었다는 느낌이 든다. 동양 사람들은 마음은 가슴, 즉 심장에서 나오고 정신은 두뇌에서 나온다고 생각한다. 왜 그럴까? 고대 중국인들은 마음이 심장에서 나온다고 생각했기 때문에 한자에서 '心' 자를 마음과 심장의 의미로 표현했다.

---

1 기계어(機械語, machine language): 컴퓨터가 직접 이해할 수 있도록 0과 1의 2진수로 작성된 기계 기반의 언어. 인간이 이해하는 고급언어들은 기계어로 변환되어야 기계에서 실행 가능.

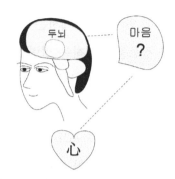

[그림 8.1] 마음: 뇌인가 심장인가?

언어는 심장에서 하는 일인가, 두뇌에서 하는 일인가? 언어가 두뇌에서 하는 일이라면 마음도 두뇌에서 하는 일이라는 생각을 갖게 된다. 우리의 마음은 언어로 생각하기 때문에 심장에서 할 수 있는 일이 아니다. 우리는 언어로 생각하고 언어로 의사소통한다. 우리가 살아있다는 것을 알 수 있는 것은 생각하고 있다는 것을 확인할 수 있기 때문이다.

8.1.1 심리학과 컴퓨터

인간이 오랫동안 만들려고 하는 기계는 사람처럼 생각하는 컴퓨터이다. 사람은 생각한 결과를 행동으로 옮기듯이 컴퓨터는 프로그램이 실행한 결과를 출력으로 옮긴다. 심리학자들은 컴퓨터를 유추하여 인간의 마음을 설명하려고 한다. 심리학은 인간의 행동을 결정하는 마음에 관한 학문이기 때문에 마음에 해당하는 소프트웨어를 주목하고 인지심리학을 발전시켰다.

인지심리학은 지금까지 개발된 심리학 이론 중에서 가장 강력한 이론이다. 인지심리학은 애매한 개념들로 구성된 심리학을 진정한 과학으로 바꾸어 놓았다. 인지심리학의 주요 개념은 다음의 두 가지이다.

① 행동은 마음의 과정에 의해 야기된다.
② 마음은 컴퓨터이다.

인지심리학자들은 인간의 마음을 컴퓨터라고 생각하였다. 여기서 컴퓨터는 하드웨어가 아니라 소프트웨어이다. 컴퓨터의 본질은 컴퓨터를 만드는 재료가 아니라 컴퓨터를 실행시키는 프로그램이다. 인지심리학에서는 앨런 튜링의 연구를 매우 중요한 의미로 받아들였고 컴퓨터를 정보를 처리하는 일련의 연산이라고 정의한다. 이들은 앨런 튜링처럼 컴퓨터는 물리적인 기계가 아니고 가능한 기계에 대한 추상적인 설계도라고 생각한다.

인지심리학에서 볼 때 마음은 하나의 소프트웨어이다. 다만 이 소프트웨어는 아주 복잡한 프로그램이다. 인지심리학에서는 이 프로그램을 정보처리 언어로 묘사할 수 있다. 마음이 하는 일은 컴퓨터와 마찬가지로 정보를 처리하는 일이다. 두뇌는 마음이라는 프로그램을 작동시키는 물리적인 기계에 불과하다. 두뇌는 하드웨어이고 마음은 소프트웨어이다.

사람이 자기가 마음먹은 대로 행동(근육 운동)할 수 있듯이 기계가 사람처럼 편리하게 움직일 수 있다면 사람과 같은 컴퓨터라고 할 수 있다. 사람처럼 생각하고 행동할 수 있는 컴퓨터를 만드는 것이 컴퓨터 과학의 목표이다. 사람과 같은 컴퓨터를 만들기 위해서는 마음을 컴퓨터 소프트웨어로 구현해야 하므로 마음을 철저히 규명해야 한다.

사람의 마음이 훌륭한 사고를 하기 위해서는 두뇌(지능)가 뒷받침되어야 하듯이 컴퓨터가 마음을 수행하기 위해서는 하드웨어가 뒷받침되어야 한다. 사람의 마음이 신경계에서 돌아가듯이 디지털 컴퓨터 모델과 인공 신경망 모델과 같은 플랫폼(platform)[2]이 중요하다. 지금까지는 튜링 모델 기반의 폰 노이만 모델로 컴퓨터 플랫폼을 만들어 사용했으나 여러 가지 한계가 있다.

사람과 같은 컴퓨터를 가능하게 하는 것 중의 하나가 생명체의 구조와 기능을 모방하여 공학적인 기계 등을 연구하는 바이오닉스(bionics)이다. 바이오닉스는 동물의 신경계와 운동의 조화를 적극적으로 활용하는 과학 기술이다. 예를 들어 인공 심장과 같은 인공장기나 인공 팔, 인공 다리 등에 관한 재활의학 측면도 바이오닉스의 한 분야이다. 마음먹은 대로 인공 팔과 인공 다리를 이용하여 생활할 수 있다면 인간의 마음을 소프트웨어로 개발하는 것도 같은 분야의 연구라 할 수 있다.

---

2   platform: 응용 프로그램을 지원하는 하드웨어나 시스템 소프트웨어.

8.1.2 마음과 언어와 소프트웨어

사람은 언어로 생각하고 언어로 말을 한다. 언어로 생각한 것을 언어로 전달해야 다른 사람도 이해할 수 있다. 어떤 사람이 하는 말을 들으면 그 사람이 무슨 생각하는지 알 수 있다. 인간의 마음은 언어를 떠나서 생각할 수 없을 정도로 언어와 마음은 매우 밀접하다. 사람은 태어나면서부터 욕구를 표현하고 성장하면서 언어를 습득한다. 사람은 언어의 성장과 더불어 마음도 함께 성장한다.

르네 데카르트는 "나는 생각한다. 고로 존재한다"라고 주장하였고, 촘스키는 "언어는 마음의 구조와 성장 그리고 성숙에 대한 연구다"라고 정의하였다. 인간의 존재는 마음에 있으며 언어 자체가 마음이라는 앞의 두 개의 문장을 정리하면 인간의 존재 근거는 언어에 있다고 볼 수 있다. 인간 존재의 근거인 언어는 컴퓨터의 언어와 마찬가지로 사고와 정보처리의 수단이다. 촘스키에 의하면 모든 인간은 보편 문법을 가지고 언어를 사용하고 컴퓨터는 기계어 문법을 가지고 언어를 사용한다. 정보처리의 근원이 되는 보편 문법과 기계어 문법의 관계를 <표 8.1>과 같이 살펴보기로 한다.

〈표 8.1〉 인간과 컴퓨터의 정보처리

구분	인간	컴퓨터
문법	보편 문법	기계어 문법
언어	한국어, 영어, 중국어,,	C, Java, BASIC,,
정보처리 수단	사고(생각)	프로그램
처리 기반	두뇌	하드웨어(CPU, Memory)

(1) 보편문법과 기계어 문법

경험론자들은 사람의 머리는 빈 서판(blank slate)과 같아서 경험하는 대로 언어와 지식을 배울 수 있듯이 컴퓨터도 언어를 배울 수 있다고 생각하였다. 촘스키에 의하면 사람은 태어날 때 언어를 습득할 수 있는 능력, 즉 '언어 습득 도구'를 가지고 있다. 인간의 언어는 간단한 기본적인 구조를 가지고 있으며 이것을 '보편 문법(universal grammar)'이라고 한다. 아기가 말을 배울 때는 아무 것도 없는 상태에서 시작하는 것이 아니다. 아기는 보편 문법을 가지고 있으므로 엄마와 아빠의 말을 듣고 모국어의 언어 규칙을 배울 수 있는 것이다.

아기가 독일에서 태어나면 독일어를 듣게 되는데 자꾸 들으면서 독일어 규칙을 머릿속에 정착시킨다. 아기가 한국에서 태어나면 한국어를 듣고 한국어 규칙을 머리에 정착시킨다. 아기들은 어느 나라에서 태어나든지 그 나라의 언어를 익힐 수 있는 인류 공통의 보편 문법을 가지고 있다.

컴퓨터는 프로그램에 의하여 실행된다. 하나의 컴퓨터 하드웨어에서 여러 가지 언어로 작성된 프로그램들이 실행될 수 있는 이유는 무엇인가? 컴퓨터 하드웨어의 구조는 기본적으로 튜링 모델 기반의 폰 노이만 방식으로 만들어졌다. 특정한 하드웨어에서 실행될 수 있는 언어는 0과 1로 작성된 특정한 기계어이며 이 기계어 문법의 언어로 작성된 프로그램을 실행해야 컴퓨터를 구동할 수 있다. 여러 가지 고급언어로 작성된 프로그램들은 반드시 특정 기계어로 변환해야 기계에서 실행된다.

[그림 8.2](a)와 같이 컴퓨터 하드웨어를 구동하기 위해서는 그 기계를 설계한 기계어로 작성된 프로그램을 실행해야 한다. 예를 들어 IBM PC는 인텔 8080 계열의 CPU를 사용했으므로 이 CPU에 맞는 기계어 문법을 사용해야 한다. 그러나 응용 프로그래머들은 C로 프로그램을 작성하기도 하고 Pascal로 작성하기도 한다. C나 Pascal로 작성된 응용 프로그램들은 모두 인텔 8080 기계어로 변환되어 실행된다. 기계마다 언어가 약간씩 다르기는 하지만 모두 폰 노이만 모델을 기반으로 하는 기계어이므로 개념적으로 큰 차이가 없으므로 구조적으로 동일하다고 볼 수 있다.

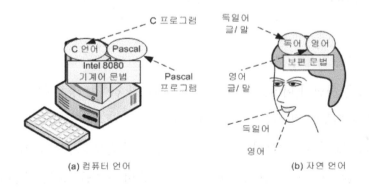

(a) 컴퓨터 언어   (b) 자연 언어

[그림 8.2] 언어와 프로그램의 관계

[그림 8.2](b)와 같이 사람은 태어날 때 신체의 일부에 보편 문법을 지니고 있다. 아기가 독일어를 접하면 독일어 규칙을 배우고 영어를 접하면 영어 규칙을 배운다. 영어나 독일어의 규칙은 모두 보편 문법의 기반 위에서 실행되기 때문에 사람은 여러 가지 언어를 구사할 수 있다.

컴퓨터가 프로그램을 실행하는 것이나 사람이 사고를 하는 것은 근본적인 차이가 없다. 모두 기계어 문법이나 보편 문법이 있어야 특정한 언어로 프로그램이나 생각을 할 수 있다. 컴퓨터는 기계어와 프로그래밍 언어가 없으면 프로그램을 실행할 수 없듯이 사람은 보편 문법과 자연 언어가 없으면 마음을 가질 수 없다. 이것이 마음과 프로그램의 근거가 동일하다고 보는 이유이다.

(2) 마음과 소프트웨어의 원리

인지심리학자들은 마음을 컴퓨터 소프트웨어라고 정의하였다. 무슨 근거로 마음과 소프트웨어를 같다고 주장했을까? 심리학은 인간의 마음을 연구하는 학문이다. 컴퓨터 이론이 발표되고 보급되면서 이들은 컴퓨터에서 영감을 얻어 심리학을 발전시키려고 노력하였다. 그 결과 인지심리학이 탄생하였다.

소프트웨어의 본질은 인과적 구조[3]에 있다. 소프트웨어가 하드웨어에서 실행하는 역할이 바로 인과적인 역할, 즉 원인과 결과의 구조를 연결하는 역할이다. 키보드에 단어를 입력하면 어떤 내적 상태를 생성하고 이것이 다시 처리과정을 야기하고 화면과 인쇄기에 적절한 출력을 반응하게 한다. 마이크로소프트사의 운영체제인 윈도우 시스템은 사건(event)을 기반으로 다른 사건을 야기하는(event-driven) 방식으로 정보를 처리한다.

컴퓨터 하드웨어는 칩이나 카드나 보드 형태의 전자부품들이 인과적인 구조로 결합되어 있다. 이와 마찬가지로 인간의 마음은 신경세포, 시냅스, 신경전달물질과 같은 것으로 구성된 신경계 위에서 인과적인 구조로 결합되어 있다. 마음이란 세부적인 물질로부터 추상화된 인과적 구조의 차원에서 실행되는 상태를 의미한다. 심리 상태는 자

3　인과적 구조(因果的 構造, causal structure): 모든 결과(존재나 사건)에는 그것을 야기한 원인이 있다고 생각하는 사고. 현재 상태를 정확하게 알고 있다면 미래의 모든 상태를 계산할 수 있다는 고전 물리학 결정론(인과율)의 기반.

극에서 비롯하여 다른 심리 상태와 상호작용을 통하여 인간의 행동에 영향을 주는 인과적인 중재자이다. 기능주의자들은 심리 상태가 무엇으로 만들어져 있는지에 보다는 심리 상태가 수행하는 인과적 역할을 통한 처리과정을 중요하게 생각한다.

마음에 대한 현대의 주류적 견해는 심리적 역할에 대한 기능주의적(심리 상태의 인과적 역할) 견해와 이런 역할이 어떻게 채워지는가에 대한 물리주의적(마음의 구성 요소는 물질) 입장을 결합한 것이다. 심리 상태는 인과적인 구조에 의해서 구성되고 이런 구조는 물리적인 기제에 의하여 실현된다. 다시 말해서 마음은 물질(신경계)로 이루어진 인과적 구조라는 것이다.

하나의 소프트웨어가 여러 하드웨어에서 실행될 수 있는 이유는 소프트웨어의 인과적인 구조가 하드웨어의 인과적인 구조에 대응할 수 있기 때문이다. 동물의 통증과 같은 특정한 심리 상태는 여러 동물들의 두뇌에서 동일하게 인과적으로 적용된다. 동일한 통증 구조가 여러 물질에서 다양하게 실현될 수 있다. 통증이 신체 보호에 필요하기 때문에 여러 동물들이 통증 기제를 적용하고 있다. 통증은 구조와 관련된 소프트웨어의 인과적 역할을 적용하기 때문이다.

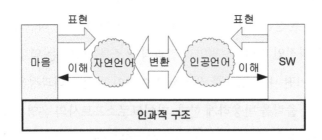

[그림 8.3] 마음과 소프트웨어의 원리

마음과 소프트웨어는 기본적으로 '인과적 구조'라는 측면에서 동일하다고 할 수 있다. [그림 8.3]과 같이 마음과 소프트웨어의 원리가 같기 때문에 마음을 언어로 표현하면 소프트웨어가 이해될 수 있으며 그 반대 방향으로도 가능하다. 마음과 마음이 언어로 소통하듯이 마음과 소프트웨어도 언어로 소통이 가능하므로 사람은 자신의 언어로 프로그램을 작성하여 컴퓨터를 마음대로 움직일 수 있다.

▦ 8.2 마음

 인간의 마음에 대한 이해를 세밀하게 분석하고 연구하면 마음과 같은 소프트웨어를 설계하고 구현할 수 있다. 마음과 같은 소프트웨어가 실행될 수 있는 플랫폼을 설계하고 구현하기 위해서 기존의 폰 노이만 모델과 신경망 모델을 다음 절에서 살펴보기로 한다.

 마음을 과학 용어로 의식(意識, consciousness)이라고 한다. 동물은 운동하기 위하여 의식을 진화해 왔다. 다세포동물은 운동하기 위하여 신경그물을 이용하여 몸을 움직이고 신경줄을 이용하여 보다 신속하게 움직이고 뇌의 정보처리 능력을 이용하여 상황을 판단하고 신체를 움직인다. 마음은 운동을 하기 위한 뇌의 작용이다. 마음은 신체가 감각기관을 통하여 외부의 자극을 접수하고 뇌에서 기존의 기억을 이용하여 필요한 결정을 내리고 근육을 통하여 운동하는 과정이다. 마음을 간단하게 정의하면 신경계가 외부 세계를 경험하는 과정이다.

 인간의 마음은 의식과 무의식으로 구별된다. 의식은 마음이 깨어 있는 상태이고 무의식은 마음이 쉬는 상태에서 단순 반복적인 운동을 하는 상태이다. 인간의 의식은 언어를 이용하여 수행하지만 무의식은 언어를 필수적으로 사용하지는 않는다. 인간이 낮에 수행하는 대부분의 일은 단순하고 반복적이기 때문에 무의식적으로 진행된다. 그러나 단순하고 반복적이지 않은 자극이 입력되면 의식이 살아나서 개입하게 된다.

 꿈은 의식적인가 무의식적인가? 깨어 있을 때의 경험보다 대개는 덜 정합적이지만 꿈은 의식적인 경험의 연속이다. 악몽이나 백일몽을 꾸는 경우에는 매우 강렬하게 의식된다. 의식은 깨어 있는 것과 잠들어 있는 것의 차이로 설명된다. 의식은 꿈을 꾸지 않는 잠에 빠져 들거나 완전히 마취가 된 경우에 잃게 되는 것이다.

 의식을 광의로 표현하면 동물이 운동하기 위하여 신경계가 대상을 주관적으로 체험하는 상태이다. 반면에 협의로 표현하면 다음과 같이 여러 가지 방식으로 설명할 수 있다.

- 의식은 두뇌의 신경세포들이 대상을 체험하는 상태이다.
- 의식은 신경계가 언어로 외부 세계를 반영하는 상태이다.
- 의식은 뇌의 신경세포들이 같은 주파수로 진동하는 현상이다.
- 의식은 뇌에서 정보를 처리하는 일련의 연산이다.

동물의 특징은 운동을 한다는 것과 방향성을 가지고 있다는 것이다. 운동을 한다는 것은 목적을 향하여 움직이는 것이므로 목적 지향적이며 자신의 몸을 움직이기 때문에 자신의 몸이 다음에 어느 위치에 도달할지 예측하고 운동하게 된다. 동물이 운동할 때는 머릿속에서 거리 계산을 끊임없이 수행하면서 다음 행동을 판단하고 결정해야 한다. 뇌가 의식적으로 계산하고 판단하는 활동 전체를 우리는 생각이라고 한다. 동물이 판단하는 근거는 감정과 느낌이다. 왜 감정과 느낌으로 판단할까? 감정과 느낌은 인간의 본능적인 욕구 충족을 높은 가치로 여기는 뇌간-변연계의 활동이기 때문이다.

8.2.1 의식 이론

인간의 의식에 대한 연구는 수천 년 전부터 진행되어 왔으나 과학적인 연구가 시작된 것은 최근의 일이다. 의식에서 핵심적인 문제는 주관적인 측면을 갖는 심적인 상태와 두뇌 속에서 객관적으로 실행되는 사건들과 어떻게 연관되는지를 설명하는 것이다. 자신이 사물에 대한 어떤 감정을 갖는 것과 실제 뇌 속에서 어떤 기제가 동작하는지를 말하는 것인데 이것을 설명하기는 쉽지 않다.

(1) 의식 이론의 발전

의식을 연구하는 인지과학자들에 의하면 의식에 관한 이론은 의식의 구성 요소들에 따라 이원론과 일원론으로 구분되고, 추가로 신비주의 등이 있다. 이들의 간략한 이론은 <표 8.2>와 같다.

 POINT 의식의 3대 이론

이원론(二元論, dualism)
인간이 의식하는 것은 주관적인 것으로 객관적인 두뇌 활동과 구분이 된다는 입장이다. 이원론은 의식과 두뇌 활동을 별개로 인식한다. 의식과 두뇌는 서로 구분되어 상호작용을 하지만 이들 두 개가 실재하는 영역은 심리적인 영역과 물리적인 영역으로 구분되어 있다. 이 주장은 20세기 이전의 철학자와 과학자들 사이에서 인정되고 있었으며 르네 데카르트가 대표적으로 이원론을 주장하였다.
이원론의 문제점은 주관적인 요소들이 객관적인 요소들과 어떻게 상호작용하는지를 설명하는 것이다. 어떤 원리가 주관적인 요소들을 지배하는지 설명해야 한다.

일원론(一元論, monoism)

의식의 주관적인 개념화와 객관적인 개념화의 분리를 반대하는 입장이다. 주관적인 마음과 객관적인 두뇌가 겉으로는 다르게 보이지만 실제로는 하나라는 입장이다. 두뇌 활동 자체가 의식이며 두뇌와 의식이라는 두 가지 현상은 배후에 하나의 통일성이 있다고 생각한다. 이 주장은 실제로 유물론자들이 주장하고 있는 이론이다. 실례로 독일의 유물론자인 포이어바흐(Feuerbach)[4]는 의식이란 두뇌의 분비물이라고 주장하였다.

유물론자들의 문제점은 마음과 두뇌가 어떻게 동일할 수 있는지 근거를 밝히는 것이다.

신비주의(mysticism)

일원론의 문제점은 마음과 두뇌를 동일시하는 근거가 결여되었고 이원론의 문제점은 비물질적인 의식 상태가 독립적인 영역에서 물질에 대한 인과적 힘이 결여될 수밖에 없다는 것이다. 두 이론의 문제점을 바탕으로 신비주의자들은 의식은 완전히 알 수 없는 미스터리라고 생각하는 입장이다.

〈표 8.2〉 의식의 3대 이론

이론	내역	비고
이원론	의식과 두뇌는 독립적	물심이원론자, 데카르트
일원론	의식과 두뇌는 하나	유물론자, 포이어바흐
신비주의	의식은 알 수 없는 것	신비주의자, 포더

의식에 대한 입장은 이상과 같은 세 가지 이론을 주축으로 이원론과 일원론 사이를 주기적으로 왕복하면서 발전하였다. 신비주의자들은 두 이론의 문제점을 피하기 위한 수단으로 신비주의를 주장하였다. 근대 이후 의식 이론이 발전해온 과정을 살펴보기로 한다.

---

4   Ludwig Feuerbach(1804~1872): 독일의 철학자. 헤겔철학을 비판. 유물론적인 인간중심의 철학을 제기.

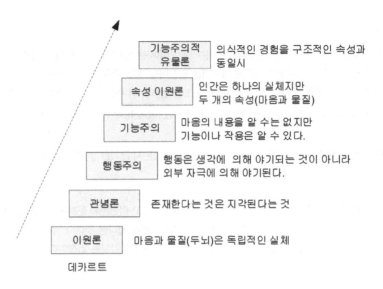

[그림 8.4] 근대 이후의 마음의 역사

[그림 8.4]와 같이 마음과 두뇌를 연결하는 입장은 이원론과 일원론을 반복하며 발전하고 있다. 이상과 같은 분류 이외에 마음을 보는 시각은 크게 세 가지 원리로 분류할 수 있다.

① 환원주의 : 인간의 마음을 한 가지 기본 원리로 설명할 수 있다.
② 모듈 이론 : 인간의 마음을 이해할 수 있지만 한 가지 원리로는 이해하지 못한다.
③ 불가지론 : 인간의 마음은 너무 복잡해서 완전히 이해할 수 없다.

 POINT **근대 이후 마음의 역사**

이원론(二元論, dualism)
데카르트는 근대 철학의 창시자이며 근대 물리학의 기초를 닦은 인물이다. 그는 의식적인 마음이 독립적인 비물리적 영역에 존재한다는 이원론을 주장하였다. 철학사에서 마음에 대한 입장은 [그림 8.4]와 같이 변화하고 있다.

관념론(idealism)
데카르트 이후에 많은 철학자들의 생각은 관념론으로 옮겨갔다. 조지 버클리(Berkeley)[5]는 "존재한다는 것은 지각된다는 것(Esse est percipi)"이라고 말했다. 버클리의 관념론은 데카르트의 이원론의 문제를 해소하였다. 마음과 상호작용해야 하는 물질세계가 없으므로 마음과 물질 상호작용 문제가 사라진 것이다. 물리적인 세계라는 것은 지각을 통하여 아는 감각 재료로부터 사람들이 논리적으로 구성한 것이라고 간주하였다.

행동주의(behaviorism)

20세기를 지나면서 철학자와 심리학자들은 관념론에서 점차 멀어진다. 그 이유는 주관적으로 심적인 영역에서 이루어지는 주장을 공적으로 승인하기 힘들기 때문이었다. 심적인 사항들은 개인들의 사적인 영역에서 사유되는데 다른 사람들에게 알게 할 수 있는 방법이 분명하지 않기 때문이다. 이런 고민의 결과로 행동주의 심리학이 부상하였다. 스키너(Burrhus Skinner)는 쥐의 조건반사 행동을 연구하기 위하여 '스키너 상자'라는 것을 만들었다. 쥐가 지렛대를 누르면 먹이라는 보상이 주어진다. 보상은 쥐가 레버를 계속 누르도록 강화시킨다. 왓슨(John Watson)과 스키너는 극단적인 환경 결정론자였다. 이들은 인간의 마음의 구조는 유전적인 본성이 아니라 양육을 통하여 결정된다고 보았다.

기능주의(functionalism)

1960년대에 심리학자들은 행동주의를 거부하기 시작했다. 첫째 이유는 인간의 행동을 설명하는데 신념이나 욕구를 완전히 배제할 수 없었기 때문이다. 둘째 이유는 컴퓨터의 발달로 학습에 관한 행동주의 이론을 비판할 수 있었기 때문이다. 행동주의가 사라지자 '마음'이 다시 주제로 등장하였고 기능주의가 대두되었다.

기능주의는 실체, 본질, 사물 자체 등의 내용을 인식하는 것은 매우 어렵기 때문에 오직 기능, 작용, 현상, 속성 등으로 존재를 파악해야 한다는 입장이다. 따라서 무엇을 보았는가 하는 의식의 내용이 아니라 어떻게 보았는가를 연구한다. 기능주의는 마음이 무엇으로 만들어졌는지를 묻지 않고 마음의 역할에 대해 묻는다. 따라서 기능주의는 이원론과 관념론 모두와 양립이 가능하다.

속성 이원론(property dualism)

기능주의에 대한 반작용이다. 속성 이원론은 심리적 역할에 대한 기능주의와 물리주의적인 설명이 결합한 것이다. 심리 상태는 인과적인 구조에 의해서 채워지고 이 구조는 물리적인 메커니즘에 의하여 실현된다는 주장이다. 즉, 물리적인 물질로 이루어진 인과적 구조로 마음을 이해하는 것이다. 데카르트는 마음과 물질을 완전히 독립적인 실체로 생각한 반면에 속성 이원론은 인간이 하나의 통일된 실체로서 두 가지의 서로 다른 속성을 가진다고 주장한다.

기능주의적 유물론(functional materialism)

마음과 두뇌를 동일시하는 유물론자들은 의식적인 경험을 엄격한 물리적인 속성이나 생리적인 속성이 아니라 구조적인 속성과 동일시하고자 한다. 예를 들어 사람과 문어가 통증이라는 동일한 기제를 갖춘 것은 물리적으로 같은 구조적인 속성을 공유하고 있기 때문이라는 것이다.

---

5   George Berkeley(1685~1753): 영국의 철학자. 아일랜드 클로인의 주교. 고전경험론의 대표자.

첫 번째 주장을 환원주의라고 하며 데이비드 흄(David Hume)[6]이 대표자이다. 두 번째 주장은 모듈 이론이라고 하며 스티븐 핑커(Steven Pinker)[7]가 대표자이고 세 번째 주장은 불가지론이라고 하는데 제리 포더(Jerry Fodor)[8]가 대표자이다.

(2) 의식의 모듈 이론

인지심리학자들이 처음으로 마음을 연구하기 시작했을 때 마음을 아주 간단한 종류의 프로그램이라고 생각했다. [그림 8.5](a)와 같이 마음은 하나로 구성되어 있으므로 하나의 프로그램이 모든 일을 할 수 있다고 생각했다. 그러나 실제로 검증해 본 결과 자신들의 생각이 틀렸음을 알게 되었다. 마음은 매우 크고 복잡한 프로그램들이 [그림 8.5](b)와 같이 다양하게 구성되어 있다는 주장을 하게 된다. 제리 포더(Jerry Fodor)는 [그림 8.5](b)와 같이 전문적인 일을 하는 특수 목적 프로그램들이 여러 개가 있어서 협동하여 일을 한다고 주장하고 이런 프로그램들을 모듈(module)이라고 불렀다.

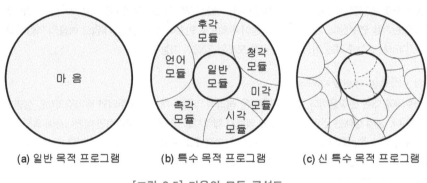

(a) 일반 목적 프로그램   (b) 특수 목적 프로그램   (c) 신 특수 목적 프로그램

[그림 8.5] 마음의 모듈 구성도

제리 포더는 모듈의 수를 몇 개라고 주장했지만 다른 기능주의 심리학자들은 모듈들의 수를 수십 개에서 수백 개까지 주장하고 있다. 심지어는 수천 개를 주장하기 때문에 '대량 모듈 이론'이라고도 한다. 포더는 여러 가지 감각들이 각자의 모듈을 거쳐 '중앙처리장치'라는 일반 목적 프로그램으로 정보를 입력한다고 했다. 여기서 일반 목적

---

6   David Hume(1711~1776): 영국의 철학자, 경제학자, 역사가. 스코틀랜드 계몽운동의 대표자.

7   Steven Pinker(1954~): 캐나다 심리학자. 하버드대학 교수. '빈 서판'의 저자.

8   Jerry Fodor(1935~): 미국 철학자 인지과학자. Rutgers대학 교수.

프로그램은 모듈로 구성되지 않는다고 생각했다.

진화심리학자들은 마음 전체가 하나의 일반 목적 프로그램이라는 개념에 반대하는 것과 똑같은 이유로 포더의 '일반 목적 중앙처리장치'라는 개념에 반대한다. 모듈로 구성된 마음은 하나의 일반 목적 프로그램보다 훨씬 복잡하다. 마음은 수많은 부분들로 이루어져 있으며 서로 협동하면서 정보를 처리한다고 주장한다.

진화심리학에 의하면 마음은 동물들이 오랫동안 진화하는 과정에서 자연선택에 의하여 설계되고 적응된 것이다. 모든 적응은 동물이 어떤 현실 문제를 해결하고 적응하기 위하여 다시 설계하는 것이다. 현실 문제를 해결하기 위하여 새로 설계한 모듈들을 살펴보면 포식자 회피 모듈, 포식자 탐지 모듈, 먹이 선택 모듈, 긴급 상태 처리 모듈, 거부 모듈, 동맹 결성 모듈, 자원 배분 모듈, 언어 모듈, 배우자 선택 모듈 등으로 매우 다양하다. 존 투비(John Tooby)와 레다 코스미데스(Leda Cosmides)는 이 모듈들을 조사한 결과 수백 개에서 수천 개가 된다고 주장한다. 이들 모듈 구성도를 완성하면 마음의 지도를 만들 수 있다고 한다. 결론적으로 마음은 [그림 8.5](c)와 같이 모듈의 수가 매우 많이 구성되어 있고 중앙에는 이들을 지원하는 모듈이 있는데 이 모듈도 여러 개의 기능으로 나누어 구성되어 있다고 주장한다.

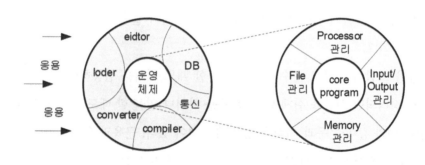

[그림 8.6] 컴퓨터의 소프트웨어 구성도

컴퓨터의 소프트웨어 구성을 살펴보면 [그림 8.6]과 같이 중앙에 운영체제가 있으며 운영체제 밖에 compiler, loader, editor 등의 서비스 프로그램들이 있으며 그 밖에서 다양한 응용 프로그램들이 실행된다. 운영체제는 하나의 프로그램이 아니고 처리기관리, 주기억장치관리, 파일관리, 입출력관리 등의 몇 가지 자원관리 프로그램들(primitives)과 이들을 제어하는 핵심 프로그램(core program)으로 구성되어 있다. 컴퓨터의 프로그램 구성과 진화심리학에서 주장하는 모듈 이론은 구조적으로 유사하다는 것을 알 수 있다.

8.2.2 의식과 소프트웨어

마음은 어느 날 갑자기 나타난 것이 아니다. 마음은 원시시대의 생물들이 고등동물로 발달하는 과정에서 점차 뇌 안에 생겨난 진화의 산물이다. 마음은 약 7억 년 전부터 신경세포들이 발달하여 이룩하고 있는 신경계에서 진화한 것이므로 마음을 이해하려면 진화에 대한 이해가 필요하다. 마음은 동물들이 움직이기 위한 수단으로 발전시켜 온 것이므로 내면화된 운동이라고 말할 수 있다.

운동이 신경계로 내면화된 것을 의식이라고 한다. 운동을 잘 관찰하면 의식으로 가는 지름길을 찾을 수 있다. 운동은 자신의 몸을 이동하는 것이기 때문에 운동할 때는 이동할 위치를 잘 관찰하고 이동해야 한다. 운동을 잘하기 위하여 뇌는 예측을 잘해야 한다.

운동과 의식은 비슷한 점이 많다. 사람이 물건을 집어서 옮길 때는 팔을 뻗어서 손가락을 오므려서 집었다가 다시 손가락을 벌리면 된다. 이렇게 하기 위해서는 여러 근육들이 서로 협동하여 집단으로 행동하고 행동이 끝나면 근육들은 다시 협동을 풀게 된다. 이때 근육만 함께 협동하고 해제하는 것이 아니라 실제로 마음도 함께 집중했다가 해제하게 된다.

운동을 포함하지 않고 순수하게 사고만 할 때도 의식을 집중하여 사고를 수행하고 사고가 정리되면 의식을 쉬게 된다. 운동을 하거나 일을 할 때도 항상 같은 과정이 반복된다. 이와 같이 운동과 의식은 많은 유사성이 있다. 근육과 의식은 매 순간 초점이 모여졌다가 흩어지고 다시 모였다가 흩어지는 것을 반복한다.

로돌프 이나스(Llinas)[9]는 의식을 다음과 같이 정의하였다.

> 의식은 감각운동 이미지가 발생하는 전역적인 뇌 기능 상태이다.

---

9 Rodolfo R. Llinas(1934~): 콜럼비아 출신. 호주국립대학 박사. 뉴욕대학 의대 교수. '꿈꾸는 기계의 진화' 저자.

감각-운동(sensory-motor) 이미지란 행동을 일으키는 상태에 관련된 모든 감각 입력을 말한다. 감각-운동 이미지는 시각, 청각, 미각, 촉각 등 모든 형태의 감각 정보를 포함한다. 의식은 말을 하고 의사소통할 수 있는 상태, 즉 각성 상태이다. 의식에는 느낌과 감정까지 포함되지만 모든 감정을 언어로 표현할 수 없으므로 언어의 표현력은 지속적으로 발전하고 있다. 생각은 의식의 작은 부분이며 언어를 이용하여 추론, 판단, 예측 등을 할 수 있는 의식의 한 기능이다.

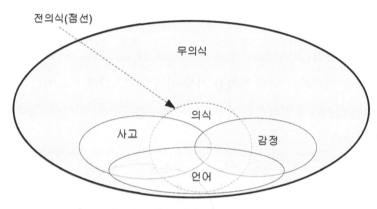

[그림 8.7] 의식과 무의식의 관계

[그림 8.7]과 같이 의식은 무의식에 포함되므로 무의식적으로 우리는 생각할 수 있고 감정을 느끼거나 표현할 수 있다. 무의식은 의식의 6배 크기이며, 대뇌피질의 생각과 변연계의 감정이 의식의 대부분을 서로 공유하며 차지하고 있다. 언어는 의식의 대부분과 무의식의 일부를 차지하고 있으므로 언어는 무의식의 세계에서도 동작한다. 무의식과 의식의 경계에 있는 전의식(점선)은 애매한 경우가 있을 수 있다. '꿈인가 생시인가?' 라는 말은 전의식에 해당한다.

(1) 의식의 조건

제럴드 에덜먼(Edelman)[10]에 의하면 의식이 정상적으로 실행되기 위해서는 다음과 같이 세 가지 조건이 필요하다고 한다.

---

10 Gerald Maurice Edelman(1929~): 미국 생화학자. 록펠러대학 의대 교수. 1972년 노벨 생리의
　　학상 수상.

1) 신피질 발달

신피질이 발달해야 사고 능력이 향상된다. 대뇌피질에 정보를 전달하는 시상과 신피질이 발달해야 외부의 정보를 신속하게 파악하고 대처할 수 있다.

2) 가치-범주 기억

가치를 경험하고 범주화[11]하여 기억하는 능력이다. 여기서 가치란 생존에 필요한 욕구를 의미하고 범주화란 정보를 이해하고 기억하기 위하여 내부 신호로 전환하는 것이다.

3) 1)과 2)의 연결

외부 자극을 처리하기 위해 진화한 시상-신피질 시스템과 본능적인 욕구를 처리하는 뇌간-변연 시스템이 원활하게 연결되어야 갈등을 해소하고 의사소통하는 과정에서 의식이 실행된다.

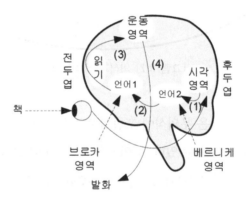

[그림 8.8] 언어 영역과 실어증

의식이 실행되기 위해서는 두뇌에서 정보를 비교하고 판단하고 예측하고 운동을 명령하는 단계가 필요하다. 의식에서 중요한 것은 언어를 사용하여 여러 장면들을 인과적으로 연결하여 흐름을 만드는 것이다. [그림 8.8]에서 언어1 영역은 브로카 영역이고 언어2 영역은 베르니케 영역이다. 베르니케 영역은 언어를 이해하는 영역이고 브로카

---

11 범주화(範疇化, categorization): 사물의 개념을 분류하여 더 이상 일반화할 수 없는 최고의 유개념(類概念)으로 만드는 것. 여기서는 외부 정보를 몸에서 생성되는 내부 신호에 맞추어 받아들이는 과정.

영역은 언어를 입으로 발화하는 영역이다.

의식의 가장 대표적인 상태는 말을 할 수 있는 상태이다. 눈으로 시각 신호가 들어와서 말을 하는 과정을 살펴보기로 한다. [그림 8.8]에서 시신경의 시각 신호는 후두엽의 시각 영역으로 전달되고 다시 베르니케 영역으로 전달되어(1) 언어를 산출하게 된다. 베르니케 영역의 신호는 브로카 영역으로 전달되어(2) 언어를 발화할 수 있는 신호가 산출되고 전두엽에서 책을 읽는 행위가 운동 영역으로 전달된다(3). 운동 영역에서는 턱, 안면, 입술, 혀 등의 관련 근육을 운동시키는 신호를 근육에 전달한다(4). 이 과정에서 기억으로 저장된 정보를 상기하여 장면을 만들고 판단과 예측 등의 사고를 하는 것이 의식이다.

베르니케 부분에 손상이 가면 환자는 말을 유창하게 하는데 말만 많고 부적절한 어휘를 사용한다. 심하면 의미 없는 말들을 청산유수처럼 쏟아내기도 한다. 이런 언어장애를 베르니케 실어증이라고 한다. 브로카 영역에 손상이 가면 환자는 말을 이해할 수는 있으나 말을 명료하게 표현하지 못하는 언어장애를 겪는데 이것을 브로카 실어증이라고 한다.

언어 장애는 브로카 영역이나 베르니케 영역 이외의 (1), (2) 등의 신호를 전달하는 부위에 손상이 있어도 실어증이 야기된다. 이상과 같은 실어증들은 좌뇌에 손상을 입었을 경우에만 해당하고 우뇌의 같은 부위에 손상이 있을 때는 언어 장애가 발생하지 않는다.

어떤 말을 들으면 청각 영역과 청각연합에서 분석하여 다중감각 영역을 통하여 전전두엽에서 판단할 때 베르니케 영역이 지원한다. 특정한 단어에 해당하는 장면들이 기억에서 상기되면 이들 장면들을 인과적으로 연계하여 하나의 이미지의 흐름이 형성되는 것을 고차 의식이라고 한다. 이미지의 흐름이 연속되면 시간적으로 과거, 현재, 미래를 연결할 수 있는 의식이 형성된다. 다중감각영역에서는 옆에 있는 편도체 등을 이용하여 공포, 불안 등의 정서와 감정을 관리하고 필요하면 기억으로 저장하고 상기시킨다.

(2) 두뇌와 소프트웨어

컴퓨터와 사람을 비교할 때 소프트웨어는 마음에 해당한다. 어떤 소프트웨어는 다른 하드웨어에서 구동이 가능하다. IBM PC와 Sun의 워크스테이션은 전혀 다른 하드웨어를 가지고 있지만 가상 컴퓨터(VM)[12]만 있으면 소프트웨어들을 두 기계에서 모두 구동할 수 있다. 왜 그럴까? 하나의 소프트웨어가 상이한 하드웨어에서 실행 가능한 이유는 소프트웨어의 논리가 인과적인 구조를 가지고 있기 때문이다. 물리 구조가 다르지만 인과적 구조가 같기 때문에 같은 소프트웨어를 다른 하드웨어에서 실행할 수 있다.

문어와 사람은 생체 구조가 모두 다르지만 큰 자극에 대해 통증을 느끼고 반응하는 것은 동일하다. 왜 그럴까? 그 이유는 기능주의로 설명할 수 있다. 통증은 구조와 관련된 소프트웨어의 문제이기 때문이다. 사람이나 문어는 신체에 손상이 야기되면 더 이상 손상을 방지하기 위해 통증을 야기하여 손상을 중지시키려고 하는 것이다. Unix 프로그램을 Sun에서도 실행하고 IBM에서도 실행할 수 있는 이유는 물리적인 구조는 다르지만 소프트웨어에 대한 구조적인 속성을 공유하기 때문이다.

서로 다른 기계에서 동일한 소프트웨어가 실행될 수 있는 환경을 설명한 것이 [그림 8.9]이다. 하드웨어 A와 하드웨어 B는 기계 구조가 다르므로 여기서 사용되는 명령어 집합(instruction set)도 다르다. 기계 구조가 다르므로 두 기계에서 사용되는 운영체제도 다를 수밖에 없지만 운영체제와 연결될 수 있는 가상 컴퓨터(VM)를 설치하면 운영체제 M은 하드웨어가 달라도 설치가 가능하다.

가상 컴퓨터가 없을 때는 두 기계에서 두 가지 응용 소프트웨어를 실행하기 위해서는 두 개의 운영체제 M과 N을 설치하고 응용 소프트웨어도 A와 A', B와 B' 등 비슷하기는 하지만 두 가지 응용 프로그램을 개발하여 실행해야 한다. 그러나 가상 컴퓨터를 설치하면 운영체제(M)를 하나만 설치하고 응용 프로그램도 같은 것을 사용하면 된다. 결과적으로 보면 동일한 소프트웨어를 상이한 기계에서 실행할 수 있다.

---

12 **VM(Virtual Machine):** 하나의 컴퓨터를 다른 컴퓨터인 것처럼 동작시키기 위하여 만든 소프트웨어. 하나의 플랫폼을 여러 개의 운영체제가 동시에 사용하거나 분할 사용하기 위한 목적.

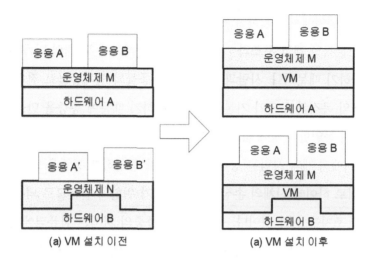

[그림 8.9] 가상 컴퓨터(VM)를 이용한 소프트웨어 이식

[그림 8.10]은 실제로 상이한 하드웨어 Intel 80586과 Motorola 68000에 VM(Virtual Machine)을 설치하고 VM 위에 Windows 운영체제와 응용 프로그램 A, B를 설치한 경우와 VM 위에 Unix 운영체제와 응용 프로그램 C, D를 설치하여 운영하는 실례를 보여준다. 이것은 상이한 하드웨어에 VM과 상이한 운영체제를 설치하고 각각에 적합한 응용 소프트웨어를 사용하는 것을 보여준다. 대표적인 VM으로는 VMware Fusion[13], Xen[14] 등이 있다. 실제로 인텔 프로세서를 갖춘 매킨토시 컴퓨터를 위하여 이들 가상 컴퓨터를 사용한다.

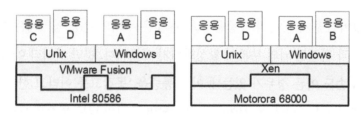

[그림 8.10] VM와 운영체제

---

13 VMware: VMware사의 VM 제품. 매킨토시 운영체제 Mac OS 10과 동시에 Windows, Linux, Netware, Solaris 등의 운영체제 실행 가능.

14 Xen: 케임브리지대학과 XenSource사의 VM 제품. 하나의 하드웨어에서 Linux 등 여러 운영체제 실행 가능.

　　상이한 하드웨어에서 동일한 소프트웨어를 사용할 수 있는 이유는 하드웨어의 구조가 달라도 기본적인 개념 구조와 기능이 유사하기 때문에 두 개의 미들웨어를 만드는 방법도 유사하기 때문이다. 사람과 문어는 척추동물과 연체동물로 전혀 다르게 보이지만 신경계의 목적과 구조가 기본적으로 유사하기 때문에 통증을 만들고 통증에 대처하는 방식이 동일할 수밖에 없다.

　　[그림 8.11]에서 개와 사람은 상처를 입었을 때 동일하게 통증을 느낀다. 통증을 느끼는 것은 뇌로 하여금 신체의 손상을 중단시키기 위한 수단이므로 뇌는 통증에서 벗어나기 위한 조치를 취할 것이다. 동물에게서 통증의 기제는 컴퓨터에서 소프트웨어의 원리와 동일하다. 원인과 결과에 따라서 조치가 실행되는 인과적 구조가 소프트웨어의 원리이다. 마음을 컴퓨터에서 실현하는 것은 소프트웨어의 원리를 이용하는 것이다.

[그림 8.11] 통증과 소프트웨어의 인과적 구조

　　다리가 없어진 환자가 다리 통증을 느끼는 것은 두뇌의 운동 영역에는 이상이 없지만 통증 반응과 관련된 뇌의 부분이 활성화되기 때문이다. 뿐만 아니라 아기의 손이 아프면 엄마의 손도 아픈 경우가 있는데 이런 통증을 '동감고통'이라고 한다. 자신의 개가 화살을 맞아서 통증을 느낄 것이라고 생각되면 주인의 뇌도 통증을 느낄 수 있다.

　　신경계는 [그림 8.12]와 같이 외부 신호와 내부 신호를 받아들여 상황을 판단, 예측, 결정하고 운동 출력으로 행동을 실행한다. 유비쿼터스 시스템은 현장에 설치되어 있는 센서들을 통하여 입력된 자료를 분석하여 상황을 인식하고 적절한 조치를 내려서 작동기가 필요한 작업을 수행한다. 대뇌피질의 전두엽에서는 기존에 저장된 기억 정보를 활용하여 판단에 활용하듯이 유비쿼터스 시스템은 분석 시스템의 데이터베이스를 활용하여 적절한 조치를 결정한다. 전두엽에서 실행하는 의식과 분석 시스템에서 실행하는 소프트웨어는 전적으로 유사한 기능을 수행한다. 현장에 설치된 센서나 작동기가 고장 또는 파괴될 때는 이를 감지하여 신속하게 서버로 보고되어 응급조치할 수 있는 시스템을 가동하는 것은 통증을 유발하는 신경계와 유사하다.

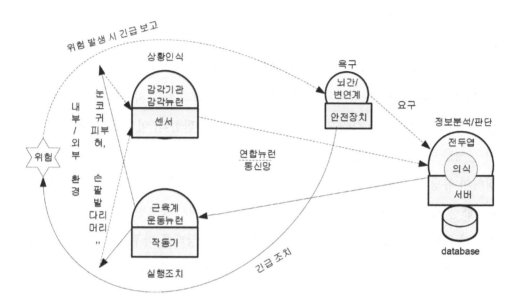

[그림 8.12] 신경계와 유비쿼터스 시스템

8.3 폰 노이만 모델

현재 우리가 사용하는 디지털 컴퓨터는 입력, 출력, 기억, 연산, 실행 상태 등으로 구성되어 있는 튜링 모델에 기반을 두고 있다. 튜링 모델에서 마음을 실행할 수 있는 소프트웨어를 설계하는 것이 컴퓨터의 발전 방향이다. 컴퓨터에서 인간의 마음과 같은 소프트웨어가 실행될 수 있도록 설계하기 위하여 컴퓨터 프로그램과 관련된 기본적인 요소들을 살펴보기로 한다.

컴퓨터를 움직이는 프로그램은 정보를 처리하는 명령어들의 집합이다. 마음은 정보를 처리하는 일련의 연산이며 다른 말로 표현하면 기호를 조작하는 연산이다. 프로그래밍 언어는 컴퓨터를 구동시키는 소프트웨어 명령어를 작성하는 도구이다. 프로그래밍 언어도 일종의 언어이기 때문에 자연언어와 마찬가지로 구문론과 문법이 적용된다.

구문론(syntax)이란 단어들이 문장을 만들기 위하여 구성되는 방식이며 문법 (grammar)이란 특정한 언어의 규칙을 설명하는 이론이다. 프로그래밍 언어의 구조는 자료와 명령어(instruction)로 구성되어 있다. 특정한 동작(action)을 위한 명령어들의 집합을 함수(function)라고 하고, 모듈(module)은 함수들의 집합이며, 라이브러리 (library)는 모듈들을 재사용할 수 있게 모아 둔 파일이다.

튜링 기계 TM은 [그림 8.13]과 같이 내부 상태의 집합 S와 입력과 출력되는 문자의 집합 C와 전이 함수 δ와 정지 상태 H로 구성된다. 입력과 출력 자료는 긴 자기 테이프 에 읽기/쓰기 헤드로 한 칸씩 읽고 기록하며 상태를 변환한다. 이 가상 기계는 모든 수 학 문제를 해결할 수 있다. 튜링 모델에 의하여 모든 계산이 가능하므로 이 모델을 확 장하여 튜링은 '콜로서스(Colossus)[15]'라는 세계 최초의 컴퓨터를 제작하여 사용하였 다(제5장 자동기계의 2절 튜링 기계 참조). 튜링 기계에서 중요한 것은 기계가 인간의 마음과 같이 실행 상태를 유지하면서 입력에 따라서 상태를 바꾸고 출력을 배출하는 프로그램이다. 인지심리학자들은 이 프로그램에서 인간의 마음을 추상화하였다.

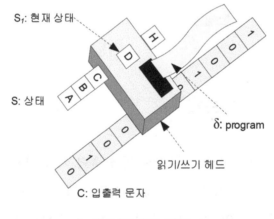

[그림 8.13] 튜링 기계

튜링 모델은 긴 테이프로 자료가 문자로 입력되고 프로그램에 의하여 실행 상태가 변화되면서 읽기/쓰기 헤드에서 문자로 출력되는 가상적인 컴퓨터 모델이다. 튜링 기 계는 다음과 같이 네 가지 요소들로 구성되는 컴퓨터 모델이다.

---

15 Colossus: 1943년에 영국에서 진공관으로 만든 세계 최초의 컴퓨터. 앨런 튜링의 제안으로 독 일군의 에니그마(Enigma) 암호기의 암호를 해독. 1초에 5,000 단어 속도로 해독에 성공.

튜링 기계 TM = (S, C, δ , H)
S : set of states
C : set of input and output characters
δ : transfer function
H : halting state

　현재 사용하는 컴퓨터들은 모두 튜링 모델을 기반으로 폰 노이만(von Neumann)[16]
이 설계한 프로그램 저장(stored program) 방식을 사용하고 있다. 폰 노이만의 설계 방식이
나오기 전에는 수많은 스위치와 릴레이들을 이용하여 프로그램을 설정하고 운영하였기 때
문에 물리적인 작업이 많았다. 폰 노이만은 튜링 모델을 구현하는 방식으로 기억장치에 프
로그램을 저장하고 처리기에서 명령어와 자료를 차례대로 처리하는 방식을 제안함으로써
컴퓨터 설계 방식을 획기적으로 혁신하였다. 폰 노이만은 1949년에 자신의 설계 방식을 이
용하여 EDSAC(Electronic Delay Storage Automatic Calculator)이라는 새로운 개념의 컴퓨
터를 제작하였다.

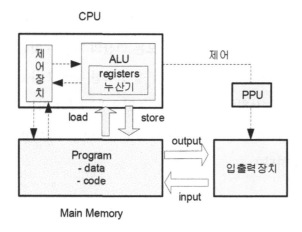

[그림 8.14] 폰 노이만 모델

　폰 노이만 모델은 [그림 8.14]와 같이 튜링 모델의 개념 구조를 확장하여 그대로 사용
하고 있다. 다만 처리기(CPU)에 프로그램을 올리기 전에 주기억장치(main memory)에
저장해 두었다가 차례대로 명령어와 자료들을 처리기의 연산논리기구(ALU, Arithmetic

---

16 Johann von Neumann(1903~1957): 헝가리 출신 수학자. 프린스턴대학 교수.

Logic Unit)에 있는 레지스터(register)[17]와 누산기(accumulator)[18]에 올려서 연산을 실행한다. 입력과 출력은 주변처리장치(PPU, peripheral processing unit)가 입·출력장치를 제어하여 실행하는 방식이다. 연산 자체는 처리기 안에 있는 연산논리기구(ALU)에서 실행하면서 모든 작업이 주기억장치를 중심으로 이루어지도록 설계하였다.

폰 노이만 모델의 특징은 내장 메모리 순차처리 방식에 있다. 메모리 안에 자료와 코드를 모두 기억한 다음에 순차적으로 자료와 코드를 누산기와 레지스터로 가져와서 연산을 수행하고 결과를 다시 메모리에 저장하는 방식이다. 이 과정에서 폰 노이만 병목 현상이 발생한다. 이 현상은 다음에 가져올 명령이나 자료의 기억장소 값을 특정한 위치에 저장하고 변경해야 하는 폰 노이만 구조에서 비롯된다. 메모리와 처리기의 속도가 아무리 빨라져도 이 구조가 유지되는 한 순차처리와 병목 현상을 피할 수 없다.

컴퓨터는 정보를 처리하는 일련의 연산이다. 튜링은 사람이 정보를 처리하는 과정과 절차에 따라서 튜링 모델을 설계했다. 따라서 [그림 8.15](a)의 명령어 실행 절차는 인간이 사고하는 절차와 유사하다. [그림 8.15](b)는 6502라는 마이크로컴퓨터에서 사용하는 명령어들의 집합이다. 여기 있는 8개의 명령어만 있으면 이 세상에서 필요한 모든 연산을 수행할 수 있다. 그 이유는 모든 연산의 기본은 덧셈이며 뺄셈은 덧셈에 마이너스 부호를 붙인 것이고 곱셈은 덧셈을 반복한 것이고 나눗셈은 뺄셈을 반복하면 되기 때문이다. 즉 사칙연산을 수행할 수 있으면 미분과 적분 등 모든 수학 계산이 가능하다. 여기에 비교하고 분기하는(if -- then -- else --, branch) 명령이 있으면 모든 논리 연산이 가능하다.

---

17 register: CPU 안에서 연산을 위하여 일시적으로 정보를 저장하는 기억장치.

18 누산기(累算器, accumulator): CPU에 있는 레지스터의 하나. 누적되는 연산 결과를 일시적으로 저장하는 기억장치.

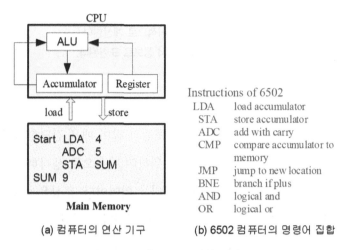

CPU

ALU

Accumulator | Register

load | store

Start LDA 4
　　ADC 5
　　STA SUM
SUM 9

Main Memory

Instructions of 6502
LDA　load accumulator
STA　store accumulator
ADC　add with carry
CMP　compare accumulator to memory
JMP　jump to new location
BNE　branch if plus
AND　logical and
OR　logical or

(a) 컴퓨터의 연산 기구　　　　(b) 6502 컴퓨터의 명령어 집합

[그림 8.15] 명령어 실행 절차

〈표 8.3〉 6502 어셈블리어 프로그램

레이블	명령어	피연산자	주석
START	LDA	4	// load number to A
	ADC	5	// add second number to A
	STA	SUM	// store SUM
SUM	9		

　　4와 5를 덧셈하는 연산을 어셈블리 언어(assembly language)[19]로 〈표 8.3〉과 같이 프로그램을 작성해본다. 'START'는 프로그램의 위치를 알려주는 레이블이다. 'LDA 4'는 누산기 A에 피연산자인 4를 적재하라는 명령이다. 'ADC 5'는 누산기 A에 숫자 4를 덧셈하라는(4+5=9) 명령이다. 'STA SUM'은 누산기 A에 저장된 자료 값(9)을 SUM이라는 위치에 있는 메모리에 저장하라는 명령이다.

　　폰 노이만 모델은 전통적 정보처리의 패러다임이 되었다. 따라서 우리가 사용하고 있는 모든 컴퓨터들은 폰 노이만 모델이라고 말할 수 있다. 이 전통적 패러다임의 특성은 마음을 컴퓨터 정보처리의 특성에 따라서 유추하고 기술한 것이다. 즉 다음과 같이 두 가지 전제를 조건으로 설계하였다.

19　assembly language. 기계어를 사용하면 0과 1만으로 표기하기 때문에 식별이 곤란하므로 문자를 사용하여 작성 과정을 편리하게 개발한 기호 언어. 기계마다 어셈블리 언어가 존재한다.

① 계산주의 : 인간은 컴퓨터 알고리즘 식으로 규칙적으로 계산한다.
② 표상주의 : 마음의 내용 요소들은 모두 의식에서 정보로 표현된다.

전통적 패러다임의 특징은 계산주의와 표상주의가 실현된다는 전제로 구성되었다. 계산주의는 인간이 수행하는 모든 사고는 덧셈과 같이 매우 간단한 연산이 규칙적으로 반복되는 것이다. 표상주의는 사고하기 위하여 마음으로 생각하는 모든 대상들은 머릿속에서 두뇌의 방식으로 표현되어야 한다는 의미이다. 표상은 주로 언어, 그림, 소리 등으로 표현되는데 이들을 모두 감각-운동 이미지라고 한다. 귀로 들리는 것도 감각운동 이미지이고 냄새를 맡는 것도 감각-운동 이미지이다.

전통적 정보처리 패러다임의 문제점도 <표 8.4>와 같이 존재한다.

〈표 8.4〉 튜링 모델/폰 노이만 모델의 문제점

문제점	내 역	비 고
처리 방식	하드웨어는 소프트웨어와 독립적	스스로 개선 불가
학습 능력	자동 학습 곤란	
처리 속도	순차처리 방식이므로 느리다	병렬처리 필요

(1) 처리 방식

인간의 뇌는 본질적으로 컴퓨터와 상이하다. 컴퓨터는 하드웨어 위에서 소프트웨어가 독립적으로 실행되므로 소프트웨어가 바뀌면 전혀 다른 기능을 수행한다. 소프트웨어는 하드웨어와 독립적이기 때문에 이전에 실행되었던 소프트웨어의 영향이 남아 있지 않는다. 그러나 두뇌에서는 정보가 입력되면 뇌 신경회로를 새로 만들어 나간다. 새로 마음을 먹어도 예전에 기억된 정보가 계속 머리를 지배하려고 한다. 컴퓨터와 달리 뇌는 신경회로를 변경하면서 스스로 완성해나간다고 볼 수 있다.

(2) 학습 능력

뇌의 신경세포는 매우 많으며 흥분 정도에 따라서 연결되기도 하고 단절되기도 한다. 컴퓨터에서는 프로그램된 사항만을 기계적으로 수행한다. 그러나 뇌에서는 감정이 있어서 아무리 노력해도 논리적으로 수행하지 않고 감정적으로 수행할 수도 있다. 대뇌피질이 변연계를 항상 지배하지 못하기 때문이다. 뇌는 감정에 따라서 학습이 가능하지만 컴퓨터는 스스로의 학습이 어렵다는 차이가 있다.

(3) 순차처리

뇌는 정보를 병렬적으로 처리한다. 뇌에서는 신경세포마다 축색돌기가 많아서 다양하게 다른 신경세포들과 연결되어 정보를 처리한다. 그러나 컴퓨터에서는 프로그램된 명령어만 순차적으로 실행된다. 프로세스는 현재 처리기(CPU)에서 처리 중인 프로그램을 말한다. 어느 한 순간에도 처리기는 하나의 프로그램만 처리할 수 있다. 병렬처리를 하기 위해서는 별도의 컴퓨터 처리기들을 사전에 많이 만들어 놓아야 하고 여기서 수행되는 프로그램들을 별도로 작성해야 한다. 순차처리 프로그램과 병렬처리 프로그램은 작성 단계부터 상이하다.

전통적 정보처리 패러다임의 문제를 해결하는 것은 폰 노이만 모델을 개선하는 것과 새로운 패러다임의 모델을 도입하는 것이지만 어느 것도 쉽지 않은 일이다. 그러나 가장 큰 목표는 병렬처리를 빠르게 실행하는 것과 컴퓨터 스스로 학습이 가능하게 하는 것이다.

8.4 신경망 모델

1950년대의 컴퓨터 과학자들은 살아 있는 뉴런(neuron)의 네트워크가 신경의 결합을 조정하면서 정보를 처리하는 방식에 매료되었다. 이것을 기반으로 네트워크를 만들기 시작하여 탄생한 것이 인공신경망(artificial neural network)이다. 인공신경망도 입력과 출력 그리고 그 사이에 기억소자들이 있으며 복잡하게 연결되어 있다. 중요한 것은 기억소자들 사이에 연결된 결합이 강약의 강도를 가지고 있으며 규칙적으로 자주 사용하는 선로는 결합 강도가 강화된다는 점이다.

신경망 컴퓨터(neural computer)는 신경망 개념을 하드웨어로 실현한 컴퓨터로 두뇌의 신경세포와 시냅스를 칩(chip)으로 구현한 것이다. 학습 능력이 있는 장점이 있으며 자기학습, 영상인식, 음성인식, 필기체 인식, 자연어처리, 로봇제어, 패턴 인식 등의 인공지능 분야에 매우 유용하다. 현재 사용되는 폰 노이만 모델에 비하여 신경망 컴퓨터가 갖는 가장 큰 장점은 학습 능력이다.

신경망은 반복적으로 입력된 정보에 대하여 각 입력 신호의 가중치를 목적에 맞도록 변화시킴으로써 학습할 수 있다. 학습을 수행한 신경망 컴퓨터는 입력된 정보를 기억할 수 있으며 사람의 두뇌와 같이 비결정적인(non-deterministic) 특성을 갖고 있기 때문에 오류에 강한 장점이 있다.

신경망은 생물학의 뉴런(신경세포)을 지칭하는 말이었으나 최근에는 인공신경망을 지칭하는 말로 사용되고 있다. 신경망은 뇌의 일부 기능들을 컴퓨터 모의실험(simulation)으로 표현하는 것을 목표로 하는 수학 모델이다. 신경망은 시냅스의 결합으로 네트워크를 형성한 인공 뉴런들이 학습을 통하여 시냅스의 결합 강도를 변화시킴으로써 문제를 해결하는 능력이 있다.

신경망의 구조와 기능을 이해하고 폰 노이만 모델과 비교하고 응용분야를 살펴보기로 한다.

8.4.1 신경망의 구조

신경망 모델의 시초는 1943년에 맥컬러크(McCulloch)와 피츠(Pitts)가 발표한 논문이었다. 이들은 인간의 두뇌가 수많은 신경세포들로 이루어진 컴퓨터라고 생각하였다. 이들은 단순한 논리적 업무를 수행하는 모델을 보여주었으며 패턴 인식 문제가 인간의 지능을 규명하는데 매우 중요하다고 생각하였다. 헵(Hebb)[20]의 학습 규칙은 두 개의 뉴런이 반복적이며 지속적으로 점화(fire)하면 양쪽에 변화가 발생되어 점화 효율이 커지는 작용을 이용하여 만든 것이다. 두 뉴런 사이의 연결강도(weight)를 조정할 수 있는 최초의 규칙이었다. 이 규칙은 학습에 관한 신경망연구를 크게 발전시켰다.

---

20 Donald Hebb(1904~1985): 캐나다 심리학자. 학습과 같은 심리적 처리에 대한 뉴런 연구.

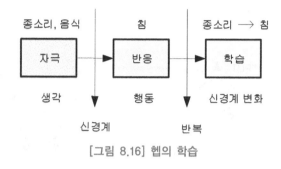

[그림 8.16] 헵의 학습

파블로프의 실험에 의하면 개는 종소리만 들어도 침을 흘린다. 처음에는 종소리를 듣고 침을 흘리지 않았지만 음식을 줄 때마다 종을 울리면 나중에는 종소리만 들어도 침을 흘린다. 개의 뇌는 종소리를 듣는 뉴런에서 침을 흘리는 뉴런으로 연결되도록 뉴런들의 연결 구조가 바뀐 것이다. 종소리 뉴런에서 침 뉴런으로 연결 강도를 강화하는 것은 경험에 의하여 새로운 행동의 변화를 야기하는 학습 능력을 의미한다. [그림 8.16]과 같이 반복적인 자극과 생각에 의하여 신경계의 변화가 이루어지는 학습을 헵의 학습(Hebbian learning)이라고 한다.

신경망은 뉴런으로 구성된 네트워크이다. 인공신경망은 뉴런과 시냅스 대신에 칩을 기억소자로 사용하여 네트워크를 구축한 것이다. [그림 8.17]은 가장 간단한 신경망 모델이다. 여기서 기억소자 A, B, C는 뉴런에 해당하며 A, B는 C에게 입력으로 작용하고 C는 출력으로 작용한다. A와 B가 활성화되어 각각 +0.7과 -0.3을 C에게 전달하면 C는 입력을 가감하여 +0.4를 출력한다. 실제 뉴런은 뉴런마다 시냅스가 수백 개 이상 되므로 매우 복잡한 네트워크를 구성하지만 여기서는 간단한 모델을 대상으로 한다.

실제 인공신경망을 구축할 때는 [그림 8.17](b)와 같이 신경망의 최소 단위가 되는 PE (Processing Element)를 칩으로 망을 구축한다. [그림 8.17](a)의 신경망 구조에서 몇 가지 주목할 사항이 있다. 뉴런에 에너지가 충전되어 발화하는 것은 뉴런마다 일정한 기준이 있다. 이 기준을 역치(문턱값)[21]라고 한다. 뉴런이 발화한다는 것은 그 뉴런의 입력의 합계가 역치를 넘어서 다른 뉴런으로 활동전위가 전송되는 것을 말한다. 뉴런의 연결은 강도에 의하여 결정되며 연결 강도는 흥분성과 억제성을 모두 가진다. 따

---

21 역치(閾値, 문턱값, threshold value): 생물이 외부 자극에 대해 반응을 일으키는 데 필요한 최소한의 자극의 크기. 눈의 역치는 400~700nm의 가시광선, 귀의 역치는 20~20,000Hz의 음파.

라서 뉴런의 전이 함수는 다음과 같이 계산할 수 있다.

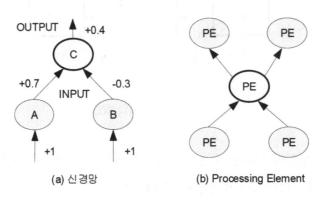

[그림 8.17] 간단한 신경망 실례

Outputi = Σ (Inputi * Weighti   (식 8.1)

(식 8.1)을 [그림 8.17](a)에 대입하면 다음과 같다.

Outputc = Σ (Inputi * Weighti)
= Inputa * Weighta + Inputb * Weightb
= 1 * 0.7 + 1 * (−0.3)   // 입력에 대한 가중치는 1로 간주
= 0.7 − 0.3
= 0.4

기본적인 신경망 모델은 현실 문제 해결에 크게 도움이 되지 않지만 이후에 점차적으로 발전하여 현실 문제를 해결하게 된다. 신경망의 특성과 함께 퍼셉트론과 은닉층 모델 등을 살펴보기로 한다.

(1) 신경망의 특성

폰 노이만 모델을 기반으로 하는 전통적 패러다임으로 어떤 영상 정보가 입력되었을 때는 [그림 8.18]과 같이 영상장비를 이용하여 영상 정보를 얻어서 전처리 작업을 거쳐서 이미지의 형태를 확보하고 정보의 속성들을 분석하고 최종적으로 그 물체가 무엇인지를 결정하게 된다. 이 시스템에서는 정확성을 향상하기 위하여 데이터베이스

에 관련 속성 정보를 많이 확보하고 유사한 영상을 검색하는 프로그램의 알고리즘을
개선하는 것이다.

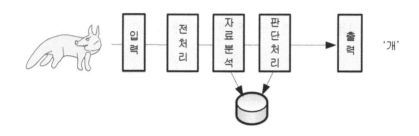

[그림 8.18] 전통 패러다임 방식의 인식

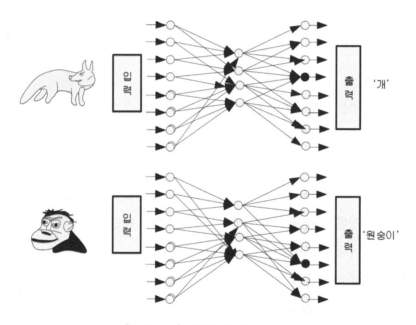

[그림 8.19] 신경망 방식의 인식

신경망 방식에서는 영상으로 입력된 자료를 토대로 어떤 물체인지를 판단하는 것이
아니라 특정한 영상이 입력되면 특정한 결과물로 연결시키도록 가중치를 조절한다.
예를 들어 [그림 8.19]에서 개 이미지가 입력되면 개가 출력되도록 가중치를 조절하고
원숭이 이미지가 입력되면 원숭이가 출력되도록 가중치를 조절하는 방식이다. 이 그
림을 자세히 보면 개와 원숭이를 인식하는 연결선들이 다른 것을 알 수 있다. 학습을
통하여 정확한 결과를 얻기 위하여 연결선들이 변경된 것이다. 신경망에서는 자료가
들어오면 결정적으로 어떤 물체인지를 판단하는 것이 아니라 학습에 의하여 이런 정

보가 들어오면 이런 출력을 하도록 연습하는 것이다. 시간이 갈수록 신경망에서는 입력과 출력이 대응되는 확률이 높아질 것이다. 이와 같은 방식을 패턴 분류 방식이라고 한다.

신경망의 특성을 분류하면 <표 8.5>과 같이 세 가지로 정리할 수 있다.

〈표 8.5〉 신경망의 특성

특성	내역	비고
학습 능력	훈련에 의하여 회로가 학습 수행	뇌 구조와 유사, 경험=학습
분산 병렬처리	수많은 뉴런들이 분산 및 병렬처리 수행	
단순성	처리 과정이 단순하고 프로그램 불필요	복잡한 처리 가능

1) 학습 능력

신경망은 훈련을 통하여 학습한다. 신경망은 학습할 수 있는 여러 예제들로 훈련 세트를 준비하여 훈련을 통하여 정보를 얻는 방식이다. 대표적인 훈련 방법은 입력 패턴(input pattern)과 목표 출력(target output)을 연결하는 것으로 이루어진다. 목표 출력이란 입력 패턴에 대한 정확한 해답이라고 할 수 있다. 신경망은 경험으로부터 내부적인 연결강도를 조정한다. 만약 훈련이 성공적이라면 입력 패턴에 대한 정확한 답을 줄 수 있도록 내부 변수들이 조정된다.

신경망 방식은 사람이 특징을 인지하거나 프로그램을 작성할 필요가 없으므로 경제적이다. 그러나 훈련 시간을 예상할 수 없는 문제가 있다.

2) 분산 병렬처리

기존의 음성 인식 시스템은 음성 패턴들이 저장된 탐색표(lookup table)를 가진 상태에서 음성이 입력되면 하나씩 비교하는 방식으로 처리된다. 신경망에 저장된 정보들은 많은 처리장치들에 의하여 저장된다. 여러 처리장치들을 동시에 사용하여 음성을 인식하기 때문에 정보의 표현이 다양하고 신속하다. 네트워크 일부에 손상이 있어도 사용 가능한 장점이 있다.

뉴런의 특징은 수많은 뉴런들이 각각 수백 개 이상의 시냅스를 통하여 다른 뉴런들과 연결되어 있으므로 병렬처리와 분산처리가 가능하다. 뉴런 자체는 속도가 느리지만 병렬과 분산처리로 인하여 신속한 처리가 가능하다.

3) 단순성

신경망은 단순해서 복잡한 프로그래밍 과정이 필요 없지만 복잡한 작업이 가능하다. 신경망은 훈련 과정에서 입력 패턴들의 특징을 찾아내서 활용할 수 있다. 실제 처리과정에서 특징들을 유용하게 사용할 수 있다.

이상과 같은 사항들은 신경망의 장점이므로 응용분야에 따라 적극적으로 활용해야 한다.

(2) 퍼셉트론

로젠블라트(Rosenblatt)[22]는 1957년 퍼셉트론(perceptron)이라는 최초의 신경망 모델을 발표하여 학습을 강화할 수 있는 길을 열어놓았다. 퍼셉트론의 중요성은 어떤 형태의 패턴이 입력층에 주어지면 이 모델이 반응하게 하는 연결강도의 집합을 스스로 발견하는 자동적인 학습 능력에 있다.

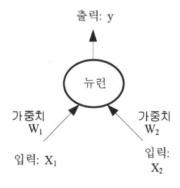

[그림 8.20] 퍼셉트론

퍼셉트론이 동작하는 방식은 기존과 크게 다르지 않다. [그림 8.20]에서 각 노드의 가중치(weight)와 입력(input)을 곱한 것을 모두 합한 값이 활성함수에 의해 판단되는데, 그 값이 역치(threshold; 보통 0)보다 크면 뉴런이 활성화(fire)되고 결과값(output)을 출력한다. 뉴런이 활성화되지 않으면 결과값으로 -1을 출력하게 된다. 퍼셉트론의

---

22 Frank Rosenblatt(1928~1971): 미국 심리학자, 컴퓨터과학자. 퍼셉트론 완성.

동작을 수식화하면 다음과 같다.

```
Outputi = Σ (Inputi * Weightij)
        = {+1, if Outputi )= T}
          {−1, if Outputi 〈 T)
```

퍼셉트론에 약간의 변형을 가하면 다음과 같은 학습 규칙이 만들어진다.

```
Wnew = Wold + Byx
B: {+1, if answer is right}
   {−1, if answer is wrong}
y: answer
x: input pattern
```

퍼셉트론의 특징은 훈련을 반복할수록 가중치가 가감되어 점차 원하는 목표를 달성하여 학습 효과가 높아진다는 점이다. 퍼셉트론은 구조가 단순하면서 가능성이 예견되어 많은 열기 속에서 환영을 받았다. 그러나 1969년에 민스키(Minsky)와 파퍼트(Papert)가 문제점을 비판한 이후에는 열기가 급속하게 냉각되었다. 단순 퍼셉트론의 대표적인 문제는 선형분리의 단순한 실례인 XOR을 해결할 수 없었다. 이것으로 인하여 퍼셉트론의 주요 특징인 자동학습이 부족하다는 것이다.

■ 다층 퍼셉트론

1980년대에 퍼셉트론에 은닉층(hidden layer)을 두어서 다층화하고 역전파(back propagation) 알고리즘을 사용하는 다층 퍼셉트론을 제시하여 기존의 문제점들을 해결하였다. 다층 퍼셉트론은 입력층과 출력층 사이에 하나 이상의 중간층을 두어 계층 구조를 만들었다. 다층 퍼셉트론은 은닉층을 이용하여 XOR 문제를 해결하였다. [그림 8.21]의 다층 퍼셉트론은 XOR을 다음과 같이 해결한다.

```
00 또는 11 → 0
01 또는 10 → 1
```

[그림 8.20]의 전이 함수는 다음과 같이 구성된다.

$$Output_i = \Sigma \ (Input_i * Weight_{ij})$$
역치:　　　　$H = 1.5, C = 0.5$
은닉층　　　$y = \{-x, \text{ if } Output_H \ \rangle \ 1.5\}$
　　　　　　　$\{+x, \text{ if } Output_H \ \langle = 1.5\}$
최종출력　　$z = \{+x, \text{ if } Output_C \ \rangle \ 0.5\}$
　　　　　　　$\{-x, \text{ if } Output_C \ \langle = 0.5\}$

[그림 8.22]는 문자를 인식하는 다층 퍼셉트론이다. 입력 문자는 $3 \times 4 = 12$개의 픽셀(pixel)로 구성되는 숫자이다. 입력층에는 문자 이미지 자료의 비트값이 0과 1로 입력되며 가중치가 은닉층을 거쳐서 출력층에 반영된다. 문자 이미지가 6으로 나타나도록 가중치를 적절하게 조절해 나가면 점차 출력 노드의 6번 노드에 가장 큰 값으로 표현될 것이다. 가중치 값을 조절하는 과정이 바로 학습이며 이것은 훈련을 통하여 숙달된다.

[그림 8.23]에는 세 가지 형태의 문자 이미지가 입력되는데 각각의 이진수 값들이 비슷하다. 이것을 디지털 컴퓨터에서 처리하려면 한 가지 코드 이외에는 모두 오류로 처리해야 하지만 신경망에서는 모두 숫자 '6'으로 인식할 수 있으므로 오류에 강하다는 장점이 있다.

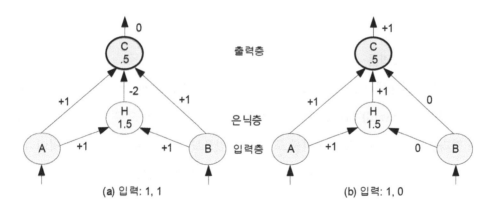

[그림 8.21] 다층 퍼셉트론: XOR 처리 회로

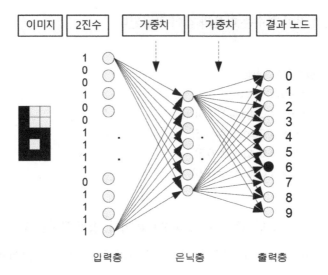

[그림 8.22] 다층 퍼셉트론의 문자 인식 실례

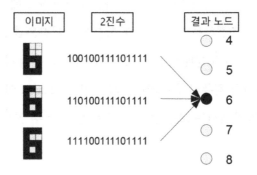

[그림 8.23] 유사한 문자 이미지 인식

■ 역전파 알고리즘

지금까지 실례에서 본 것은 모두 출력층에서 입력층으로 직접적인 연결은 존재하지 않는 전방향(forward) 네트워크이다. 출력층의 결과를 입력층으로 역전파한다면 입력의 결과를 즉시 확인하고 가중치를 조절할 수 있으므로 학습 효과가 증대할 것이다. 이와 같이 학습에 사용되는 대표적인 알고리즘이 역전파 알고리즘(back propagation algorithm)이다.

인공신경망은 기존 컴퓨터와 달리 명령어에 의해서 프로그램도 작성하지 않고 특정한 입력에 특정한 출력을 산출하는 학습 기능에 의하여 수행된다. 그러나 신경망은 기존 방식에 비하여 다음 <표 8.6>과 같은 단점들이 있다.

〈표 8.6〉 신경망 모델의 단점

항목	내역	비교
기계 제작	복잡하고 수많은 노드 설치와 배선 곤란	하드웨어 문제
산술 연산	정확한 계산 곤란	튜링기계에 적합
내부 이해	설계 및 결과 예상 곤란	알고리즘 설계 어려움

1) 기계 제작

신경망을 하드웨어로 구현하기 어렵다. 수없이 많은 PE를 설치하는 것과 PE 간의 수없이 많은 연결을 기존의 하드웨어와 통신 기술로 해결하기 어렵다.

2) 산술 연산

신경망은 응용분야에 따라서 패턴 인식 같은 부분에서 우수한 성능을 발휘하지만 정확성을 요구하는 산술 연산과 같은 부분에서는 기존 컴퓨터를 따라가지 못한다.

3) 내부 이해

신경망의 내적 구성과 지식을 이해하고 예상하기 어렵다. 기존 방식은 프로그래밍 과정에서 결과를 예상하고 대비할 수 있으나 신경망은 학습 후에 결과를 알 수 있다.

폰 노이만 모델과 신경망 모델을 비교하면 〈표 8.7〉과 같이 전반적으로 신경망 모델이 우수한 항목들이 더 많아 보인다. 그러나 신경망 모델의 최대 약점은 실제 신경망 컴퓨터로 구현하는 것이 간단하지 않다는 점이다. 수없이 많은 PE(뉴런)들을 설치하고 수많은 통신선로(시냅스)를 연결하는 것은 현재 기술로는 어려운 일이다. 아직까지는 폰 노이만 모델을 사용하는 것이 일반적이지만 신경망 모델의 역사적인 발전 과정을 감안하면 멀지 않아 획기적인 전기가 올 것으로 기대된다.

〈표 8.7〉 폰 노이만 모델과 신경망 모델의 비교

비교 항목	폰 노이만 모델	신경망 모델
패러다임	튜링 모델	두뇌
처리 자료	디지털	아날로그
처리 기준	논리적(yes, no)	연결강도(강, 약)
기본 개념	계산주의, 표상주의	연결주의
학습 능력	없음	있음
정확성	정확	근사치
처리 방식	직렬처리	병렬처리
검색 방식	위치기반	내용기반

8.5 컴퓨터의 철학적 이해

'나는 생각한다. 그러므로 존재한다'는 데카르트의 주장과 같이 인간의 생각하는 능력은 인간 존재의 중심이었다. 인간은 생각하는 능력을 자신의 삶에 효과적으로 발휘하였기 때문에 만물의 영장이 될 수 있었다. 인간은 중노동을 해결하기 위하여 중장비를 만들었듯이 정신노동을 해결하기 위하여 사람처럼 생각하고 정보를 처리하는 기계를 꿈꾸어 왔다. 인간이 컴퓨터를 만들 수 있었던 가장 큰 원동력은 무엇이었을까? 한마디로 말해서 논리적으로 사고할 수 있는 이성(理性, reason)의 힘이다. 컴퓨터가 하는 일이란 사람이 수행하는 정신노동을 대신하여 정보를 처리하는 일이다. 정보를 처리하는 것은 수치 자료를 연산하는 일이며, 기호를 조작하는 일이다. 컴퓨터는 기호를 조작하고 사람은 표상(表象, representation)을 조작한다. 인간과 컴퓨터가 정보를 처리하는 원리는 바로 기호를 조작하는 논리 규칙이다. 컴퓨터가 정보를 처리하는 논리 세계와 인간이 정보를 처리하는 표상 세계는 심리학적으로 동일하므로 철학적 이해가 필요하다.

8.5.1 로고스 중심주의와 기호논리학

서양의 전통 문화는 플라톤의 관념론(idealism)을 중심으로 발전되어 왔다. 관념론이란 현실 세계에 물리적으로 존재하는 것(실재, 사물)보다 사람의 머릿속에 논리적으로 존재하는 것(생각, 이성)을 더 중시하는 입장이다. 관념론과 비교되는 개념으로 객관적인 실재나 물질을 중시하는 실재론(realism) 또는 유물론(materialism)이 있다. 플라톤이 바라보는 세계는 현실적인 경험의 세계와 경험의 세계를 움직이게 하는 이데아(idea)의 세계로 나누어지고 이데아(이성)만이 이상적인 사회이며 진리라고 보았다. 관념론은 로고스(logos)라는 개념을 중심으로 성립되었다. 로고스의 어원(-logie)은 이성, 말씀, 학(學) 등이므로 학문은 로고스에 의해 규정된다. 서양 학문은 이성과 말씀을 중심으로 논리적인 힘에 의하여 발전된 것이다.

플라톤의 형이상학이 극단적으로 발전한 형태가 현재의 사이버 세상이다. 플라톤의 이데아 세계에는 실물이 없고 모두 이상적인 관념만 존재하므로 현재 인터넷과 컴퓨터로 이루어진 사이버 세계와 유사하다. 플라톤의 이데아 세계가 사이버 세계로 발전하게 된 이유는 무엇인가? 한 마디로 말해서 로고스를 기반으로 하는 이상주의(합리적 사고와 이데아)가 자신의 실현을 위하여 사이버 세계로 출현한 것이다.

서양의 합리주의(rationalism)가 최고로 꽃을 피운 것이 헤겔의 절대정신이다. 헤겔의 주장은 한 마디로 '역사란 절대정신의 자기실현 과정'이라는 것이다. 조각가가 작품을 만드는 과정을 살펴보자. 처음에 조각 작품은 조각가의 머리속에 있었지만 도구를 이용하여 돌을 파내는 순간부터 상상속의 작품이 실체로 드러나기 시작한다. 절대정신이란 '신의 섭리'와 비슷하다. 처음에는 작은 상상에 불과하지만 점차 자신의 모습을 구체적으로 드러낸다. 프랑스 혁명은 자유, 평등, 박애라는 추상적인 이상이 역사를 통해 구체적으로 실현된 사례였다.

헤겔의 절대정신의 대표적인 표현은 '논리적인 것은 현실적인 것이고 현실적인 것은 논리적인 것이다'이다. 헤겔은 이데아가 절대적이고 순수한 사상이기 때문에 현실적이라고 주장하면서 이성의 절대성을 주장한다. 헤겔은 세계를 이념(정신)의 자기발전으로 보았는데, 이 발전의 주체인 정신은 주관적 정신, 객관적 정신, 절대적 정신으로 구분된다. 주관과 객관을 동일화하는 단계에 이르는 것은 정신이 완전하게 자기인식에 도달하는 과정이다. 주관과 객관이 동일화한 정신이 바로 절대정신이다. 헤겔의 철학은 이러한 발전을 통하여 인간의 정신이 절대적 진리에 도달할 수 있다고 주장하였다.

인간의 논리적 사고로부터 발전한 대표적인 학문이 대수학이라면, 대수학이 기계에 사람의 사고능력을 구현한 것이 컴퓨터 알고리즘이다. 로고스는 이성이며 언어이므로 언어에 의한 논리가 대수학을 거쳐서 컴퓨터 알고리즘(algorithm)으로 발전하였다. 로고스가 알고리즘으로 발전하기 위해서는 사람들이 생각하는 관념들을 컴퓨터에 전달해야 하는데 관념을 표현하는 수단이 기호(sign)이므로 컴퓨터는 기호와 기호논리학이 중요한 기반이다.

(1) 논리학과 컴퓨터: 소크라테스에서 튜링까지

고대 그리스(기원전 4-5세기)에 설득을 목적으로 하는 논변술을 강조하는 사상가들이 있었는데 이들이 소피스트(shopist)다. 이들은 진리와 정의를 상대적인 기준으로 바라보았고 설득을 위하여 논리를 위장했기 때문에 궤변가라고 한다. 궤변은 사고의 법칙에서 벗어나지만 타당한 것처럼 보이는 논리를 이용하여 자신의 주장에 맞는 결론을 이끌어내기 때문에 사람들의 판단을 흐리게 하였다. 궤변의 실례를 들면 다음과 같다.

> "당신이 무엇을 잃어버리지 않았다고 하는 것은 당신이 그것을 가지고 있다는 뜻이다. 그러므로 당신이 금화를 잃어버리지 않았다면 금화를 가지고 있는 것이다."

이것은 '잃어버리다'라는 말의 두 가지 의미를 혼동하도록 사용한 궤변이다. 궤변의 특징은 구체적이고 다양한 관련 사항들 중에서 외관으로 유사하거나 사소한 관련 사항을 부각시키는 데 있다. 사물을 총체적으로 보지 않고, 한 부분만을 강조하거나 한 부분에만 타당한 것을 전체에 적용하는데 있다.

소크라테스는 궤변을 물리치기 위하여 절대적으로 올바른 지식을 얻을 수 있는 방법을 고찰하였다. 소크라테스는 귀납적인 방법으로 보편적 개념을 정확하게 규정하려고 하였다. 귀납법은 특수한 경우로부터 보편적인 진리를 이끌어내는 추리 방식이며 그 결과로 얻어진 보편 개념을 정확하게 규정하는 것이 정의(定義)다. 소크라테스의 귀납법은 아리스토텔레스에 의하여 완성된다. 소크라테스는 학문의 최종적인 목적은 단어를 정확하게 정의하는 것이라고 주장하였다.

아리스토텔레스는 내포와 외연(그림 4.6 참조)을 이용하여 유개념[23]과 종개념을 확립하고 서양 논리학의 기초를 세운다. 그는 명제에서 명제를 이끌어내는 추론을 제시하고, 정언적 삼단논법[24]과 가언적 삼단논법[25]의 형식을 발견하였다. 아리스토텔레스 이후에 서양의 논리학은 아리스토텔레스 논리학을 서술하는 정도의 정체기를 거치면서 근대에 이른다. 근대에서는 논리학이 새로운 지식을 얻을 수 있는 학문이 아니고 단순한 방법론에 불과하다고 해서 경시되었다. 그러나 수학이 발전하면서 귀납법이 경험과학의 방법론으로 인정되어 중요성이 인식되었다.

라이프니츠는 명제들을 대수학의 방정식($a^2 + b^2 = c^2$)처럼 처리할 수 있다는 생각을 발견하였다. 방정식은 좌측과 우측이 동일하다는 것을 나타내기 위해서 등호 '='를 사용한다. 그는 의미를 나타내는 대수(代數, 문자 기호)를 사용하여 논리 표현 방식을 재구성하였다. 즉 명제를 임의의 대수 a, b 등으로 나타내고, 이것들의 결합을 산술 연산자(+, -) 기호로 표현하였다. 참인 명제는 1, 거짓 명제는 0으로 표현하여 명제의 결합을 1과 0으로 이뤄진 산술식으로 만들었다. 라이프니츠의 논증은 다음과 같이 4단계로 이루어진다.

1. "a=b". 예를 들면 소크라테스는 소크라테스이다.
2. "만약 a가 b이고 b가 c라면, a는 c이다". (a=b and b=c) = (a=c).
3. "a는 (a가 아닌 것은) 아니다". a = not(not a). 만약 소크라테스가 죽는다면 소크라테스가 죽지 않는 것은 아니다.

---

23 유개념(generic concept , 類槪念): 개념 A가 다른 개념 B를 내포할 때, A를 B의 유개념이고 B는 A의 종개념이다. A는 B의 외연이므로 동물은 사자의 유개념이고 사자는 동물의 종개념이다.

24 정언적 삼단논법(定言的三段論法): 세 개의 개념과 세 개의 정언 명제로 구성되는 삼단논법의 가장 기본적인 형태. "모든 사람은 죽는다"(대전제) "소크라테스는 사람이다"(소전제) "그러므로, 소크라테스는 죽는다"(결론)의 형식으로 된 논법.

25 가언적 삼단논법(假言的三段論法): 가정문에서, 전건이 성립하면 후건이 성립하는 논리. "비가 오면 소풍가지 않는다"에서 비가 오지 않으면 소풍을 가도 되고 가지 않아도 되는 것과 같은 논리다. 전건을 부정함으로써 후건을 부정하든지, 후건을 긍정함으로써 전건을 부정하는 것은 오류다.

4. "'a는 b이다' = 'b가 아닌 것은 a가 아니다'". (a=b) = (not b=not a). "소크라테스
는 사람이다"에서 "사람이 아니라면 소크라테스가 아니다"가 성립한다.

라이프니츠는 이상과 같은 간단한 법칙을 통하여 아리스토텔레스의 귀납법을 뛰어
넘었다. 그는 모든 삼단논법들을 논증을 통하여 증명할 수 있었다. 예를 들어, 2번 문장
을 살펴보자. a와 b가 같으면 논리값이 1이고, b와 c가 같으면 논리값이 1이므로 조건
문 (1 and 1)은 참이 되어 결과적으로 (a=c)라는 결론을 얻을 수 있다. 그는 논리학에 대
수학을 접목함으로써 현대 기호논리학의 기초를 닦았다.

부울(Boole)은 라이프니츠 논리학을 기반으로 기호논리학의 첫 번째 체계인 부울
대수(Boolean algebra)를 만들어서 컴퓨터 과학의 기반을 확립하였다. 부울 대수의 핵
심은 라이프니츠와 같이 1과 0을 참과 거짓의 진리값으로 해석하고 동시에 집합 1을
전집합으로 0을 공집합으로 보는데 있다. 이렇게 1와 0을 이중적으로 보는 방법으로
인하여 두 가지 진리값의 계산이 집합의 계산과 완전히 일치하게 되었다.

[그림 8.24] 철학과 컴퓨터

부울 대수를 만든 부울의 업적은 아리스토텔레스 논리학의 틀을 벗어 난 것이다. 그
이유는 부울이 논리학을 분석하기 위해서 대수 논리학을 창시한 것이다. "a 또는 b이
다"라고 말한 인간의 표현을 기호(AND, OR, NOT 등의 논리연산자)를 사용하여 대수
적으로 취급하였고, 부울 대수를 응용하여 컴퓨터 논리회로를 설계할 수 있었으며, 논
리회로들을 결합하여 컴퓨터를 만들 수 있었다. 인간의 표현을 대수 논리로 표현한 것
은 매우 큰 업적이다.

앨런 튜링은 인간이 수를 계산하는 사고과정을 관찰하여 기계가 정보를 처리할 수
있는 논리 모델(유한 상태 기계)을 고안하였다. 유한한 수의 상태를 가진 기계에 1과 0
으로 작성된 자료가 기억된 테이프가 입력되면 미리 약속된 논리대로 기계의 상태가

변화하고, 테이프에 1 또는 0을 출력한다. 자료의 입력 값에 따라서 기계 상태가 변화하고 테이프에 새로운 자료를 출력을 하는 기계는 인간이 수행하는 셈을 수행할 수 있게 되었다(제5.2절 튜링기계 참조). 튜링은 자신이 만든 논리 모델을 이용하여 1943년에 진공관 컴퓨터(Colossus)를 만들고 군대에서 암호 해독용으로 사용하였다.

결론적으로 [그림 8.24]와 같이 기원전 약 400년에 소크라테스가 절대적인 진리를 구하려고 귀납법을 연구하였고, 아리스토텔레스가 귀납법을 발전시켜 서양 논리학의 기초를 세우고, 라이프니츠가 대수를 이용하여 참과 거짓 명제를 구분하는 기호논리학의 기초를 세우고, 부울이 기호논리학(부울 대수)을 만들어 컴퓨터 과학의 기반을 만들고, 앨런 튜링이 1943년에 부울 대수를 활용하여 최초의 컴퓨터를 만든 것이다.

(2) 기호학(semiology)과 컴퓨터

이 세계는 무엇으로 구성되어 있을까? 기호학자들은 이 세계는 기호들로 구성되어 있을 뿐만 아니라 기호들로 꽉 차있다고 주장한다. 기호로 구성된 세상에서 사람들은 기호를 이해하고 사용하지 않으면 삶을 살 수가 없다고 한다. 기호란 무엇인가? 기호는 어떤 사물을 직접적으로 나타내는 표시이다. 인간이 다루는 사물은 물질적이거나 정신적이거나 모두 기호에 의하여 표시되고 의미가 전달된다. 이 세계는 기호들의 세계이므로 사람들은 끊임없이 기호를 만들어내고, 기호를 활용하여 살아가고 있다. 사람들이 기호를 이해할 수 없다면 삶을 살아가기 어렵다. 움베르토 에코[26]나 보드리야르(Baudrillard) 같은 기호학자들은 "기호학은 모든 것'이라고 주장하고 있다. 기호는 문학, 예술, 공학, 사회학, 군대, 법학 등 모든 분야에서 사용되고 있다. 도로에서 발견되는 교통 신호도 기호이고, 화학에서 사용하는 원소 주기율표도 기호이고, 군대에서 사용하는 암호와 수기신호도 기호이고, 텔레비전에서 보는 수많은 광고들도 모두 기호들이다.

컴퓨터는 정보를 처리하는 기계이므로 사람들이 사용하는 정보(기호)를 받아들인다. 컴퓨터가 받아들이는 기호는 과거에는 숫자와 문자에 불과했지만 이제는 텍스트,

---

26 움베르토 에코(Umberto Eco: 1932-): 이탈리아의 기호학자, 철학자, 소설가. 볼로냐 대학 교수. '장미의 이름', '푸코의 진자'의 저자.

소리, 영상, 동영상 등 모든 기호들을 받아들일 수 있다. 따라서 사람이 사용하는 기호와 컴퓨터가 사용하는 기호는 서로 호환성과 효율성이 있어야 한다. 사람과 컴퓨터는 멀티미디어 시대를 맞이하여 다양한 기호에 대해 더 깊은 이해가 필요하다.

소쉬르는 기호체계로서의 언어는 어떤 본질적 특성에 의해 규정되는 것이 아니라 다른 기호들과의 차이에 의해 정의된다고 보았다. 이것은 진리에 대한 개념의 차이를 야기한다. 전통적으로 진리는 "관념이 실재와 일치하는 것(진리대응설)"이라고 생각해왔다. 어떤 짐승이 호랑이라고 하는 것은 그것이 진짜 호랑이이기 때문이라고 생각했던 것이다. 그러나 소쉬르의 생각은 달랐다.

소쉬르에 의하면 기호(記號, sign)는 기표(記標, signifiant)와 기의(記意, signifié)와 기호 자체 등 세 가지 기본적인 요소에 의해서 성립한다. 그렇기 때문에 기호와 기호가 표상하는 대상 사이에는 어떤 본질적 연관도 존재하지 않는다. 소쉬르는 기호를 기표와 기의의 결합으로 보면서, 기호가 다른 것은 차이에 의한 것이라고 설명한다. 이전의 언어학자들이 언어의 어원에 대한 본질적인 연구에 집중한 반면에 소쉬르는 언어의 차이를 집중적으로 본 것이다.

컴퓨터는 자신이 처리하는 정보의 의미나 본질을 모르고 단지 주어진 대로 형식이 다르면 다르게 처리할 뿐이다. 사람의 인지 기능은 지각, 기억, 상기로 구분된다. 감각기관이 정보를 지각하고 두뇌에 기억을 하고 필요하면 기억된 정보를 상기한다. 사람은 새로운 정보와 상기된 정보를 비교하고 동일한지 여부를 판단한다. 두뇌의 신경세포들도 정보의 본질을 알지 못하고 단지 비교하고 동일성 여부를 판단할 뿐이다. 소쉬르가 생각했던 언어의 비본질적인 요소들이 컴퓨터에게도 똑같이 적용된다.

8.5.2 표상주의(presentationism)와 컴퓨터

컴퓨터는 인공언어로 정보를 처리하는 전기기계이고, 두뇌는 자연언어로 정보를 처리하는 생체기관이다. 컴퓨터가 정보를 처리하려면 대상 자료를 주기억장치에 입력해야 하고, 두뇌가 정보를 처리하려면 대상 자료를 전두엽에 입력해야 한다. 주기억장치에 들어온 자료는 메모리 자료이고 전두엽에 들어온 자료는 표상(representation)이다. 표상이란 두뇌가 정보를 처리하기 위하여 전두엽에 올려놓는 자료이므로 사람이 사고를 하려면 반드시 표상이 필요하다. 따라서 사람이 어떤 대상을 인식하고 사고하는 것은 그 대상 자체가 아니라 전두엽에 떠올린 표상(表象)이다.

쇼펜하우어[27]는 1819년에 '의지와 표상으로서의 세계'를 집필하여 세상의 관심을 모았다. 의지와 표상은 무엇이고 서로 어떻게 다른가? 그는 생을 맹목적인 삶의 의지로 보고 이성은 이 의지의 시녀로 보았다. 표상은 이성의 합리성을 의미하며 의지는 인간의 근원적인 욕망을 의미한다. 의지가 뇌간과 연관이 있다면 표상은 두뇌 신피질과 연관이 있다. 뇌간이 생명을 유지하기 위하여 강력한 의지로 욕망을 추구한다면 대뇌 신피질은 냉정한 이성으로 표상을 관리하여 욕망을 적절하게 수용한다. 의지와 표상은 서로 협력하면서 견제하는 관계지만 현실에서는 표상이 의지를 이성적으로 지배하는 구조이다. 쇼펜하우어는 합리주의 철학이 최고조에 달하던 시기에 세계의 일체를 인간의식의 표상으로 해소시키는 노력을 발표한 것이다.

(1) 표상과 표상주의

브렌타노[28]에 의하면 인간의 사고 작용은 표상, 판단, 정의(情意) 등 세 가지 활동으로 구분된다. 표상은 어떤 대상이 의식에 나타나는 활동이며, 판단은 표상의 대상을 과거에 기억된 자료와 비교하여 인정하거나 거부하는 활동이고, 정의는 그 대상과 판단에 대하여 감정적(좋아하거나 싫어하는 것)인 느낌을 갖는 것이다. 결국 모든 사고 작용은 표상이든가 표상을 기초로 하는 것에 의하여 움직이고 있다는 주장이다. 이와 같은 표상 제일주의는 서양 사회 발전의 근간이 되었다. 후설[29]은 "모든 작용은 표상이든가 표상을 기초로 하든가 이다"라고 주장하였다. 표상에 대한 중요한 정의들을 정리하면 다음과 같다.

- 마음이나 의식에 나타나는 것.
- 지각 또는 기억에 근거하여 두뇌에서 의식할 수 있게 표현된 것.
- 신경으로 감각된 신호를 두뇌 정보처리체계에 맞추어 내부 형식으로 표현된 것.

---

27 Schopenhauer(1788-1860): 독일의 허무주의 철학자. 경험적 현상 세계는 단순한 표상에 불과하고, 물자체는 맹목적인 생명에 대한 의지라고 주장.

28 Franz Brentano(1838 ~ 1917): 오스트리아 뷔르츠부르크대학 철학 교수. 현상학의 선구자.

29 Husserl, Edmund(1859~1938): 독일 프라이브르크대학 철학 교수. 현상학과 창설.

- 신경계가 대상을 상징으로 바꾸어 표현한 것.

이상과 같이 표상의 정의를 정리해보면 사람이 정보를 다룰 때 실제 대상을 그대로 머릿속으로 가져와서 다룰 수 없기 때문에 그 대상을 어떤 상징이나 다른 형태로 추상화하여 다루려는 것이 바로 표상이다. 따라서 표상은 심적 이미지와 거의 동의어라고 할 수 있다. 표상이란 인지 작용의 필수적인 요소이므로 우리는 표상을 관리하는 인지의 본질에 대해 더 깊이 살펴보기로 한다.

인지는 지각, 기억, 상기, 판단, 언어구사, 운동제어 등의 지적인 기능을 수행한다. 인지의 본질에는 표상주의와 반 표상주의 두 가지 견해가 있다. 표상주의는 정보처리 과정의 핵심이 바로 표상(기호)을 조작하는 것이므로 표상 조작이 인지활동의 본질이라고 본다. 정보처리 과정을 분류하면 폰 노이만의 설계원리를 기초로 한 계산주의 방식과 두뇌 신경망의 정보처리 원리를 기초로 한 관계주의 방식으로 구분된다. 1970년대까지는 계산주의 방식이 주류였으나 1980년대 이후에는 관계주의 방식이 조금씩 부상하고 있다.

표상주의는 사고하기 위하여 모든 대상들을 머릿속에서 표상으로 표현해야 한다는 의미일 뿐만 아니라 인간이 마음으로 세계의 모든 사물을 인식할 수 있다는 입장이다. "진리는 머릿속의 관념과 실재가 일치하는 것"이라는 진리대응설은 전형적으로 표상주의적인 주장이다. 언어학은 인간의 마음속에 세상에 대한 표상이 언어적 기호로 존재하는 것을 전제로 한다. 따라서 표상주의는 언어학과 기호학에 깊이 관련되어 있다.

표상주의에 의하면 인간들은 표상 속에서 표상과 함께 살고 있다. 세계의 모든 것을 두뇌의 의식 안에 가두어 생각하려고 하는 데카르트 이후의 관념 철학은 칸트의 '순수 이성'을 거쳐서 쇼펜하우어의 '의지와 표상'에서 최고의 정점에 도달했다. 플라톤의 이데아, 로고스 중심주의, 그리고 헤겔의 절대정신은 합리주의적 기술문명의 최고봉인 컴퓨터를 만들었다.

인지심리학에서는 컴퓨터를 인간의 마음이라고 정의한다. 인간이 정보를 처리하는 기계를 만들 수 있었던 것은 인지 능력을 합리적으로 이해하고 현실에서 완벽하게 논리를 구현했기 때문이다. 인간은 두뇌에 표상이 존재하며 표상주의가 매우 합리적이라는 것을 전제로 표상을 조작하는 컴퓨터를 만들었다.

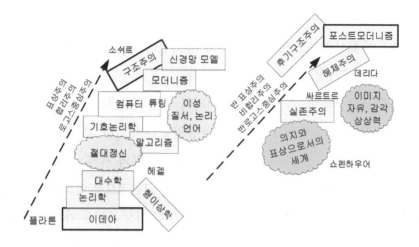

[그림 8.25] 표상주의와 반 표상주의

(2) 반 표상주의

자크 데리다[30]가 주창한 해체주의[31]는 로고스 중심주의에 내재된 이원론적 사고방식을 비판하는 것이다. 데카르트는 정신과 물질의 이원론을 주장했으나 현대 철학은 점차 일원론 쪽으로 향하고 있다. 로고스 중심주의는 질서의 구축을 위해 신(神)과 이성, 표상과 존재, 사물과 언어, 중심과 주변 등으로 모든 것을 이원화하였는데 데리다는 이와 같은 이분법적 대립을 없애는 다원론을 주장한다. 데리다의 해체주의는 더 나아가 구조주의에서 내세운 사회적 질서를 이루는 구조 속에 그 중심이 있다는 것을 비판하고 모든 중심, 근원, 로고스 중심주의 등을 해체해야 한다고 주장하였다.

표상이란 머릿속으로 세상을 분류하는 기준이며 이러한 표상적 사고를 따르는 것을 표상주의하고 한다. 화가들이 자신의 머릿속에 대상의 체계를 미리 정해놓은 다음에 그것을 그림 속에 표현하려는 사고방식이 바로 표상주의(재현주의)이므로 틀에 박힌 표상주의적 사고방식을 버려야 한다고 주장한다. 왜냐하면 표상주의는 현실의 모든 존재에 잠재해 있는 저마다의 독특하고 개성적인 목소리를 거부하고 억압하는 폭력성

---

30 Jacques Derrida(1930~2004): 프랑스 후기 구조주의 철학자. 형이상학의 로고스 중심주의를 비판.

31 deconstructivism(解體主義): 데리다가 주창한 후기구조주의의 문학이론. 유럽의 전통적 형이상학과 이원론을 부정하고 다원론을 주장한다. 이성으로 구성된 서양 문명은 인간의 개성을 거부하고 억압하기 때문에 해체해야 한다는 주장.

을 지니기 때문이다. 해체주의는 세상을 표상으로만 파악한다면 세상의 다양성이 사라지기 때문에 표상주의를 해체해야 한다고 주장한다. 해체주의는 후기구조주의와 포스트모더니즘이라는 용어가 항상 따라 다닌다.

소쉬르의 구조주의 언어학은 기표와 기의의 임의적인 결합을 통해 고정된 의미를 창출한다고 주장함으로써 안정되게 기호를 통일할 수 있었다. 후기구조주의[32]는 이러한 언어의 지시성과 고정된 의미 부여에 반대한다. 기표와 기의는 끊임없이 분리되기도 하고 새롭게 다시 결합하기도 한다. 언어체계는 근본적으로 임의적인 성격을 가지기 때문에 철학, 자연, 문학 등 특정한 기호체계가 더 이상 특권을 가질 수 있는 근거가 존재하지 않는다는 것이다. 인식이라는 것이 근본적으로 임의적인 기호체계인 언어에 의해서만 가능하기 때문에 인식에 있어서 고정 불변의 지점을 찾으려는 노력은 잘못된 것이라고 주장한다.

포스트모더니즘[33]은 모더니즘[34]에 대한 비판으로부터 출발한다. 서구의 모더니즘은 로고스 중심주의가 계몽주의 등으로 꽃을 피운 근대의 사상이다. 종교나 외적인 힘보다 인간의 이성을 강조했던 계몽사상은 합리성과 객관성을 중시하였다. 그러나 헤겔의 절대정신과 합리주의가 최고조에 이른 후에 데리다, 푸코, 라캉, 리오타르 등에 의하여 합리성과 이성이 도전받기 시작하였다. 니체와 프로이드의 영향을 받은 이들은 서구의 합리주의 역사를 반성하면서 하나의 논리가 서기 위해 어떻게 반대논리를 억압해왔는지를 비판하기 시작하였다.

데리다는 말하기가 글쓰기를, 이성이 감성을, 백인이 흑인을, 남성이 여성을 매우 억압했다고 주장한다. 푸코는 지식이 권력에 저항해왔다는 주장을 일축하고 지식과 권

---

32 후기구조주의(poststructualism): 구조의 역사성과 상대성을 강조하는 사상. 실존주의가 인간 자체를 중시하고 관계를 경시한 것에 대한 비판으로 구조주의가 출현하였다면 후기구조주의는 구조주의의 인간 경시를 비판하여 출현하였다. 후기구조주의는 종교, 역사, 다원론의 역할을 중시한다.

33 포스트모더니즘(postmodernism): 1960년대에 모더니즘에 대한 반발로 일어난 정치, 문화, 경제 등 모든 분야에 관련된 이념. 구조를 보편적이고 선험적으로 인식. 지나친 합리성에 대한 비판과 예술 각 장르 간의 폐쇄성 타파를 주장함.

34 모더니즘(modernism): 1920년대에 일어난 예술상의 경향. 교회의 권위, 봉건성을 비판하고 과학과 합리성을 중시하며 기계문명과 도시적 감각을 중시..

력은 적이 아니라 동반자라고 주장하였다. 지식과 권력은 인간에 내재된 본능이기 때문에 권력은 위에서의 억압이 아니라 밑으로부터 생겨나는 것이므로 이성으로 제거되지 않는다는 것이다. 철학에서의 포스트모더니즘은 근대 모더니즘에 대한 반기였다.

해체주의, 후기구조주의, 포스트모더니즘 등은 서양 사상의 중심이었던 표상주의에 대한 반발로 일어난 사상들이다. 따라서 이들 반 표상주의는 로고스 중심주의의 최종 결정체인 컴퓨터 세계와는 거리가 먼 사상으로 자리 잡고 있으며 컴퓨터 세계의 모순과 그 결과로 발생하는 문제점들을 해소하기 위하여 노력하고 있다.

연습문제

8.1   다음 용어들을 정의하시오.
① 마음   ② 문법   ③ 감각 - 운동 이미지
④ 인과율   ⑤ 기능주의   ⑥ 모듈
⑦ 의식   ⑧ 실어증   ⑨ VM
⑩ 표상주의   ⑪ 학습   ⑫ 신경망

8.2   마음이 소프트웨어와 유사한 점과 다른 점을 설명하시오.

8.3   의식의 이원론과 일원론 중에서 우위에 있는 것을 주장하시오.

8.4   관념론이 퇴조하고 행동주의가 부상하게 된 근거를 설명하시오.

8.5   컴퓨터 소프트웨어는 모듈 이론에 해당하는가, 통일론에 해당하는가?

8.6   생각과 감정 중 어느 것이 더 의식에 가까운지 설명하시오.

8.7   생각과 감정 중 어느 것이 더 언어에 가까운지 설명하시오.

8.8   통증과 소프트웨어의 유사성과 차이점을 설명하시오.

8.9   튜링 모델은 컴퓨터로 만들어져서 잘 사용되고 있는데 신경망 모델의 컴퓨터화가 부진한 이유를 설명하시오.

8.10   폰 노이만 모델의 장·단점을 설명하시오.

8.11   퍼셉트론이 새롭게 할 수 있는 일은 무엇인가?

8.12   다층 퍼셉트론이 새롭게 할 수 있는 일은 무엇인가?

8.13   폰 노이만 모델과 신경망 모델의 미래를 설명하시오.

8.14   의식의 핵심적인 문제는 무엇인가? 어떻게 해결할 것인가?

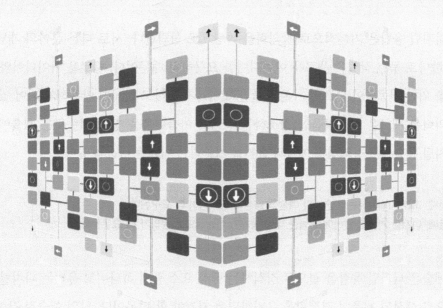

CHAPTER

9

창의성과 융합

9.1 개요

9.2 창의성

9.3 예술

9.4 윤리

9.5 창의성과 융합

■ 연습문제

디지털 융합은 기본적으로 창의력을 바탕으로 성립한다. 서로 다른 분야의 개념들을 하나로 묶는 작업은 새로운 아이디어를 요구하기 때문이다. 새로운 아이디어와 추진을 위한 원동력이 없으면 기존의 틀을 벗어나지 못하고 현실에 안주하게 되어 있다. 창의력은 새로운 아름다움을 창조하는 힘이고 아름다움을 창조하는 것은 예술이다. 디지털 융합에서 창의성과 예술과 윤리를 거론하는 이유는 다음과 같다.

> 첫째, 미래 사회에서는 기술보다 예술적 감성과 창의성이 더 요구된다.
> 둘째, 디지털 기술로 인하여 완벽한 대량 복제가 가능하므로 윤리가 더 요구된다.

예술은 디지털 융합을 꽃으로 장식하는 핵심 요소 중의 하나이고 윤리는 디지털 융합으로 생산된 제품이 경쟁력을 유지하면서 지켜야 할 덕목이다. 나의 예술적 감성과 창의성을 인정받으려면 남들의 예술적 감성과 창의성도 인정해야 한다. 창의적인 예술성과 지적 재산권을 인정하는 윤리 의식은 현대사회의 필수적인 개념이다. 이 장에서는 예술품과 창의성을 완벽하게 대량 복제할 수 있는 기술시대에 대처하기 위하여 예술과 윤리에 대한 이해와 대책을 살펴본다. 아울러 창의성 계발과 함께 창의력을 증진할 수 있는 방법을 논의한다.

▨ 9.1 개요

예술은 우리에게 무엇인가? 기능과 성능이 같다면 어떤 상품을 살 것인가? 승용차를 설계할 때 기술 설계가 먼저인가 디자인 설계가 먼저인가? 매력적인 사람은 어떤 사람인가? 외모가 훌륭한 사람인가 내면이 훌륭한 사람인가? 노트북을 살 때 같은 값이라면 어떤 것을 기준으로 살 것인가? 기술 사양이 좋은 제품을 살 것인가 디자인이 좋은 제품을 살 것인가? 기술이 발전하면서 제품을 선택하는 기준이 과거와 많이 달라지고 있다.

예술가가 예술품을 만드는 원동력은 무엇인가? 아름다움을 추구하고 실현하는 창의력이다. 예술가는 자신이 추구하는 이상을 꿈꾸고 머릿속에 이념을 만들고 그 이념을 구현하는 것이 창조 작업이다. 예술품을 만드는 과정에서 가장 많이 요구되는 것이 창의력이다.

　과거에는 우수한 기술을 갖춘 기업의 제품들이 시장을 지배하였으나 산업화가 오랫동안 지속되면서 기업 간의 기술 격차는 크게 줄어들었다. 이제는 품질보다 가격과 디자인 등의 다른 요인들이 시장을 지배한다. 중국 상품이 국제 시장을 지배하는 이유는 가격 때문이고 유럽 상품이 명품 시장을 지배하는 까닭은 디자인 때문이다. [그림 9.1] 과 같이 경제력이 낮을 때는 가격이 시장을 결정하지만 경제력이 좋아지면 품질을 찾게 되고 기술력과 경제력이 더 향상되면 디자인을 찾게 된다. 상품의 경쟁력은 가격으로 시작하여 품질을 거쳐 디자인으로 귀결된다.

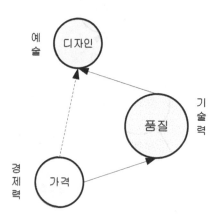

[그림 9.1]상품의 경쟁력

　원천 기술을 가장 많이 갖고 있는 **IBM**은 한동안 세계 기업 순위에서 늘 1위를 차지하였으나 지금은 상위권에서 찾아보기 힘들게 되었다. 일본의 소니 전자제품과 도요타 자동차도 기술력으로 세계 시장을 지배하였으나 이제는 품질과 기술적 우위에도 불구하고 어려움을 겪고 있다. 애플은 기술력이 없는 분야에서 창의적인 아이디어와 예술적 감성으로 세계 전자제품 시장을 지배하고 있다. 예전에는 한국 제품이 저렴한 가격으로 많이 팔렸지만 지금 만드는 제품들은 품질과 디자인으로 승부를 걸고 있다.

　과거의 예술은 소수의 귀족들이 즐기던 영역이었지만 지금은 대중화되어 많은 사람들이 예술을 즐기고 예술성을 추구하고 있다. 작은 소품 하나에도 예술성을 추구하고 모든 자연과 인공물에도 예술성이 있어야 환영을 받는다. 예술은 아름다움을 추구하기

때문에 사람들의 사랑을 받는다. 진부하면 예술성을 잃기 때문에 예술에는 항상 창의
성이 요구된다. 창의성을 가능하게 하는 것은 상상력이다. 상상력은 경험하지 않은 사
실을 경험한 것처럼 생각하는 것으로서 인간의 능력 가운데서 가장 뛰어난 능력이다.

사람들은 창의성의 중요성을 오래 전부터 알았지만 창의성 교육에 소홀히 했던 이
유는 창의성은 가르칠 수 없는 신비의 영역으로 여겼기 때문이다. 창의성은 선천적으
로 타고 나는 것이라 생각하고 그렇지 않은 사람은 아무리 가르쳐도 안 되는 것으로 생
각한 측면이 있다. 창의성도 인간의 여러 가지 능력과 마찬가지로 노력하고 주의를 기
울이면 훨씬 좋은 효과를 낼 수 있다.

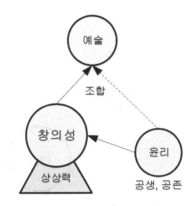

[그림 9.2] 예술, 창의성, 윤리의 관계

예술과 창의성과 윤리의 관계는 [그림 9.2]와 같다. 아름다움을 창조하는 것이 예술
이므로 창의성은 예술의 전제 조건이며 다른 사람의 창의성을 인정하는 것이 윤리이
므로 예술은 간접적으로 윤리의 기반 위에 성립할 수 있다. 예술의 목적이 아름다움을
표현하는 것이므로 창의성과 윤리도 아름다움을 지니고 지켜야 한다.

윤리(倫理, ethics)는 무엇인가? 윤리가 필요한 이유는 무엇인가? 도덕은 불편하고
번거로운 것 아닌가? 윤리를 지키지 않으면 누가 손해를 보는가? 예의범절이 반듯한
사람은 왜 환영을 받는가? 사람은 왜 겉모습만으로 존경을 받기도 하고 미움을 받기도
하는가? 겉모습은 사람의 내면을 얼마나 반영하는가? 윤리적인 사람이 환영을 받는
이유는 무엇인가?

기업이 사원을 채용할 때 면접을 중요시하는 이유는 무엇인가? 입사지원서에 많은
내용이 있는데 면접에서 무엇을 알고자 하는가? 면접에서 새롭게 알 수 있는 것이 있

다면 무엇인가? 대학에서는 왜 인성 교육을 강조하는가? 인성은 외모로 나타나는가? 대화를 하면 처음 보는 사람의 인성을 얼마나 알 수 있는가? 기업뿐만 아니라 공무원 임용고시에서도 필기고사의 비중을 줄이고 면접의 비중을 늘리고 있다. 수험자들은 용모 단정하게 옷을 입고 예의범절이 반듯한 사람으로 보이고 대화술에 노력하는 이유는 무엇인가?

윤리는 사람이 마땅히 행하고 지켜야 할 도리이다. 윤리를 지키지 않으면 도리에 어긋난다. 도리에 어긋나지 않기 위하여 윤리를 지키는 것인가? 윤리란 우리에게 무엇인가? 예술과 윤리는 무슨 관계인가?

예술이란 아름다움을 표현하려는 인간의 활동과 그 작품을 말한다. 사람들은 아름다운 것을 좋아한다. 자연도 아름다워야 좋아하고 인공물도 아름다운 것을 좋아한다. 어떤 사람은 외모가 아름답다고 하고 어떤 사람은 마음이 아름답다고 한다. 아름다운 것이란 무엇인가? 아름다움은 창의력을 발휘하기 위한 중요한 동기이며 원인이 된다. 창의력이란 아름다운 이념을 물질세계에서 구현하는 힘이다. 예술품을 창조하기 위해서는 아름다움을 이해하고 구현할 수 있는 창의성을 키워야 한다. 아름다움의 내용을 살펴보고 아름다움이 시대에 따라서 어떻게 변천하는지 살펴보기로 한다. 창의성은 아름다움을 추진하는 원동력이다.

9.1.1 아름다움

아름다움(美, beauty)을 정의하는 것은 쉽지 않다. 우리가 아름다움을 느끼게 되는 사례를 살펴보면 자연의 사물 등에 대하여 감각적으로 소박하게 느끼는 즐거움부터 예술 작품에 대해 갖게 되는 감동적인 감정도 있고 인간이 행하는 윤리적인 행위에 대하여 갖게 되는 감격도 아름다움이 될 수 있다. 이런 사례들로부터 아름다움의 공통적인 특징을 살펴보면 모두 감성적이라는 것을 알 수 있다. 사례들을 기준으로 아름다움의 종류를 구분하면 [그림 9.3]과 같이 인간의 행위로서의 가치와 예술 작품이나 자연의 경치 등의 현상[1]을 감상하는 것과 예술 활동에 참여하여 아름다움을 직접 체험하는

---

1 현상(現象, phenomenon): 본질이나 객체의 외면에 나타나는 상(image).

것으로 나눌 수 있다. 아름다움이란 우리의 마음을 끌어당기는 조화로운 상태에서 감
성적인 즐거움을 주는 것이다.

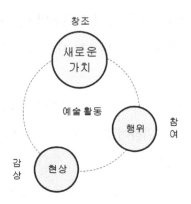

[그림 9.3] 예술 활동의 구성

감성적인 즐거움을 주는 것은 어떤 상태인가? 어떤 상태가 감성적인 즐거움을 주었
다가도 계속 즐거움을 주지는 않는다면 아름다움은 변화하는 것인가 영원한 것인가?
우리는 실제로 좋아했던 것이 계속 유지되지 않을 수 있다는 것을 알고 있다. 첫눈에
반했던 애인과 수십 년이 지나서도 첫눈에 반했던 때와 같은 사랑을 계속 유지한다는
보장이 없다.

많은 사람들이 자연의 아름다움을 노래하고 여러 가지 형식으로 표현하고 있다. 그
렇다면 인공적인 아름다움, 즉 인공물도 아름답다고 할 수 있나? 공장에서 기계로 만
든 자동차도 아름다울 수 있는가? 사람이 자연에 조작을 해도 아름다운가? 예를 들어
한국의 정원은 자연스러운데 일본의 정원은 매우 인위적이다. 일본의 정원도 아름다
운가? 아름답지 않은 사람이 성형 수술을 하면 아름다워지는가?

사람에 따라서 아름다움의 정의를 '대상이 감각적으로 기쁨과 만족을 주는 상태'라
고 하고, '마음을 끌어당기는 조화의 상태'라고도 한다. 세계미학학회에서는 아름다움
을 다음과 같이 정의하였다.

> 아름다움이란 보다 완전한 상태로 나가는 과정이다.

아직 성적은 나쁘지만 열심히 공부해서 실력이 향상되는 것은 아름답다. 게을러서
몸이 비만했던 사람이 열심히 일하고 운동해서 몸의 균형이 좋아지고 있는 것은 아직

비만하더라도 아름답다. 이런 정의에 의하면 아름다움은 절대적인 기준이 아니고 상대적이다.

미학(美學, aesthetics)은 아름다움, 감각, 예술 등을 다루는 철학의 한 분야이다. 미학은 예술에 대한 철학적 반성이며, 아름다움이라는 특수한 가치의 의미를 밝히는 학문이다. 논리학이 이성에 관한 학문이라면 미학은 감성에 관한 학문이다. 미(美, 아름다움)는 가치로서의 미가 있고, 현상으로서의 미가 있고, 체험으로서의 미가 있다. 윤리적인 행위는 가치로서의 미를 의미하고, 음악과 미술 감상은 현상으로서의 미를 의미하며, 음악을 연주하는 활동과 그림으로 표현하는 행위는 체험으로서의 미를 의미한다.

〈표 9.1〉 미의 분류

구분	분류	아름다움의 기준	비 고
1	절대주의	아름다움은 완전한 상태	객관적 합리성
	상대주의	아름다움은 보다 완전한 상태로 가는 과정	주관적 경험
2	객관주의	아름다움은 '나'밖에서 실재하는 존재	절대적 합리성
	주관주의	아름다움은 '나'안의 마음에 존재	상대적 경험
3	합리론	아름다움은 이성으로 판단	절대적 객관성
	경험론	아름다움은 현상으로 판단	상대적 주관성

아름다움은 〈표 9.1〉과 같이 절대적인 미와 상대적인 미로 구분하듯이 객관주의와 주관주의로 구분하기도 한다. 객관주의는 아름다움의 기준이 '나' 밖에 있는 것이고 주관주의는 기준이 '나' 안에 있는 것이다. 합리론자인 플라톤은 이데아를 통하여 완벽하고 관념적인 아름다움을 추구하였다. 이데아는 완전한 존재이므로 절대적이고 영원한 아름다움을 가진다. 경험론자들은 '아름다움은 바라보는 사람의 마음속에 있다' 라고 상대적으로 생각한다. 객관적인 아름다움은 절대적인 아름다움으로 통하고 주관적인 아름다움은 상대적인 아름다움으로 통한다. 합리론자들이 미의식의 기초를 선험적인 이성에 두었다면 경험론자들은 미의식의 기초를 마음에 비쳐지는 현상인 감성에 두었다.

9.2 창의성

인간의 가장 뛰어난 능력은 무엇일까? 여러 가지 능력이 거론되지만 상상력이야말로 인간의 가장 뛰어난 능력이다. 인류 역사에서 상상력이 가장 뛰어난 사람은 누구일까? 많은 인물들이 거론되었지만 가장 대표적인 인물이 징기스칸[2]이다. 징기스칸은 보통 사람들이 상상할 수 없는 어려운 상황 속에서 상상력을 활용하여 그 상황을 이겨내고 성공을 거듭했던 인물이다. 징기스칸의 상상력은 창의성의 표본이라고 할 수 있다.

창의성은 인간의 가장 고귀한 능력이며 최고의 역량이므로 천부적인 소질을 필요로 한다고 생각하기 쉽다. 그러나 창의성은 인간이라면 누구나 가지고 있는 능력이며 누구나 노력에 의하여 증진될 수 있다. 과거의 경험을 새로운 현실에 적용하는 것이 바로 창의성이다. 처음 찾아가는 건물에서 화장실을 찾는 것도 창의성이 요구되는 정보처리 업무이다. 변화하려는 작은 노력이 자꾸 쌓여서 크게 변화하는 것이기 때문에 창의성을 발휘하기 위해서는 많은 노력이 요구된다.

디지털 융합은 기존의 학문과 기술의 벽을 허물고 새로운 공간에서 새로운 개념을 구축하는 것이므로 창의성이 많이 요구되는 분야이다. 아름다움을 추구하는 예술은 많은 창의성이 요구되며 창의성이 존중받기 위해서는 윤리가 요구된다. 예술은 창의성과 윤리의 기반위에서 성립할 수 있고 꽃을 피울 수 있다.

9.2.1 창의성의 정의

창의성(創意性, creativity)이 무엇인지 정확하게 알지는 못해도 사람들은 창의성이 없다는 것이 무엇인지 잘 알고 있다. 창의성이 결여된 영화를 보거나 음악을 듣는 것은 관객의 눈과 귀를 피곤하게 만들고 마음을 답답하게 한다. 창의성이 결여된 인생은 활력이 없으며 매력적이지 못하고 따분한 느낌을 준다. 창의성이 결여된 상태에서 벗어나고자 하는 노력은 창의적이어야 하며 그러한 노력은 주위 사람들이 보기에 아름답

---

2   칭기즈칸(成吉思汗, 1155?~1227): 부족이 붕괴되어 억압과 빈곤에서 출발하여 사상 최대의 제국을 건설.

다. 창의성은 우리와 우리의 생활을 아름답게 만들고 활력을 주는 원동력이다.

창의성이란 '새롭고 가치 있는 유용한 일을 만드는 능력'이라고 한다. 길포드(Guilford)[3]는 창의성이란 문제를 재정의하는 능력, 문제에 대한 민감성, 답을 결정하기 전에 그것을 평가하는 능력, 문제를 분석하고 요약하는 능력, 직관력 등을 요구하는 개념이라고 생각하였다. 창의성에 대한 정의는 무수히 많으나 학계에서 가장 대표할만한 정의는 다음과 같다.

창의성이란 참신함과 적합성을 갖춘 작품을 생산할 수 있는 능력이다.

여기서 참신하다는 것은 독창성을 의미하는 동시에 예측이 불가능하다는 것이며, 적합성이란 용도에 부합하고 목표에 의해 설정된 한계에 부합됨을 의미한다. 이 정의는 창의성의 두 가지 측면인 '구상'과 '구현'을 모두 반영했다는 의미에서 바람직하다. 다음은 건축학자 존 커티지(John Kurtich)의 정의를 살펴본다.

창의성은 우리의 내면을 찾아내고 해방시키고자 하는 일종의 몸부림이다.

이 정의에서는 '찾아내는' 것과 '해방시키는' 것으로 창의성을 설명하고 있다. 우리의 내면을 찾아내고 해방시키는 것은 바로 작품의 주제이고 주요 요소이며 우리의 관심사이다. 창의성은 우리의 신비로운 세계를 찾아내서 밝히려는 욕망의 표현임을 알 수 있다.

창의성이 필요한 것은 누구나 다 알고 있지만 창의성을 증진시키는 것은 어려운 일이라고 한다. 그 이유는 창의성과 창의성 기법을 혼동하기 때문이다. 학교에서 창의성을 교육하고 있지만 브레인스토밍(brainstorming)[4]과 대안적 사고와 같은 것을 창의성으로 생각하는 경우도 있다. 기업에서는 경영 효과를 위하여 창의성을 강조하지만 과정보다는

---

3 Joy Paul Guilford(1897~1987): 미국의 심리학자. 미 육군 심리연구부대 대령. 남부 캘리포니아대학 교수. 수렴적 사고와 확산적 사고, 정신력 측정 연구로 유명.

4 brainstorming: 여러 사람들이 회의에서 특정한 주제를 가지고 자유 발언을 통하여 아이디어를 제시하고 좋은 아이디어를 찾아내려는 기법. 1941년 미국 광고회사의 부사장 알렉스 오즈번이 제창.

결과에 치중하고 있다. 창의성의 진정한 의미를 잘 알아야 창의성 기법을 이해하고 창의력을 증진할 수 있을 것이다.

미래학자들에 의하면 세계는 지금 '정보사회'에서 '지식사회'로 변모하고 있는데 앞으로는 '개념사회'로 전환될 것이라고 한다. 지금은 경영학 석사(MBA)가 인기라고 하지만 앞으로는 예술학 석사(MFA, Master of Fine Arts)가 MBA를 제칠 것이라고도 한다. 세계 각국은 문화 사업을 발전시키기 위하여 많은 노력을 기울이고 있다. 역설적인 것은 과거에 오랫동안 각국의 정부가 문화사업을 간과하고 오히려 탄압하던 사업이라는 것이다. 세계 각국은 할리우드, 빌 게이츠, 스티브 잡스, 한국의 드라마 등이 창의성으로 세계 시장을 선도하는 것을 목격하고 경험하였다. 창의성이 국부 창출에 큰 도움이 된다는 것은 인식했는데 어떻게 증진시킬 것인지 구체적인 방법을 찾지 못하고 있다. 창의성을 키우기 위해서는 창의성을 막는 행동이 무엇인지 알고 창의성을 열어주는 분위기를 제공해야 한다.

(1) 굳어버린 창의성

초등학교에서는 해마다 삼일절, 6.25, 개천절, 불조심 등의 주요 행사가 있으면 으레 미술 시간에 그것을 주제로 포스터를 그린다. 학교 성적을 걱정하는 부모들은 아이들 대신 그려주기도 하고 미술시험 시간에는 미리 암기한 그림을 열심히 복제해서 제출하기도 한다. 대만에서도 같은 일이 벌어진다. 미술학과 입학시험에서 수험생들은 짧은 시간에 미리 암기해둔 그림을 척척 그려서 제출한다고 한다. 창의성으로 유명한 대만의 라이성촨 교수[5]는 이런 대학 입학시험에서 낙방하고, 그 대신 미국으로 가 버클리대학에서 학위를 받고 오히려 그 분야에서 훌륭하게 창조적 역량을 발휘하고 있다.

창의성을 막는 언행은 우리 주위에서 많이 볼 수 있다. 강제로 공부시키는 것과 아이들의 질문을 막아버리는 것이 대표적인 실례이다. '나중에 다 알게 돼, 쓸데없는 생각하지 말아'라고 말하면 창의성 신경회로는 닫히고 감정의 뇌가 활성화되는 부작용이 있다.

---

5   라이성촨(賴聲川, Stan Lai): 대만의 극작가. 국립 대만예술대학 교수. 스탠포드대학 객원교수 및 교내 예술가.'어른들을 위한 창의학 수업'저자.

(2) 열린 창의성

〈표 9.2〉 열린 창의성

훈련법		내역	비고
바꾸기	대체하기	다른 것으로 아이디어를 바꾼다.	다르게 활용하기
	적용하기	아이디어를 조건에 맞추어 조정한다.	용도 변경하기
추가하기		아이디어에 다른 것을 추가한다.	결합하기, 확대하기
없애기		아이디어에서 필요 없는 것을 삭제한다.	단순화하기, 축소하기
거꾸로 하기		아이디어를 거꾸로 적용한다.	역발상하기

　창의력은 노력과 고통 없이 저절로 생겨나지 않는다. 사람들의 창의성을 길러주는 것도 노력해야 한다. 마음대로 생각하고 자유롭게 이야기할 수 있는 분위기를 만들어야 한다. 어떤 생각이든 머리에 떠오르는 대로 자유분방하게 발표함으로써 창조의 뇌 속에 있는 신경회로를 활짝 열어주어야 한다. 발표한 아이디어에 대해서 비판하지 말아야 한다. 비판하거나 말문을 막으면 창의성 신경회로가 막혀 버린다. 내용이 부족하면 발표한 아이디어를 수정하거나 재조합하게 한다. 아이디어를 스스로 고치게 하면 비판력도 증가된다. <표 9.2>와 같은 목록을 이용하여 변형시키는 과정을 훈련한다.

9.2.2 창의성 계발

　창의력이란 창의성을 발휘하는 힘이다. 창의력을 강화하기 위해서는 [그림 9.4]와 같이 상상력, 호기심, 자료관리 등으로 기반을 갖추고 유연성과 감수성을 활용하여 정신력을 집중하는 것이 중요하다.

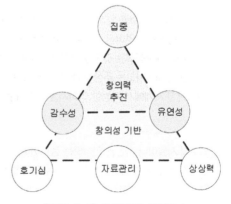

[그림 9.4] 창의력의 구성요소

(1) 창의성 구성요소

창의력을 발휘하기 위해서는 호기심, 자료관리, 상상력을 기반으로 감수성과 유연성을 가지고 문제를 해결하기 위하여 모든 역량을 집중하는 것이다. 따라서 이들 여섯 가지가 창의성을 구성하는 요소들이다.

 POINT 창의성 구성 요소

호기심(curiosity)

미지 세계에 대한 관심과 흥미이며, 과학과 문명 발전의 원동력이다. 외부에 대한 긍정적 태도에서 비롯되며 ,부정적 태도는 외부 가치를 인정하지 못하므로 호기심을 야기하지 못한다. 예전에 나이지리아에 5일 여행하고 돌아온 사람이 나이지리아에 대해서 많은 이야기를 하는데 나이지리아에서 3년을 살다온 사람은 아무 말도 하지 않는 것을 보았다. 나이지리아에 기대와 호기심이 많은 사람은 보고 듣고 배운 것이 많지만 그 나라를 부정적으로 생각하는 사람은 새롭게 할 말이 없다. 외국을 잠시 방문하면 새로운 시각으로 발견하는 것이 많은데 오래 머물러 있으면 오히려 그 환경에 동화되어 새로운 것을 발견하지 못할 수도 있다.

자료관리(data Administration)

창의성이 뛰어난 사람은 지혜와 상상력이 우수하다. 지혜는 사물을 꿰뚫어보는 통찰이다. 통찰력을 발휘하기 위해서는 많은 지식을 활용해야 하므로 평소 자료관리 습관이 중요하다. 사람의 기억력에는 한계가 있으므로 중요한 자료들을 다음을 위하여 정리하고 검색하기 쉽게 저장하는 수단을 갖추어야 한다. 정보와 지식을 체계적으로 갖추는 것은 자료를 정리하고 아이디어를 찾는 과정에서 지혜가 떠오르기 쉽기 때문이다. 시간이 부족한 사람은 인적 네트워크를 적극 활용하여 친구의 정보를 활용하는 방법도 필요하다. 늘 수첩을 가지고 다니며 메모를 많이 하고 일기를 많이 남기는 것은 창의성 향상에 중요하다.

상상력(想像力, imagination)

감각기관에서 정보를 얻지 못할 때 정신적인 이미지와 개념을 형성하는 능력이다. 감각 정보가 없으므로 과거의 경험으로 얻어진 기억을 새로운 형태로 재구성하는 정신 능력이다. 문제 해결을 위하여 정신과정이 갑자기 재구성되는 것을 통찰이라고 부른다. 통찰력은 상상력을 통하여 이루어진다. 기억은 경험을 재생하는 것이며 사고는 추상적 개념을 구사하는 것이므로 상상이 아니다. 현실성이 없으면 공상이다. 상상력은 현실 세계에서 가능한 이미지를 구축하는 것이므로 인간의 능력 가운데 최고의 능력이다.

감수성(sensitivity)

외부의 사물이나 사상을 인식하는 능력이며, 인간의 감성에 관한 능력이므로 이것이 많으면 외부의 새로운 정보를 많이 수집하고 배운다. 감수성이 많을수록 독창성으로 연결되고 적을수록 독창성이 발휘되지 않는다. 감수성이 많으면 미지 세계에 나가서 많은 것을 보고 배울 수 있지만, 부족하면 아무리 여행을 많이 하고 사람을 많이 만나도 배우는 것이 적을 수밖에 없다. 사소한 현상에서 대발견을 하는 경우가 많으므로 창의성 향상에 절대적으로 필요하다.

유연성

창의력을 발휘하려면 목표 의식이 투철해야 하며 사고방식이 고지식해서는 곤란하다. 문제를 해결하는 과정에서 많은 어려움에 부딪치게 되는데 좌절하지 않고 추진하려면 사고방식이 유연해야 한다. 다양한 수단과 방법을 고안하고 적용할 수 있는 자세가 필요하다. 고정관념에서 벗어나기 위하여 다른 분야의 사람들과 교류하고 의견을 교환하는 것도 좋은 방법이다. 전문가들이 쉬운 문제를 오히려 어렵게 보는 경우도 있고 다른 세계의 아이디어가 뜻밖에 도움이 될 수 있기 때문이다.

집중

사람의 정신력도 일종의 자원이므로 경제적으로 사용해야 하며 어려운 문제를 해결하기 위해서는 더 많은 에너지가 필요하다. 큰 문제 해결에는 작은 에너지를 여러 번 나누어 사용하는 것보다는 큰 에너지를 한 번에 집중하는 것이 효과적이다. 정신력을 집중을 하기 위해서는 충분한 휴식과 함께 동기 부여와 자기 암시가 필요하다. 공부하면서 음악을 듣거나 소음 속에서 일을 하는 것은 주의력을 분산시킨다.

창의성을 키우려면 생각하는 습관부터 바꾸어야 한다. 창조적인 사람이 되려면 일상적인 생활에서부터 남다르게 상상력을 키우는 노력을 해야 한다. 다음은 창의성을 키우는 네 가지 습관이다.

① 고정 관념에서 빠져나오는 습관을 가진다.
② 눈에 보이지 않는 것을 찾아보려고 노력한다.
③ 창조적으로 생각하는 것을 습관화한다.
④ 문제를 해결하기 위해서 극단적으로 생각한다.

(2) 창의적 사고

창의적 사고력을 향상하기 위하여 <표 9.3>과 같이 상상력을 키우는 습관과 사고방식을 훈련하고 연습할 필요가 있다.

〈표 9.3〉 창조력 향상을 위한 습관

순서	창의적 사고방식	비고
1	고정 관념에서 벗어나기	대안적 사고, 이미지 해체, 역발상
2	보이지 않는 것을 보기	질문하기, 다르게 생각하기
3	창조적으로 생각하기	왜 그럴까 계속 상상하기
4	극한적으로 노력하기	될 때까지 하기

■ 고정 관념 탈출

고정 관념에서 벗어나기 위해서는 대안적 사고를 해야 한다. 어떤 문제에 빠져서 해결하기 힘든 경우에는 시각을 바꾸어 대안을 찾아보고 벗어날 수 있는 길을 찾아본다. 이미지 해체는 본래 가지고 있던 이미지를 벗어던지는 것이다.

- 창의성 사례 1
  노란 색의 카레를 붉은 색의 카레로 바꾼다.
  막걸리의 색을 무지개 색으로 다양화한다.
- 창의성 사례 2
  일본의 아오모리현(靑森縣)에서는 시속 54㎞의 태풍이 불어 과일의 96%가 떨어져서 모든 농가가 실의에 빠졌다[6]. 이때 어떤 주민이 나머지 4%에 주목하자고 제안하였다. '초강풍에도 떨어지지 않는 과일'이라고 선전하여 입시를 앞둔 수험생들을 위주로 30배의 가격으로 팔았다. 역발상이란 상황을 거꾸로 생각하는 방법이다.

■ 보이지 않는 것 보기

보이지 않는 것을 보기 위해서는 호기심을 갖고 자꾸 질문하는 것이 좋다. 내가 당연하다고 생각해서 묻지 않을 수 있지만 다른 사람은 다르게 생각할 수 있기 때문이다.

- 창의성 사례 3
  소니에서 워크맨(Walkman)[7]을 개발할 때의 일이다. 열심히 만들다 보니 음질은 좋은데 녹음이 안 되는 이상한 제품을 만들게 되었다. 신제품을 버릴 수밖에 없었는데 어떤 직원이 "음질이 좋은데 음악을 듣기만 하는 단말기로 팔면 안 되나요?"라고 질문하였다. 이것으로 소니는 전 세계에 워크맨 광풍을 몰고 오게 되었다.

---

6 1991년 일본 혼슈(本州)의 최북단에 있는 아오모리현(靑森縣)에 초고속의 태풍으로 과실의 96%가 유실됨. 평상시 태풍에는 약 10%의 손실만 있었음.
7 Walkman: 1979년 발명한 소니의 등록상표. 원래는 휴대용 카세트 레코더의 이름. 워낙 유명해져서 보통 명사가 되었고 모든 초소형기기에 워크맨이라는 상표를 붙인다.

■ 창조적으로 생각하기

창조적으로 생각하는 것은 모든 것을 당연하다고 생각하지 않는 것이다. 그 방법은 '왜 그런가?'하고 원인을 찾아보고 답이 나오면 그것은 또 '왜 그런가?'라고 의문을 갖고 계속 원인을 찾는 것이다.

• 창의성 사례 4

미국에서 우주선을 개발할 때의 일이다. 우주선의 무게를 줄이기 위해서 노력하는데 아무리 줄여도 무거웠다. 이때 한 사람이 '우주 공간에서 왜 의자가 필요한가?'라는 의문을 가졌다. 의자의 필요성에 대해 계속 의문을 갖고 고민했으므로 우주선에서 의자를 제거할 수 있었다.

■ 극한적으로 노력하기

극한적으로 노력하는 것은 필사즉생(必死卽生)[8]의 사고로 문제 해결에 임하는 자세이다.

• 창의성 사례 5

매독을 치료하는 Salvarsan 606호는 에를리히(Ehrlish)[9]가 화학실험을 606번 만에 성공했기 때문에 붙여진 이름이다. 극단적인 자세로 노력할 때 이룰 수 없는 목표를 이룰 수 있다는 것이다.

마르셀 푸르스트(Marcel Proust)[10]는 창의성을 다음과 같이 설명하였다.

> 창의성은 새로운 풍경을 찾는 것이 아니라 새로운 시각을 갖는 여정이다.

---

8 필사즉생(必死卽生): 1957년 9월 15일에 명량해전을 앞두고 이순신 장군이 '필사즉생 필생즉사(必死卽生, 必生卽死)'라는 말을 함.

9 Paul Ehrlish(1854~1915): 독일의 세균학자, 화학자. 살바르산 발견. 1908년 노벨 생리의학상 수상.

10 Marcel Proust(1871~1922): 프랑스 소설가. '잃어버린 시간을 찾아서'의 작가. 콩쿠르상 수상.

새로운 시각을 가져야 새로운 창의성 시야를 확보할 수 있다. 창의성을 가지려면 창의성을 얻으려고 노력하는 것보다 창의성을 가로막는 장벽부터 걷어내야 한다. 우리 안에는 원래 창의성이 있었는데 여러 가지 장벽에 막혀서 빛을 보지 못하고 있었던 것이다. 그렇다면 우리는 무엇을 걷어내야 하는가? 경험과 습관은 창의성을 길러줄 수 있는 반면에 우리의 생각을 고착화시켜줄 수 있는 기능이다. 경험과 습관에 빠지지 말고 항상 빠져나오는 것이 창의성의 장벽을 걷어내는 일이다.

길포드가 주장하는 확산적 사고(divergent thinking)란 다음과 같다.

확산적 사고는 상상력을 동원하여 다양한 해결책을 많이 만드는 사고이다.

확산적 사고의 주요 기반은 [그림 9.5]와 같이 되도록 많은 답을 산출하도록 하는 유창성과 다양한 범주의 답을 산출하도록 하는 융통성 및 남과 다른 답을 산출하도록 하는 독창성 등에 있다.

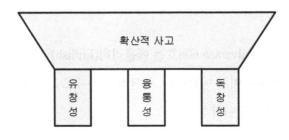

[그림 9.5] 확산적 사고의 기반

[그림 9.6](a)의 정육면체를 보고 있으면 약간 위에서 아래로 내려 보이던 물체가 갑자기 아래에서 위로 올려 보이게 된다. [그림 9.6](b)는 루빈의 꽃병[11]으로 흰색을 보면 꽃병으로 보이고 검은색을 보면 사람으로 보인다. 이것은 시각 정보가 두뇌에서 재구성되는 과정에서 일어나는 변화이다. 이것은 문제를 재구성하는 과정이 과거의 경험과는 독립적으로 진행된다는 것을 의미한다. 바로 이 '문제의 재구성'이 창의적 사고

---

11 Rubin's vase: 덴마크 심리학자 Edgar Rubin(1886-1951)가 1915년에 개발한 인지적인 시각적 환각 현상.

를 연구하는데 문제 해결의 핵심요소로 생각된다. 재구성이란 문제에 대해 갖고 있는 표상(representation)을 바꾸는 과정이다.

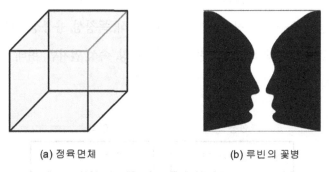

(a) 정육면체   (b) 루빈의 꽃병

[그림 9.6] 시각 정보의 재구성

　　후진국이 선진국으로 도약하기 위해서는 많은 창조력이 필요하다. 한국은 1995년에 국민소득 1만 달러를 넘었지만 10여년이 지나도록 2만 달러의 벽을 넘지 못했다. 강대국으로 둘러싸인 작은 나라가 생존하기 위해서는 선진국이 되어 부강해지는 수밖에 없다. 선진국이 되기 전에는 남을 따라가면 되지만 선진국과 경쟁하려면 따라가서 될 일이 아니고 창의적으로 앞서가야 한다. 1만 달러를 넘은지 15년이 지나도록 2만 달러의 벽을 넘어서지 못하는 것은 무슨 이유인가? 일본은 1만 달러를 넘은지 7년 만에 2만 달러의 벽을 넘었다. 선진국과 한국의 차이는 무엇일까? 어떤 전문가들의 지적에 의하면 창조력이 부족한 때문이라고 한다. 창조력을 밀어주는 창의성을 증진시키는 방법이 절실하다.

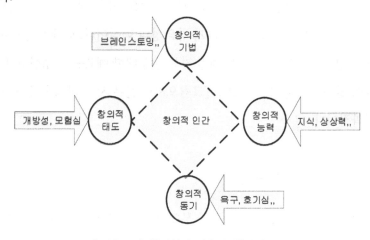

[그림 9.7] 창의성의 필수 구성 요소

창의적인 사람이 되기 위해서는 [그림 9.7]과 같이 창의적인 동기, 태도, 능력, 기법 등의 네 가지 요소를 잘 갖추어야 한다. 창의적 동기는 욕구의 강도를 표현하는 것으로 호기심, 집착, 유희 등을 포함한다. 창의적 태도는 어떤 일을 추진할 때 개방적인 자세, 모험심, 독자적인 자세 등이 요구된다. 창의적인 능력이란 지식, 독창성, 융통성, 상상력과 같은 정신적인 능력을 말한다. 창의적 기법이란 브레인스토밍, 속성 열거법, 형태 종합법 등의 구체적인 사고방식을 말한다.

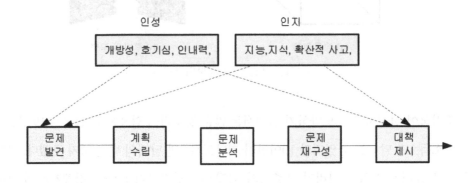

[그림 9.8] 창의적 사고의 과정

[그림 9.8]은 창의적 사고를 하는 과정을 문제 발견에서부터 인성과 인지를 동원하여 대책을 마련할 때까지 순서대로 나열한 것이다. 문제가 발견되면 문제를 해결할 수 있는 대책을 세울 수 있는 계획을 수립한다. 문제를 분석하는 과정에서는 기존 지식을 총동원하고 이에 필요한 지식을 검색하고 이들을 비교하여 새롭게 조합해본다. 문제 재구성 단계에서는 문제를 새로운 방식으로 재구성하여 그 해결책을 찾아보는 과정이다. 문제 해결 방식을 재구성하는 단계가 창의성의 핵심이다. 대책을 발표하기 전에는 대책에 대한 평가를 수행하여 문제 해결 가능성에 대한 예측을 수행한다. [그림 9.7]과 같은 창의성 필수 요소들을 기반으로 [그림 9.8]과 같은 사고 과정을 수행하는 것이 창의성 훈련과정이다.

9.2.3 창의성 교육과 학습

창의성 교육은 왜 필요한가? 교육이란 무엇인가? 창의적 학습이란 무엇인가? 교육의 한자는 '敎育'으로 매로 아이를 때려서 가르친다는 뜻이다. 영어, 독어, 프랑스어의 어원은 모두 라틴어의 'educatio'로서 사람의 내부에 있는 능력을 찾아서 끌어낸다는 뜻이다. 중국에서는 교육의 수단으로 매를 강조하였고 유럽에서는 학생이 잘할 수 있는 것을 개발시킨다는 내용을 강조하였다. 교육이란 잠재 능력을 계발하고 가능성을 실현함으로써 개인이 보다 나은 삶을 영위하도록 안내하는 것이다. 창의성은 교육의 효과를 극대화시키는 도구이며 창의성 계발 자체가 교육의 중요한 기능의 하나이다. 창의성 계발이란 개인이 가지고 있는 능력을 최고조로 발현되도록 도와주는 과정이다. 학습이란 경험한 결과로 인하여 비교적 지속되는 유기체의 행동의 변화이다.

(1) 창의적 교육과 학습의 원리

창의성 신장을 위한 교육과 학습의 원리는 <표 9.4>와 같이 다음 4가지이다.

〈표 9.4〉 창의성 교육과 학습의 원리

종류	내역	비고
개방성	새로운 영역을 탐색하려는 능력	사고 영역 확대
다양성	많은 아이디어 산출, 다각적 접근	사고의 한계 철폐
판단 유예	많은 정보를 확보한 다음에 평가	상상력 확대
통합성	기존 자료와 새로운 자료의 결합	새로운 관점 확대

1) 개방성

개방성이란 주변에 대하여 열린 마음으로 많은 관심을 보이고 새로운 탐색 영역을 확대하는 능력이라고 할 수 있다. 다시 말하면 다른 사람들의 사고나 행동을 적극적으로 수용하는 자세를 말한다. 창의적 사고를 위해서는 개방적인 대인관계가 도움이 된다. 개방성을 향상하기 위해서는 주변의 변화를 살펴보기, 평범한 사실에서 예외적인 것을 찾아보기, 당연한 사실에서 문제점 찾아보기 등의 노력이 필요하다. 개방적인 자세는 긍정적인 사고가 뒷받침될수록 효과가 있다.

2) 다양성

학습에서의 다양성이란 모든 경우에 대하여 다각적으로 접근하고 문제의 해결책을 모색하는 것을 말한다. 어떤 문제를 해결하기 위해서는 가능한 한 많은 양의 아이디어를 산출하는 것이 효과적이다. 독창성도 중요하고 질적으로 우수한 사고를 산출하는 것도 중요하지만 이를 얻기 위해서 사고의 한계를 제한하지 않고 아이디어를 가능한 한 많이 산출하는 것이 도움이 된다.

3) 판단 유예

창의적 사고를 방해하는 전형적인 요소 중 하나가 먼저 떠오른 아이디어를 평가하는 것이다. 우선적으로 한 아이디어를 평가하는 과정에서 다양한 사고를 억제하게 된다. 사람은 하나의 아이디어가 떠오르면 가치가 있는지 없는지를 따져보는 습관이 있다. 그러나 창의적 사고를 하려면 다양한 경우들을 대상으로 독창적이고 광범위한 상상을 해야 하므로 성급한 평가는 창의적 사고를 막는 행위이다.

4) 통합성

창의성이라고 해서 사람이 무에서 유를 창조하는 것은 아니다. 창의적 활동은 기존의 자료를 찾아서 새로운 방법으로 결합시키고 관련시켜 새로운 의미와 경험을 만드는 것이다. 창의성의 본질은 기존의 자료와 사실들을 새로운 관점에서 변형시키거나 연관시키는 과정에서 새롭게 발견되는 것이 대부분이다. 따라서 여러 가지 자료와 사실들을 잘 통합하는 방법이 중요하다.

(2) 창의적 사고 기법

사람은 창의성을 갖고 태어나는가 아니면 훈련으로 얻는 것인가? 지금까지 여러 가지 설들이 있으나 확실한 것은 사람은 누구나 창의성을 가지고 태어난다는 점과 노력하면 창의성이 증진된다는 점이다. 창의성이란 어려운 능력이 아니다. 과거 경험에 비추어 다른 것을 미루어 짐작하는 것이 창의성이다. 처음 보는 휴대폰을 사용할 때 과거에 다른 것을 사용하던 경험을 기반으로 여러 가지 기능을 시도하는 것이 창의성이다. 이런 창의적 사고 기법을 늘 염두에 두고 다니면서 적용하면 창의성이 증진될 수밖에 없다.

창의적 사고 기법을 계발하는 데는 다음과 같이 두 가지 방법이 있다.

① 창의성이 뛰어난 사람들이 아이디어를 찾는 방법을 배우는 것이다.
② 현재 사용되고 있는 창의적 사고 기법들을 이용하는 것이다.

첫째 방법은 에디슨, 워싱턴, 허준과 같은 위인들의 기록(위인전, 소설, 역사 서적 등)을 많이 읽고 그 내용을 깊이 익혀서 사용하는 방법이다. 존경하는 인물을 많이 연구하고 그 인물이 내 경우에는 어떻게 행동했을까를 연구하는 것도 한 가지 방법이다.

둘째 방법은 다음과 같은 여러 가지 기법들이 있다.

- 유추적 사고와 은유적 사고를 한다.
- 현재의 아이디어를 변형, 조합, 개선한다.
- 목표를 설정하고 필요한 조건들을 줄여가면서 역순으로 문제를 해결한다.
- 주어진 문제가 수백 년 후에 어떻게 해결될지 자문한다.

구체적인 창의적 사고의 기법을 살펴보면 <표 9.5>와 같다

〈표 9.5〉 창의적 사고 기법

창의적 기법	내역	비고
브레인스토밍	많은 사람들이 자유 토론	판단 유보, 비판 불허
속성열거법	다양한 속성 열거	변형과 개선
장점과 단점열거법	장점과 단점의 새로운 조합	새로운 변화
체크리스트법	모든 경우의 나열과 점검	아이디어 창출

1) 브레인스토밍

브레인스토밍이란 두뇌에 폭풍을 일으켜서 어떤 문제를 해결한다는 뜻이다. 사람들이 모여서 많은 아이디어를 내놓고 해결 방안을 모색하는 방법이다. 단 판단을 유보하고 상상력과 창의성을 증진하기 위하여 비판을 허용하지 않는다.

2) 속성열거법

속성열거법은 문제 해결을 위하여 아이디어를 수집한 다음에 더 좋은 아이디어를 얻기 위하여 계속 질문하여 새 아이디어를 유도하는 기법이다. 물건의 속성을 열거하고 그 속성을 어떻게 바꿀지를 고민하는 기법이다. 물건의 속성을 재료, 성질, 기능으로 분류하고 속성들을 부분적으로 변형하여 개선하는 방식이다.

3) 장점과 단점열거법

문제를 개선하기 위하여 단점과 장점을 열거하여 단점인 속성과 장점인 속성을 조합하거나 삭제함으로써 해결책을 찾는 기법이다. 단점과 장점은 서로 절충효과를 갖는 경우가 많으므로 단점을 장점으로 만들거나 장점을 상쇄하고 단점을 해결하는 방식을 적용할 수 있다.

4) 체크리스트법

문제 해결을 위해 가능성이 있는 모든 아이디어를 열거하고 차례대로 평가하면서 점검하는 기법이다. 체크리스트를 만드는 과정에서 많은 아이디어가 창출되고 아이디어를 평가하는 과정에서 새로운 아이디어 창출을 유도하는 것이다.

이밖에도 창의적인 사고 기법은 많이 있다. 중요한 것은 창의적인 생각을 유지하면서 적용하려는 열의이다. 창의적인 아이디어는 기존의 기법을 이용하면서 스스로 만들어낼 수 있다는 자신감과 실천에 옮기는 자세가 중요하다.

9.2.4 창의성과 뇌과학

창의성이 활발하게 성과를 내려면 뇌가 잘 돌아가야 한다. 뇌는 각자 역할을 담당하고 있는 여러 개의 뇌로 구성되어 있으므로 이들이 협동하는 것이 중요하다. [그림 9.9]와 같이 기억을 담당하는 해마 옆에 공포와 기쁨을 담당하는 편도체가 있고, 그 위의 전두엽에 동기의 뇌가 있고 두뇌를 덮고 있는 신피질이 이성적인 사고를 담당한다. 감정의 뇌인 변연계는 포유류 시절에 만들어졌으므로 구피질[12]이라고도 한다.

---

12 구피질(paleocortex): 대뇌피질은 계통발생적으로 구피질, 고피질, 신피질의 순서로 생성되었다. 구피질과 고피질을 합하여 변연피질이라고 한다.

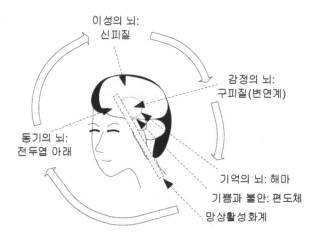

[그림 9.9] 창의성과 뇌의 활성화

　창의성을 잘 발휘하려면 감정의 뇌인 변연계가 기억 활동을 잘하고 이성의 뇌인 신피질이 사고력을 잘 구사해야 한다. 신피질의 사고력과 구피질의 기억력이 협력해야 한다. 해마가 기억 활동을 잘하기 위해서는 그 옆에 있는 편도체가 기분 좋게 돌아가야 한다. 구피질이 잘 돌아가면 이성의 뇌가 활성화되고, 신피질이 활성화되면 구피질이 기억 활동을 잘할 수 있다. 이와 같이 두뇌는 서로 연관되어 돌아가는데 중요한 것은 기분이 좋고 긍정적일 때 활성화가 잘된다.

　긍정적인 사고를 할 때는 신경전달 물질이 잘 나와서 뇌가 잘 돌아가지만 부정적인 사고를 할 때는 신경전달 물질이 잘 나오지 않아서 뇌가 잘 돌아가지 않는다. 부지런한 사람들이 바빠서 아침을 거르는 경우가 있는데 아침에 공복으로 일을 하면 신경전달 물질이 부족해서 뇌가 잘 돌아가지 않는다. 공부를 안 한다거나 일을 못한다고 야단을 맞아서 기분이 나쁘면 더욱 신경전달 물질이 나오지 않아서 뇌가 활성화되기 어렵다. 반면에 격려를 받고 인정을 받으면 신경전달 물질이 잘 나와서 일을 잘할 수 있다. '칭찬을 하면 고래도 춤춘다'는 말이 뇌과학적으로 맞는 말이다.

　[그림 9.9]와 같이 동기의 뇌가 이성의 뇌와 함께 활성화되기 때문에 공부나 일을 잘하려면 동기 부여가 중요하다. 강제로 공부를 시키거나 일을 시키면 신경전달 물질이 부족해서 성과가 오르지 않는다. 지도자의 역할은 동기 부여를 잘해서 모든 사람들의 뇌를 활성화시키는 일이다. 엉뚱한 말을 한다거나 틀린 말을 한다고 말을 막는 것도 창의성을 막는 일이다.

망상활성화계는 신피질이 정보를 처리할 때 구피질, 시상 등의 다른 조직과 정보를 통신하기 위하여 사용하는 정보고속도로이다. 망상활성계는 신피질이 정보를 처리할 때 깨어 있으면서 맑은 정신을 유지하고 각성시키는 역할을 한다. 수면제를 먹으면 잠이 오는 것은 망상활성화계를 억제시키는 것이고, 각성제를 먹으면 정신이 깨는 것은 망상활성화계를 활성화시키는 것이다. 감정이 복잡해지고 어려워지면 망상활성화계도 억제되어 주의력이 산만해지고 기억 기능도 감소한다.

법구경(法句經)[13] 제1장 쌍서품(雙徐品) 1절과 2절에 다음과 같은 구절이 있다.

1절
마음은 모든 일의 근본이다.
마음이 주가 되어 모든 일을 시키나니
마음속에 부정적인 생각을 하면
그 결과도 그러하리라
그 때문에 괴로움이 그를 따르리
마치 수레를 따르는 수레바퀴처럼

2절
마음은 모든 일의 근본이다.
마음이 주가 되어 모든 일을 시키나니
마음속에 긍정적인 생각을 하면
그 결과도 그러하리라
그 때문에 즐거움이 그를 따르리
마치 형체를 따르는 그림자처럼

---

13 법구경(法句經): 서기 원년 전후의 인물인 인도의 법구(法救)가 인생에 지침이 될 만큼 좋은 시구(詩句)들을 모아 엮은 불교 경전.

법구경에 나오는 이 말들은 현대 뇌과학으로 보았을 때 매우 적절한 말이다. 2천 년 전 사람들도 뇌의 역할과 기능을 과학적으로 파악하였다. 긍정적/부정적인 생각과 신경전달 물질과의 관계 그리고 신경전달 물질의 사회적 역할을 이미 알고 있는 것 같다.

9.3 예술

예술이란 무엇인가? 쉽게 설명하기 위하여 예술이라는 단어의 어원부터 살펴보기로 한다. 고대사회에서 예술이란 재료를 이용하여 물건을 만드는 기술을 의미했다. 그리스어로 'teche'나 라틴어로 'ars'는 모두 기술을 의미하는 단어이다. 고대에는 공업이 발달하지 못했기 때문에 물건을 만드는 기술이 귀하고 중요했을 것으로 생각된다. 따라서 사람이 물건을 생산하고 제작하거나 연기하고 재주나 기교를 부리는 것을 높이 평가하여 기술이라고 하였다. 기술자들이 만드는 물건은 대부분 귀족 등의 권력자들을 위한 것이므로 높은 수준의 기술이 필요했을 것이다. 높은 수준의 기술이 후대에 이르러 예술로 승화했을 것이다.

(1) 예술의 의미

예술과 기술의 차이는 무엇인가? 예술은 사람의 미적 감각을 자극하는 작품을 만들거나 미적 감각을 나타내는 활동이고, 기술은 과학적으로 기능적인 능력을 발휘하는 능력이다. 그런데 예술의 어원을 보면 기술을 의미하기도 하고, 요즈음 사용하는 말로 미술을 의미하기도 하며, 예술가들이 벌이는 작업을 의미하기도 한다. 기술이 과학 이론을 인간 생활에 적용하여 물질을 풍요롭게 하는 수단이라면 예술은 기술에 아름다움을 부가하여 인간의 정신을 풍요롭게 하는 수단이라고 할 수 있다.

예술과 외설의 차이는 무엇인가? 예술과 외설의 시비는 오랜 역사를 가지고 있다. 예술은 아름다움을 표현하려는 인간의 활동과 그 결과물인데 외설도 활동 과정과 결과가 크게 다르지 않다. 다만 외설의 목적은 사람의 성욕을 함부로 자극하는데 있다고 한다. 그러나 외설을 만든 사람이 자신의 작품이 성욕을 함부로 자극했다고 인정하겠는가? 예술품도 인간의 성욕을 함부로 자극할 수 있다고 주장하면 논리적인 대응이 어렵다.

중국에서의 예술(藝術)의 의미는 조금 다르다. 중국의 육예(六藝)는 禮, 樂, 射, 御, 書, 數로서 예절, 음악, 궁술, 마술, 서도, 수학 등을 의미한다. 술(術)은 나라 안의 길(道)을 의미하며 어려운 과제를 해결할 수 있는 능력으로 기술을 의미한다. 중국에서 관리(士)가 되기 위해서는 육예를 공부해야 했다. 공자(公子)[14]가 살았던 춘추전국시대(春秋戰國時代)[15]에는 문(文)과 무(武)의 구별이 없었으므로 선비들도 말을 타고(御,) 활을 쏘아야(射) 했다.

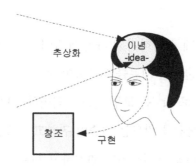

[그림 9.10] 이념과 창조

기술이 발달하면서 예술은 공업화된 기술과 거리를 두고 발전하기 시작하였다. 현대사회에서 예술은 인간이 자신의 미적 이념을 경험의 세계에서 나타내는 표현 활동과 그 결과물이라고 한다. [그림 9.10]과 같이 이념(理念, idea)이란 순수한 이성이 추상화 과정을 통하여 얻는 최고의 개념이고 창조(創造)란 이념을 현상계에서 구현하는 것을 말한다. 추상화(抽象化, abstraction)란 사물들의 공통점을 찾아서 그 사물들을 대표할 수 있는 하나의 완벽한 이념으로 만드는 과정이다. 이것을 정리하면 예술이란 완전하고 아름다운 이념을 현상계에서 창조하는 활동이다.

(2) 예술의 정의와 역할

예술에 대한 정의는 수천 년 전부터 있었으나 조금씩 변화하고 있다. 플라톤은 국가론(Republic)[16]에서 예술을 다음과 같이 정의하였다.

---

14 공자(公子, BC551~BC479): 중국 노나라 출생으로 유교의 시조.

15 춘추전국시대(春秋戰國時代): 기원전 8세기에 기원전 3세기까지. 중국의 주(周)나라에서 한(漢)나라가 건국하기 이전까지의 전쟁과 혼란의 격변시대.

> 예술이란 열등한 것을 모방해서 더 열등한 것을 만드는 것이다.

여기서 '열등한 것'이란 참된 실재의 세계와 대립되는 현상계에 있는 사물을 말한다. 현상계란 우리가 감각적으로 느끼고 활동할 수 있는 경험의 세계이다. 플라톤 (Platon)[17]의 이데아론에 의하면 본체계는 실재하면서 이상적이며 합리적인 정신세계이고 우리가 경험하는 현상계는 감각적이고 육체적인 물질세계이다. 플라톤은 정신적인 이데아의 세계를 존중한 반면에 육체적인 경험의 세계를 경시하였으므로 예술을 포함하여 모든 물질과 물리적인 활동은 열등하다고 본 것이다.

플라톤이 생각하는 예술이란 감각의 세계만 대할 뿐 단지 흉내만 내고 있고, 이데아에는 근접조차 할 수 없다고 본다. 예술가는 아름다운 것을 그럴듯하게 모방할 수는 있으나 아름다움 자체에 이를 수는 없다고 생각했다. 결론적으로 예술가들이 하는 일이란 열등한 것을 모방해서 완벽하게 모방하지도 못하고 더 열등한 것을 만든다고 평가한 것이다.

아리스토텔레스(Aristoteles)[18]는 그의 저서 시학(Poetica)[19]에서 시는 역사보다 더 철학적이기 때문에 중요하다고 주장했다. 역사가 개별적인 것을 말한다면 시는 보편적인 것을 말하기 때문이라고 했다. 아리스토텔레스는 시를 포함하여 예술은 개연성과 보편성을 가지고 있으므로 철학이 될 수 있다고 주장하였다. 아리스토텔레스의 입장은 플라톤의 입장과 상당한 거리가 있다. 플라톤은 예술이 정열을 불러일으키고 이성을 해치고 여성적인 태도를 취하게 하므로 이성적인 철학과 상반된다고 생각했다. 아리스토텔레스는 플라톤의 모방론을 받아들여 상당히 확장된 개념으로 발전시켰다. 그리고 지식의 습득도 모방에서 출발하는 것이며 모방을 통하여 쾌감을 얻는다고 하는 미적 쾌감에 대한 경험주의적인 주장을 하였다. 중세에 파스칼(Pascal)[20]은 예술을

---

16 국가론(國家論, Republic): 철학과 정치에 관한 플라톤의 저서. 소크라테스 주도의 대화체로 작성.

17 Platon(BC 428~BC 348): 고대 그리스 아테네 출신의 철학자. 소크라테스의 제자. 초월적인 이데아의 세계를 존중.

18 Aristoteles(BC384~BC322): 고대 그리스 철학자. 플라톤의 제자로서 현실주의적 입장.

19 시학(詩學, Poetica): 아리스토텔레스의 저서. 예술의 모방설 등을 수록.

다음과 같이 정의하였다.

> 예술이란 감탄하지 않는 실물을 그려서 사람들을 감탄하게 만드는 일이다.

파스칼은 예술을 이와 같이 높이 평가하였고 근세의 칸트(Kant)[21]는 예술을 사물에 대한 아름다운 표현이라고 평가하였다.

19세기에 들어서 기술이 발전하고 예술품에 대한 복제가 보다 완벽해지고 대량화가 가능해지면서 예술에 대한 시각이 변하게 되었다. 카메라가 보급되자 정밀한 그림을 대량 복제하게 되었으며 영사기가 보급되자 어느 영화가 원본이고 어느 영화가 복제본인지 알 수 없게 되었다. 예술품의 원본이 가치를 잃게 되고 예술에 대한 전반적인 검토와 함께 극적인 변화가 찾아온다.

예술은 사람들에게 감정이나 사상을 전달하고 사람들을 결합시키는 수단이 된다. 과학이 같은 역할을 한다고 해도 과학은 개념으로 설명하고 예술은 미적 형상으로 설명한다. 예술의 핵심은 '아름다움'이므로 아름다움이 결핍되거나 상실되면 예술이라고 할 수 없다. 그러나 아름다움만으로는 예술이라고 할 수 없으며 어떤 '형상'에 의해 표현되어야만 예술이라고 할 수 있다.

예술과 기술의 융합은 가능한가? 기술에서 출발하여 예술이 분리되어 왔으나 이제는 기술과 예술이 융합되는 방향으로 나가고 있다. 미래사회의 특징은 많이 있지만 '고령화 사회', '친환경 사회' 등으로 초점을 맞추면 생활수준의 향상과 더불어 소재에서 많은 변화가 예상된다. 기술이 고도화되면서 이제는 제조 기술보다 응용기술에 대한 관심이 높아지고 있다. 의류, 가구, 인테리어에 사용되는 소재들이 첨단섬유제품이고 이들 제품들이 예술적인 미적 감각을 요구하기 때문이다.

이 장에서는 발터 벤야민과 장 보드리야르의 사상을 중심으로 현대사회에서 예술품의 기술 복제와 윤리를 살펴보기로 한다.

---

20 Blaise Pascal(1623~1662): 프랑스 철학자, 수학자, 물리학자. 파스칼의 법칙과 적분법 창안자.
21 Immanuel Kant(1724~1804): 독일의 철학자. 근세의 철학(경험론과 합리론)을 집대성.

9.3.1 복제 시대의 예술

〈발터 벤야민(Walter Benjamin)[22]의 '기술복제시대의 예술품'을 중심으로〉

예술 작품은 오래 전에 종교적 제식의 일환으로 탄생하였으므로 오랫동안 일회적이고도 신비로운 독창성(originality)이라는 권위를 지니고 있었다. 독창성은 관객과의 거리감을 유지하게 만드는 권위인데 관객은 처음부터 이런 권위를 인정할 수밖에 없었다. 신의 얼굴을 함부로 쳐다볼 수 없듯이 예술 작품 속의 종교적인 상 역시 함부로 쳐다볼 수 없었다.

카메라가 출현하여 화가의 그림보다 더 정확하게 사실을 묘사할 수 있게 되었고 한장의 원판으로 많은 사진을 복제할 수 있게 되었다. 화가의 역할은 자연을 있는 그대로 그림으로 표현하는 것이었는데 사진 기술의 발달로 회화가 상실된 것이다. 그렇다면 사진은 예술성이 있는 것인가? 원본과 사본의 차이도 없고 동일한 사진이 수도 없이 많은데 모두 예술품이라고 할 수 있는가?

기차가 발달하면서 영상에 커다란 변화를 가져왔다. 기차가 달릴 때 차창 밖으로 보이는 풍경이 파노라마처럼 끊임없이 바뀌며 변화한다. 창밖의 무한한 풍경의 파노라마는 움직이는 영상에 대한 욕구를 가져왔고 영상장비의 개발을 이끌었다. 1800년대 후반에 초보적으로 개발되기 시작한 영상장비는 1891년에 에디슨의 거대한 영상장비를 거쳐서 1895년에는 뤼미에르(Lumière)[23]의 '시네마토그래프'라는 현대식 촬영장비가 개발되었다. 영사기가 출현하여 창밖의 파노라마와 같은 풍경을 동일한 활동사진으로 수없이 만들 수 있게 되었다.

수백 수천 개의 영화관에서 동시에 개봉되는 영화는 어느 것이 진짜이고 어느 것이 가짜인가? 영상장비가 발전하자 공산주의와 파시즘이 적극적으로 영화를 정치 홍보에 이용하였다. 영상장비와 시설은 고가였으므로 독점적으로 촬영하고 편집할 수 있었다. 공산당은 프롤레타리아 계급의 의식화를 차단하기 위하여 영상장비를 활용하였고 자본

---

22 Walter Benjamin(1892~1940): 유태계 독일의 철학자, 문학평론가, 마르크스주의자. 1936년 '기술 복제 시대의 예술 작품'논문 발표.

23 Auguste et Louis Lumière(1862-1954): 프랑스의 영화기 발명가 형제.

가는 기득권을 유지하기 위하여 영상장비에 투자하였다.

　과거의 예술 작품은 목판화, 동판화, 주조처럼 수공업적으로 재생산이 가능하였지만 대량 복제는 어려웠다. 그러나 사진술과 인쇄술의 발달로 인하여 대량으로 복제할 수 있게 되었다. 디지털 시대가 되면서 모든 자료가 디지털 매체로 환원되어 기술복제는 더욱 가속화되었다. 예전에는 숫자와 문자만 디지털로 처리되었으나 이제는 소리, 영상, 동영상 등의 매체가 모두 디지털화되면서 거의 모든 정보가 컴퓨터로 가공될 수 있게 되었다. 이것은 모든 예술품을 완벽하게 대량으로 복제할 수 있다는 것을 의미한다. 과거에는 영화를 찍으면 원본 필름으로 복제 필름을 만들어 배포하였는데 아날로그 자료이므로 복제할수록 영상 품질이 나빠져서 복제에도 한계가 있었다. 그러나 지금은 디지털 자료이기 때문에 아무리 복제해도 품질이 동일하므로 원본과 복제본의 차이는 없다.

(1) 아우라

　아우라(aura)는 사람이나 물체에서 발산하는 기운이나 영기(靈氣)를 의미했으나 예술 분야에서는 예술 작품에서 흉내 낼 수 없는 고고한 분위기를 말한다. 다른 말로 예술품이 살아 숨 쉬는 생명력, 영혼이 교감되어 몰입할 때 일회적으로 나타나는 분위기라고 한다. 아우라는 원래 후광, 광채 등의 의미를 가진 그리스어이다. 예배의 대상물이 가진 장엄함을 나타내는 종교 용어였다. 벤야민은 이 아우라를 "아무리 가까워도 아득히 멀리 존재하는 것의 한 번뿐인 현상"이라 불렀다. 예술작품은 원래 종교와 깊은 관계에서 출발하였다. 교회에 있는 그림을 보는 것은 절대적인 신을 마주하는 것이며 아우라를 경험하는 것이다.

　이상과 같은 여러 가지 의미를 정리하면 아우라의 정의는 다음과 같다.

> 아우라는 예술 작품의 원본이 내뿜는 고고한 예술적 향기이다.

　과거에는 예술품의 아우라가 존재하고 인정받았지만 현대사회에서는 원본이 없어졌으므로 아우라가 상실되어 예술이 붕괴된 사회라는 것이다. 과거에는 '모나리자'의 복제가 아무리 많아도 원본은 하나였으므로 루브르 박물관에는 사람들이 구름처럼 몰려서 관람을 했다. 그러나 현대사회는 처음부터 원본이 없는 사회다.

가수가 음반에 노래를 취입하기 위하여 녹음을 하려면 같은 소절을 수없이 나누어 부른다. 가장 잘 부른 소절을 취사선택하여 음반을 만들기 때문에 처음부터 원본이란 존재하지 않는다. 편집실에서 수없이 짜깁기 하는 과정에서 수많은 노래가 생산되므로 원본이 있다면 수없이 많이 있다. 영화를 찍을 때도 같은 장면을 수없이 반복해서 찍어놓고 편집실에서 짜깁기해서 필름을 만들어내므로 처음부터 원본은 없었다.

연극과 영화에서는 배우와 관객 사이에 마이크가 끼어들고 카메라가 개입하여 배우와 관객들 사이에 교감이 사라지고 아우라가 상실되었다. 연극과 영화가 통일된 예술 활동이 아니라 조각난 에피소드의 집합이 되어 버렸다. 가수가 노래를 부르지 않고 립싱크(lip sync)하는 것과 영화 배우 대신에 성우가 대사를 연기하는 것이 대표적인 실례이다. 연극과 영화는 전통적인 예술 작품이 지니는 아우라를 상실하였다.

오디오산업과 영화산업에서 흔히 대두되는 '스타 숭배 현상'은 오로지 사라진 아우라를 대신하기 위해서 나타난 현상에 불과하다. 가수는 관객 앞에서가 아니라 마이크라는 기구 앞에서 연기를 한다. 관객 앞에서는 노래를 부르지 않고 립싱크만 하는 것이 가수다. 영화배우는 카메라 앞에서 연기한다. 카메라가 영화배우를 기술적으로 테스트해야 관객은 그 배우의 연기를 접할 수 있다.

(2) 예술의 미래

예술의 특성은 독창성(originality)에 있는데 벤야민이 말한 대로 복제기술은 독창성의 신화를 깨뜨리고 근대 사회 시민들의 평등의식으로 연결되었다. 아우라는 예술이 종교적 숭배의 대상이었던 시절의 유물이 되었다. 벤야민은 아우라의 파괴를 긍정적으로 보았다. 예배 가치를 잃은 원작은 이발소에 걸린 밀레의 '이삭줍는 여인' 같은 복제 그림처럼 전시 가치(상품 가치)만 갖게 되었다. 그러나 보수적 예술 관념에 억눌린 인간의 창조력을 해방시켜주었다. 벤야민은 새로운 미디어가 대중의 지각을 훈련시키고, 비판 의식을 일깨우며, 대중을 예술적 수용과 연출의 주체로 세울 것이라고 예상했다. 벤야민은 보드리야르와 다르게 복제에 대해 매우 긍정적인 주장을 하였다.

사진은 하나의 과학이기 때문에 표현상의 새로운 분야를 개척하여 복제 예술이라는 장르를 형성하고 있다. 카메라는 인간의 고정된 시점을 해방시켜 먼 공간을 끌어당기고 늘리기도 한다. 카메라는 각도에 따라 대상의 모습을 다양하게 변화시키고 의미도 다르게 전달한다. 정밀한 표현력을 이용하여 다른 세계로 감정이입을 촉발하기도 한다. 사진은 새로운 기호로 역할을 수행하고 있으며 이와 함께 영화도 새로운 기호로 더 많은 역할을 수행하고 있다. 3D 영화의 출현은 이와 같은 역할을 더 많이 할 것으로 예상된다. 이것이 바로 벤야민이 기대하는 예술 세계이다.

9.3.2 소비 시대의 예술

〈장 보드리야르(Jean Baudrillard)의 '소비의 사회', '시뮬라크르와 시뮬라시옹'을 중심으로〉

장 보드리야르는 현대인은 물건의 기능보다 기호를 소비한다는 소비 이론과 복제된 가짜가 현실을 대체한다는 모사 이론을 주장하였다. 원본과 복사본, 현실과 가상현실의 경계와 구분이 없어진 현대사회를 '복제의 시대'라고 평가하였다. 그는 '포스트모더니즘의 큰 별' 또는 '하이테크 사회이론가'라고 불리는 포스트모더니즘(postmodernism)[24]의 대표자이다.

(1) 소비의 사회

장 보드리야르[25]에 의하면 현대사회는 생산이 아니라 소비가 중심인 사회라고 한다. 과거에 산업화가 이루어지지 않았을 때는 모든 나라의 국민들이 가난하게 살았다. 1789년에 프랑스 혁명이 일어났을 때를 배경으로 하는 자료들을 보면 프랑스 국민들이 매우 가난하게 살았음을 알 수 있다. 산업혁명은 1700년대 중반에 영국에서 시작하여 유럽 국가에서 천천히 진행되고 있었으므로 프랑스 혁명 때에는 경제적으로 어려운 상태였다. 인류 역사의 대부분은 생산 부족으로 고생하던 사회였다. 산업화가 진행되면서 원료 공급이 원활하여 생산하기만 하면 판매는 걱정할 필요가 없었다. 생산 부족을 해결하는 방법이 소품종 대량생산체제였다.

20세기 들어서 산업화가 많이 진척되어 생산이 너무 잘되더니 생산 과잉이 문제가 되어 어려움을 겪는 사회가 되었다. 산업화된 선진국들은 공급과잉으로 인한 불황과

---

24 postmodernism: 1960년대에 일어난 문화운동. 후기구조주의에서 시작하여 근대 합리주의에 반기를 든 시대 이념. 데리다, 푸코, 라캉, 리오타르에서 시작.

25 Jean Baudrillard(1929~2007): 프랑스의 철학자, 사회학자. 낭테르대학 사회학과 교수. 미디어와 소비 이론으로 유명. '소비의 사회', '시뮬라크르와 시뮬라시옹'의 저자.

공황을 걱정하게 되었다. 공산주의자들은 자본주의는 체제상의 모순 때문에 멸망한다고 주장하였는데 그 모순이란 불경기와 공황을 의미하였다.

산업사회에서는 공급과잉을 해소하는 방안으로 소비를 미덕으로 찬양하더니 소비가 중심인 사회로 변모하였다. 상품을 실용적인 차원에서 구매하고 소비하는 것이 아니라 소비를 통하여 성공과 권위를 과시하고 즐기는 사회가 되었다. 상품은 효용성이 아니라 지위와 위세를 나타내는 일종의 기호가 되었고 소비는 사회적 존재를 인정받기 위한 물화의 핵심이 되었다. 우리가 매일 접하는 상품이란 공해, 레저, 섹스, 광고, 대중매체 등이며 현대인들은 그런 재화의 소비를 통해 성공과 권위를 과시하고 즐긴다.

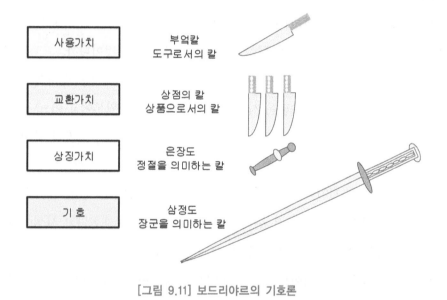

[그림 9.11] 보드리야르의 기호론

보드리야르의 사물에 대한 기호론적 사고는 마르크스의 가치론에 대한 비판으로부터 시작된다. 마르크스의 가치론은 사용가치와 교환가치의 두 가지가 존재한다. 사용가치는 사물의 유용성의 측면이고 교환가치는 상품가치를 의미한다. 실생활에서 사용하는 부엌칼이나 연필 깎는 칼은 사용가치가 있고 백화점이나 상점에서 파는 칼은 상품으로 교환가치가 있다. 보드리야르는 사용가치나 교환가치로 바꿀 수 없는 상징가치와 기호가 있다고 주장한다. 예를 들어 결혼 반지는 사용가치나 교환가치로 설명할 수 없는 상징적인 의미를 가지고 있다. [그림 9.11]과 같이 조선시대 양반들의 필수품인 은장도는 선비와 여성의 정절을 상징한다. 장군으로 승진하면 대통령으로부터 하사받는 삼정도는 어느 가치로도 설명할 수 없는 기호이다.

(2) 시뮬라크르와 시뮬라시옹

보드리야르는 저서 '시뮬라크르와 시뮬라시옹(Simulacre et Simulation)'에서 현대 사회는 모사된 가짜가 실재를 대체하는 사회라고 주장하였다. 영화, 방송, 광고 등 모두가 원작이 아니라 복제된 영상이다. 다른 말로 가짜가 진짜처럼 행세하는 사회라는 것이다. 진짜보다 더 진짜처럼 보이는 것을 만들어서 대중을 속이면 권력을 놓치지 않을 것이라고 한다. 이 세상의 모든 가치는 모사되었다고 한다. 진짜는 보이지 않고 진짜처럼 보이는 것만 존재한다는 것이다. 어느 곳에도 진실은 존재하지 않고 속이는 것의 연속이다. 돈에 속고 사람에 속고 사랑에 속고 권력에 속는다. 속고 속이는 것의 연속이다. 사람의 능력 중에서 가장 뛰어난 능력이 남을 속이는 것이니까.

사진은 시뮬라크르이다. 화가가 제작한 판화에도 원판에 가까운 순서대로 번호를 매기는데 필름에서 인화한 수많은 사진들에서는 어느 것이 원본이고 어느 것이 복제본인가? 원본이 없거나 모든 것이 원본이다. 이렇게 원본이 없는 복제나 복제한 것의 복제를 시뮬라크르라고 한다.

신문과 방송은 매 시간마다 무엇을 보도하는데 이것도 조작의 연속이다. 무엇을 보여주고 보여주지 말아야 할 것은 선택적으로 이루어진다. 존재한다고 사실이 아니고 사실이라고 해도 존재하는지 알 수 없다. 사실이 존재하려면 보도되어야 하고 카메라에 복제되어야 하는데 미디어로 복제되지 않으면 사실이 존재하지 않는다. 원본의 형태보다 복제의 형태가 더 중요해지면서 현실이 복제를 베끼는 사태가 발생한다. 보드리야르는 가상이 현실을 위협하는 것을 얘기했다. 보드리야르는 가상 세계가 먼저 있고 현실이 가상 세계를 위협하는 거꾸로 된 신세가 되었다고 주장한다.

나치가 유태인을 학살할 수 있었던 근거는 '유태인은 악마다'라는 가상세계의 시나리오로 시작하여 현실세계에 살고 있는 모든 유태인들을 죽인 것이다. 가상세계가 현실세계를 압도하는 것, 이것이 바로 조작과 편집의 효과이다. 보드리야르는 더 나아가서 거대한 가상세계를 만들어 운영하면서 현실이 그 안으로 침입해서 가상성을 폭로하는 것을 주제로 삼았다. 거대한 프로그램이 돌아가는 가상세계에 현실이 들어오면 현실은 '벌레(bug)'로 간주되어 발견되고 제거되어야 한다.

영화 '매트릭스(Matrix)'에서 현실세계의 네오, 트리니티, 모피어스 등은 가상세계의 스미스 일당에게 쫓긴다. 네오와 같은 현실세계의 주인공들은 가상세계에 침범한 벌레가 되고 가상세계의 스미스 일당은 벌레를 잡기 위하여 공격한다. 영화에서 책 한 권을 건네주는 장면이 있는데 그 책의 제목이 바로 보드리야르의 '시뮬라크르와 시뮬라시옹'이다. 영화 '매트릭스'의 사상적 배경이 바로 이 책의 저자이다. 보드리야르는 가상으로 인하여 현실이 위협받고 있다는 사실을 인지하지 못하는 현대사회를 비판하고 있다. 가짜들이 진짜를 위협하는데 진짜들이 저항하는 사회다.

▚▚ 9.4 윤리

사람들은 성공하기 위해서 노력한다. 어떤 의미에서든 성공하기 위하여 공부하고 운동하고 노래하고 연기를 한다. 성공하기 위해서 필요로 하는 최고의 덕목은 무엇인가? 지능, 외모, 가문의 배경 등 여러 사항들은 자신이 노력하여 될 일이 아니다. 이들의 대부분은 태어나기 전에 이미 주어진 조건이다. 성공한 사람들의 주장에 의하면 자신들이 성공한 가장 큰 이유는 좋은 사람들이 많이 도와주었기 때문이라고 한다. 그래서 사람들은 성공하기 위하여 좋은 사람들을 만나야 된다고 생각한다. 좋은 사람들을 만나게 하기 위하여 좋은 학군에 자식을 보내고 유학 보내고 여러 가지 노력을 한다. 그러나 좋은 사람들을 만나기 위한 최선의 방법은 나 자신이 스스로 좋은 사람이 되는 것이다.

좋은 사람이란 어떤 사람인가? 어떤 사람의 주장에 의하면 얼굴과 낙하산은 펴져야 산다고 한다. 무표정, 무관심, 무반응은 좋은 사람과는 거리가 멀다. 사랑과 애정과 인간미가 풍기는 사람이 좋은 사람의 기본적인 조건이다. 좋은 사람 또는 좋아 보이는 사람에게는 적이 없다. 좋은 사람의 특징은 다른 사람과 갈등이 적다는 점이다. 예의바른 사람이란 다른 사람과 갈등을 만드는 일이 적은 사람이다. 긍정적인 표정은 긍정적인 사고를 야기하고 긍정적인 사고는 신경전달 물질을 원활하게 생산하여 사고력을 높이고 좋은 결과를 가져온다. 부정적인 사고는 그 반대이다.

미국의 한 여론 조사에 의하면 'I am sorry'라는 말을 많이 하는 사람들일수록 소득수준이 높다고 한다. 자신이 잘못하지 않았어도 먼저 'I am sorry'라는 말을 많이 하는 사람들도 역시 소득수준이 높았다고 한다. 왜 소득이 높은 사람일수록 남에게 미안하다는 말을 먼저하고 잘못을 하지 않았어도 잘못했다고 말하는 것일까? 미국에 사는 교포들의 말에 의하면 가급적 'I am sorry'라는 말은 하지 말라고 하는데 그 이유는 그 말을 하면 모든 책임을 져야 한다고 했다. 책임을 회피하라는 의미에서 무조건 미안하다는 말을 하지 말라는 것이었다. 이것은 초기 이민 사회의 힘든 현실을 반영하는 것이다.

윤리는 왜 필요한가? 윤리가 없으면 어떻게 될까? 윤리를 지키고 따르자고 하는 것은 왠지 자유를 억제하는 것 같아서 답답하다는 기분이 든다. 어떤 사람들은 윤리를 지키지 않으면 다른 사람들에게 피해가 가기 때문에 남을 위해서 지킬 필요가 있다고 말한다. 과연 그럴까? 윤리는 '사람으로서 마땅히 행하거나 지켜야 할 도리'라고 하는데 내가 지키지 않으면 다른 사람이 손해를 볼까? 그렇다면 나를 위해서는 지킬 필요가 없는 것이 윤리란 말인가?

우리가 윤리를 지키지 않고 무례한 언행을 함부로 한다면 그것이 남에게 피해를 주는 것일까 나에게 피해를 주는 것일까? 내가 하는 무례한 언행은 처음에는 남에게 상처를 주겠지만 장기적으로는 나에게 상처가 되어 돌아올 것이다. 나에 대한 이미지와 평판이 나빠졌을 때 돌아오는 것은 따돌림과 인간관계의 단절 등이므로 궁극적인 피해는 무례한 언행을 하는 사람에게 피해가 돌아오는 것이다.

■ 예절의 사례

1980년에 IBM은 개인용 컴퓨터(PC) 시장에 진출하기 위해서 운영체제를 납품할 소프트웨어 회사를 찾고 있었다. 당시의 IBM은 세계에서 최고로 영향력이 큰 기업이었다. 이 업무를 맡은 담당 이사는 유수한 소프트웨어 회사들을 조사하고 최종 결정을 앞두고 어느 회사를 방문하였다. 그런데 방문을 받은 회사의 사장은 얼굴도 내비치지 않았다. 상대방의 무례한 태도에 실망하고 다른 회사를 찾아다니게 되었다. 어느 날 담당 이사는 세운지 얼마 안 되어 이름이 알려지지 않은 MS사를 방문하게 되었다.

빌 게이츠(Bill Gates)[26]는 이제 막 시작하는 회사의 젊은 기술자로서 청바지의 간편한 차림으로 근무하고 있을 때였다. 그러나 보수적인 IBM 간부가 방문한다는 말을 듣

---

26 Bill Gates(1955~): 미국 기업가, 자선 사업가. 폴 앨런과 함께 BASIC 언어 개발. 1975년 MS 사 설립. 개인용 컴퓨터 운영체제인 DOS 개발.

고 정장을 입고 정중하게 맞았다고 한다. 빌 게이츠에 감동을 받은 IBM 이사는 그에게 일을 맡겼고 MS-DOS가 탄생한다. 그 이후로 빌 게이츠는 탄탄대로를 순항하게 된다.

　예절을 지키는 것은 남을 위한 것이 아니라 나를 위한 것이다. 남에게 좋은 인상을 주기 위하여 예절을 지키는 것이다. 좋은 인상을 주려는 것은 나에게 좋은 결과를 기대하기 때문이다. 미래가 있는 사람은 표정이 밝고 긍정적이며 복장도 단정하고 남에게 소홀하게 대하지 않는다. 왜 그럴까? 내가 하는 태도와 언행에 따라서 주변 사람들이 나의 적군이 될 수도 있고 나의 우군이 될 수도 있다. 예절을 지키는 것은 모든 사람들이 나의 적이 되는 것을 막고 나의 우군이 되는 것을 돕는 언행이다.

　도덕이란 '인간이 지켜야 할 도리 또는 바람직한 행동의 기준'이라고 하는데 윤리와 도덕은 어떻게 다른가? 도덕이란 말이 유교에서 종교적인 용어로 사용된 것을 제외하면 실제 의미는 윤리와 다르지 않다. 도덕과 윤리는 자연환경에 적응하고 집단생활에서 구성원으로 살아가는 방식과 습속에서 유래한다. 도덕(윤리)의 목적은 사회 구성원으로 공존하기 위하여 집단의 질서와 규범을 지키는 것이다. 하버마스(Habermas)[27]에 의하면 윤리는 사회적 갈등을 해결할 수 있도록 의사소통과 연관된 능력들을 작용하게 하는 역량이라고 설명하였다.

　윤리와 도덕에 대한 지금까지의 이해를 바탕으로 윤리를 다음과 같이 정의할 수 있다.

> **윤리는 더불어 생활하는데 필요한 갈등 해소와 의사소통 수단이다.**

　사람이 혼자 살아간다면 특별한 윤리와 도덕이 필요 없을 수도 있으나 다른 사람들과 공간을 공유하면서 사회생활을 한다면 갈등 해소와 의사소통을 위하여 마땅히 지켜야할 도리가 있을 것이다. 갈등을 잘 해소하고 의사소통을 잘하기 위해서는 사회마다 적절한 수단과 나름대로의 규칙이 필요할 것이다. 사람들이 모여서 잘살기 위하여 만든 것이 문화이므로 윤리는 문화를 유지하기 위한 수단이라고 할 수 있다.

---

27 Jürgen Habermas(1926~): 독일의 철학자, 사회학자. 프랑크푸르트대학 교수. 아도르노, 마르쿠제가 주축인 프랑크푸르트학파의 계승자.

사회 규모가 커지고 복잡해짐에 따라 법은 사회적 외적 규제로 작용하고 도덕은 개인의 내적 규제로 작용하는 것으로 분화되었다. 따라서 법은 국가권력을 지배하고 도덕은 사회의 보편적 원리를 지배하는 영역이 되었다.

9.4.1 윤리학

윤리학이란 사회에서 사람과 사람의 관계를 규정하는 규범, 원리, 규칙과 같이 올바른 행동과 선한 삶을 다루는 학문이다. 도덕의 목표는 개인적으로 인격을 함양하는 것이고 사회적으로 인간관계를 함양하는 것이다. 메타 윤리학이란 모든 윤리적 판단을 배제한 채 갈등과 대립을 해소시키기 위한 대화에서 사용되는 언어를 상호이해에 적합한 도구로 만드는 일이다.

〈표 9.6〉 상황윤리

분류	내역	비고
율법주의	모든 상황에서 보편적 윤리 규범을 따라야 한다.	절대주의
무법주의	특수 상황에서는 개인의 양심을 따른다.	상대주의, 상황윤리를 대표

상황윤리(狀況倫理, situation ethics)는 보편적인 윤리 규범을 부정하고 구체적인 상황에서는 개인이 처한 윤리적 상황을 스스로의 직관을 통해 식별해야 하는 무법주의와 윤리 규범을 글자 그대로 따라야 한다고 주장하는 율법 제일주의로 구분된다. 율법 제일주의는 어떠한 상황에서도 적용될 수 있는 보편적인 윤리 규범이 있으므로 이 규범을 따라야 한다고 주장한다. 반면에 무법주의는 개인의 양심 판단을 유일하고 절대적인 행동 규범으로 인정하기 때문에 구체적이고 특수한 상황에서는 개인의 양심을 따라야 한다고 주장한다. 상황윤리는 <표 9.6>과 같이 두 가지로 구분되기는 하지만 일반적으로 무법주의를 의미한다.

플라톤은 인간의 욕망을 비난하였지만 에피큐로스(Epikouros)학파는 인생의 목적이 쾌락을 추구하는 것으로 보았으며 이것은 자연적인 욕망을 추구하는 것이었다. 현실적으로 개인적인 삶을 중시하는 것이다. 칸트는 에피큐로스학파의 은둔과 사회에 대한 무관심한 태도를 비난하였다. 칸트는 이들이 남들에게 관심을 가질 때는 남을 비난할 때뿐이라는 것이다. 칸트는 윤리의 보편성을 주장하여 내가 하려는 행동을 모두 해도 모순이 없는지를 살펴보라고 했다. 칸트는 욕망과 도덕의 모순을 조화롭게 해결할 것을 주장하였다.

프로이드의 정신 모델에서는 초자아와 무의식적인 요구 사이에서 의식적 자아가 조정을 해야 한다고 주장하였다. 인간은 시상-피질계의 초자아와 뇌간-변연계의 욕구 사이에서 [그림 9.12]와 같이 자율적으로 조정하는 기능이 있는데 이것이 바로 자아의 도덕적 자율성이라고 한다. 인간은 본능의 일부를 희생하고 부정해야 사회적 존재가 될 수 있다고 보았다.

윤리는 통시적인가 공시적인가? 인간이 사는 사회는 수렵사회에서 농경사회, 산업사회, 정보사회, 지식사회로 진화하고 있다. 인간의 윤리는 수렵사회에서나 지식사회에서나 변함없는 상태인가 아니면 사회에 따라서 윤리의 기준이 달라지는가? 어느 시대에는 절대 권력을 가진 왕에게 충성하는 것이 정의였는데 지금도 절대 권력자를 위하여 충성하는 것이 정의인가? 2,000여 년 전에 공자는 부모에게 잘못이 있어도 자식이 우선적으로 부모를 따르는 것이 정의라고 가르쳤는데 지금은 어떤가 같은가 달라졌는가?

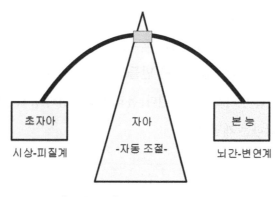

[그림 9.12] 도덕의 자율 기능

윤리에도 상대주의와 절대주의가 있어서 서로 상반된 주장을 하고 있다.

(1) 윤리적 상대주의

윤리적 상대주의는 윤리적 신념과 관습의 폭넓은 다양성을 인정한다. 시대와 상황에 따라서 가장 적합한 규범이 적용되어야 한다는 주장이다. 고대 그리스에서 소피스트(sophist)[28]들은 가치의 상대주의를 주장하였다. 소크라테스는 소피스트들이 상황에 따라서 이랬다가 저랬다 하는 것이 못마땅하였다. 소피스트들의 상대적인 생각을 비판하고 가치의 절대성을 주장하였다. 윤리적 상대주의는 상황윤리의 무법주의와 연관된다. 윤리적 상대주의의 문제점은 주관적이고 감성적인 주체들이 어떻게 보편적 합의에 이를 수 있는지를 설명하는 일이다.

(2) 윤리적 절대주의

윤리적 절대주의는 어느 시대 어느 사회에도 적용 가능한 보편적 도덕규범을 주장한다. 절대주의자들을 통칭하여 보편주의자, 실재론자라고 한다. 소크라테스는 윤리란 '올바른 행동이나 정의와 같이 사물의 본질에 관한 것이므로 그런 지식은 궁극적으로 자기 스스로 발견해야 한다'고 주장하였다. 윤리적 절대주의는 상황윤리의 율법주의와 연관된다. 절대주의의 문제점은 자신들만의 도덕적 가치를 모든 문화에도 적용하는 것이다. 예를 들어 이슬람과 기독교는 자신의 지배 지역의 주민들에게 종교를 강요한 반면에 몽고와 로마는 지배 지역의 주민과 국가에게 종교의 자유를 부여하였다.

윤리를 실생활에 적용하기 위해서는 도덕규범을 만들고 적용하는 실천 과정이 필요하다. 상황에 따라 가장 적합한 규범을 만들고 적용하는 것도 합리론자와 경험론자에 따라서 <표 9.7>과 같이 다르게 적용된다. 윤리의 통시성과 공시성은 윤리의 절대주의와 상대주의에 해당하는 개념이다.

---

28 sophist: 고대 그리스(BC 5세기~BC 4세기)에서 활약한 지식인들. 변론술과 입신출세에 대한 지식을 가르쳤으며 궤변론자라고도 함.

〈표 9.7〉 윤리 적용방식의 분류

구분	분 류	아름다움의 기준	비 고
1	절대주의	보편적 도덕규범을 적용	합리론
	상대주의	상황에 따라 가장 적합한 규범을 인정	경험론
2	율법주의	모든 상황에 적용되는 보편적 규범 적용	합리적 절대주의
	무법주의	상황에 따라 개인의 양심이 규범을 적용	경험적 상대주의

오늘날 세계는 자살 테러의 공포에 휩싸여있다. 제2차 세계대전에서 일본군이 자살 공격을 감행하여 세상을 놀라게 하더니 이제는 중동과 러시아, 체첸에서 자살 공격이 다반사가 되고 있다. 자신의 가치는 최고이고 남의 가치는 거들떠보지 않는 것이 윤리적 절대주의인가?

9.4.2 지적재산권

지적재산권은 지적 창작물에 부여된 재산권에 준하는 권리로 산업재산권[29]과 저작권[30]으로 구분된다. 산업재산권은 <표 9.8>과 같이 발명, 상표, 의장 등 산업관련 업계의 무형의 재산을 보호하기 위한 권리이고 저작권은 문학, 음악, 미술, 작품, 컴퓨터 소프트웨어 등의 재산을 보호하기 위한 권리이다. 지적재산권은 국제적으로 세계지적재산권기구(WIPO)[31], 세계무역기구(WTO)[32] 등 여러 기구에서 관장한다. 국내에서 산업재산권은 특허청에서 저작권은 문화체육부 저작권위원회에서 관장하고 있다.

최근에 음악이나 저술 등에 관련된 표절 사건이 가끔 언론에 보도되어 비난을 받고 있다. 장관과 같은 고위 공직자들을 추천하는 과정에서 표절로 인하여 낙마하는 사건이 발생하기도 한다. 주로 서적이나 논문을 집필하는 과정에서 남의 저작물을 표절하

---

29 산업재산권 industrial property: 산업 상의 이용가치를 특허법, 실용신안법, 디자인법, 상표법 등의 법률로 보호.

30 저작권 copyright: 인쇄술의 발전으로 생산된 출판물을 보호하기 위하여 1517년 베네치아에서 처음 법률로 보호.

31 WIPO(World Intellectual Property Organization): 1967년 설립. 1974년 UN의 전문기구.

32 WTO(World Trade Organization): 세계무역질서를 세우고 우루과이 라운드 협정의 이행을 감시하는 국제기구. 1995년 설립.

거나 자기 표절로 인하여 곤란한 처지가 되는 것을 볼 수 있다. 표절 사건이 우리나라에서 자주 발생하는 이유는 두 가지가 거론되고 있다. 첫째, 어려서부터 가정환경에서 비롯된다는 분석이 있다. 학교에서 수행 평가를 하기 위한 과제물을 부모와 가족들이 대신 작성해주는 것에 익숙해진 환경에서 자연스럽게 표절을 배운다는 주장이다. 둘째, 빈곤했던 시절에는 먹고사는데 급급해서 남의 저작물을 몰래 표절했던 경험이 습관화되어 계속 표절한다는 주장이다.

　글을 쓰다가 남의 글을 인용할 때 원전을 밝히지 않으면 표절을 범하게 된다. 남의 글을 인용할 때는 반드시 어디에 있는 누구의 글을 인용했는지를 자세히 밝혀야 표절을 면할 수 있다. 표절을 하면 저작권을 침해하기 쉽다. 그러나 인용한 원전을 자세히 밝혀서 표절을 면한다 해도 저작권의 기간을 위배한다면 저작권 침해가 된다. 따라서 남의 글을 인용할 때는 표절과 저작권 침해를 염두에 두고 조심해야 한다. 자신이 저작한 글이더라도 원전을 밝히지 않으면 자기 표절을 범하게 된다. <표 9.8>은 지적재산권과 침해에 관련된 내용이다.

〈표 9.8〉 지적재산권 관련 용어

용 어	내 용
지적재산권	창작된 저작물의 경제 가치를 보호하기 위한 권리
산업재산권	산업 상 이용가치를 갖는 저작물에 대한 권리
저작권	학술과 예술 분야에 독창성이 있는 저작물 보호하기 위한 권리
특허권	발명, 실용신안, 의장, 상표를 독점적으로 이용할 수 있는 권리
저작권 침해	남의 저작물을 법적으로 보호받는 기간 안에 사용하는 행위
표절	다른 사람의 저작물을 복제하여 자신의 저작물인 것처럼 공표하는 행위
자기 표절	자신이 이미 저술한 저작물을 새로운 창작물인 것처럼 공표하는 행위

　지적재산권을 보호하는 법률은 [그림 9.13]과 같이 많이 있으나 제대로 보호받지 못하는 이유는 국민들이 법을 지키고 권리를 보호해주려는 노력이 부족하기 때문이다. 저작권은 예술, 학술, 기술 분야의 창작물인 저작물에 대하여 배타적인 독점적 권리를 인정하는 권리이다. 과거의 컴퓨터 프로그램보호법은 저작권법으로 통합되었다. 산업재산권은 산업 상 이용가치를 보호하기 위한 권리로서 특허법 등의 여러 가지 법률로

구성되어 있다. 지적재산권을 법률을 이용하여 적극적으로 보호하자는 저작권 보호 (copyright) 운동과 달리 지적재산권을 공유하자는 저작권 공유(copyleft) 운동도 활발하다. CC(크리에이티브 커먼즈)[33]가 대표적인 기관으로 CCL[34] 라이선스를 제정하여 저작권 공유 활동을 펴고 있다.

우리나라의 컴퓨터 소프트웨어 불법 복제율은 유난히 높다. 국제민간기구인 소프트웨어연합(BSA)[35]에서 발표한 자료에 의하면 2008년도 한국, 일본, 미국의 불법 복제율은 43%, 21%, 20%이며 OECD 국가의 평균은 32%이고, 세계 평균은 41%이었다. 2015년도 자료에 의하면 한국, 일본, 미국, 중국의 불법 복제율은 35%, 18%, 17%, 70%이며 서유럽(EU) 국가의 평균은 28%이고, 세계 평균은 39%이었다. 이들 자료를 보면 전 세계적으로 불법 사용이 줄어들고 있다. 그러나 경제협력개발기구(OECD) 회원국(미국 17%, 캐나다 24%, 영국 22%, 독일 22%, 호주 20%, 일본 18%)들에 비해 한국의 복제율은 여전히 높은 편이다[36].

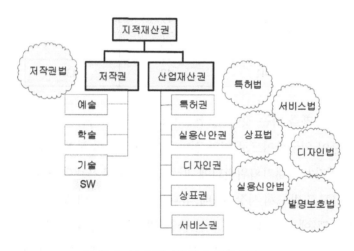

[그림 9.13] 지적재산권과 관련 법규

---

33 CC(Creative Commons): 저작권의 부분적 공유를 목적으로 만든 비영리 기관.

34 CCL(Creative Commons Library): 자신의 창작물을 일정한 조건하에 자유롭게 이용하게 하는 라이선스.

35 소프트웨어 연합(BSA, The Software Alliance), www.bsa.org: 각국 정부를 대상으로 세계 시장에서 전 세계 소프트웨어 업계를 대변하는 연합체. 과거 명칭은 업무용소프트웨어연합(BSA, Business Software Association).

36 한국저작권위원회 자료(2019년 7월 4일): https://blog.naver.com/kcc_press/221577360694

2010년 5월에 BSA가 발표한 '2010 세계 SW 불법복제 현황 보고서'에 따르면 한국의 불법 복제율은 41%로 세계 평균치(43%)보다 낮았다. 이 기구가 1998년 조사를 시작한 이래 처음이다. 그해 한국은 64%, 세계 평균은 38%였다. 국내 SW 불법복제 피해추정액도 5억7000만 달러로 전년보다 8% 감소했다. 한국의 저작권법[37]이 개정되면서 불법 복제에 대한 제재가 강화되었고 저작권 보호운동도 광범위하게 진행되어 불법 복제율이 크게 떨어진 것 같다. 그러나 OECD[38] 30개 국가 중에서 한국은 22위이며, OECD 회원국의 평균이 27%인 점을 감안하면 아직도 매우 높은 편이다.

〈표 9.9〉 불법 소프트웨어 국가별 통계

년도 국가	2008	2010	2013	2015
한국	43	40	38	35
일본	21	20	19	18
미국	20	19	18	17
아시아 평균	60	60	62	61
세계 평균	41	42	43	39

한때는 불법 복제를 하는 것이 애국이라고 주장하는 사람들이 있었다. 컴퓨터 소프트웨어 대부분이 외국산이므로 외화 절약을 하려고 불법 복제를 한다는 것이다. 과연 올바른 주장인가? 미래기획위원회에 따르면 세계 소프트웨어산업은 1조 달러(약 1,200조 원) 규모로 반도체 시장의 4배, 휴대전화 시장의 6배에 이른다. 이 시장에서 한국의 비중은 1.7%에 그친다. 세계 조선 산업, 반도체 산업, 휴대전화 산업의 시장 점유율은 늘 30~50% 이상이 한국 기업들의 몫인데 소프트웨어산업의 한국 몫은 너무 초라하다 못해 존재 자체가 없다. BSA의 소프트웨어경제연구보고에 따르면 한국의 경우 2005년을 기준으로 불법 복제율이 10% 낮아지면 9,000억 원 이상의 조세수입이 증가하고 3조 원 규모의 국내총생산(GDP) 증대 효과가 있다. 새로운 일자리도 2만여 개

---

37 저작권법: 저작자의 권리와 이에 인접한 권리를 보호하기 위하여 만든 법률. 저작물로는 어문저작물, 음악저작물, 연극저작물, 미술저작물, 건축저작물, 사진저작물, 영상저작물, 도형저작물, 컴퓨터프로그램저작물 등이 있다.

38 OECD(국제협력개발기구, Organization for Economic Cooperation and Development): 1960년 선진 20개 국가가 경제협력을 위하여 만든 조직. 한국은 1996년에 가입. 본부는 프랑스 파리.

생긴다고 한다. SW 지적재산권이 보호돼야 정보기술(IT)산업이 번성할 수 있다.

한국의 소프트웨어산업은 왜 빈약한가? 한국은 허울 좋은 정보기술(IT) 강국이라고 한다. 한국은 무선 인터넷 후진국[39]에 이어서 소프트웨어 불법 다운로드 후진국이라는 낙인이 찍혔다. 한국의 IT 경쟁력은 66개 국가 중에서 16위이다. 불법 소프트웨어가 판치는 나라에서 소프트웨어를 열심히 개발해서 성공할 수 있는가? 좋은 소프트웨어를 개발하면 즉시 불법 복제하여 수없이 배포되는데 좋은 소프트웨어가 개발될 여지가 없다. <표 9.9>는 소프트웨어연합에서 발표한 불법 소프트웨어 국가별 통계 자료들을 취합한 것이다.

선진국 시대를 열기 위해서는 소프트웨어 산업이 성장해야 한다. 우리나라가 유난히 사이버 테러에 약한 것도 무분별하게 불법 소프트웨어를 다운받기 때문이라고 한다. 개인정보가 유출되어 여기저기서 사고가 빈발하는 것도 불법 복제의 후유증이다. 불법 소프트웨어를 단속하면 외국회사만 좋은 일이라고 항변하는데 실제로 불법 소프트웨어 중에는 가격이 싼 국산 프로그램 복제율이 높다고 한다.

불법 복제는 컴퓨터 소프트웨어뿐만이 아니다. 소득이 적거나 없다는 이유로 일부 학생들이 음악, 영화, 소프트웨어 등의 콘텐츠를 불법 복제하고 교과서와 참고서를 불법 제본하여 사용한다. 돈을 버는 일부 직장인들은 경제적인 편리함을 못 잊어서 불법으로 복제한다. 외국 도서는 구하기 힘들다는 이유로 일부 학생들이 불법으로 복제하거나 제본을 한다. 출판사는 불법 복제를 피하려고 이상한 크기로 책을 만들기도 하지만 불법 복제를 피하기는 어렵다. 외국에서는 불법 복제된 서적을 교실에 가져오는 것은 상상도 못할 일인데 우리나라에서는 너무 자연스러운 일이다. 외국 대학의 교수와 학생들이 한국 대학에 많이 오고 있는데 참으로 부끄럽고 안타까운 모습이다.

언제부터인가 한국의 노래와 디자인, 영화, 드라마, 전자제품을 외국에서 불법 복제하여 판매한다고 신문과 방송에서 보도하고 있다. 어떤 영화는 사전 불법 복제로 인하여 큰 손해를 보았다. 우리나라가 선진국에 이르는 길은 창조력과 함께 문화와 예술이 발달해야 가능한 일이다. 남의 지적재산권을 지켜주는 일이 바로 나의 지적재산권을 지키는 일이고 나의 자존심을 지키는 일이며 나라를 선진국으로 이끄는 길이다.

---

39 WIBRO 등 무선 인터넷 망의 보급이 지연되기 때문.

9.5 창의성과 융합

창의성은 흔히 예술이나 디자인 분야와 같이 번뜩이는 아이디어가 적용되는 것이므로 다른 분야에서는 거리가 먼 것으로 생각하기 쉽다. 미술, 광고, 디자인 같은 창작 분야에서 획기적인 아이디어가 필요하기 때문인 것 같다. 우수한 두뇌에서 순간적인 재치나 발상으로 불현 듯 나오는 것이라고 생각하기도 한다. 그러나 창의성은 꾸준한 노력과 열정으로 오랫동안 추진한 결과로 나오는 것이다.

(1) 창의성의 시작

세상을 바꾸는 획기적인 생각을 '코페르니쿠스적 발상의 전환'이라고 부른다. 하지만 코페르니쿠스의 지동설은 완전히 새로운 이론이 아니라 세 가지 아이디어를 조합해 만든 결과물이다. 고대 그리스 로마 시대부터 내려온 '태양 중심설'과 대항해 시대를 맞아 발달한 '삼각함수', 그리고 '천문학 데이터'를 조합해 보니 지구가 돌고 있다는 사실을 발견한 것이다.[40] 오랫동안 천문학에 몰두한 결과로서 여러 분야의 지식이 쌓이고 협력하여 천천히 나온 생각이다. 창의성이 나오려면 10년 이상 해당 분야에 연구하는 노력이 필요하다고 한다. 따라서 창의성은 여러 분야의 지식이 서로의 벽을 허물고 연결해야 얻어질 수 있다.

스티브 잡스는 창의성이란 "연결하는 것에 불과하다"는 주장을 하면서 새로운 것을 만드는 것이 아니고 기존의 것들을 연결한 결과라고 하였다. 창의성이 발휘되기 위해서는 여러 가지 분야를 융합하는 것이 필요하다. 융합을 하기 위해서는 기존의 것들을 녹여서 하나로 합하는 것이므로 서로의 경계를 허물고 소통하는 자세가 필요하다. 창의성을 발휘하기 위해서는 어제의 적이라도 오늘은 동맹을 맺을 수 있다는 긍정적인 자세가 필요하고 상대방을 인정할 수 있는 여유가 있어야 한다. 미국 등에서는 창의성을 일찍부터 끌어올리기 위하여 STEAM 교육을 추진하고 있다.

---

40 인간과 컴퓨터의 어울림, 신동희 저, 커뮤니케이션북스, 2014

POINT　창의 융합 교육: STEM & STEAM

STEM: Science Technology Engineering Mathematics

1990년대부터 미국 과학재단(NSF)이 과학, 기술, 공학, 수학 등을 다양한 관련 교육 분야에 통합하도록 설계하였다. 앞 글자를 따서 STEM이라고 불렀다. 워싱턴 DC에서 재능 있는 저소득층 학생들을 위한 여름 프로그램으로 시작되었다. 융합형 인재를 키워 경쟁력 유지에 필요한 혁신을 주도하는 것으로 확장되었다.

STEAM: Science Technology Engineering Art Mathematics

STEM은 과학 기술 분야만 포함하고 있어서 미흡하다는 지적이 있었다. 조젯 야크만[41]이 2006년에 STEM에 Art를 추가하고, 존 마에다[42] 등이 STEAM '융합 인재 교육'을 주창하였다. 공학과 기술을 상상의 디자인이나 실제 문제에 대한 창의적인 접근 방식으로 교육한다.

(2) 창의성과 융합

논어 위정편(爲政篇) 11절에 다음과 같은 말이 있다.

子曰 "溫故而知新, 可以爲師矣."
공자께서 말씀하셨다. "옛것을 배우고 익혀서 새로운 것을 알면 스승이 될 수 있다."

이 말씀에는 두 가지 뜻이 있다. 첫째, 옛것을 배우고 익혀야 새로운 것을 알 수 있다는 것과 둘째, 새로운 것을 아는 자가 스승이 될 수 있다는 뜻이다. 즉, 새로운 것이란 옛것을 잘 연결하면 알 수 있다는 창의성을 언급한 것과 창의성이 있는 사람이라야 스승이 될 수 있다는 뜻이다. 새로운 것은 근거 없이 만들어지는 것이 아니고 꾸준히 노력해온 것들의 연장선 위에서 만들어진다. 옛것에서 새로운 것을 아는 방법은 옛것을 잘 연결하는 것이며, 잘 연결하기 위해서는 옛것을 잘 알아야 한다고 유추할 수 있다.

41　Georgette Yakman: STEAM 교육의 창립 연구원이자 제작자이며 교사.

42　John Maeda(1966 ~): 미국의 그래픽 디자이너, 컴퓨터공학자로 예술과 디자인 등을 포함하는 다학제 교육을 주창하였다.

연습문제

9.1 다음 용어들을 정의하시오.
① 아름다움   ② 윤리   ③ 창의성   ④ 상상력
⑤ 예술   ⑥ 아우라   ⑦ 시뮬라크르   ⑧ 예절
⑨ 저작권   ⑩ 상황윤리   ⑪ 표절

9.2 상품의 경쟁력 향상을 위한 방안을 설명하시오.

9.3 표절하지 않으면서 저작권은 침해할 수 있는가?

9.4 예술과 기술의 관계를 주장하시오.

9.5 창의성과 예술의 관계를 설명하시오.

9.6 가정이나 학교에서 창의성을 억압하는 교육의 실례를 들고 창의성을 살리는 대책을 제시하시오.

9.7 아름다움과 윤리의 관계를 설명하시오.

9.8 예절은 누구를 위한 것인가? 필요성을 주장하시오.

9.9 아름다움은 상대적인 것인가 객관적인 것인가? 주장하시오.

9.10 윤리는 상대적인 것인가 객관적인 것인가? 주장하시오.

9.11 경험론자와 합리론자들이 보는 아름다움의 관점의 차이를 설명하시오.

9.12 스스로 창의성을 증진할 수 있는 방법을 설명하시오.

9.13 도덕을 증진할 수 있는 방법을 설명하시오.

9.14 소프트웨어 저작권을 증진할 수 있는 방법을 설명하시오.

9.15 불법 소프트웨어의 폐단과 대책을 기술하시오

10

산업혁명과 융합

10.1 개요

10.2 딥러닝과 융합

10.3 드론과 융합

10.4 호모커넥투스: 블록체인과 공유경제

10.5 산업혁명과 융합의 미래

■ 연습문제

산업혁명은 인류의 삶을 혁신적으로 바꾸었다. 제1차 산업혁명은 증기기관을 시작으로 영국에서 일어나 유럽과 미국, 러시아 등으로 확대되었고 이어서 아시아와 아프리카로 퍼져 나갔다. 제2차 산업혁명은 전기와 화학으로 시작하여 미국에서 일어나 유럽과 아시아로 확대되었다. 제3차 산업혁명은 컴퓨터와 인터넷으로 시작되어 미국에서 일어나 전 세계로 확대되었다. 제4차 산업혁명은 연결과 인공지능으로 시작되어 미국에서 일어나 전 세계로 확대되고 있다.

산업혁명 과정에서 나타난 특징은 개별적으로 기능하던 많은 요소들이 서로 연결되어 이질적인 영역 사이에서 교류가 확장되었다는 점이다. 증기기관이 지역을 연결하는 역할을 했다면 전기는 전등으로 밤과 낮을 연결하고 통신으로 전 세계를 연결하였다. 인터넷은 전 세계의 모든 직장과 가정을 하나의 정보세계로 연결하였으며 인공지능은 인간과 사물까지 하나로 연결하고 있다. 이 과정에서 수많은 요소들이 연결되고 새로운 요소들과 융합하였다. 산업혁명이 진척될수록 연결과 융합의 범위가 더욱 넓어지고 있다.

10.1 개요

산업혁명이 진행되면서 많은 요소들이 연결되어 새로운 범주로 통합되고 있다. 그 과정에서 이질적인 요소들이 융합을 통하여 새로운 사물이 탄생하고 새로운 정신이 창출되고 있다. 산업혁명은 전 세계를 하나의 사회 환경으로 통합하고 있으며 통합하는 과정은 개별적인 요소들을 연결하고 융합하는 것이었다.

10.1.1 산업혁명의 역할

산업혁명을 추진하는 힘은 어디서 오는 것일까? 물질적으로 잘 살고자하는 경제적인 욕망이 가장 큰 원인일 수 있으나 동양에서는 없던 일이 서양에서 이루진 원인은 무엇일까? 산업혁명 추진과정에서의 요인들은 과학의 발전, 에너지의 근대화 등이다. 산업혁명이 이루어지기 전에는 모든 노동이 수작업으로 이루어졌고 외부 에너지는 수력

을 이용한 물레방아와 가축을 이용하는 정도였다. 경제는 스스로 모든 물자를 자급자
족하는 방식이었다.

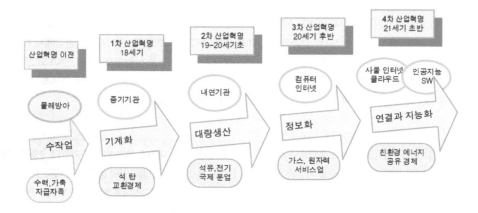

[그림 10.1] 산업혁명의 진전

　산업혁명은 [그림 10.1]과 같이 에너지 자원이 수력과 가축에서 석탄, 석유, 원자력,
친환경 에너지로 진화하고 있는 것을 기반으로 생산 수단이 물레방아, 증기기관, 내연
기관, 컴퓨터와 인터넷, 사물 인터넷과 클라우드 그리고 인공지능으로 발전하였다. 경
제는 자급자족에서 교환경제, 국제 분업과 신용경제, 서비스업 그리고 공유경제로 진
화하고 있다. 산업혁명의 원동력은 수작업에서 시작하여 기계화, 대량생산, 정보화 그
리고 연결과 인공지능으로 변호하고 있다. 발생 시기와 지역을 보면 1차 산업혁명은
18세기에 영국에서 시작되었지만 2차와 3차, 4차 산업혁명은 모두 미국에서 추진되
고 있다. 미래의 산업혁명도 미국에서 이어질지 아니면 다른 지역으로 바뀔지 관건이
되고 있다.

POINT 산업혁명 발전 단계

1차 산업혁명(1st Industrial revolution)

발전의 핵심은 석탄과 증기기관이다. 석탄과 증기기관은 교통과 공장의 혁신을 가져왔다. 증기기관차는 철도로 원거리를 이동하였으므로 결과적으로 지역을 연결하고 통합하였다. 증기기관은 공장에서 제품을 대량생산하였고, 원료 생산지와 소비지 사이를 연결하였다. 석탄은 모든 산업의 에너지 원천이 되었다. 산업혁명의 결과 농촌 중심의 자급자족 경제가 시장에서 물건을 공급하는 교환경제체제로 진화하였다. 교환경제는 화폐 경제와 이에 따르는 신용 사회를 촉발하는 원인이 되었다.

2차 산업혁명(2nd Industrial revolution)

발전의 핵심은 석유와 전기다. 전기는 산업뿐만 아니라 인간 생활 자체에 큰 변화를 가져왔다. 전등은 야간에도 개인 생활과 경제 활동을 가능하게 하였다. 전기로 돌아가는 공장은 인력 공급지와 제품 소비지역을 쉽게 선택할 수 있게 만들었다. 전기는 통신 수단을 발전시켜 원격지 소식을 빠르게 전달해주었다. 결과적으로 다양한 지역과 교류가 증대되었으며 권력자들의 정보 독점 체제도 무너지게 되었다. 석유는 효율적인 내연기관을 만들 수 있어서 교통이 더욱 발달하였다. 교통의 발달은 산업 환경을 국제 분업체제로 바꾸어 나갔다.

3차 산업혁명(3rd Industrial revolution)

발전의 핵심은 컴퓨터와 인터넷이다. 컴퓨터는 사무 노동에서 인간을 해방시켜주었고 산업을 고도화하는 정보 혁명을 가져왔다. 인터넷은 세계를 하나로 묶는 통신 혁명을 가져왔다. 모든 산업에 컴퓨터가 도입되어 신속한 정보처리가 가능하고 폭발적인 생산성 향상을 가져왔다. 세계의 모든 기관과 직장과 가정이 하나의 네트워크로 연결되어 실시간으로 정보를 주고받게 되었다. 전 세계가 하나의 정보 세계로 통합된 것이다.

원자력 발전은 전기의 활용도를 더욱 증가시켰다. 정보혁명은 산업의 중심을 정보사회로 이동하게 하였다. 제조업 중심에서 금융, 교육, 물류, 교역 등의 서비스업 중심으로 바뀌게 되었다.

4차 산업혁명(4th Industrial revolution)

발전의 핵심은 모든 것이 연결된 지능화이다. 통신수단이 점점 소형화되어 전자장치들을 휴대할 수 있게 된다. 이제는 모든 사물에 인터넷이 연결되어 사물 인터넷(IOT, Internet of Thing)이 보편화되고 있다. 모든 것이 다 연결되어 소통하는 초연결 사회가 된 것이다. 사물 인터넷에 지능이 부여되어 인간처럼 생각하고 판단할 수 있는 기능이 부여된다. 물리세계, 디지털세계, 그리고 생물 세계가 하나로 융합되고 있다. 환경오염과 훼손을 막기 위하여 친환경 에너지가 개발되고 있으며, 자원을 함께 사용하는 공유 경제가 추진되고 있다. 블록체인과 화폐가 융합된 암호화폐가 유통되고 있다.

지금까지 이어온 산업혁명의 특징은 개별적으로 기능하던 것들이 서로 연결되고 지속적으로 융합을 했다는 점이다. 증기기관, 전기, 컴퓨터, 인터넷, 인공지능 등이 인간과 사회 그리고 사물과 인간을 연결해주고 있으며 다양한 분야에서 융합을 활성화하고 있다. 기술, 예술, 문화 등이 자연스럽게 연결하는 과정에서 제반 요소들이 서로 서로 융합하게 되어 더욱 인간 사회를 풍요롭게 만들고 있다. 산업혁명을 뒷받침하는 동력은 에너지의 현대화에 있다. 산업화를 위해 사용된 화석 연료는 자연 환경을 파괴하는 주범으로 인식되어 새로운 에너지 개발이 활발하게 추진되고 있다. 산업혁명의 주제 중의 하나는 언제쯤이면 기계의 지능이 인간의 지능을 뛰어넘을까에 있다.

10.2 딥러닝과 융합

인공신경망은 제8.4절에서 언급한 바와 같이 1950년대 이래 여러 차례 컴퓨터 등 관련 학계의 관심을 끌어왔다. 그 때마다 많은 발전이 있기는 하였으나 결과가 기대했던 만큼 만족스럽지 못하였다. 그러나 2016년에 알파고[1]는 이세돌과 대국에 승리하면서 새로운 관심을 이끌어내는데 성공하였을 뿐만 아니라 그 기술이 4차 산업혁명의 핵심 요소라고 평가를 받고 있다. 앞으로 전개되는 4차 산업혁명은 바야흐로 인공지능 또는 딥러닝이 주역인 시대라고 말할 수 있다.

10.2.1 심층 신경망과 기계학습

인공지능의 역사는 1940년대에 두뇌의 뉴런을 기반으로 인공신경망 모델이 제시되었고, 1950년대에 초기 이론의 발전과 함께 게임 등에서 성과가 있었다. 이후에 인공지능에 대한 과도한 기대와 이에 따르는 실망 그리고 새로운 모델 제안 등으로 학문 자체가 부침을 반복하였다. 1980년대에 전문가 시스템으로 활발하게 재기하였고, 1990년대에 역전파 알고리즘으로 인공신경망이 활기를 띠었다. 2000년대에 이르러 대규모 데이터를 이용한 기계학습이 활발하게 연구되었다. 2010년대에는 빅데이터(Big data) 기술의 도입으로 더욱 정교한 기계학습이 제시되었다.

---

1 AlphaGo: 구글 딥마인드에서 개발한 바둑 인공지능 프로그램. 2016년 3월 프로 기사와 맞바둑을 두어 최초로 승리한 프로그램. AlphaGo에서 Go는 일본어 碁(ご)로 바둑이라는 뜻이다.

(1) 심층 신경망 Deep Neural Network

인공신경망은 인간 두뇌의 신경망과 유사한 방식으로 스스로 학습할 수 있는 정보 처리 컴퓨터나 알고리즘을 말한다. 인공신경망의 핵심은 스스로 학습하는 기능에 있다. 컴퓨터의 장점이 대용량의 자료를 신속하게 검색하고 처리하는 것이지만 이 처리의 특징은 간단하고 단순한 자료에 국한된다. 인공지능이 출현하면서 복잡한 사고를 요구하는 업무를 스스로 학습하면서 처리할 수 있다는 것이 매력을 끌었다.

인공신경망은 퍼셉트론(perceptron)으로 출발해서 다층 퍼셉트론으로 다층화하면서 더욱 정교한 학습을 할 수 있게 되었다. 즉 입력층과 출력층 사이에 여러 층의 은닉층을 두어서 가중치를 더욱 세밀하게 조절함으로써 더 정교한 학습을 가능하게 하였다. 다중의 은닉층을 포함하는 신경망을 심층 신경망(deep neural network)이라고 한다. 그러나 학습을 위한 많은 연산량과 과도하게 학습하여 실제 데이터에 대한 오차가 증가하는 과적합(overfitting), 기울기 값의 소실 문제(vanishing gradient problem) 등의 문제가 발생할 수 있어서 개선의 여지가 남아 있다.

(2) 기계학습 Machine Learning

인공신경망의 핵심은 기계학습에 있다. 기계학습이란 방대한 자료를 분석하여 미래를 예측하는 기술이다. 이 방식을 이용하여 컴퓨터는 학습을 할 수 있다. 컴퓨터에게 많은 자료를 주고 스스로 일반적인 패턴을 찾아내게 하는 방식이다. 개 사진을 많이 주고 개라고 가르치면 컴퓨터가 개를 식별한다. 그러나 개 사진을 많이 주지만 개라는 정보를 주지 않아도 개라고 인식할 수도 있는 학습 방법이 있다. 기계에게 정보를 주는 것을 기준으로 기계학습은 지도 학습과 비지도 학습으로 구분된다.

1) 지도 학습 Supervised Learning

지도 학습은 입력과 출력이 연결된 자료들을 이용하여 주어진 입력에 맞는 출력을 찾아내는 학습 방법이다. 이것은 입력된 문제에 대한 답을 예측하는 데 사용된다. 기계 번역, 상품 추천, 질병 진단 등에 응용할 수 있다. 예를 들어 컴퓨터가 주차장 입구에서 자동차 번호판을 인식할 때 번호판이 오염된 경우 제대로 인식하지 못할 수 있다. 이 경우 다양하게 오염된 번호판 사례와 정상 번호판을 각각 입력과 출력 쌍으로 학습시키면 번호판 인식률을 높일 수 있다. 많은 자료를 다양하게 입력하여 학습을 많이 할수록 번호판을 인식하는 정확도가 높아진다.

2) 비지도 학습 Unsupervised Learning

비지도 학습은 입력만 있고 출력은 없는 경우에 적용하는 방식이기 때문에 입력 사이의 규칙성 등을 찾아내는 것이 중요한 목표이다. 고양이 사진을 많이 입력하면 컴퓨터가 고양이 사진들의 특징을 분석하고 사진들의 구성 요소 사이의 규칙성과 패턴을 찾아내서 이런 것이 바로 고양이라고 인식하는 과정을 수행한다. 정확한 답을 제공받지 못하므로 비지도 학습이라고 한다.

비지도 학습의 결과는 지도 학습의 입력으로 사용되거나, 인간 전문가에 의해 해석된다. 지도 학습은 실용성이 좋아도 현실적으로 목표 패턴을 구하기 힘들다는 문제점이 있다. 따라서 입력 자료만 가지고 통계적 특징을 추출하여 비슷한 입력패턴이 비슷한 출력 패턴을 생성할 수 있도록 연결 무게를 조정한다.

비지도 학습 방법에는 전후 관계의 조건 등의 의존 구조를 이용하는 베이즈 모델[2], 자료의 잡음과 불필요한 자료를 제거하여 입력 자료를 유한한 개수의 값으로 근사화하는 벡터 양자화[3](vector quantization) 기법 등이 있다.

3) 강화형 학습 Reinforcement learning

컴퓨터가 주어진 상태에 대해 최적의 행동을 선택하는 학습 방법이다. 강화형 학습은 지도형/비지도형 기계 학습에 이용되는 훈련 데이터 대신 주어진 상태에 맞춘 행동의 결과에 대한 보상(reward)을 준다. 컴퓨터는 보상을 이용하여 성능을 향상시킨다. 예를 들어, 체스 게임이 끝났을 때 게임 종료 직전에 둔 수(행동)가 좋았는지 나빴는지를 학습 프로그램에게 알려줌으로써 보상을 통하여 학습 효과를 높일 수 있다. 알파고는 강화형 학습을 통하여 세계 정상급 기사들에게 승리하였다. 강화형 학습은 주로 게

---

2 Bayesian 모델: 사전에 알고 있는 정보를 기반으로 특정 사건이 일어날 확률을 계산하는 이론이다. 베이즈 네트워크는 랜덤 변수의 집합과 방향성 비순환 그래프를 통하여 그 집합을 조건부 독립으로 표현하는 확률의 그래픽 모델이다. 토마스 베이즈의 1763년 논문에 기초한다.

3 Vector Quantization 기법: 실제 입력 자료는 연속적인 실수값을 갖기 때문에 무한하게 증가한다. 이를 줄이기 위하여 이산적인 값으로 표현하고, 패턴 단위로 저장하기도 한다. 입력된 자료를 검색 테이블인 코드북에 저장된 많은 영상 패턴들과 비교하여 유사한 패턴의 부호 번호로 표현하는 손실 영상 압축 기법이 여기에 속한다.

임이나 로봇 제어 등에 적용된다. 헬리콥터의 곡예비행과 자율주행 차량에도 강화 학습이 이용된다.

기계 학습은 3 단계로 구성된다. 첫째 사전 정보가 전혀 없는 상태에서 수많은 자료들을 비슷한 것끼리 분류한다. 둘째 분류된 자료들의 군집 상태에서 군집별로 특징을 추출한다. 셋째 분류된 자료 체계를 더욱 복잡한 계층 구조를 구축하여 검색을 용이하게 한다. 기계 학습과 빅데이터[4]는 대규모 데이터를 기반으로 한다는 점에서 유사하지만 빅데이터가 방대한 자료에서 의미 있는 정보를 찾아내는 것이라면 기계 학습은 인공지능 기법을 이용하여 예측과 진단을 할 수 있다는 것이 차이점이다. 기계 학습은 빅데이터와 융합하여 적용 범위와 미래 예측 기능을 더욱 확장할 수 있다.

기계 학습은 자동차 번호판 인식, 필기체 문자 인식, 질병 진단과 같은 전문가 시스템, 자율주행 자동차, 검색 엔진, 언어 번역, 음성 인식, 바둑 등의 게임, 로봇 제어와 같은 과학 연구 등 알고리즘 개발이 어려운 분야에 적용되고 있다.

10.2.2 딥러닝과 융합

딥러닝(deep learning)은 데이터를 분류하는 과정을 통하여 예측하는 기술이다. 데이터를 분류하는 것은 인간이 사물을 인식하는 기본적인 수단이다. 외부 정보가 입력되었을 때 사람의 두뇌에서는 입력된 것이 어떤 것인지 알려고 노력한다. 이 과정에서 입력된 자료를 분류함으로써 인식이 가능하고 이어지는 판단과 행동을 수립할 수 있다. 전투기가 레이더를 통하여 수 백km 밖에서 어떤 물체가 접근하는 것을 인지하였다면 빨리 그 자료를 분류해야 적인지 아군인지 판단할 수 있고, 그 물체가 어떻게 행동할 것인지를 예측할 수 있고, 그에 따라 우군의 행동을 결정할 수 있다.

자료를 분류하는 방법에는 '의사결정나무[5]', '베이즈 망', '인공지능망' 등이 있다.

---

4   Big data: 기존 방식으로 저장, 관리, 분석하기 어려울 정도로 큰 규모의 자료지만 인간의 행동 양식을 기록하고 있어서 이를 통해 미래를 예측하고 판단할 수 있는 근거가 되는 자료이다. 방대한 양의 SNS 자료를 분석하면 유행의 흐름을 알고 판매 전략을 세울 수 있고, 선거 운동 기간에는 승패의 향방을 예측하고 대처할 수 있다.

5   Decision Tree: 선택해야 할 대안들이 있고, 일어날 수 있는 여러 가지 상황들이 있고, 야기될

딥러닝은 1960년대 이래 지속적으로 연구되어온 인공신경망의 한 종류이다. 딥러닝은 인공신경망의 한계를 극복하기 위해 개발된 기계학습 방법 중에서 비지도 학습에 속한다.

(1) 딥러닝의 구조

딥러닝은 은닉층이 많은(깊은) 인공신경망이다. 은닉층이 깊을수록 복잡한 함수를 효율적으로 표현할 수 있다. 대부분의 기계 학습 모델은 세 개 이하의 계층 구조로 구성된 반면에 딥러닝은 은닉층의 수가 훨씬 많은 계층 구조를 가지고 있다. 일반적인 다층신경망은 다음과 같이 3개 층으로 구성된다.

첫째, 입력층은 외부 자료를 받아서 은닉층에 전달한다. 뉴런의 수는 입력되는 변수의 수와 동일하다. 둘째, 은닉층은 입력층과 출력층 사이에 위치하며 입력층의 신호를 받아 특성을 추출하여 출력층에 전달한다. 일반적인 은닉층과의 다른 점은 은닉층이 여러 개의 층으로 구성된다는 점이다. 셋째, 출력층은 은닉층으로부터 신호를 받아서 외부로 출력한다. 뉴런 간의 입력 신호는 0과 1 사이의 값을 갖는 각각의 연결강도와 곱해진 후 합산되며 이 합이 뉴런의 임계치보다 크면 뉴런이 활성화되어 활성화 함수를 통하여 출력값으로 구현된다.

컴퓨터가 고성능화하기 시작한 1960년대에 일부 전문가들이 10년 이내에 체스에서 컴퓨터가 이길 것이라고 예상하였다. 1970년대에 인공지능 언어인 프롤로그[6]가 개발되자 예상은 더욱 신뢰를 얻었다. 그러나 프롤로그도 컴퓨터가 사람을 이길 수 없었다. 1997년 드디어 컴퓨터의 체스 프로그램인 '딥 블루'가 마침내 사람을 꺾었다. 승리의 비결은 컴퓨터의 무식한 방법에 있었다. 컴퓨터가 체스의 수가 움직이는 수백만 개의 모든 가능성을 탐색하고 가장 이길 확률이 많은 움직임을 선택하는 것이었다. 인공지능의 발전이 아니라 컴퓨터 하드웨어의 성능이 사람을 이긴 것이다.

수 있는 여러 가지 결과들이 있을 때 의사결정을 수행하는 상황을 도식화하는 나무. 의사결정권자의 통제 아래 있는 결정 노드와 통제 밖에 있는 기회 노드로 구성된 의사결정 문제의 논리구조를 이용하여 의사를 결정하는 방법이다.

6 **Prolog**: 1973년 프랑스에서 개발한 프로그래밍 언어. 프로그램을 논리식으로 기술하는 방식으로 객체와 객체 간의 관계에 대한 문제를 해결하기 위해서 만들었다. 주로 인공지능에 활용하였다.

체스는 64칸 안에서 6종류의 말을 정해진 길을 따라 움직이므로 특정 위치에서 움직임의 경우의 수는 약 12개이다. 그러나 바둑은 19*19 = 361 개의 경우의 수가 있다. 따라서 바둑은 체스보다 매우 복잡한 계산과 탐색이 요구되므로 무식한 방법으로도 해결되지 않는다. 알파고는 2015년 판 후이 2단과 대국하여 인공지능 사상 처음으로 승리하였다. 알파고는 몬테카를로 알고리즘[7] 이외에 딥러닝 알고리즘으로 바둑을 학습하여 실력을 쌓았다.

알파고는 기계 학습을 위하여 여러 계층의 정책망을 구성하고 정책망 지도 학습, 정책망 강화 학습, 가치망 강화 학습의 여러 단계를 거친다. 정책망으로 돌을 놓을 경우의 수를 제시하고, 가치망이 가장 적합한 예측치를 제시하는 방식이다.

(2) 딥러닝과 융합

알파고는 딥러닝이라는 인공지능 기술을 제시하고 4차 산업혁명의 도래를 예고하였다. 3차 산업혁명 과정에서 보급되었던 컴퓨터와 인터넷 기반위에 딥러닝 기술이 인공지능 시대를 열고 있다. 지금까지 해결하지 못했던 많은 분야의 난제들이 딥러닝 기술을 도입하려고 시도하고 있다.

딥러닝은 지금까지 인간의 머리나 컴퓨터로 해결하기 어려웠던 문제들에 적용하기 시작하였다. 따라서 딥러닝은 다양한 복잡한 문제들과 대결을 해야 한다. 경우의 수가 너무 많아서 해결하기 어려웠던 게임들이 이에 해당한다. 실제로 일기 예보에 어려움을 겪어왔던 많은 나라들이 기상관측에 딥러닝 기술을 시도하고 있다.

딥러닝을 활용하는 분야는 주로 사진, 동영상, 음성 등을 분류하는 분야이다. 구글은 2012년에 16,000개의 컴퓨터와 10억 개 이상의 신경망을 이용하여 컴퓨터가 고양이 영상을 인식하는데 성공했다. 페이스북도 2014년에 딥러닝 기술을 이용하여 얼굴을 인식하는 프로그램을 개발했다. 인식의 정확도가 97% 정도라니 사람과 유사하다. 마이크로소프트는 2014년 7월에 사진으로 개의 품종을 인식하는 프로그램을 공개하였다. 사용자가 스마트폰으로 찍은 개 사진을 보고 컴퓨터가 품종을 알려주는 '아담 프로

---

7   Monte Carlo Algorithm: 난수를 이용하여 함수의 값을 확률적으로 계산하는 알고리즘. 계산하려는 값이 쉽게 표현되지 않거나 복잡한 경우에 근사적으로 계산할 때 사용한다.

젝트'를 공개한 것이다. 여기에 동원된 사진의 수는 약 1,400만장이라고 한다. 국내에서도 네이버 등이 딥러닝 기술을 이용하여 뉴스 요약 등에 활용하고 있다.

10.3 드론과 융합

드론은 보는 시각에 따라서 여러 가지로 정의된다. 국제민간항공기구(ICAO)에서는 "원격으로 조종되는 항공기"라고 정의한다. IT분야에서는 "무선이나 컴퓨터로 조종되는 무인 선박이나 비행기"라고 정의한다. 로봇분야에서는 "조작자가 원하는 대로 움직이는 로봇"이라고 정의한다. 드론은 로봇공학의 한 분야로서 전 산업의 기반을 변화시키고 있다. 드론의 원리와 기술이 무인 항공기에만 적용되는 것이 아니고 지상 차량, 선박, 잠수정, 우주선, 미사일, 지능 로봇, 우주선 등 모든 첨단기계에 고루 적용되기 때문이다.

10.3.1 드론의 원리와 역할

비행기가 출현한 것은 인간이 새처럼 하늘을 날고 싶어 하는 인간의 욕망 때문이었으며, 헬리콥터가 출현한 것은 활주로 없이 수직으로 쉽게 오르내리고 싶은 욕망 때문이었다. 드론이 출현한 것은 조종사가 원격지에서 무인 비행기를 자유자재로 운항하고 싶은 욕망 때문이다. 드론의 원리와 함께 미래 드론의 역할을 살펴본다.

(1) 드론의 원리

헬리콥터가 출현한 이유는 수직 이·착륙에 대한 꿈을 실현하기 위한 것이었다. 비행기를 날리려면 긴 활주로가 필요하지만 헬리콥터는 활주로 없이 작은 공간만 있으면 이·착륙이 가능하다. 헬리콥터는 산악, 해상, 도심지, 전투 지역에서 인명과 재산을 신속하게 이동할 수 있다. 그러나 헬리콥터는 소음과 진동이 심하고 반 토크 현상을 막기 위하여 꼬리 날개를 사용하기 때문에 효율이 나쁘다.

드론은 헬리콥터와 달리 여러 개의 모터를 장착하므로 모터 당 출력이 몇 분의 1로 줄어들기 때문에 다루기 쉽다. 여러 개의 모터를 장착하므로 모터의 회전 방향을 서로 반대로 할 수 있기 때문에 반 토크 현상이 해소되어 진동과 소음이 적다. 그러나 여러 개의 모터들을 개별적으로 속도 제어를 해야 하기 때문에 사람의 손으로 운전하는 것이 매우 어렵다. 컴퓨터가 나오기 전에는 거의 구현이 불가능하였다. 컴퓨터와 소프트웨어의 발전으로 인하여 드론의 여러 모터들을 자동제어 할 수 있게 되어 드론이 가능하게 되었다.

드론의 원리는 매우 간단하다. 모터(엔진)를 제어하는 컴퓨터 소프트웨어 기술과 드론과 지상을 연결하는 무선 통신 기술이 통합되어 드론을 움직인다. 원격지에서 무선 통신 기술을 이용하여 모터를 제어하는 신호를 보내면 모터가 프로펠러를 돌려서 드론이 비행을 한다. 여기에 주변 상황을 감지할 수 있는 센서와 제어장치들을 부착하고 스스로 주어진 목적을 달성할 수 있는 비행제어 프로그램을 설치하면 자율비행 드론이 된다. GPS를 이용하면 주어진 지리좌표를 따라 비행할 수 있고 출발지로 되돌아올 수 있으므로 다양한 비행 서비스를 제공할 수 있다.

드론의 핵심은 드론을 구성하고 있는 모터(엔진), 제어 컴퓨터, 동체, 날개 등의 재료가 아니라 이들 이면에 있는 본질에 있다. 드론의 본질은 드론을 인간의 생각대로 움직이도록 명령하는 비행제어 소프트웨어에 있다. 사람이 원하고 생각하는 대로 자유롭게 움직이는 드론을 만들기 위해서는 사람의 마음을 있는 그대로 동작시켜주는 비행제어 프로그램을 만들어야 한다. 따라서 드론의 핵심은 드론을 구성하는 다양한 장치들을 인간이 원하는 대로 움직이게 할 수 있는 비행제어 프로그램이다.

(2) 드론의 역할

드론이 사용되는 용도는 현재 군용이 90% 정도이고 민간용이 10%이다. 군용에서는 정찰과 감시 업무가 주종이고 민간용은 취미, 촬영, 감시, 배달, 약품 살포 등으로 다양하다. 현재는 이런 용도로 사용하고 있지만 드론이 사용하는 기술의 발전 상황을 보면 드론의 역할이 크게 확장될 것이다.

드론에서 사용하는 원리와 기술들은 비행기뿐만 아니라 차량, 선박, 잠수함, 미사일, 첨단 로봇, 우주선 등에서 사용하는 기술과 근본적으로 유사하다. 원거리에서 무선 통신을 이용하여 기계장치를 인간이 원하는 대로 움직이게 하는 기술은 자동제어 관점에서 동일하다. 앞으로 4차 산업혁명이 진척되면 모든 것이 연결되고 지능화될 것이다. 드론에 적용되는 기술은 바로 4차 산업혁명에서 요구되는 기술과 동일하기 때문에 드론의 발전은 산업혁명을 더욱 촉진할 것이다. 우주선을 개발하면서 얻은 기술들이 민간용으로 진화하면서 산업사회를 더욱 발전시켰던 경험과 같이 드론의 발전은 산업사회를 더욱 촉진할 것이다.

10.3.2 드론을 위한 학문의 융합

드론은 다양한 공학 기술들이 융합되어 만들어지는 무인 기계장치이다. 항공기 설계, 제작, 정비는 기계공학의 중요한 핵심 분야였으나 이제는 다양한 공학 기술들이 융합된 복합적인 분야이다. 드론을 만들기 위하여 요구되는 학문들은 다음과 같다.

(1) 항공기계공학

항공기의 설계. 제작, 유도, 통제 등을 연구하는 학문이다. 공기역학, 구조역학, 재료역학, 비행역학, 열역학, 기계공학, 추진공학, 제어공학 등으로 구성된다.

(2) 항공전자공학

항공기를 제작, 운영하는데 필요한 전자장치들을 연구하는 학문이다. 항공기를 구성하는 엔진과 구동 장비들은 전자장치로 제어되며 항공기와 지상 그리고 항공기 간의 통신 공학이 필요하며, 항공기 비행관리를 위한 장비를 위하여 항공기 전문 전자공학이 요구된다.

(3) 전기공학

드론의 동력원이 석유 엔진에서 전기 모터로 이동하고 있으므로 전기공학이 요구된다. 항공기를 구동하는 장비들이 많은 전력을 소모하기 때문에 전력의 생산, 저장, 공급 등을 지원하기 위하여 전기공학이 요구된다.

(4) 전기화학

항공기를 구동하기 위해서는 많은 전기가 필요하므로 엔진 등의 장비를 운용하기 위하여 대용량의 배터리 장치가 요구된다. 특히 드론의 동력원이 배터리로 이동하고 있으므로 태양 전지, 연료 전지, 화학 전지 등 다양한 형태의 에너지를 제공하기 위하여 전기화학이 요구된다.

⑸ 컴퓨터공학

항공기는 엔진(모터)을 효과적으로 제어하여 비행을 하는데 과거와 달리 다양한 정보를 수집하고 신속하게 처리해야 안전한 비행이 가능하다. 항공기를 구성하고 운영하는 주요 장비들 중에서 비행제어 소프트웨어가 항공기의 핵심이 되었다. 따라서 비행제어 소프트웨어를 개선하고 정비하고 발전시키기 위하여 컴퓨터 소프트웨어 기술이 요구된다.

⑹ 산업 디자인

선진국과 개발도상국 사이에 기술격차가 과거와 달리 현저하게 줄어들고 있다. 제품의 기능과 성능은 큰 차이가 없는데 소비자들이 선진국 제품을 선호한다면 그 이유는 오로지 브랜드와 디자인에 있다. 애플의 휴대폰이 다른 휴대폰보다 기술적으로 월등하게 우수해서 시장을 석권하는 것이 아니다. 애플이라는 브랜드가 갖고 있는 디자인 이미지가 소비자를 끌어 모으는 것이다. 과거에는 제품을 기획할 때 기술이 결정하면 디자인이 따라갔지만 이제는 디자인이 결정하면 기술이 따라가게 되었다. 예술과 공학이 융합하지 않으면 시장에서 성공할 수 없다.

드론 산업은 어느 전공 한 두개만 가지고 추진할 수 있는 분야가 아니다. 드론을 만들기 위해서는 이상과 같이 많은 분야의 기술들이 융합되어야 한다. 드론의 원리와 기술은 항공기를 비롯해서 차량, 선박, 지능형 로봇 등 다양한 첨단 기계의 기반 기술이되고 있다. 드론은 공학과 예술이 만나서 합작한 훌륭한 작품이다. 드론은 다양한 산업과의 융합을 통하여 더욱 고도화된 산업사회로 나갈 것이다.

10.3.3 드론의 미래

많은 사람들이 드론의 미래가 밝다고 한다. 실제로 많은 기업과 정부가 드론에 투자를 하고 있다. 드론의 미래가 밝다고 하는 이유는 무엇인가? 무인 항공기의 수요가 그렇게 많다는 것인가? 드론의 미래가 밝은 것은 드론이 단순히 무인 항공기이기 때문이아니다. 드론의 원리와 기술은 무인 항공기에만 적용되는 것이 아니고 지상 차량, 선박, 잠수정, 미사일, 우주선, 지능 로봇 등 모든 첨단 기계에 고루 적용된다. 따라서 드론 기술이 발전하면 산업분야 저변에 영향을 미치는 파급 효과가 크다. 드론 기술은 그 나라 공업기술의 기준이 된다고 할 수 있다. 드론 관련 기술들이 인공지능 시대를 맞이하여 혁신적으로 저변을 넓혀가고 있기 때문에 드론의 미래가 밝은 것이다.

세계 자동차 시장은 지금 전기 차와 자율주행으로 치열한 경쟁을 하고 있다. 드론과 차량의 자율주행은 원리와 기술에서 별반 차이가 없다. 차량뿐이 아니다. 장거리를 운항하는 선박들도 무인 자율주행 선박으로 진화하고 있다. 화물선의 극심한 인력 부족과 외부 공격으로부터 지키기 위해서 무인 화물선 개발이 촉진되고 있다. 이미 영국에서는 무인 화물선이 도버해협을 건너서 화물을 싣고 왕복 운행을 하였다. 국방과 안보를 위하여 첨단 무인기들이 요구되고 있으며 많은 나라들이 정찰 또는 감시용 드론을 개발하거나 도입하여 실전에 배치하고 있다. 지상군에서도 정찰과 경계용 로봇, 군수품 운반용 로봇, 전투용 로봇, 자살 폭탄 드론 등의 개발이 본격화되고 있다.

드론의 핵심은 드론을 구성하고 있는 모터(엔진), 제어 컴퓨터, 동체, 날개 등의 재료가 아니라 이들 이면에 있는 본질에 있다. 드론의 본질은 드론을 인간의 생각대로 움직이도록 하는 비행제어 소프트웨어에 있다. 사람이 원하고 생각하는 대로 움직이는 드론을 만들기 위해서는 사람의 마음을 있는 그대로 동작시켜주는 컴퓨터 프로그램을 만들어야 한다. 따라서 프로그램 코드를 잘 작성할 수 있는 개방된 훈련이 필요하다. 이 프로그램은 드론뿐만 아니라 모든 종류의 기계장치들을 인간이 생각하는 대로 임무를 수행하게 해줄 것이다.

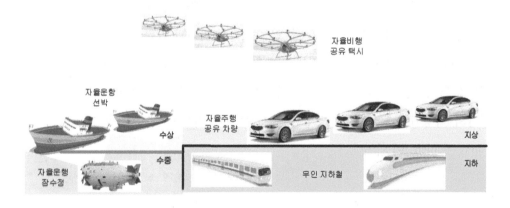

[그림 10.2] 자율주행 공유 차량들의 교통 시대

드론이 발전하면 [그림 10.2]와 같이 무인 자율주행 차량이 사람들을 스스로 목적지까지 데려다 줄 것이고, 자율운항 선박이 화물을 싣고 목적지 항구까지 운반해 줄 것이며, 자율비행 비행기들이 택시가 되어 승객들을 운반할 것이고, 지하철도 무인 차량이 자율운행할 것이다. 사람들은 차량을 구매하지 않고 공유 차량을 이용할 것이므로 공유 차량 회사들이 번창하고, 자동차 회사들의 시장 지배력은 구매력이 높아진 공유 차량회사로 이전될 것이다. 해안과 국경 지역에 수많은 군인들이 총을 들고 24시간 경계를 서던 것이 무인 전투차량과 감시 로봇으로 바뀔 것이다. 산업체에서는 힘들고 지루한 노동을 자율생산 로봇들이 스스로 작업을 수행할 것이다. 농업분야에서도 자율농기계가 스스로 환경 여건을 파악하고 물을 주고 비료를 주고 온도와 습도를 맞추어 생산량을 증대시킬 것이다. 드론의 발전은 인공지능 기술과 융합하여 사회를 더욱 혁신적으로 변모시킬 것이다.

10.4 호모커넥투스

4차 산업혁명의 기반은 연결(connectivity)이며, 연결의 대표적인 기능이 사물 인터넷이다. 사람과 사물, 사물과 사물을 연결하는 사물 인터넷은 사물에 생명을 불어넣어서 온 세계를 하나의 시스템으로 통합하는 기능을 한다. 사람이 언어로 다른 사람과 소통을 하듯이 사물과 인간도 언어를 이용하여 소통을 하는 단계에 이르렀다. 인간의 특징이 언어 사용이라면 언어의 목적은 인간을 다른 인간과 연결하기 위한 수단이다. 따라서 인간의 특징을 한 마디로 정리하면 호모 커넥투스(homo connectus)이다. 호모커넥투스란 끊임없이 다른 인류와 연결하고 다른 동물, 식물, 사물과 소통하는 인간이다. 인간의 특징이 호모커넥투스였기 때문에 두뇌와 지능이 더욱 진화하여 이성 인간(Homo Sapiens)이 되었다.

10.4.1 호모커넥투스

4차 산업혁명의 핵심은 연결을 확장하고 인공지능을 심화하는 것이다. 다양한 게임을 즐기려면 다양한 게임들을 모두 구매해야 하고 고급 기능을 구사할 수 있는 하드웨어도 갖추어야 한다. 게임 시장이 급변하면 이에 발맞추어 새로운 버전의 소프트웨어를 다시 구매해야 하므로 소비자들의 부담이 클 수밖에 없다. 새로운 소프트웨어를 구매하지 않고 중앙에 있는 서버를 이용하려면 초고속 통신망이 필요하다. 인간이 이미 다가온 미래 사회에 적응하기 위해서는 다른 사람들뿐만 아니라 다른 사람들이 가지고 있는 장비와도 잘 연결하여 소통할 수 있는 호모커넥투스가 되어야 한다.

인간이 수 만 년 전에 언어를 사용하기 시작하면서 다른 사람과 생각을 교환하는 수단으로 이용하였다. 언어가 인간과 인간의 생각을 연결하기 시작하면서 두뇌와 지능이 발달하였다. 호모커넥투스는 이 시기에 인간의 지능이 대폭 신장되었기 때문에 붙여진 이름이다. 사람의 사고 능력이 신장하려면 다른 사람과 생각을 많이 교환하는 것이 지름길이다. 유대인이 많은 분야에서 두각을 나타내는 것은 학생들과 교사들이 교실과 도서관에서 질의응답 방식으로 시끄러울 정도로 소리를 내며 토론하기 때문이라고 한다. 인간은 끊임없는 연결을 통하여 지능을 진화하고 호모 사피엔스로 발전한 것이다.

(1) 빅데이터와 클라우드

빅데이터(big data)는 기존 데이터보다 너무 방대하여 기존의 방법이나 도구로 관리할 수 없는 데이터들을 말한다. 휴대폰 통화량, 카드결제, 기상 정보, 소셜 네트워크 서비스(SNS) 메시지, 인터넷 검색 내역, 도로 교통량 등이 모두 빅데이터에 해당된다. 빅데이터는 디지털 환경에서 생성되며 생성 주기가 짧고 자료 형태가 수치 자료 이외에 문자와 음성, 영상 자료 등을 모두 포함한다. 실시간으로 생성되는 빅데이터를 활용하면 시장의 흐름을 알 수 있고 앞으로 변화하는 방향과 상태를 예측할 수 있으므로 마케팅이 매우 효과적이다. 선거 기간이라면 유권자들의 발언과 문자 등의 빅데이터를 분석하여 선거 동향을 예측하고 대비할 수 있으므로 매우 유용하다. 다만 빅데이터는 너무 방대하여 전통적인 기술로는 쉽게 처리하거나 관리하기 어렵다는 문제점이 있다.

클라우드 컴퓨팅이란 초고속 통신망을 통하여 가상적인 컴퓨터 자원을 제공하는 환경이다. 클라우드를 이용하면 제품을 구매하지 않고 사용한 제품에 대한 이용료만 지불하면 되기 때문에 사용자의 부담이 적다. 클라우드라는 용어는 인터넷을 표시할 때

구름을 그렸기 때문에 인터넷 그림에서 유래되었다. 기존에는 생성된 자료를 자신의 땅(하드디스크)에 저장한다는 것에 비유하여 클라우드는 하늘에 있는 구름에 저장한다는 의미이다. 기업 안에 서버와 저장장치를 두지 않고 외부에 위탁(outsourcing)하기 때문에 서비스 사업자의 서버라고도 한다.

빅데이터의 문제점은 클라우드를 이용하면 쉽게 해결할 수 있다. 즉 빅데이터를 클라우드로 관리하면 분석과 활용이 용이하다. 예상할 수 없는 통신량 폭주를 대비하여 과도한 설비를 투자할 필요도 없다. 클라우드의 최대 장점은 필요한 인프라를 자유롭게 확장할 수 있기 때문에 빅데이터 분석이 용이하다는 점이다.

(2) 구독 경제

컴퓨터의 용도가 다양해지면서 고급 기능을 가진 하드웨어와 소프트웨어를 구매하려면 부담이 클 수밖에 없다. 자주 사용하지 않는다면 자연히 비싼 기능의 장치와 프로그램들을 공유하는 것이 편리하게 되었다. 그 결과 클라우드 컴퓨팅 등의 공유 개념이 산업에 적용되기 시작하였다. 공유 개념은 구매 경제에서 구독 경제로 경제사회를 구조적으로 바꾸고 있다.

과거에는 동네마다 서적 대여점과 비디오 가게가 성업을 이루었다. 지금은 모두 사라지고 없어졌다. 수십 년 전부터 VOD(Video on Demand) 시대가 온다고 했는데 드디어 VOD 시대가 왔다. 비디오와 DVD 가게가 사라지고 넷플릭스(NETFLIX)가 안방을 차지하고 있다. 넷플릭스는 1억 5천만 명의 구독자를 보유하고 최근 광고료가 아닌 구독료의 분기 매출이 50억 달러에 이른다. 사람들은 영화뿐만 아니라 책도 인터넷으로 빌려보고 있다. 음악 서비스도 구독하는 사람들이 늘고 있다. 이와 같이 종래에 신문과 잡지를 구독하는 개념으로 각종 서비스를 지원받는 사람과 기업이 늘고 있다.

종합대학들은 학문 분야가 매우 넓고 다양하기 때문에 도서관들이 교육과 연구를 지원하기 위해서 수많은 논문과 잡지, 자료 등을 구독하기에 부담이 많이 든다. 도서관들이 지역 단위로 모여서 나누어 구독을 하고 자신들의 자료들을 인터넷으로 공유하고 있다.

구독 경제가 가능한 것은 모든 것이 초고속으로 연결되어 있다는 사실을 기반으로 한다. VOD 서비스가 가능한 것은 몇 시간 분량의 동영상 자료를 수 초 만에 전송하고 시현(display)할 수 있는 수단이 개발되었기 때문이다. 지금도 계속되고 있는 반도체와 통신의 발전은 구독 경제를 가속화하고 있다.

(3) 전술 통합 시스템

지구는 둥글기 때문에 40km 밖 수평선 너머에 있는 적군의 함정들이 보이지 않는다. 그러나 초계기(patrol aircraft)나 조기 경보기(early warning aircraft)가 하늘에 떠 있다면 상황은 달라진다. 초계기가 높이 떠서 40km 밖의 적함을 발견하면 아군 함정에게 미사일 공격을 지시하고 미사일이 발사되면 수평선 밖에 있는 적함에 명중하도록 미사일을 유도한다. 적함의 예상 경로에 기뢰를 부설하거나 적군이 설치한 기뢰를 제거하도록 수상함에게 지시한다. 초계기가 수중청음기[8]를 이용하여 잠수함의 위치를 발견하면 구축함에게 통보하여 폭뢰 공격을 시도한다. 조기 경보기는 하늘 높이 떠서 수 백km 밖에 있는 적군의 함정과 전투기들의 위치를 탐지하고 전투기들에게 공격과 방어 임무를 지휘한다. 전투 함정들은 주변의 전투 함정들과 긴밀하게 협동해야 하는 것은 물론이고 지상의 육군과도 협동하여 육군의 대함 미사일 지원을 받을 수도 있고, 함대지 순항 미사일로 육군을 지원할 수도 있다. 현대 해상전의 특징은 모든 함정과 항공기와 육군 부대가 초고속 통신망으로 긴밀하게 연결되어 합동 작전을 수행하는 것이다.

육군의 보병 부대가 전투 작전을 수행하려면 현장 지휘관이 정찰기가 보내온 적전 상황을 노트북으로 보면서 전투 부대에게 작전을 지시하고, 전술 차량들은 주변의 다른 전술 차량들과 긴밀하게 통신하면서 협동한다. 필요하면 포병의 포격을 요청하고 탱크 부대의 지원을 요청한다. 필요하면 공군 폭격기와 합동 작전을 수행하기도 한다. 해안 지대인 경우에는 해군의 함포와 함대지 미사일 지원을 요청한다.

현대전은 육군과 해군, 해병대, 공군이 모두 하나의 시스템으로 통합되어 전장의 정보를 공유하고 협동 작전을 수행하는 것이 기본이다. 협동작전이 성공적으로 차질 없이 수행되기 위해서는 모든 장비와 인력이 디지털 통신망으로 연결되고 전투 지휘 소

---

8   SONAR(SOund NAvigation and Ranging): 수중에 있는 물체를 탐지하기 위하여 초음파를 발사하여 확인하거나 다른 물체가 내는 소리를 청음하여 위치를 파악하는 장치이다.

프트웨어가 효과적으로 기능해야 한다. 현대 전투의 성과는 전술 통합 시스템의 성능과 운영 능력에 따라 결정된다고 볼 수 있다.

10.4.2 블록체인과 암호화폐

블록체인은 4차 산업혁명의 핵심적인 요소이다. 블록체인을 언급할 때는 암호화폐도 언급한다. 블록체인은 분산 환경에서 사용되는 분산 자료관리 기법이고 암호화폐는 블록체인 기술을 이용한 가상화폐 기법 중에서 암호를 이용하는 화폐 종류이다. 가상화폐는 인터넷이나 SNS 등의 가상공간에서 화폐 기능을 대신하는 대용물이다. 비트코인은 은행을 이용하지 않고 블록체인 기술을 이용한 암호화폐이다.

(1) 블록체인(block chain)

블록체인은 블록을 체인처럼 연결한 것인데 중요한 것은 블록 안에 들어있는 거래자료와 참여자들의 공유 방식이다. 블록에는 중요한 자료를 저장해두고 여러 노드(컴퓨터)들이 블록체인을 각자 자신의 컴퓨터에 똑 같은 자료를 저장하고 공유한다. 공유의 목적은 참여 노드들이 다함께 거래 기록을 확인하고 블록 운영 과정을 감시하고 보증하는 것이다. 특징은 블록체인 전체를 관리하는 중앙 관리자나 중앙 저장소 등이 존재하지 않고 모든 참여자들이 P2P[9] 방식으로 서로 공유하고 감시하고 분산 관리하기 때문에 장부 위조를 막는다.

[그림 10.3]과 같이 ①노드 A가 노드 B와 거래를 시작하면, ②다른 노드들에게 거래를 신고하고, ③과반수의 노드들이 거래 자료를 검증해주면 거래가 성립한다. 거래가 성립하면 ④거래 내용을 블록으로 만들어서 블록체인에 추가하고, ⑤모든 노드들의 블록체인도 갱신하면, ⑥거래가 종료된다. 블록체인은 제네시스 블록부터 시작해서 일정한 시간간격으로 블록이 추가된다. 블록체인은 모든 노드들에게 똑 같이 복사되고 분산되어 저장되는 분산 파일이다.

---

9   Peer to Peer: 인터넷에서 개인과 개인이 직접 연결되어 파일을 공유하는 통신기술. 클라이언트/서버 시스템과 달리 개별 컴퓨터끼리 직접 연결하는 방식. 미국의 **napster**와 한국의 소리바다 등에서 이용. 저작권 문제를 해결하는 방식으로도 활용.

　분산 환경에서 모든 노드들이 똑 같은 블록체인을 저장, 관리하므로 분산 데이터베이스라고도 한다. 거래[10] 자료를 분산 환경에서 관리하므로 분산형 거래장부 시스템(distributed ledgers system)이라고도 한다. 한 노드가 다른 노드와 거래할 때 모든 노드들이 거래 기록을 확인한 다음에 블록체인에 저장하기 때문에 위조나 변조가 어렵다. 어떤 블록이 해킹에 의하여 변질되거나 유실되면 다른 노드에 있는 정상적인 블록으로부터 복제할 수 있어서 더욱 안전하다.

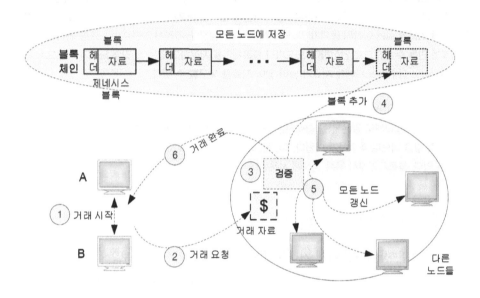

[그림 10.3] 블록체인 구성도

　블록체인에 저장하는 정보는 다양하기 때문에 블록체인을 활용하는 분야도 매우 다양하다. 암호화폐는 블록에 거래 내역을 저장하여 거래에 참여하는 모든 사용자에게 거래 내역을 보내주며 거래 때마다 이를 대조하여 위조를 막는다. 이 밖에 전자투표, 전자 결제, 디지털 인증, 화물 추적 시스템, P2P(peer to peer) 대출, 원산지부터 유통과정 추적, 예술품 진품 감정, 위조화폐 방지, 공유 경제, 부동산 등기부, 병원 의료기록 등 다양한 분야에 활용할 수 있다.

10　transaction: 데이터베이스의 자료를 조작하는 프로그램의 최소 단위, 여기서는 블록체인의 블록 자료를 추가하거나 접근하는 프로그램.

POINT **블록체인 구성**

블록(block)

자료를 저장하는 단위로, 바디와 헤더로 구분된다. 바디에는 거래 내역과 발생 시간 등이 암호화되어 저장되고, 헤더에는 블록이 연결되는 주소 등이 암호로 저장된다. 약 10분을 주기로 생성되며, 이전 블록에 계속 연결되므로 블록체인 형태가 된다. 처음 시작된 블록을 제네시스 블록이라고 한다.

노드(node)

블록체인은 거래에 참여하는 모든 컴퓨터들이 모여 네트워크를 유지 및 관리한다. 개별적인 컴퓨터, 즉 참여자를 노드라고 한다. 중앙 관리자가 없기 때문에 블록을 배포하는 노드의 역할이 중요하며, 참여하는 노드들 가운데 절반 이상의 동의가 있어야 새 블록이 생성된다. 따라서 과반수의 노드를 속이지 않고서는 블록을 만들 수 없으므로 안전하다. 노드마다 블록체인을 저장하고 있는데, 일부 노드가 해킹으로 자료가 변질되어도 다수의 노드에게 자료가 남아 있어 자료를 복구할 수 있다.

해시 함수(hash function)

어떤 자료를 입력해도 같은 값을 출력하는 함수이다. 출력되는 결과가 중복될 가능성이 낮고, 결과 값으로 입력 값을 역으로 추정하기 어렵다. 이 때문에 해시 값을 비교하면 데이터의 변경이 발생했는지 파악할 수 있다. 블록체인에서 블록 검색에 사용된다.

블록체인은 참여자들에게 거래 내용이 공개되어 있으므로 보안을 위하여 암호화 기술이 중요하다. 블록체인은 분산 시스템 기술과 암호화 기술과 P2P 통신 기술의 융합 제품이다.

(2) 암호화폐 cryptocurrency

특정한 목적의 기부금을 모으기 위하여 전 세계에서 어린이들이 1달러에 해당하는 돈을 송금한다고 가정하자. 은행에 가서 작은 돈을 환전하고 송금하려고 하면 1달러의 몇 배가 넘는 비용이 발생하므로 헌금할 필요성이 없어진다. 만약 은행을 이용하지 않고 개인과 개인 간에 송금하는 방식이 있으면 수수료가 들지 않기 때문에 매우 경제적일 것이다. 사토시 나카모토[11]가 2007년 개인과 개인 간 거래가 가능한 블록체인 기술을 고안했

---

11 Satoshi Nakamoto: 신원이 불확실한 필명으로 2008년 10월 암호화 커뮤니티에 '비트코인: P2P 전자화폐 시스템'이라는 논문을 발표했다. 논문에서 비트코인을 거래 당사자 사이에서만 오가는 전자화폐라고 정의하고, P2P 방식을 이용하여 이중지불을 막는다고 했다.

다. 사토시는 글로벌 금융위기에서 중앙집중화된 금융시스템의 무력함을 비판하고 2009년 1월에 블록체인 기술을 적용해 비트코인[12]이라는 암호화폐를 개발했다.

가상화폐는 실물 화폐가 아니고 전자기술을 이용하여 온라인에서 발행되어 온라인과 오프라인에서 사용할 수 있는 디지털 화폐이다. 가상화폐란 정부에 의해 통제 받지 않으므로 개발자가 발행 및 관리하며 특정한 가상 커뮤니티에서만 통용되는 결제 수단을 말한다. 전자화폐[13], 카카오페이, 네이버페이, 전자상품권, 마일리지, 사이월드의 도토리, 게임 머니 등이 가상화폐에 포함된다. 마일리지, 상품권, 사이버머니도 발행과 운영 주체인 기업이 존재하며, 이들의 서비스 범위 안에서만 통용된다. 발행 기관이라는 중심부가 존재하며 이용자들은 이들이 구축한 지급 결제 수단을 통하여 수직적인 관계를 맺을 수밖에 없다. 암호화폐는 디지털 화폐이며 가상화폐이다. 암호화폐는 가상화폐(virtual money) 중에서 분산 환경의 블록체인 기술과 암호기술을 이용하여 P2P 방식으로 유통하는 화폐이다.

암호화폐는 각국 정부나 중앙은행에서 발행하는 일반 화폐와 달리 처음 고안한 사람이 정한 규칙에 따라서 수량과 가치가 부여된다. 암호화폐는 블록체인 기술을 활용하는 분산형 시스템 방식으로 처리된다. 분산형 시스템에 참여하는 사람을 채굴자라고 하며, 이들은 블록체인 처리의 보상으로 코인 형태의 수수료를 받는다. 암호화폐는 화폐 발행에 따른 생산비용이 전혀 들지 않고 이체비용 등 거래비용을 대폭 절감할 수 있다. 또 컴퓨터에 저장되기 때문에 보관비용이 들지 않고, 도난과 분실 우려가 없다. 그러나 거래의 비밀성이 보장되기 때문에 마약, 도박, 비자금 조성을 위한 돈세탁에 악용될 수 있고, 탈세수단이 될 수도 있다.

암호화폐는 중앙에서 총괄하는 관리자도 없고 중앙 저장소도 없다. P2P 방식을 이용하여 개인 간 거래 방식으로 운영하기 때문이다. P2P는 다른 컴퓨터에 접속해 파일을 교환하거나 공유하는 서비스다. 암호화폐는 참가자들의 컴퓨터에 분산하여 저장된다. 비트코인에서는 10분 주기로 만드는 거래 내역 묶음이 '블록'이다. 블록체인은 비

---

12 bitcoin: 사토시라는 필명의 프로그래머가 개발한 암호화폐. 총 발행량이 2,100만개로 유통량이 많아지면 채굴이 어려워지고 채굴량도 줄어든다.

13 electronic cash: IC카드 또는 컴퓨터의 은행예금 등 전자적 방법으로 운영되는 지급 수단.

트코인의 거래 기록을 블록 단위로 저장한 거래장부다. 분산된 거래장부 데이터베이스이다. 거래 내역을 분산해서 관리한다는 의미로 '분산된 거래장부(Distributed Ledgers)'로도 불린다.

블록체인으로 성사된 거래는 취소하기 어렵고, 중앙기관이라는 개념이 없어 문제 발생 시 책임 소재가 모호하다는 단점이 있다. 개인들이 지닌 비트코인을 관리하는 전자지갑이 거래소에 접속하는 방식은 해킹 위험에 취약하며, 실제로 다수의 거래소에서 비트코인이 도난당하기도 했다. 정부 입장에서 문제가 되는 것은 비트코인의 익명성을 악용한 마약, 무기 등의 불법 거래나 돈세탁, 탈세 등이 발생할 여지가 높다는 점이다. 미국에서는 현행법상 불법성을 띠는 거래만 규제하겠다는 입장을 가지고 있으며, 자격을 갖춘 회사에 면허를 주는 방향으로 가고 있다. 독일은 비트코인을 법정 화폐로 인정하고 거래와 차익에 대해 세금을 부과하기로 했다. 또한 국제 공조도 이뤄지고 있는데, 국제자금세탁방지기구(FATF)는 가상 화폐가 테러 조직의 송금 등에 사용되지 않도록 공동으로 규제를 만들려고 하고 있다.

비트코인은 새로운 가치를 지니지만 동시에 문제점과 한계를 보이기도 한다. 그렇지만 비트코인은 아직 초창기에 불과하기 때문에 시행착오를 겪는 중이라고 볼 수 있다. 오픈소스를 기반으로 해서 다양한 실험과 투자가 이뤄지고 있어, 문제점을 보완하며 진화할 가능성이 높다. 암호화폐는 블록체인 기술과 가상화폐 기술이 융합하여 만들어진 디지털 상품이다.

10.4.3 공유 경제와 융합

산업사회가 발전하면서 개인 소득이 증대하여 소비자들이 구매하는 물품의 종류와 수량이 크게 증가하였다. 많은 제품과 서비스를 구매하고 쓰고 남는 것을 버리는 것은 경제적으로 낭비를 불러왔다. 환경을 오염 시킬 뿐만 아니라 물건들을 보관하는 공간과 재활용과 처리 비용이 급속하게 증가하여 많은 불편이 야기되었다. 환경을 살리고 낭비를 줄이기 위한 방편으로 공유 경제 개념이 도입되었다. 직장인들이 출·퇴근 시에 교통난으로 대중교통수단을 이용하게 되었고, 차량은 주말 용도로 사용하게 되었다. 따라서 자동차를 구매하지 않고 주말에만 빌려서 사용할 수 있는 공유 개념이 대두되었다.

공유 경제란 소비자들이 자신의 기술이나 자산을 다른 사람들과 함께 사용하여 새로운 가치를 창출하는 경제 활동이다. 대량생산과 대량소비가 특징인 산업혁명 이후의 자원 고갈과 환경 보호에 대비하여 출현한 경제 방식이다. 한번 생산된 제품과 생산 설비와 서비스 등을 개인이 소유할 필요 없이 필요한 만큼 빌려 쓰고, 자신이 필요 없는 경우 다른 사람에게 빌려 주는 공동 이용 개념이다.

(1) 공유 경제 사업

에어비엔비(Airbnb)는 자기 집을 상품으로 내놓는 숙박 공유 플랫폼이다. 조 게비아(Joe Gebbia) 등의 창업자가 우연하게 주변 호텔들이 만원이었을 때 자기 집을 모르는 손님들에게 빌려주고 돈을 받았다. 손님에게 에어베드(Air bed)와 아침(breakfast)을 제공했던 것을 계기로 창업을 하였으며 대성공을 거두었다. 집주인이 사용하지 않거나 잠시 집을 비우거나 비어 있는 방이 있을 때 얼마에 방을 빌려준다고 밝히면 손님이 숙박을 하고 에어비엔비는 수수료를 챙기는 사업이다. 2008년에 창립하여 전 세계에 진출하였으며 호텔 시설도 없고 호텔 종업원도 없지만 기업가치가 300억 달러에 이른다. 이것은 인터넷 통신망을 이용한 소프트웨어가 일반 주택과 융합하여 만들어진 새로운 사업이다. 우버와 함께 가장 주목 받는 창업 사례이다.

우버(Uber) 택시는 차량도 없고 기사도 없는 택시 서비스지만 공유 경제의 대명사이다. 우버는 승객과 운전 기사를 스마트폰 앱으로 연결하는 기술 플랫폼에 불과하다. 플랫폼이라는 것은 우버가 택시와 운전기사를 소유하지 않으면서 택시 서비스를 제공하는 수단이기 때문이다. 택시를 전문으로 하는 차량이 아니고 일반인이 소유하고 있는 차량을 필요할 때 빌려서 사용하는 개념이므로 공유경제의 한 방식이다.

우버가 가능한 것은 스마트폰이 초고속 통신망으로 잘 연결되어 있고 택시와 손님의 위치를 잘 파악할 수 있는 앱이 개발되었기 때문이다. 우버의 창업자 트레비스 캘러닉은 대학에서 컴퓨터공학을 전공하였으며 창업에 실패한 경험이 있다. 그는 어느 날 택시잡기가 너무 어려워서 택시를 쉽게 잡을 수 있는 플랫폼을 개발하기로 결심했다고 한다. 이 세상의 모든 운전자를 기사로 만들겠다는 야심을 가지고 창업을 하였다. 우버는 택시 회사와 달리 기업의 이윤이 아니라 중개 수수료만 받기 때문에 기사들에게 경제적으로 큰 도움이 된다. 실제로 우버에 참여한 기사들은 남는 시간에 일을 할 수 있고 소득도 좋으므로 매우 만족한다고 한다.

한국의 쏘카(Socar)는 스마트폰 애플리케이션을 통해 차량 공유 서비스를 제공하는 영리기업이다. 출퇴근 시에 대중교통을 이용하는 사람들은 차량을 주말에 주로 이용하고, 퇴직한 사람들은 차량을 사용할 일이 별로 없어서 주로 주차장에 세워두고 있다. 그럴 바에는 차라리 차를 사지 않고 차량을 공유하면 좋겠다는 생각에서 쏘카가 출범하였다. 타다는 소비자가 스마트폰 앱으로 자동차를 빌리면 운전기사까지 함께 따라오는 서비스로서 2019년에 출시된 모빌리티 플랫폼이다. 타다는 11~15인승 승합차의 경우 렌터카 기사 알선을 허용한다는 여객자동차 운수사업법 시행령에 근거한다. 타다는 강제 배차되기 때문에 승차 거부가 없고, 큰 차량으로 이동할 수 있는 장점으로 인하여 빠르게 성장하였다.

(2) 공유 경제와 융합

지금까지 기술한 공유 경제의 구체적인 사례들을 살펴보면 한결같이 기존의 전통적인 사업들이 IT 서비스와 융합된 것을 볼 수 있다. 4차 산업혁명의 특징은 기존 산업들이 스마트폰을 중심으로 기존 산업과 밀접하게 융합되었음을 알 수 있다. 넷플릭스는 기존의 비디오 대여점을 대신하여 영화산업과 스마트폰이 초연결 상태로 융합하였으며, 우버와 쏘카와 타다 등도 스마트폰과 기존의 콜택시 산업이 긴밀하게 융합한 것이며, 클라우드 컴퓨팅은 기존의 장비 임대산업과 스마트폰이 긴밀하게 융합된 것이다. 기존의 게임 산업도 초연결 상태를 기반으로 융합된 것이다.

이상과 같이 공유 경제가 가능한 것은 스마트폰과 통신망을 기반으로 모든 것이 초연결되었으며 스마트한 인공지능 소프트웨어가 지원한다는 사실을 전제로 기존 산업과 융합한 결과이다.

전동 킥보드는 전형적인 공유 경제 사업 중 하나이다. 수십만 원에서 백만 원이 넘는 장비를 잠시 사용하려고 구매하는 것보다는 대여하는 것이 편리하기 때문에 전 세계적으로 급속하게 보급되고 있다. 편리한 대신 킥보드가 길거리에 방치되는 경우가 많아서 보행자들에게 불편을 주고 있다. 도로교통법 상 자동차 도로를 이용해야 하지만 낮은 속도로 인한 위험 때문에 인도로 주행하는 경우가 많아서 교통사고도 자주 발생하고 있다. 파리와 뉴욕 등 대도시에서도 안전 문제로 골머리를 앓고 있다. 킥보드 업체에서 수시로 방치된 장비를 정리하고 있지만 장비 반납 절차가 너무 간단해서 문제이다. 길거리에 마구 부서져 있기도 하고 개천과 하천에 마구 버리기도 해서 사회적인 문제가 되고 있다. 첨단 개인 교통수단이 휴대폰과 융합하여 환경도 보호하는 공유 경제로 발전했지만 문제점도 같이 해결해야 하는 상황이다.

10.5 산업혁명과 융합의 미래

1차 산업혁명에서 시작하여 4차 산업혁명까지 거치면서 산업사회는 물질적으로 상당한 번영을 이루었다. 산업혁명이 인류의 역사를 지금까지 바꾸어 왔기 때문에 산업혁명이 계속되면 인류의 미래도 마찬가지로 크게 바뀔 것이다. 산업혁명의 특징은 기존 산업과 기술들이 계속 연결하면서 융합을 통하여 새로운 기술과 산업으로 발전하여 왔다는 점이다. 산업혁명은 앞으로도 융합을 계속하여 지속적으로 발전할 것인지 살펴본다.

10.5.1 산업혁명의 미래

1차 산업혁명은 증기기관과 석탄을 동력으로 하는 산업이 기관차와 공장을 건설함으로써 기계화 시대를 열었다. 생산수단의 기계화는 자급자족 시대에서 교환경제 시대로 탈바꿈하게 만들었다. 2차 산업혁명은 전기와 석유를 동력으로 하는 산업이 통신혁명과 함께 대량생산을 촉발시켰다. 경제 유통 속도가 빨라지고 세계 경제가 점차 하나로 통합되기 시작하였다. 3차 산업혁명은 정보화를 통하여 기존 산업과 IT 서비스가 적극적으로 융합하였다. 유통이 IT와 결합하여 전자상거래를 촉발시켰고, 제조업이 IT와 결합하여 전사적자원관리(ERP) 시스템을 만들었고, 금융이 IT와 결합하여 인터넷 뱅킹 시대를 열었고, 교육이 IT와 결합하여 인터넷 강의 시대를 만들었다. 4차 산업혁명은 컴퓨터와 온라인으로 이룩된 정보사회 기반 위에 연결이 확장되어 인공지능과 더욱 긴밀하게 융합되었다. 드디어 기계가 인간의 지능을 추월하기 시작하였다.

산업혁명의 미래는 4차 산업혁명의 연장선에서 계속 발전할 것이다. 지금도 물리세계, 디지털세계, 그리고 생물 세계가 융합되어 경제와 사회의 모든 영역에 영향을 미치고 있지만 앞으로는 더욱 융합이 가속화되는 새로운 산업시대가 될 것이다. 지금까지 적지 않은 분야에서 융합이 이루어졌지만 아직도 융합이 이루어지지 않은 분야가 많이 있다. 앞으로 다양한 분야에서 더욱 융합이 이루어진다면 산업혁명은 더욱 가속화될 것이다. 바이오산업이 더욱 발전하고 기존 과학과 융합한다면 인간과 기계가 통합하고 생물과 기계가 일체화되는 그런 융합이 구현될 것이다. 아울러 인간이 그동안 해결하지 못했던 질병들을 바이오 기술로 해결할 것이라고 예상된다. 인간의 모든 장기는 기계장치로 대체가 가능한데 유일하게 두뇌만을 대체하지 못하고 있다. 인공지능과 바이오가 융합을 하면 두뇌까지 기계장치와 소프트웨어로 대체될 수 있을 것이다.

10.5.2 융합의 미래

미래 세계는 융합을 성공적으로 이루는 나라와 이루지 못하는 나라로 구별될 것이다. 융합을 잘 이루는 나라는 주도적으로 성장하여 세계를 주도할 것이고 그렇지 못하면 세계무대에서 낙오하고 쇠락할 것이다. 따라서 융합이 활성화되는 사회 환경을 구축해야 한다.

(1) 융합 환경

수학과 물리학 같이 오래된 학문들은 두드러진 발전이 잘 보이지 않는다. 수 천 년 전부터 수많은 인재들이 수학과 물리학의 모든 문제들을 해결하려고 노력하다보니 이제는 새로운 이론을 개척하기 힘들기 때문이다. 실제로 수학을 전공하는 연구자의 방에 가면 책장에 책이 별로 없다. 아무리 최신 책이라 하더라도 100년 전에 나온 책이다. 컴퓨터과학 같이 새로운 학문들은 책이 쏟아져 나와 책장이 넘쳐나고 있는 것과 대조적이다. 따라서 새로운 학문의 발전을 위해서는 다른 학문과의 융합이 필수적이다. 컴퓨터과학이 각 분야와 접목하여 새로운 학문을 많이 개척했듯이 기존 학문이 기존 학문과 융합하거나 기존 학문과 새로운 학문이 융합해야 새로운 발전을 기대할 수 있다.

융합이 활발하게 전개되기 위해서는 융합하는 자세가 요구된다. 서로 상대 학문이나 기술을 존중하고 대화하는 자세가 필요하다. 유대인들이 인류 역사상 많은 업적을 남긴 것도 융합하는 자세가 훌륭했기 때문이다. 아무리 싫은 상대라도 대화를 충분히 할 수 있는 민주적인 자세가 학문과 기술의 발전을 가져온다. 편협한 사람들은 소견이 다른 사람들끼리는 마주 앉지도 않고 대화도 하지 않고 결혼도 하지 않는 불통의 자세를 보인다. 자기 진영의 사람들하고만 대화를 하고 무조건 자기 진영의 사람들의 의견을 감싸고 다른 진영의 의견은 무조건 백안시하는 풍조는 융합을 방해하는 자세이다. 좌익은 좌익 신문과 케이블 방송만 보고 우익은 우익 신문과 유투브 방송만 본다면 융합과 발전은 요원한 일이다.

민주주의는 부자거나 가난하거나, 많이 배웠거나 적게 배웠거나, 힘이 세거나 없거나, 잘 생겼거나 못생겼거나, 권력이 있거나 없거나에 관계없이 모든 사람들을 동등하게 인정하고 다수결로 의사를 결정하는 제도이다. 민주주의를 잘하면 대화가 잘 될 것이므로 융합도 잘 될 것이고 학문도 발전할 것이다.

융합은 작고 간단한 것부터 시작하여 점차 크고 복잡한 것으로 이어지고 있다. 융합의 시작은 마차에 엔진을 실어서 자동차를 만드는 것과 같은 아날로그 융합이었지만 컴퓨터가 발전하면서 디지털 융합으로 확장되었다. 디지털 방식도 처음에는 전화기와 무전기를 결합하여 휴대폰을 만드는 하드웨어 위주로 융합되었으나 점차 전화기와 컴퓨터 소프트웨어를 결합하는 소프트웨어 방식으로 융합하기 시작하였다. 소프트웨어 융합이 하드웨어 융합보다 유연하고 확장성이 크기 때문이다. 융합의 범위와 크기가 점차 확장되어 이제는 동양과 서양의 문화도 융합하고 있다. 서양의 팝 음악이 한국의 음악과 융합하여 생성된 K-pop은 서양에서 더욱 호응을 얻고 있다. 이와 같이 융합은 경계를 뛰어넘어서 더 큰 범위로 확장되고 있다.

(2) 융합의 성장

근·현대사에서 국가 간의 경쟁은 산업혁명에서 앞 선 자와 뒤처진 자의 차이로 귀결되었다. 수 천 년 동안 앞서가던 중국 문명이 유럽에 밀린 것은 1차 산업혁명에서 뒤처진 결과이고, 중국이 일본에게 밀린 것도 1차 산업혁명에서 늦었기 때문이다. 중국이 다시 굴기하여 G2로 성장하게 된 것은 3차 산업혁명을 열심히 추진했기 때문이다. 조선이 망했던 것도 1차 산업혁명을 하지 못했던 것이고, 대한민국이 선진국으로 도약하고 있는 것도 3차 산업혁명을 성공적으로 추진했기 때문이다.

산업혁명에서 성공하려면 새로운 것을 받아들여 기존의 산업과 융합을 잘해야 한다. 영국에서 기차가 도입될 때 마부들의 반대로 기차를 매우 낮은 속도로 규제하여 기차 산업이 발전하지 못하였다. 반면에 독일에서는 기차와 마차의 경쟁 관계를 효과적으로 분리하였기 때문에 기차 산업이 폭발적으로 성장하여 국가 경제를 견인하였다. '뽀로로'가 상품으로 성공하여 세계적으로 유명해졌지만 우리 문화와 융합하지 못했기 때문에 한국의 이미지를 전달하지 못하고 있다. 재래시장 근처에 마트가 들어올 때 많은 시장 상인들이 결사적으로 막았지만 어떤 시장에서는 마트와 공존하여 더 활성화된 사례가 있다. 기존 시장과 새로운 시장이 상대방을 인정하고 공존할 수 있는 길을 찾을 때 융합이 성공할 수 있다.

4차 산업혁명의 핵심은 연결이다. 물리 세계와 디지털 세계가 연결되고 이어서 생물 세계가 융합되고 있다. 인간은 언어를 이용하여 다른 사람과 연결함으로써 지능을 발달시켰으므로 이성적인 인간(Homo Sapiens)이 되었다. 이후에도 인간은 연결을 계속 확장하여 문명을 발전시켰다. 인류 역사상 많은 창의력이 발현되었다고 하지만 실제로 "창의성이란 연결하는 것에 불과하다"는 주장(스티브 잡스)이 있다. 창의성의 핵심은 연결에 있다. 따라서 혁신이란 연결되지 않은 것을 연결하는 것에 불과하다고 한다. 연결이 계속되면 인간과 기계도 계속 더 밀접하게 통합될 것이다. 더 나가서 인간과 기계가 물리적으로 통합될 것이다. 따라서 인간의 정체성이 모호해지는 단계도 예상할 수 있다. 인간이기도 하고 아니기도 한 인간 기계가 탄생할지 모른다.

산업혁명에서 뒤지지 않으려면 융합을 성공적으로 수행해야 한다. 융합은 기술뿐만 아니라 경제와 학문에서도 생존을 위한 필수 조건이다. 융합을 잘하기 위해서는 상대방을 인정하고 수용하는 자세가 중요하다. 의견이 다르더라도 배척하지 않고 열심히 대화하고 소통하는 자세가 융합을 성장하게 한다.

연습문제

10.1 다음 용어들을 정의하시오.
　　① 산업혁명　　　② 호모커넥투스　　③ 공유 경제　　④ 클라우드
　　⑤ 드론　　　　　⑥ 기계학습　　　　⑦ 심층 신경망　　⑧ 비지도 학습
　　⑨ 사물 인터넷　　⑩ 딥러닝

10.2 산업혁명이 추진되는 원동력은 무엇인지 설명하시오.

10.3 융합이 끊임없이 이루어지는 원동력은 무엇인지 설명하시오.

10.4 지도 학습과 비지도 학습의 차이를 설명하시오.

10.5 신경망과 심층 신경망의 차이를 설명하시오.

10.6 비지도학습의 구체적인 방법들을 설명하시오.

10.7 딥러닝의 방법론을 설명하시오.

10.8 암호화폐와 가상화폐의 차이점을 설명하시오.

10.9 블록체인이 응용될 수 있는 분야를 선정하여 설명하시오

10.10 드론이 산업혁명에 어떤 영향을 주는지 설명하시오.

10.11 공유 경제의 필요성을 설명하시오.

10.12 5차 산업혁명의 전망을 설명하시오.

참고문헌

Appignanesi, 김오성 역, 프로이드, 이두, 1995.

David G. Myers, 마이어스의 심리학개론, 시그마프레스, 2008.

Goodwin, C. James 저 김문수외 3인 역, 현대심리학사, 시그마프레스, 2004

Hawkins, Jeff, 이한음 역, 생각하는뇌, 생각하는 기계, 멘토르, 2010.

Llinas, Rodolf, 김미선 역, 꿈꾸는 기계의 진화, 북센스, 2007.

기 소르망, 한위석 역, 20세기를 움직인 사상가들, 한국경제신문사, 1991.

김경용 저, 기호학이란 무엇인가?, 민음사, 1994년

김광수 외, 융합 인지과학의 프론티어, 성균관대학교출판부, 2010.

김문환, 예술과 윤리의식, 소학사, 2003.

김진수, Human Computer Interaction 개론, 안그라픽스, 2005.

김현택 외 18인 공저, 현대심리학 이해, 학지사, 2004.

김혜숙, 김혜련, 예술과 사상, 이화여대출판부, 1995.

닐 슈빈, 내안의 물고기, 김영사, 2009.

댄 크라이언, 논리학, 김영사, 2005.

데이비드 퍼피뉴, 의식, 김영사, 2007.

데이비드 M. 버스, 김교헌, 권선중, 이홍표 역, 마음의 기원, 나노미디어, 2005.

딜런 애반스, 이충호 옮김, 진화심리학, 김영사, 2001.

매기 하이드, 방석찬 역, 융, 김영사, 2000.

민경국 저, '경제사상사 여행', 21세기북스, 2014년

박문호, 뇌, 생각의 출현, 휴머니스트, 2008.

발리스 듀스, 남도현 역, 그림으로 이해하는 현대사상, 개마고원, 2002.

수전 그린필드, 정병성 역, 브레인 스토리, 지호, 2004.

스탠 라이, 어른들을 위한 창의학 수업, 에버리치홀딩스, 2007.

신동희, 인간과 컴퓨터의 어울림, 커뮤니케이션북스, 2014

안광복 저, '철학, 역사를 만나다', 웅진지식하우스, 2005년

앤 무어, 데이비드 제슬 공저, 곽윤정 역, 브레인 섹스, 북스넛, 2009년

이만열 저, '한국인만 모르는 다른 대한민국', 21세기북스, 2013년

이승훈, 포스트모더니즘 시론, 세계사, 1991.

이인식, 지식의 대융합, 고즈원, 2008.

이정모, 인지과학, 성균관대학교출판부, 2009.

이정모, 인지심리학, 학지사, 2009.

이한구 저, '지식의 성장', ㈜살림출판사, 2004년

이홍, 창조습관, 더숲, 2010.

장 보드리야르, 이상률 역, 소비의 사회, 문예출판사, 2004.

지호, 션 B. 캐럴, 김명주 역, 한 치의 의심도 없는 진화 이야기, 2008.

최재천외 19인, 21세기 다윈 혁명, 사이언스북스, 2009.

클로테르 라파이유, 컬처코드, 리더스북, 2007.

트래스크, 언어학, 김영사, 2000.

한순미 외 5인, 창의성, 학지사, 2005.

후지와라 마사히코, 천재 수학자들의 영광과 좌절, 사람과책, 2003.

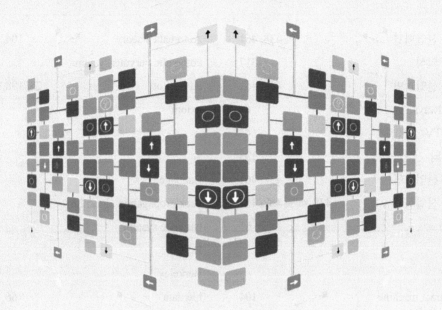

INDEX

1차 산업혁명	438, 461
1차 의식	317
2차 산업혁명	438, 461
3 Always	61
3D TV	44
3부뇌	133
3차 산업혁명	438, 461
4차 산업혁명	438, 461~462, 464
5 C	61

A

abstract machine	104
abstraction	412
accumulator	360
adaptive service	64
Adrenaline	325
ADSL	36
aesthetics	393
agent	88
Airbnb	459
Algebra	222
algorithm	221
amoeba	126
anthropology	22
archaeology	185
Aristoteles	413
art	23
artificial intelligence	21
artificial neural network	363
ASIC	76
assembly language	361
assembly language	361
Atom	46
aura	416

Automata Theory	104, 204
automatic nervous system	134
automaton	23, 198, 202
axiom	160

B

Babbage	199
back propagation algorithm	372
bar code system	80
BcN	84
Berkeley	346
big data	66, 451
bit	141
block chain	454
Boole	137, 378
Boolean algebra	379
brain stem	129, 133, 297
Breuer	117
Broca	179
Bruner	121

C

CAD	219
CAM	219
Cambrian period	243
CDMA	35
celebrum coetex	304
central nervous system	132
cerebral cortex	133
Chomsky	102
Chrome	46
chromosome	216, 269
cognition	98
Colossus	139, 358

Computer Architecture   103

Comte   110

consciousness   117

context information   88

convergence   14

CoolTown Project   65

creativity   394

CRM   89

crossover   273

CRT   77

cryptocurrency   456

CT(computed tomography)   294

culture   180

Cybernetics   103

D

DARPA   65

Darwin   235

David Hume   348

Dawkins   242

deductive reasoning   161

deep learning   442

Deep Neural Network   440

Descartes   97

Dewey   113, 155

diachronic   172

digital pen   78

divergent thinking   402

DNA   214

Dopamine   325

DSP   76

dualism   152, 344, 346

E

EDSAC   359

EEG(Electroencephalography)   294

EEPROM   80

ego   119

embedded software   40

empiricism   153

ENIAC   140

e-paper   77

epistemology   150

ERP   32

essence   157

esthetics   150

estrogen   330

ethics   24, 150, 390

ethnology   185

Euclideanalgorithm   226

evolution theory   23, 234

evolutionary algorithm   267

Evolutionary psychology   103

existentialism   169

extention   163

F

finite state machine   202

flip-flop   197

FMC   78

Frege   102, 162

Freud   117

G

Gardner   286

gene   214, 242, 269

geneticalgorithm   267

genom	270	**J**	
genotype	270	James	113
Gestalt	115, 121	Jean Baudrillard	418
Gödel의 정리	201	Jerry Fodor	348
GPS(General Problem Solver)	141	Jung	119
grammar	358		
		K	
H		Kant	110, 414
Habermas	423	Katharsis	117
hardwired society	63	knowledge base	142
Hebb	364		
Hebbian learning	365	**L**	
Hilbert 문제	201	la Marck	235
Histamine	325	La Mettrie	198
HMD(head mounted display)	47	LAN	78
hologram	78	language	164
homo connectus	450	langue	172
Homo sapiens sapiene	238	Lashley	120
		LBS(Location Based Service)	91
I		LBS	60
id	118	LCD	77
idea	150, 412	LED	44, 77
inductive reasoning	161	Leibniz	137, 199
Information Theory	102	Levi-strauss	182
intelligence	285	liar paradox	163
intention	163	libido	119
interneuron	132	librarian	90
introspection	109	limbic system	129, 133, 297
IP	73	linguistics	21, 165
iPad	46	Lipson	213
IPTV(Internet Protocol Television)	44	locke	154
IP-USN	84	logic	150
IPv4	73	LT(Logic Theorist)	141
IPv6	73		

M

Machine Learning	440
machine	196
MAN	78
marketing	23
McCarthy	136
McCulloch	139
Mead	181
medulla oblongata	133
MEMS	77
metacognition	106
metaphysics	150
middleware:	75
Minsky	136, 144
monoism	152, 345
motor neuron	132
MP3	18
MRI(magnetic resonanceimaging)	294
MRP	31, 32
mullerian duct inhibiting substance	330
mutation	242, 273

N

Neisser	121
neural computer	363
Neural Network	103
neuron	130
neuroscience	21, 104, 125
neurotransmitter	323
Newell	141, 122
Nokia	261
nordrenaline	325
NP-완전 문제	225
NT	77

O

object	59
OnePhone	35

P

packet	102
PAN	78
parole	172
Pascal	199
Pavlov	113
PDP	77
Peirce	155
perception	111, 143, 369
peripheral nervous system	132, 134
pervasive computing	57
PET(Positron Emission Tomography)	295
phenomenon	157
phenotype	270
philosophy	21
Piaget	121
Pitts	139
platform	338
Platon	413
population	273
postmodernism	418
post-structuralism	174
pragmatism	113
presentationism	380
prion	213
programmable society	63
proof	160
proposition	103
PSTN	36
psychoanalysis	117

psychology	21
Q	
Qplus	84
R	
rationalism	152
rationalism	375
real time service	64
real time	61
reason	189
reasoning	160
reducio ad absurdum	161
register	360
Reinforcement learning	441
relation	168
representation	123, 374
representationism	106
RFID	59, 80
Rosenblatt	143, 369
Russell's paradox	162
Russell	102
S	
Sartre	169
Saussure	169
semiology	379
sensation	111
sensor node	88
sensory neuron	132
Serotonine	325
set-top-box	44
Shannon	102, 140
sign	100

signifiant	170
signifie	170
silicon mote	65
Simon	122, 141
situation ethics	424
Skinner	114, 347
smart card	79
Smart Dust Project	65
Smart Dust	75
smart phone	41
somatic nervous system	134
sophist	426
spinal cord	129, 297
SSSM, Standard Social Science Model	250
STEAM	433
STEM	433
Steve Jobs	258
Steven Pinker	348
stored procedure	103
Structural Linguistics	102
structuralism	168
stylus	46
superego	119
Supervised Learning	440
symbol	100
Symbolic Logic	102
sympathetic automatic nervous system	135
synapse	131
synchronic	172
syntax	173, 358
System on Chip	76
T	
Telematics	43

telex	25	Weiser	55
testosterone	330	Wernicke	179
theorem	160	Whitehead	102
theory of types	164	Wiener	103, 140
threshold	369	WIPI	75
TinyOS	75	Wireless HART	84
touch pad	78	WSN(Wireless Sensor Network)	83
touchscreen	46	Wundt	111
TRON	73		
Turing machine	138	**X**	
Turing	104, 196	Xen	355
		XML	75
U		X-ray	293
Uber	459		
ubiquitous	24	**ㄱ**	
unconsciousness	117	가드너	96, 286
universal grammar	339	가바	324
universal machine	199	가상현실	60
Unsupervised Learning	441	가언적 삼단논법	159
USN(ubiquitous sensor network)	73, 83	각인	263
		간뇌	304
V		감각	111
vasopressin	329	감각뉴런	132
VDSL	36	감각운동 이미지	350
virtual reality	60	강장동물	127
VIZIO	261	강화형 학습	441
VOD(Video on Demand)	452	개방성	405
von Neumann	103, 359	개체군	273
		거북선	51
W		거짓역설	163
Walter Benjamin	415	겹눈	244
WAN	78	경험론	153
Watson	114	계산주의	362
wearable computer	47	고객관계관리	89

고고학	185	기호학	379
고차 의식	318		
공간 지능	286	**ㄴ**	
공리	160	나노 기술	77
공시적	172	나의 정체성	290
공유 경제	460	나이서	121
공작 기계	218	낱눈	244
관계	168	내분비선	130
관념론	150	내성법	109, 112
광대역 융합망	85	내장 소프트웨어	40
교감신경계	135	내재적 지능	286
교배	273	내포	163
구독 경제	452	네트워크 융합	34, 35, 69
구문론	358	넷플릭스	452
구조 언어학	102	노르아드레날린	325
구조	167	노버트 위너	103, 140
구조주의 심리학	111	노키아	261
구조주의	167, 168	논리-수학 지능	286
귀납법	161	논리학	150, 157
글라이신	324	뇌	290
글루타메이트	324	뇌간	129, 133, 297, 304
기계	135, 196	뇌과학	104, 284
기계론	115	뇌의 정체성	290
기계어 문법	339	뇌피질	133
기계학습	440	눈점	128
기기 융합	34, 69	뉴런	130
기능주의 심리학	112	뉴로 마케팅	23, 263, 264
기능주의	105	뉴웰	122
기약분수	161	닌자놀이	49
기억	312		
기의	170		
기표	170	**ㄷ**	
기호논리학	102, 137, 375	다세포 동물	127
기호체계 가설	141	다윈	235

단계주의	240
단기 기억	312
단백질	242
단점열거법	408
대뇌	303
대뇌피질	304
대당 사각형	159
대수학	222
대인관계 지능	286
도파민	307, 320, 325
돌연변이	242, 273
동성애	332
두뇌	132
듀이	113, 155
드론	445
디지털 TV	44
디지털 펜	78
딥러닝	442

ㄹ

라마르크	235
라메트리	198
라이프니츠	137, 199, 377
랑그	172
래슐리	120
러셀	102
러셀의 역설	162
레비스트로스	182
로고스 중심주의	174, 190, 375
로고스	375
로젠블라트	143
로젠블럿	369
로크	154
리비도	119

리처드 도킨스	242
립슨	213

ㅁ

마음	124, 312, 336, 343
마음의 구조	124
마케팅	23, 257, 264
마크 와이저	55
말초신경계	132, 134
망상활성화계	410
매카시	136
매커럴	139
메타인지	106
멜라토닌	329
명제	103, 158
모더니즘	384
모듈 구조	124
모듈 이론	247, 252, 346, 348
몬테카를로 알고리즘	444
무의식	117
문법	358
문화	180
문화적 상대주의	251
뮬러관억제물질	330
미드	181
미들웨어	75
미디어 융합	34, 37
미토콘드리아	237
미학	150
미학	393
민스키	136, 144
민족학	185

ㅂ		비트	141
바소프레신	328, 329	빅데이터	66, 452
반 표상주의	383	뽀로로	50
반도체	76		
발터 벤야민	415	**ㅅ**	
방어시	245	사르트르	169
배낭 문제	277	사무라이	49
배비지	199	사물 인터넷	66, 70~71, 79, 450
범주화	352	사물인터넷 시스템	85
법구경	410	사물인터넷 컴퓨팅	85
법학	248	사서	90
베르니케 영역	353	사이먼	122
베르니케	179	사피어-워프 가설	166, 167
벤야민	415	산업 디자인	448
변연계	129, 133, 297, 303	산업간 융합	34, 38
변형문법	177	산업혁명	436, 461
변형생성문법	176, 177	삼단논법	159
보편 기계	199	삼엽충	243
보편문법	176, 178, 339	상황 정보	88
본질	157	상황윤리	424
부교감신경계	135	생각하는 기계	230
부울 대수	379	생명의 나무	236
부울	378	생명의 사다리	236
분트	111	생산자원관리	32
불	137	생성문법	177
불가지론	346	서비스 융합	31, 33, 69
브레인스토밍	407	서비스	63
브로이어	117	석기시대	252
브로카 영역	353	선언적 지식	188
브로카	179	선험적	109
브루너	121	성리학	101
블록체인	454	세로토닌	325
비지도 학습	441	센서 기술	73
비지오	261	센서 노드	88

셋톱박스	44
소뇌	303
소쉬르	102, 169, 383
소프트웨어 기반 기술	75
소프트웨어	354
소피스트	376, 426
속성열거법	407
쇼펜하우어	381
수상돌기	130
스마트카드	79
스마트폰	41
스키너	114, 347
스타일러스	46
스티브 잡스	258
시냅스	131
시스템 소프트웨어	75
시스템 융합	69
시학	413
신경계	139, 290
신경과학	21, 125
신경망 모델	139
신경망 이론	103
신경망 컴퓨터	363
신경망	103
신경망의 특성	366
신경전달물질	131, 322, 324
신경줄	128
신체·운동 지능	286
실시간 서비스	64
실용주의	154
실재론	150
실존주의	169, 174
실증주의	110
심리학	21, 108, 337
심층 신경망	440

ㅇ

아드레날린	325
아름다움	391, 393
아리스토텔레스	109, 154, 377, 413
아메바	126
아미노산류	324
아민류	325
아세틸콜린	324
아우라	50, 416
아톰 프로세서	46
알고리즘	138, 196, 221
알파고	444
암호화폐	456, 457
애플	258
앨런 뉴웰	141
앨런 튜링	104, 378
양명학	154
양안시	245
양자역학	295
양전자방출단층촬영술	295
어셈블리 언어	361
언어 능력	167
언어 지능	286
언어	164, 339
언어학	21, 165
에니악	140
에스트로겐	330
에어비엔비	459
엑스선	293
엔돌핀	325
역전파 알고리즘	372
역치	365, 369

연결주의	142	육예	412
연상 기억장치	144	윤리	24, 390, 422
연수	133	윤리적 상대주의	426
연역법	161	윤리학	150, 424
연합뉴런	132	융	119
염색사	216	융합	14, 16
염색체	216, 269	음성중심주의	174
엽록소	237	음악 지능	286
영장류	129	응용 소프트웨어	75
영혼불멸설	109	의식 조절 물질	322
예술	23, 391, 411~412, 414	의식	117, 343, 353
오스트랄로피테쿠스	126, 238	이기이원론	110
오즈의 마법사	50	이념	412
옥시토신	325, 328	이데아	150, 375
왓슨	114	이드	118
외연	163	이성	188
우버	459	이성	189
운동뉴런	132	이원론	109, 152, 344, 346
원생동물	126	이율곡	154
원초아	118	이퇴계	153
원핵세포	237	인공 신경망	363
웨어러블 컴퓨터	47	인공두뇌학	103
위치기반 서비스	91	인공지능	21
유비쿼터스 공간	58	인과적 구조	341
유비쿼터스 디지털 융합	68, 69	인류학	22, 180
유비쿼터스 센서 네트워크	83	인식	112
유비쿼터스 컴퓨팅	85	인식론	150, 152, 187~188, 190, 192,
유비쿼터스	24		324, 326, 329, 331
유전자	214, 269	인지	98, 112
유전자형	270	인지과학	20, 99
유전체	270	인지심리학	120, 382
유크리드 알고리즘	226	인터페이스 기술	73
유한 상태 기계	202	일원론	109, 152, 345
유형이론	164		

ㅈ

자기공명촬영장치	294
자기증식 기계	212
자동기계 이론	204
자동기계	23, 198, 202
자동기계론	104
자아	119
자연 지능	286
자연선택	240
자연선택론	241
자율신경계	134
자율주행	449
자재소요량관리	31
자크 데리다	383
장 보드리야르	418
장기기억	312
적응형 서비스	64
전기공학	447
전기화학	447
전문가 시스템	143
전사자원관리	32
전자종이	77
절차적 지식	188
정리	160
정보 이론	102
정보처리 모델	123
정보처리체계	122
정신분석	117
정언적 삼단논법	159
정의	160
제임스	113
제품 융합	31
존 듀이	155
존 로크	154
존재의 대사슬	236
주자학	154
중뇌	304
중앙 구조	124
중추신경계	132
증명	160
지각	111
지그문트 프로이드	117
지능	135, 285
지도 학습	440
지식	186
지식베이스	142
진화 심리학	103
진화 알고리즘	267, 272
진화론	23, 234, 239
진화심리학	250
질료	152

ㅊ

창의력	391
창의성 교육	404
창의성	394, 396, 409, 432
창의적 기법	404
창의적 동기	404
창의적 태도	404
창의적인 능력	404
창조	412
창조론	234, 241
척수	129, 297
척추동물	129, 166, 174
철학	21, 148, 248
체성신경계	134
체세포	214
체크리스트법	408

초자아   119
촘스키   102, 167, 339
최신 기억   312
추론   160
추상 기계   104
추상화   412
축색돌기   130
칩   56

ㅋ

카타르시스   117
칸트   110, 414
캄브리아기   243
커넥티드 TV   45
컴퓨터 구조   103
컴퓨터 이론   139
컴퓨터   380
컴퓨터공학   448
콜로서스   358
콩트   110
크롬 브라우저   46
클라우드 컴퓨팅   451
클로드 섀넌   102, 140

ㅌ

탄소동화작용   292
탄소연대측정법   239
태블릿 PC   46
터치스크린   46
터치패드   78
테스토스테론   330
테스토스테론   330
텔레매틱스   43
텔렉스   25

통사론   173
통시적   172
통증   289, 323, 329, 356
튜링 기계   138
튜링   201

ㅍ

파롤   172
파블로프   113
파스칼   199
파충류   130
파충류의 뇌   133
패키지 소프트웨어   39
퍼셉트론   143, 369
퍼스   155
펩티드류   324
편도체   303
편재성   57
편형동물   128
포스트모더니즘   384, 418
포유류   130
포유류의 뇌   133
포이어바흐   345
폰 노이만   103, 359
표상   100, 123, 142, 374, 381
표상주의   105, 106, 362, 380, 382
표준사회과학 모델   250
표현형   270
프래그머티즘   113, 154
프레게   102, 162
프로그램 내장 방식   103, 140
프로세스 융합   31
프리온   213
플라톤   413

피아제	121
피츠	139

ㅎ

하드웨어 기반 기술	76
하버마스	423
학습 능력	368
학습	113
합리론	152
합리주의	375
항공기계공학	447
항공전자공학	447
해마	303
해체주의	383, 385
해파리	128
행동주의 심리학	113
허버트 사이먼	141
헬레니즘	109
헵	364
헵의 학습	365

현상	157
현생 인류	238
형상	152
형이상학	150~151
형태 심리학	115
형태 지각	115
형태심리학	121
호르몬	329
호모커넥투스	450
호제법 알고리즘	226
홀로그램	78
홑눈	244
화이트헤드	102
확산적 사고	402
환원주의	346
후기구조주의	174
후기산업사회	14
히스타민	325
히스테리	117
힐베르트 문제	202

4차 산업혁명을 위한 융합 개론

1판 1쇄 발행 2020년 01월 05일
1판 4쇄 발행 2021년 03월 10일
저   자 이병욱·최영미
발 행 인 이범만
발 행 처 **21세기사** (제406-00015호)
　　　　 경기도 파주시 산남로 72-16 (10882)
　　　　 Tel. 031-942-7861　　Fax. 031-942-7864
　　　　 E-mail : 21cbook@naver.com
　　　　 Home-page : www.21cbook.co.kr
　　　　 ISBN 978-89-8468-857-5

정가 32,000원